EPF ESSAYS No. 06

DIE ZÄHMUNG DES ZUFALLS

IAN HACKING

Herausgegeben von PETER SCHNEIDER. Übersetzt von DANA MAHR.

Titel der 1990 erschienenen Originalausgabe:
Ian Hacking, *The Taming of Chance*

Die 2023 in der Edition Patrick Frey, Zürich, erschienene deutsche Erstausgabe wurde für diese Neuausgabe überarbeitet.

EPF Essays / Edition Patrick Frey, Limmatstr. 268,
CH-8005 Zürich, www.editionpatrickfrey.com

Verlegerische Leitung: Patrick Frey und Andreas Koller
Lektorat und Korrektorat: Miriam Wiesel
Grafisches Konzept und Satz: Marietta Eugster mit Loan Bottex
Printed in Tallinn (EST)

Umschlagbild
© Marietta Eugster Studio

Vertrieb
Schweiz — AVA Verlagsauslieferung, CH-Affoltern am Albis, ava.ch
Deutschland, Österreich — GVA Gemeinsame Verlagsauslieferung, DE-Göttingen, gva-verlage.de

1. Auflage, 2023
ISBN 978-3-907236-64-2 / eBook: ISBN 978-3-907236-65-9

INHALT

Der Determinismus wurde im 19. Jahrhundert ausgehöhlt, und es wurde ein Raum für autonome Gesetze des Zufalls geschaffen. Die Idee der menschlichen Natur wurde durch ein Modell normaler Menschen mit Gesetzen der Zerstreuung ersetzt. Diese beiden Transformationen verliefen parallel und bedingen sich gegenseitig. Der Zufall liess die Welt weniger kapriziös erscheinen: Er wurde legitimiert, weil er Ordnung aus dem Chaos brachte. Je grösser der Grad der Unbestimmtheit in unserer Vorstellung von der Welt und den Menschen ist, desto höher ist der erwartete Grad der Kontrolle.

Diese Ereignisse begannen mit einer Lawine von gedruckten Zahlen am Ende der napoleonischen Ära. Viele Arten menschlichen Verhaltens, insbesondere Fehlverhalten wie Verbrechen und Selbstmord, wurden gezählt. Sie erschienen von Jahr zu Jahr mit erstaunlicher Regelmässigkeit. Statistische Gesetze der Gesellschaft schienen den offiziellen Tabellen der Devianz zu entspringen. Daten über Durchschnittswerte und Streuungen liessen die Vorstellung von normalen Menschen entstehen und führten zu neuen Arten der Sozialtechnik, zu neuen Möglichkeiten, unerwünschte Klassen zu verändern.

In den ersten Jahren des Jahrhunderts ging man davon aus, dass statistische Gesetze auf zugrundeliegende deterministische Ereignisse zurückgeführt werden konnten, aber das offensichtliche Vorhandensein solcher Gesetze untergrub langsam und unregelmässig den Determinismus. Statistische Gesetze wurden als eigenständige Gesetze betrachtet, und ihr Einfluss wurde auf natürliche Phänomene ausgedehnt. Es entstand eine neue Art von «objektivem Wissen», das Produkt neuer Technologien zur Gewinnung von Informationen über natürliche und soziale Prozesse. Es entstanden neue Kriterien dafür, was als Beweis für diese Art von Wissen galt. Die statistischen Gesetze, die auf diese Weise gerechtfertigt werden konnten, wurden nicht nur zur Beschreibung, sondern auch zur Erklärung und zum Verständnis des Ablaufs von Ereignissen verwendet. Der Zufall wurde gezähmt, und zwar in dem Sinne, dass er zum Stoff wurde, aus dem die grundlegenden Prozesse der Natur und der Gesellschaft sind.

Allgemeiner ausgedrückt: Die Welt wurde numerisch. Diese Tatsache wird durch Babbages Vorschlag aus dem Jahr 1832 für eine Sammlung von Konstanten der Natur und der Kunst sehr gut veranschaulicht. Dies war eine Erklärung über eine neue und allgegenwärtige Art von Zahlen, Konstanten, die für das Wissen und die Verwaltung der Welt verwendet werden sollten.

Die Lawine der gedruckten Zahlen wurde vor allem in Frankreich durch die Auflistung der Zahlen von Abweichlern gekennzeichnet. Im Jahr 1815 gab es eine Kontroverse: Wer ist selbstmordgefährdeter, die Pariser oder die Londoner? Damals konnte diese Frage noch nicht geklärt werden, ein Jahrzehnt später schon, denn es wurden neue Institutionen zur Sammlung und Veröffentlichung von Daten gegründet.
Selbstmord ist ein wiederkehrendes Thema in der Statistik. In einem Fall des medizinischen Imperialismus gab es einen impliziten Syllogismus: Wahnsinn sollte von Ärzten behandelt werden, Selbstmord war eine Art von Wahnsinn, daher wurden die Selbstmordstatistiken wie andere medizinische Statistiken behandelt. Infolgedessen wurden medizinische Verursachungstheorien auf den Suizid angewandt. Diese wurden dann auf alle Statistiken über Devianz angewandt.

In den 1820er-Jahren konnten offizielle Tabellen die Anzahl und Art der Selbstmorde in einer Region angeben. Diese Daten und ähnliche Informationen über Verbrechen und *les misérables* sollten einen Nachfolger für Condorcets rationale Moralwissenschaft darstellen. Die neue empirische Wissenschaft der Moral würde sich mit statistischen Gesetzen des menschlichen Fehlverhaltens befassen.

Die ersten Versuche, medizinische Statistiken als Beweis für die Wirksamkeit von Heilungsraten zu verwenden: Polemiken über die neue physiologische Medizin von Broussais stehen der sorgfältigen Analyse einer neuen Methode zur Behandlung von Gallensteinen gegenüber.

Condorcet und Laplace hatten versucht, A-priori-Lösungen für das Problem der Gestaltung des effizientesten Schwurgerichtssystems zu finden. Ihnen fehlten empirische Daten. Diese wurden durch die neue Kriminalitätsstatistik des französischen Justizministeriums geliefert. Poisson bettete diese neuen Informationen in einen statistischen Ansatz für Schwurgerichte ein.

Im Jahr 1835 prägte Poisson im Rahmen seiner statistischen Rechtsprechung den Begriff «Gesetz der grossen Zahlen» und bewies einen wichtigen Grenzwertsatz. Dies lieferte eine weitere Begründung für die Anwendung der Wahrscheinlichkeitsrechnung auf soziale Angelegenheiten. Es schien auch zu erklären, wie es zu statistischer Stabilität in sozialen Angelegenheiten kommen konnte.

1844 argumentierte Quetelet, dass der Grenzfall der relativen Häufigkeiten beim Münzwurf (das Binomialgesetz, aber auch das Fehlergesetz für astronomische Messungen) eine Kurve (unsere glockenförmige oder normale Kurve) liefert, die zu den empirischen Verteilungen menschlicher Eigenschaften und Verhaltensweisen passt. Dies schien die genaue Form der neuen statistischen Gesetze über Menschen zu liefern. Die Vorstellungen von Kausalität, einschliesslich des medizinischen Modells, wurden neu geordnet, um die statistischen Gesetze mit dem Determinismus in Einklang zu bringen.

Es entstand ein Problem des statistischen Fatalismus. Wenn es ein Gesetz wäre, dass sich jedes Jahr so viele Menschen in einer bestimmten Region umbringen müssen, dann steht es der Bevölkerung offenbar nicht frei, vom Selbstmord Abstand zu nehmen. Die Debatte, die auf den ersten Blick unsinnig erscheint, spiegelt das wachsende Bewusstsein für die Möglichkeiten der sozialen Kontrolle und die Auswirkungen auf die moralische Verantwortung wider.

Der statistische Fatalismus, insbesondere am Beispiel des Selbstmordes, wurde in Deutschland im Anschluss an Buckles gefeierte *History of Civilization in England* aufgegriffen. Die darauffolgende Debatte verdeutlicht die grundlegenden Unterschiede zwischen atomistischen und ganzheitlichen Konzeptionen der neuen Art von Recht, dem statistischen Recht. Diese Unterschiede spiegeln den Gegensatz zwischen westlichen libertären und östlichen kollektivistischen Visionen der Gesellschaft wider.

Anstelle von Durchschnittswerten könnte man auf gänzlich andere Weise quantitativ sein. Der utopische Traditionalist Le Play verwendete das Budget einer einzelnen Familie, um den Lebensstil einer Klasse zu repräsentieren, und schlug eine ganz andere Art von Sozialwissenschaft vor. Dies steht im Gegensatz zu der Art und Weise, in der der Direktor des preussischen statistischen Amtes Haushaltsbudgets verwendete. Es ging um die Idee dessen, was als objektives Wissen gilt.

Blick ungeordnet erscheint. Galton überdachte Quetelets Erklärung für den Ursprung der statistischen Stabilität neu. Die sich daraus ergebenden Fortschritte bei den Techniken der statistischen Inferenz veranschaulichen, wie Wahrscheinlichkeitsgesetze von einer zugrundeliegenden deterministischen Struktur unabhängig wurden. Die Doktrin der Notwendigkeit wurde nicht aufgegeben, aber sie war irrelevant für die Fähigkeit der Statistik, Phänomene nicht nur vorherzusagen, sondern auch zu erklären.

Obwohl die Statistik bestimmte regulative Konzepte wie die Normalität hervorbrachte, die möglichen Arten der Verwaltung von Menschen zugrunde liegen, ist es gut, sich daran zu erinnern, dass die Statistik weniger abstrakte Anwendungen hatte. Sie waren ein direktes und sichtbares Element der Machtausübung. Die Auseinandersetzungen um die jüdischen Statistiken während des Berliner Antisemitismusstreits von 1880 sind ein Beispiel dafür.

Die Logik des Zufalls konnte bei all diesen Veränderungen nicht konstant bleiben. C.S. Peirce lehnte die Doktrin der Notwendigkeit vollständig ab. Er stützte die Logik des induktiven Denkens auf die statistische Stabilität. Er führte eine künstliche Zufallsauswahl bei der Planung von Experimenten ein. Er lieferte eine der beiden konkurrierenden Begründungen für alle statistischen Schlussfolgerungen. Seine pragmatische Auffassung der Realität machte die Wahrheit zu einer Frage dessen, was wir auf lange Sicht herausfinden. Er glaubte an den absoluten Zufall und an ein Universum, in dem die Naturgesetze bestenfalls Näherungswerte sind und sich aus Zufallsprozessen entwickeln. Der Zufall war nicht mehr die Essenz der Gesetzlosigkeit, sondern der Kern aller Naturgesetze und aller rationalen induktiven Schlussfolgerungen. Sein radikaler Indeterminismus ist weniger auffällig, wenn man ihn als eine Folge der Wahrscheinlichkeitsrechnung der Welt und unseres Wissens über sie betrachtet. Er kam zu dem Schluss, dass wir in einem zufälligen Universum leben, und zwar nicht aufgrund eines Arguments, sondern weil Wahrscheinlichkeit und Statistik jeden Aspekt des Lebens durchdringen.

WIE WIR STATISTISCH WURDEN

ZUM GEDENKEN AN IAN HACKING (1936 – 2023)

«Das kann kein Zufall sein» ist sowohl eine verschwörungstheoretische Maxime als auch eine Grundannahme Freuds, die seiner *Psychopathologie des Alltagslebens*[1] zugrunde liegt. Ist die Nichtzufälligkeit im ersten Fall das Werk verborgener Akteure, so meint Freud mit dem «Determinismus» im psychischen Leben die unbewusste Motiviertheit, die Fehlleistungen hervorbringt und deren Deutung die Lücke im Bewusstsein, die dem Subjekt als Zufall erscheint, zugunsten einer vollständigen Motivationskette schliesst.[2] Anders als in diesem «Alltagsleben», das Freud in seinem Buch von 1904 beschreibt, um der zentralen Annahme der Psychoanalyse, einem aktiv wirksamen Unbewussten, Plausibilität zu verleihen, haben wir im Alltag gewöhnlich ein entspannteres Verhältnis zum Zufall als Psychoanalytiker:innen, die gehalten sind, die sprichwörtlichen *Freudian Slips* zu deuten, d.h. in einen unbewussten Zusammenhang einzuordnen. Wem wir etwa im Supermarkt beim Einkaufen begegnen, werden wir in der

Regel (ausser wir sind arg esoterisch gestimmt) als nicht weiter aufklärungsfähigen oder -bedürftigen Zufall betrachten, ohne dass wir damit eine Entscheidung hinsichtlich Determinismus vs. Indeterminismus treffen. Die schwergewichtige ontologische bzw. epistemologische Frage der Indeterminiertheit oder Determiniertheit bleibt ausgeblendet. Bewegen wir uns jedoch ausserhalb dieses unklar umrissenen Feldes alltäglicher Trivialitäten, stellt sich diese Frage mit einem Mal geradezu unabweislich. Warum ist eine Freundin trotz mehrfacher Impfungen zweimal an Covid erkrankt, während ich (gleich oft geimpft) bis jetzt verschont geblieben bin? (*Knock on wood.*) Die wissenschaftliche Frage, ob es zusätzlich zu Impfungen einen bis jetzt unerkannten Immunitätsfaktor gibt, ist nicht nur von allgemeinem epidemiologischem, sondern auch von individuellem Interesse. Wir könnten nicht in einer Welt leben, in der *alles* nur Zufall ist; aber auch eine Welt, in der eine Laplace'sche Determinierheit herrscht,[3] die es – im Gedankenexperiment zumindest – erlauben würde, aus der vollständigen Kenntnis des Zustands der Welt und aller Gesetzmässigkeiten sowohl die Zukunft vorherzusagen als auch jeden Zeitpunkt der Vergangenheit exakt zu rekonstruieren, ist uns fremd. Es ist die *Statistik*, die zwischen der Welt des reinen Zufalls und der absoluten Determiniertheit entlastend vermittelt. Mithilfe der Statistik können wir uns in einer Welt der Wahrscheinlichkeiten einrichten, können wir planen und Vorsorge betreiben. Der Zufall wird statistisch «gezähmt».

Von der Geschichte dieser Zähmung handelt dieses Buch. Es erschien zum ersten Mal auf Englisch im Jahre 1990 und ist seither zum Dauerseller der wissenschaftsphilosophischen Literatur geworden.[4]

Die Erosion des klassischen Determinismus beginnt im 19. Jahrhundert. «Die Gesellschaft wurde statistisch.» (Hacking, S. 27) Zu den universell wirkenden Naturgesetzen gesellten sich soziale Gesetzmässigkeiten, die nur statistisch aufgefasst und verstanden werden konnten. Mit der Quantenphysik erhielt schliesslich auch die deterministische Physik eine stochastische Fundierung, nachdem der Zufall bereits mit der Evolutionstheorie Einzug in die Biologie gehalten hatte.

Die menschliche «Natur« der naturphilosophischen Psychologie (und der Psychoanalyse[5]) wurde in den statistisch quantifizierenden Humanwissenschaften zur «Normalität» und den Abweichungen davon. Eine Folge davon ist:

> Menschen sind normal, wenn sie der zentralen Tendenz dieser Gesetze entsprechen, während diejenigen, die an den Extremen liegen, krankhaft sind. Die wenigstens von uns wollen pathologisch sein, also versuchen die meisten von uns, sich normal zu machen, was sich wiederum auf das auswirkt, was normal ist. … In den Humanwissenschaften gibt es

einen Rückkoppelungseffekt, der in der Physik nicht zu finden ist. (S. 30)

Es ist u.a. dieser Rückkoppelungseffekt[6] (s.u.), der dafür sorgt, dass die sozialen Gesetzmässigkeiten historisch sind, während die Naturgesetze zeit- und ortsunabhängige Gültigkeit haben.[7]

Damit die soziale Welt quantifizierbar werden kann, müssen Kategorien geschaffen werden, für die die jeweiligen Zahlen erhoben werden können. Manche Kategorien sind (mehr oder minder) «natürlich» (Geburten, Todesfälle), andere beruhen zwar auf natürlichen Tatsachen (z.B. Körpergewicht), sind aber das Ergebnis einer mehr oder weniger willkürlichen Einteilung (Unter-, Normal- und Übergewicht gemäss dem BMI-Index), andere sind Entitäten politischer oder juristischer Art (z.B. Staatsbürgerschaft, *race*), wieder andere oszillieren zwischen Biologie, Soziologie, Psychologie und Gesetzgebung (Gender) – die statistisch verwendeten Kategorien sind ihrerseits selber Elemente von Kategorien unterschiedlicher Ordnung. Die statistisch verwerteten Zahlen können zudem das Ergebnis einer blossen Zählung oder von Messungen auf Skalen sein, die für die Messung erst geschaffen werden müssen. Statistiken liefern nicht nur abstrakte Reduktionen, sondern auch eine *augmented reality*. Würden sich in einem ungeordneten Universum von Zahlen und Informationen («Big Data») (durch maschinelle Mustererkennung) Muster bilden (und erkennen lassen), die theoriefrei für sich selbst sprechen, die einer an Kategorien gebundenen (und durch Kategorienverwechslungen in ihrer Validität gefährdeten) statistischen Analyse möglicherweise entgehen, wäre jene Objektivität erreicht, in der die Zahlen endlich «für sich selbst sprechen».

Experimente in den Naturwissenschaften sind geradezu das Gegenteil distanziert-objektiver Beobachtung. In ihnen wird die Natur auf den Massstab des Labors verkleinert und manipuliert.[8] Die statistische Analyse von Zahlen in den *humanities* stellt Veränderungen über die Zeit fest (*wie hat sich die Häufigkeit von Teenager-Schwangerschaften verändert?*) und sie konstatiert lokale Differenzen (*auf dem Lande gibt es häufiger Teenager-Schwangerschaften als in den Städten*). Vor allem aber treibt sie die Suche nach Zusammenhängen voran und damit auch die Suche nach Interventionen, welche die festgestellten Zusammenhänge verändern können, beispielsweise in der Prophylaxe (von Teenager-Schwangerschaften, von Burnout, von Kriminalität …).

Theodore M. Porter beschreibt diese Funktion der Statistik, als Grundlage sozialpolitischer Interventionen zu dienen, folgendermassen:

> Soziale Quantifizierung bedeutet, Menschen in Klassen zu studieren und von ihrer Individualität zu abstrahieren. Dies ist nicht eindeutig böse, obwohl es in letzter Zeit viel kritisiert wurde. Viele, wahrscheinlich die meisten,

> statistischen Untersuchungen menschlicher Populationen zielten darauf ab, die Situation von Arbeitern, Kindern, Bettlern, Kriminellen, Frauen oder rassischen und ethnischen Minderheiten zu verbessern.[9] (Übersetzung von mir, PS)

Die Autor:innen des Buches *The Empire of Chance* (darunter Porter) konstatieren:

> … wir leben in einem statistischen Zeitalter. Die Wahrscheinlichkeitsrechnung und die Statistik haben die Erklärungs- und Argumentationsweise in den Wissenschaften und die Sichtweise von Zufall und Risiko … verändert. Diese Veränderungen sind zu vielfältig und umfangreich, um sie in einem kohärenten Bild der Welt zusammenzufassen; was sie ausmachen, ist eher ein neues *Lebensgefühl* als eine neue *Weltanschauung*. Doch wir, die wir in das Reich des Zufalls hineingeboren wurden, bemerken kaum seine Herrschaft über uns, über die Art und Weise, wie wir unsere Welt analysieren, uns eine Meinung bilden, unsere Standpunkte vertreten und unsere Mitmenschen beurteilen. Unsere statistische Lebensweise ist zu sehr eine Lebensweise, um ins Auge zu fallen.[10] (Übersetzung von mir, PS)

Ian Hacking zeigt in *Die Zähmung des Zufalls*, wie unterschiedlich dieses Lebensgefühl hinsichtlich der Frage nach der menschlichen Freiheit ausgeprägt war. Während vor zweihundert Jahren die statistische Darstellung statistischer Regelmässigkeiten von Suiziden oder Verbrechen als eine Art sozialer Determinismus aufgefasst wurde, diente der Probabilismus der Quantenmechanik wiederum vielen als Beweis für die Möglichkeit menschlicher Freiheit und Spontaneität. Die statistischen Regelmässigkeiten im Sozialen wurden als physikalisch gedeutet, währen die lediglich statistischen Wahrscheinlichkeiten im subatomaren Bereich als Bedingung sozialer Freiheitsgrade aufgefasst wurden.

Für eine Statistik braucht es Kategorien, in welchen die Zahlen erhoben werden. Diese Kategorien sind nicht stabil, was den historischen Vergleich erschwert, wenn nicht unmöglich macht. «Human kinds» sind «moving targets».[11] Klassifikationen beispielsweise von *gender* oder *race*[12], zwei wichtige Klassifikationen in der US-amerikanischen Demografie, sind keineswegs stabil, sondern unterliegen sich wandelnden Prozessen der Selbstidentifikation der durch diese Kategorien Erfassten. Dasselbe gilt erst recht für psychiatrische Diagnosen, wie sie in der ICD oder dem DSM codiert und wieder neu gefasst werden, indem alte Diagnose umgeschrieben oder neue Diagnosen geschaffen werden und manche Diagnosen auch wieder verschwinden.

Unter dem Titel «Making up people» (1986) hat Ian Hacking in einem Aufsatz, der zuletzt im

Jahr 1999 in Mario Biagiolis *The Science Studies Reader* neu publiziert wurde, den «looping effect» hinsichtlich der «human kinds» beschrieben:

> Wir betrachten viele Arten von Menschen als Objekte wissenschaftlicher Untersuchungen. Manchmal tun wir dies, um sie zu kontrollieren, wie bei den Prostituierten, und manchmal, um ihnen zu helfen, zum Beispiel um potenzielle Selbstmorde zu verhindern. Manchmal geht es darum, zu organisieren und zu helfen, aber gleichzeitig auch darum, die Gesellschaft zu schützen, etwa wenn wohlhabende Menschen oder der Staat Armen oder Obdachlosen helfen. ... Wir sehen diese Arten von Menschen als gegeben an, als bestimmte Klassen, die durch bestimmte Eigenschaften definiert sind. Je mehr wir über diese Eigenschaften wissen, desto besser können wir sie kontrollieren, ihnen helfen, sie verändern oder ihnen nacheifern. Aber so ist es nicht ganz. Sie sind bewegliche Ziele, weil unsere Untersuchungen mit den Zielen selbst interagieren und sie verändern. Und da sie sich verändert haben, sind sie nicht mehr ganz dieselben Menschen wie vorher. Das Ziel hat sich bewegt. Das ist der Looping-Effekt. Manchmal erschaffen unsere Wissenschaften Arten von Menschen, die es in gewisser Weise vorher nicht gab. Das ist das Erfinden von Menschen. (Übers. von mir, PS)[13]

Statistiken, mithilfe derer wir einen gesellschaftlichen Zustand erfassen oder verbessern wollen, unterliegen damit selbst diesem «looping effect»: Die Bedingungen, die eine Statistik hervorgebracht hat und die sie enthüllt, können durch diese Statistik auch verändert werden.

Statistiken beispielsweise über Krankheiten und Todesursachen sind nicht nur gesundheitspolitisch relevant, sondern zuweilen allgemein gesellschaftlich politisch relevant. Während der Covid-Pandemie beispielsweise entbrannte ein Streit über die statistische Klassifizierung derjenigen, die «an» bzw. «mit» Covid gestorben waren. Selbst die Kategorie des «Suizids» – und die dazu gehörenden Unterkategorien nach der Art der Selbsttötung – ist ein «moving target». In einer Medienmitteilung vom 3. Oktober 2022 schreibt das Schweizer Bundesamt für Statistik:

> Im Jahr 2020 hat die Gesamtzahl der Suizide weiter abgenommen. Seit dem Höchststand in der Periode 1980 – 1985 gehen die Zahlen kontinuierlich zurück und haben 2020 mit insgesamt 972 Fällen erstmals seit 1964 die Tausendergrenze unterschritten.[14]

Dieselbe Pressemitteilung schliesst mit dem folgenden Absatz:

> Die assistierten Suizide haben dagegen von

> 1196 im Jahr 2019 auf 1251 im Jahr 2020 zugenommen, also um 4,6 %. Die grosse Mehrzahl der Sterbehilfefälle betraf Menschen ab 65 Jahren (88 % der Fälle) …

Offenkundig hat sich das Verständnis, was als eigentlicher Suizid zu gelten hat (und daher auch Gegenstand der Suizidprophylaxe sein sollte), im Laufe der letzten Jahre grundlegend gewandelt. Während die Suizidrate im Allgemeinen als Ausdruck einer unerwünschten gesellschaftlichen Anomalie gilt, scheint sich der assistierte Suizid von dieser Interpretation gelöst zu haben. Das Ansteigen der Anzahl assistierter Suizide kann damit auch als Weg zu einer neuen «Normalität» gedeutet werden. «In der Todesursachenstatistik», schreibt das Bundesamt für Statistik, «werden seit dem Erhebungsjahr 2009 die Fälle von assistiertem Suizid (durch eine Sterbehilfeorganisation) nicht mehr zu den Suiziden gezählt, sondern separat ausgewiesen.»[15]

Dieses Beispiel der neuen zweigeteilten Kategorisierung von Suiziden in der Schweiz zeigt, dass Statistiken einerseits neuen gesellschaftlichen Normalisierungstendenzen folgen, denen zufolge es etwa unsinnig ist, den assistierten Suizid verhindern zu wollen, und dass sie andererseits diese Normalisierungstendenz stützen.

«Während eines Grossteils des Jahrhunderts vor Durkheim und seither», schreibt Hacking in diesem Buch (S. 422), «haben wir regelmässig ‹normal› verwendet, um die Lücke zwischen ‹ist› und ‹soll› zu schliessen. Vielleicht zu Unrecht, aber das ist es, was das Konzept der Normalität für uns getan hat.»

«Normal» steht für zweierlei: für das, was «normalerweise» ist, also den mittleren Ausschnitt aus der Glockenkurve der Normalverteilung; aber auch für das, was idealerweise sein sollte, etwa Gesundheit statt Pathologie. Dieser zweifache Inhalt, den Hacking (S. 422 ff.) anhand von Comtes bzw. Galtons Vorstellung von Normalität darstellt:

> Der Name «Galton» steht für die Verbesserung der Durchschnittswerte, nach welchen Wertmassstäben auch immer, die als selbstverständlich angesehen werden können. Wenn es um Lebewesen geht, bedeutet das Eugenik. Dort konzentrieren wir uns zunächst auf den Quetelet'schen Mittelwert, um ihn dann zu übertreffen. Durkheim greift auf das aristotelische Mittel zurück, denn es ist der ideale Zustand der Gesundheit. Für den konservativen Durkheim, der über normale und pathologische Zustände der Gesellschaft schreibt, ist das Normale eher etwas, von dem wir abgefallen sind. Für den revolutionären Positivismus von Comte war es etwas, nach dem wir streben sollten.
>
> Die Spannung in diesen Aspekten des Normalen löst sich nicht einfach dadurch auf, dass man feststellt, dass es zwei Vorstellungen

gibt, eine von Bewahrung und eine von Verbesserung. Die erste hat eine Vorliebe für die Ursprünge, für jugendliche Gesundheit, für einen idealen Zustand, den wir wiederherstellen sollten. Die zweite strebt nach Teleologie, nach Zielen, die wir für die Vervollkommnung von uns selbst oder der Rasse wählen können. Zwei Arten von Fortschritt. Worte haben tiefe Erinnerungen, die unsere schrille und quietschende Rhetorik ölen. Das Normale steht gleichgültig für das, was typisch ist, den unenthusiastischen objektiven Durchschnitt, aber es steht auch für das, was gewesen ist, gute Gesundheit, und für das, was sein wird, unsere gewählte Bestimmung. Deshalb ist das gutartige und steril klingende Wort «normal» zu einem der mächtigsten ideologischen Werkzeuge des 20. Jahrhunderts geworden.

Der Doppelsinn der Normalität prägt auch das, was wir in Anlehnung an den berühmten Buchtitel Freuds unser Unbehagen im statistischen Lebensgefühl nennen können.

VORWORT — ENDNOTEN

• 1 Sigmund Freud: *Zur Psychopathologie des Alltagslebens*, GW IV.

• 2 Man könnte Freuds Verfahren als ein pseudo-induktives Verfahren bezeichnen. Die einzelnen Fälle von (deutbaren) Fehlleistungen dienen nicht dazu, seine Annahmen zu beweisen, sondern dazu, sie plausibel zu machen. Freuds Denken orientiert sich an dem, was er für das Erkenntnisideal der Naturwissenschaften betrachtet: Die Gesetzmässigkeiten sind quasi-natürlich, eine statistische Quantifizierung erübrigt sich wie in der Newton'schen Mechanik. «Natürlich», schreibt Freud (GW XII, S. 32), «belehrt ein einzelner Fall nicht über alles, was man wissen möchte. Richtiger gesagt, er könnte alles lehren, wenn man nur im Stande wäre, alles aufzufassen ...». Vgl. Peter Schneider, «Die

Psychoanalyse und ihre Bildungen», in: Brigitte Boothe und Peter Schneider, *Die Psychoanalyse und ihre Bildung*, Zürich 2013, S. 23–32, insbes. S. 29 f.

• 3 Pierre-Simon de Laplace: *Philosophischer Versuch über die Wahrscheinlichkeit*, Frankfurt am Main 1996.

• 4 Es schliesst an ein früheres Buch Ian Hackings an: *The Emergence of Probability. A philosophical study of early ideas about probality, induction and statistical inference*, New York 1975 (2. Aufl. mit einer «Introduction 2006: The Archaeology of Probable Reasoning», New York 2006).

• 5 Die Tendenz der Psychoanalyse zur Anthropologisierung ihrer «Erkenntnisse» macht sie anachronistisch und ahistorisch.

• 6 Vgl. dazu auch Ian Hacking, «The looping effect of human kinds», in: Dan Sperber, David Premack und Ann James Premack (Hg.), *Causal Cognition: A Multidisciplinary Debate*, New York 1995, S. 351–383.

• 7 Dass sich eine erschreckend grosse Anzahl von Studienergebnissen der Sozialwissenschaften als nicht reproduzierbar erwiesen hat – vgl. John Ioannidis: «Why mostpublished research findings are false», PLOS Medicine 2(8): e124. Doi: 10.1371/journal.pmed.0020124 –, dürfte nicht nur einem schlampigen Studiendesign, sondern auch schlicht der Tatsache der Historizität und Lokalität der publizierten Ergebnisse geschuldet sein.

• 8 Vgl. Ian Hacking: *Representing and Intervening. Introductory topics in the philosophy of natural science*, New York 1983.

• 9 Theodore M. Porter: *Trust in Numbers. The Pursuit of Objectivity in science and public life*, Princeton 1995, S. 77.

• 10 Theodore M. Porter et al.: The Empire of Chance. How probability changed science and everyday life, New York 1989, S. 289.

• 11 Vgl. Ian Hacking: «Kinds of People: Moving Targets», *Proceedings of the British Academy* 151, 2007, S. 285–318.

• 12 Vgl. Rogers Brubaker: *Trans: Gender und «race» in einer Zeit unsicherer Identitäten*, Zürich 2023.

• 13 Ian Hacking: «Making up People», London Review of Books 28 (16), S. 23.

• 14 https://www.bfs.admin.ch/asset/de/23446122 (Zugriff: 7.5.2023).

• 15 https://www.bag.admin.ch/bag/de/home/strategie-und-politik/politische-auftraege-und-aktionsplaene/aktionsplan-suizidpraevention/suizide-und-suizidversuche/assistierte-suizide.html (Zugriff: 7.5.2023).

KAPITEL 1

DAS ARGUMENT

Das entscheidendste konzeptionelle Ereignis der Physik des 20. Jahrhunderts war die Entdeckung, dass die Welt nicht deterministisch ist. Die Kausalität, lange Zeit die Bastion der Metaphysik, wurde vom Thron gestürzt oder zumindest wurde kräftig an ihm gerüttelt: Die Vergangenheit bestimmte nicht mehr genau, was als Nächstes passiert. Diesem Ereignis ging ein allmählicher Wandel voraus. Im 19. Jahrhundert wurde es möglich zu erkennen, dass die Welt zwar regelmässig ist, aber nicht den universellen Naturgesetzen unterliegt. Es wurde ein Raum für den Zufall geschaffen.

Diese Erosion des Determinismus machte für niemanden einen unmittelbaren Unterschied. Nur wenige waren sich dessen bewusst. Etwas anderes war allgegenwärtig, und jeder wusste davon: die Aufzählung der Menschen und ihrer Gewohnheiten. Die Gesellschaft wurde statistisch. Es entstand eine neue Art von Gesetz, das den Naturgesetzen entsprach, sich aber auf die Menschen bezog. Diese neuen Gesetze wurden in Form von Wahrscheinlichkeiten ausgedrückt. Sie beinhalteten die Konnotation von Normalität und Abweichungen von der Norm. Das Hauptkonzept der Psychologie der Aufklärung war schlicht und einfach die menschliche Natur. Am Ende des 19. Jahrhunderts wurde es durch etwas anderes ersetzt: normale Menschen.

Ich argumentiere, dass diese beiden Umwälzungen miteinander verbunden sind. Die meisten der zu beschreibenden Ereignisse fanden in der sozialen Sphäre statt, nicht in der der Naturwissenschaften, aber die Folgen waren für beide bedeutsam. Während des gesamten Zeitalters der Vernunft wurde der Zufall als Aberglaube des gemeinen Volkes bezeichnet. Zufall, Aberglaube, Banalität und Unvernunft waren ein und dasselbe. Der vernünftige Mensch, der seine Augen von solchen Dingen abwendet, kann das Chaos mit einem Schleier unerbittlicher Gesetze bedecken. Die Welt, so hiess es, mag oft zufällig aussehen, aber nur, weil wir die unausweichlichen Abläufe ihrer inneren Quellen nicht kennen. Wahrscheinlichkeiten – deren Mathematik als Zufallslehre bezeichnet wurde – waren lediglich das mangelhafte, aber notwendige Werkzeug von Menschen, die zu wenig wissen. Damals gab es viele Skeptiker des Determinismus: diejenigen, die Raum für die Freiheit des Willens brauchten, oder diejenigen, die auf dem individuellen Charakter organischer und lebendiger Prozesse beharrten. Keiner von ihnen dachte auch nur einen Moment daran, dass die Gesetze des Zufalls eine Alternative zu den streng kausalen Gesetzen darstellen würden. Doch um das Jahr 1900 war dies eine reale Möglichkeit, die von einigen wenigen Abenteurern als Tatsache dargestellt wurde. Die Bühne für den ultimativen Indeterminismus war bereitet. Wie konnte das passieren? Hier geht es nicht um den Verfall von Wissen oder Management. Die Aushöhlung des Determinismus ist nicht die Folge von Unordnung und Unwissenheit – ganz im Gegenteil. 1889 schrieb Francis Galton, der Begründer der biometrischen Schule der statistischen Forschung, ganz zu schweigen von der Eugenik, dass das oberste Gesetz der Wahrscheinlichkeit «mit Gelassenheit und in völliger Auslöschung inmitten der wildesten Verwirrung regiert».[1] Bis zum Ende des Jahrhunderts hatte der Zufall das Ansehen eines viktorianischen Kammerdieners erlangt, der bereit war, der loyale Diener der Natur-, Bio- und Sozialwissenschaften zu sein.

Es gibt ein scheinbares Paradoxon: Je mehr Unbestimmtheit, desto mehr Kontrolle. Das ist in den Naturwissenschaften offensichtlich. Die Quantenphysik geht davon aus, dass die Natur im Grunde genommen irreduzibel stochastisch ist. Genau diese Entdeckung hat unsere Möglichkeiten, in den Lauf der Natur einzugreifen und sie zu verändern, ins Unermessliche gesteigert. Ein kurzer Moment des Nachdenkens zeigt, dass man eine ähnliche Aussage auch für den Menschen treffen kann. Die Parallele wurde schon sehr früh erkannt. Wilhelm Wundt, einer der Gründerväter der quantitativen Psychologie, schrieb bereits 1862: «Es ist die Statistik, die als erste gezeigt hat, dass die Liebe psychologischen Gesetzen folgt.»[2]

Solche sozialen und persönlichen Gesetze sollten eine Sache der Wahrscheinlichkeiten, der Zufälle sein. Diese Gesetze sind zwar statistischer Natur, aber dennoch unabänderlich; sie können sich sogar selbst regulieren. Menschen sind normal, wenn sie der zentralen Tendenz dieser Gesetze entsprechen, während diejenigen, die an den Extremen liegen, krankhaft sind. Die wenigsten von uns wollen pathologisch sein, also versuchen die meisten von uns, sich normal zu machen, was sich wiederum auf das auswirkt, was normal ist. Atome haben keine solchen Neigungen. In den Humanwissenschaften gibt es einen Rückkopplungseffekt, der in der Physik nicht zu finden ist. Die Veränderungen, die ich beschreiben werde, stehen in engem Zusammenhang mit einem Ereignis, das so allumfassend ist, dass wir es selten bemerken: eine Lawine von gedruckten Zahlen. Die Nationalstaaten klassifizierten, zählten und tabellierten ihre Untertanen neu. Zählungen in irgendeiner Form gab es schon immer, und sei es nur für die beiden Hauptzwecke der Regierung, nämlich die Besteuerung und die militärische Rekrutierung. Vor der napoleonischen Ära blieben die meisten offiziellen Zählungen den Verwaltern vorbehalten. Danach wurde eine grosse Menge gedruckt und veröffentlicht. Die Begeisterung für numerische Daten spiegelt sich in der Volkszählung der Vereinigten Staaten wider. Bei der ersten amerikanischen Volkszählung wurden vier Fragen an jeden *Haushalt* gestellt. Bei der zehnten zehnjährigen Volkszählung wurden 13'010 Fragen auf verschiedenen Listen gestellt, die sich an Personen, Firmen, Bauernhöfe, Krankenhäuser, Kirchen und so weiter richteten. Diese 3000-fache Steigerung ist beeindruckend, unterschätzt aber bei weitem die Wachstumsrate der gedruckten Zahlen: 300'000 wäre eine bessere Schätzung.

Der Druck von Zahlen war ein oberflächlicher Effekt. Dahinter verbargen sich neue Technologien zur Klassifizierung und Aufzählung sowie neue Bürokratien, die über die Autorität und Kontinuität verfügten, diese Technologien einzusetzen. Viele der Fakten, die von den Bürokratien präsentiert wurden, existierten in gewisser Weise noch gar nicht. Es mussten Kategorien erfunden werden, in die sich die Menschen bequem einordnen liessen, um gezählt zu werden. Die systematische Sammlung von Daten über Menschen hat nicht nur die Art und Weise beeinflusst, wie wir uns eine Gesellschaft vorstellen, sondern auch die Art und Weise, wie wir unseren Nachbarn beschreiben. Sie hat das, was wir tun, wer wir sein wollen und was wir von uns selbst halten, tiefgreifend verändert. Marx las die Details der offiziellen Statistiken, die Berichte der Fabrikinspektion und dergleichen. Man kann sich fragen: Wer hatte mehr Einfluss auf das Klassenbewusstsein, Marx oder die Autoren der offiziellen Berichte, die die Klassifizierungen schufen, in denen sich die Menschen wiedererkannten? Dies sind Beispiele für Fragen über das, was ich «Menschen erfinden» nenne. Dieses Buch berührt sie nur indirekt.[3]

Was hat die Lawine der gedruckten Zahlen mit meinem Hauptthema, der Erosion des Determinismus, zu tun? Eine Antwort liegt auf der Hand. Der Determinismus wurde durch die Gesetze des Zufalls untergraben. Um zu glauben, dass es solche Gesetze gibt, brauchte man gesetzesähnliche statistische Regelmässigkeiten in grossen Populationen. Wie sonst könnte eine Zivilisation, die von der universellen Kausalität überzeugt ist, auf die Idee kommen, dass es eine andere Art von Naturgesetz oder sozialem Verhalten gibt? Glücksspiele lieferten erste Anhaltspunkte für Zufallsprozesse, ebenso wie Geburts- und Sterblichkeitsdaten. Diese wurden im 17. Jahrhundert zum Gegenstand mathematischer Untersuchungen. Ohne sie hätten wir nicht annähernd so etwas wie unsere moderne Vorstellung von Wahrscheinlichkeit. Aber für Deterministen ist es leicht anzunehmen, dass das Fallen eines Würfels oder die Drehung eines Roulettes nach den einfachen und unveränderlichen Gesetzen der Mechanik abläuft. Die Newton'sche Wissenschaft brauchte keine Wahrscheinlichkeiten, ausser als Hilfsmittel, um die Ursachen zu finden. Statistische Gesetze, die wie nackte, nicht reduzierbare Tatsachen aussehen, wurden zuerst in menschlichen Angelegenheiten gefunden, aber sie konnten erst bemerkt werden, nachdem soziale Phänomene aufgezählt, tabelliert und veröffentlicht worden waren. Diese Aufgabe wurde von der Lawine gedruckter Zahlen zu Beginn des 19. Jahrhunderts gut erfüllt. Bei näherer Betrachtung stellen wir fest, dass nicht alle Zahlen diesen Zweck erfüllten.

Die meisten gesetzesähnlichen Regelmässigkeiten wurden zuerst im Zusammenhang mit Devianz betrachtet: Selbstmord, Verbrechen, Landstreicherei, Wahnsinn, Prostitution, Krankheit. Diese Tatsache ist lehrreich. Heute ist es üblich, von Information und Kontrolle als einem neutralen Begriff zu sprechen, der Entscheidungstheorie, Operationsforschung, Risikoanalyse und die breiteren, aber weniger gut spezifizierten Bereiche der statistischen Schlussfolgerungen umfasst. Wir werden feststellen, dass die Wurzeln der Idee in der Vorstellung liegen, dass man eine abweichende Teilpopulation durch Aufzählung und Klassifizierung verbessern – kontrollieren – kann. Wir werden auch feststellen, dass das routinemässige Sammeln von numerischen Daten nicht ausreichte, um statistische Gesetze an die Oberfläche zu bringen. Die Gesetze mussten anfangs in die Daten hineingelesen werden. Sie wurden nicht einfach aus ihnen herausgelesen. Im Laufe dieses Buches stelle ich einen groben Kontrast zwischen der preussischen (und anderen osteuropäischen) Einstellung(en) zu numerischen Daten und derjenigen, die in Grossbritannien, Frankreich und anderen westeuropäischen Ländern blühte, her. Im Westen, wo libertäre, individualistische und atomistische Auffassungen von Person und Staat weit verbreitet waren, wurden statistische Gesetze in sozialen Daten gefunden. Im Osten, wo kollektivistische und ganzheitliche Einstellungen vorherrschten, war dies nicht der Fall. Die Veränderungen, die ich beschreibe, sind also nur in einem grösseren Kontext dessen zu verstehen, was ein Individuum und was eine Gesellschaft ist. Ich werde nur sehr wenig über mathematische Wahrscheinlichkeitsvorstellungen sagen. Die Ereignisse, die ich beschreibe, sind jedoch wichtig, um die Wahrscheinlichkeitsrechnung zu verstehen und um zu begreifen, warum sie eine so unglaubliche Erfolgsgeschichte ist. Erfolgsgeschichte? Ein vierfacher Erfolg: metaphysisch, erkenntnistheoretisch, logisch und ethisch. Die Metaphysik ist die Wissenschaft von den letzten Zuständen des Universums. Hier haben die Wahrscheinlichkeiten der Quantenmechanik die universelle kartesische Kausalität verdrängt. Erkenntnistheorie ist die Theorie des Wissens und des Glaubens. Heutzutage verwenden wir Beweise, analysieren Daten, entwerfen Experimente und bewerten die Glaubwürdigkeit anhand von Wahrscheinlichkeiten. Logik ist die Theorie der Schlussfolgerungen und Argumente. Zu diesem Zweck nutzen wir die deduktive und oft tautologische Auflösung von Axiomen, die uns die reine Mathematik bietet, aber auch – und für die meisten praktischen Angelegenheiten – die Logik der statistischen Inferenz.

Ethik ist zum Teil die Lehre davon, was zu tun ist. Die Wahrscheinlichkeit kann keine Werte diktieren, aber sie ist die Grundlage für jede vernünftige Entscheidung, die von Beamten getroffen wird. Keine öffentliche Entscheidung, keine Risikoanalyse, keine Umweltverträglichkeitsprüfung und keine militärische Strategie kann ohne eine Entscheidungstheorie durchgeführt werden, die sich auf Wahrscheinlichkeiten stützt. Indem wir unsere Meinung mit einem Mantel der Objektivität bedecken, ersetzen wir das Urteilsvermögen durch Berechnungen. Die Wahrscheinlichkeitstheorie ist also die philosophische Erfolgsgeschichte der ersten Hälfte des 20. Jahrhunderts. Von einem philosophischen Erfolg zu sprechen scheint die Übertreibung eines Gelehrten zu sein. Wenden wir uns also den weltlichen Angelegenheiten zu. Wahrscheinlichkeiten und Statistiken drängen sich uns auf. Die Statistiken über unsere Vergnügungen und unsere Laster werden unerbittlich geführt. Sport, Sex, Alkohol, Drogen, Reisen, Schlaf, Freunde – nichts entgeht uns. Im amerikanischen Fernsehen werden zur Hauptsendezeit mehr explizite Aussagen über Wahrscheinlichkeiten präsentiert als explizite Gewalttaten (ich zähle die Werbung mit). Unsere öffentlichen Ängste werden endlos in Form von Wahrscheinlichkeiten diskutiert: Wahrscheinlichkeit von Kernschmelzen, Krebs, Überfällen, Erdbeben, nuklearen Wintern, HIV / Aids, der

Erderwärmung, was noch? Es gibt nichts zu fürchten (so scheint es) ausser den Wahrscheinlichkeiten selbst. Diese Besessenheit von der Wahrscheinlichkeit von Gefahren und von Behandlungen zur Veränderung der Chancen stammt direkt aus den vergessenen Annalen der Information und Kontrolle des 19. Jahrhunderts.

Dieser Imperialismus der Wahrscheinlichkeiten konnte nur entstehen, als die Welt selbst numerisch wurde. Wir haben ein grundlegend quantitatives Gefühl für die Natur entwickelt, dafür, wie sie ist und wie sie sein sollte. Das geschah zum Teil aus ganz banalen Gründen. Wir haben die Menschen darauf trainiert, Zahlen zu benutzen. Die Fähigkeit, selbst ganz kleine Zahlen zu verarbeiten, war bis vor Kurzem das Vorrecht einiger weniger. Heute halten wir das Rechnen für mindestens genauso wichtig wie das Lesen und Schreiben. Aber selbst im Vergleich zu den Rechenkundigen von früher hat es bemerkenswerte Veränderungen gegeben. Galileo lehrte, dass Gott die Welt in der Sprache der Mathematik geschrieben hat. Um diese Sprache lesen zu können, müssten wir nicht nur rechnen, sondern auch messen. Doch das Messen beschränkte sich lange Zeit auf die klassischen Wissenschaften Astronomie, Geometrie, Optik, Musik und die neue Mechanik. T.S. Kuhn hat ikonoklastisch behauptet, dass das Messen in den «baconianischen» Wissenschaften, die später als Chemie und Physik bezeichnet wurden, keine grosse Rolle spielte.[4] Er betonte, dass das Messen in der Physik – der Erforschung von Licht, Schall, Wärme, Elektrizität, Energie und Materie – im 19. Jahrhundert seinen Platz fand. Erst um 1840 setzte sich die Praxis des Messens vollständig durch. Mit der Zeit wurde das Messen zur einzigen experimentellen Tätigkeit. Messung und Positivismus sind eng miteinander verwandt. Auguste Comte prägte das Wort «Positivismus» als Namen für seine Philosophie, weil er der Meinung war, dass das Wort «positiv» in allen europäischen Sprachen eine gute Konnotation hat. Seine eigene Philosophie war nicht besonders erfolgreich, aber das Wort setzte sich durch. Positive Wissenschaft bedeutete numerische Wissenschaft. Nichts war ein besseres Beispiel für eine positive Wissenschaft als eine statistische Wissenschaft – eine Ironie, denn Comte selbst verachtete rein statistische Untersuchungen.

Die Lawine der Zahlen, die Erosion des Determinismus und die Erfindung der Normalität sind eingebettet in die grossen Themen der industriellen Revolution. Die Aneignung von Zahlen durch die Bevölkerung und die Gier der Fachleute nach präzisen Messungen wurden durch bekannte Themen wie Produktion, Bergbau, Handel, Gesundheit, Eisenbahnen, Krieg und Empire angetrieben. Auch die Idee einer Norm wurde in diesen Bereichen kodifiziert. So wie die Eisenbahn die Zeitmessung und die massenhaft produzierte Taschenuhr forderte, schrieb sie auch Normen vor, nicht nur für offensichtliche Dinge wie die

Spurweite der Gleise, sondern auch für die Höhe der Puffer der aufeinanderfolgenden Wagen eines Zuges. In diesem Buch konzentriere ich mich nur auf die erwähnten, engeren Aspekte – eine Entscheidung, die zwar gewollt, aber nicht willkürlich ist. Mein Projekt ist philosophisch: Ich möchte die Bedingungen erfassen, die unsere heutige Organisation von Begriffen in zwei Bereichen möglich gemacht haben. Die eine ist die des physikalischen Indeterminismus, die andere die der statistischen Informationen, die zum Zweck der sozialen Kontrolle entwickelt wurden. Diese Studie kann zur Veranschaulichung einer Reihe allgemeiner philosophischer Themen verwendet werden. Eines davon habe ich bereits erwähnt: die Idee, Menschen zu erfinden. Ich behaupte, dass eine Aufzählung eine Kategorisierung erfordert und dass die Definition neuer Personenklassen für die Zwecke der Statistik Auswirkungen auf die Art und Weise hat, wie wir andere wahrnehmen und über unsere eigenen Möglichkeiten und Potenziale nachdenken. Ein weiteres philosophisches Thema ist die Argumentation. Beim Nachdenken über die Wissenschaft haben wir uns mit einer Reihe von analytischen Konzepten vertraut gemacht, z.B. mit den Paradigmen von T.S. Kuhn, den Forschungsprogrammen von Imre Lakatos und den Themen von Gerald Holton. In Anlehnung an A.C. Crombie halte ich es für sinnvoll, die Idee eines Denkstils zu verwenden.[5] Crombie hatte dauerhafte Denkweisen im Sinn, wie (a) die einfache Postulation und Deduktion in den mathematischen Wissenschaften, (b) die experimentelle Erforschung, (c) die hypothetische Konstruktion von Modellen durch Analogie, (d) die Ordnung der Vielfalt durch Vergleich und Taxonomie, (e) die statistische Analyse von Regelmässigkeiten in Populationen und (f) die historische Ableitung der genetischen Entwicklung.[6]

Jeder dieser Stile hat seine eigenen Quellen und sein eigenes Tempo. Diejenigen, die von einer kontinuierlichen Entwicklung des Wissens ausgehen, sehen, dass sich jeder Stil in seinem eigenen Tempo weiterentwickelt. Katastrophisten sehen scharfe Anfänge und radikale Veränderungen. Man muss nicht dogmatisch an einem der beiden Extreme festhalten, um zu sehen, wie die verschiedenen Denkstile zusammenkommen. Beide trugen zu dem bei, was Crombie «das Wachstum einer Forschungsmentalität in der europäischen Gesellschaft» nennt.

Mein Thema ist Crombies Stil (e), der von den sechs, die er unterscheidet, der jüngste ist. Trotz verschiedener erkennbarer Vorläufer und Antizipationen entstand unsere Vorstellung von Wahrscheinlichkeit erst um 1660, und der grosse Aufschwung des statistischen Denkens fand erst im 19. Jahrhundert statt. Das statistische Beispiel macht deutlich, dass die Entwicklung eines Denkstils nicht nur eine Frage des Denkens, sondern auch des Handelns ist. Nehmen wir ein scheinbar so unproblematisches Thema wie die Bevölkerung.

Wir haben uns an ein Bild gewöhnt: Die Zahl der Menschen in einer Stadt oder in einem Land steht fest, wie die Zahl der Menschen in einem Raum zur Mittagszeit, und nicht wie die Zahl der Menschen bei einem Aufstand oder die Zahl der Selbstmorde in der Welt im letzten Jahr. Aber selbst die Vorstellung einer genauen Bevölkerungszahl hat wenig Sinn, solange es keine Institutionen gibt, die festlegen und definieren, was «Bevölkerung» bedeutet. Ebenso muss es Argumentationsmöglichkeiten geben, um von schwerfälligen Daten zu Sätzen zu gelangen, die eine klare Aussage darüber treffen, wie viele es waren und so weiter. Die meisten Fachleute glauben heute, dass repräsentative Stichproben genauere Informationen über eine Bevölkerung liefern als eine umfassende Volkszählung. Das war während des grössten Teils des 19. Jahrhunderts undenkbar.[7] Allein der Gedanke, repräsentativ zu sein, musste erst entwickelt werden. Dies erforderte neue Denkmethoden und Technologien zur Datenerfassung. Ein ganzer Stil des wissenschaftlichen Denkens musste sich entwickeln.

Die Entwicklung des Begriffs war eng mit der Frage verbunden, was eine Gesellschaft ist, und führt so zu Spekulationen und historischen Studien über die Entstehung des westlichen Konzepts einer Gemeinschaft.[8] Sie lädt aber auch zu einer abstrakteren analytischen Philosophie ein, denn Denkstile sind auf merkwürdige Weise selbstbestätigend. Ein Satz kann nur dann als wahr oder falsch bewertet werden, wenn es einen

Denk- und Untersuchungsstil gibt, der hilft, seinen Wahrheitswert zu bestimmen. Was der Satz bedeutet, hängt von den Methoden ab, mit denen wir seinen Wahrheitsgehalt bestimmen können. Diese unschuldige Feststellung grenzt an einen Zirkelschluss. Wir können den Denkstil nicht als den besten Weg rechtfertigen, um die Wahrheit des Satzes herauszufinden, weil der Sinn des Satzes selbst von dem Denkstil abhängt, mit dem seine Wahrheit festgestellt wird. Ein Denkstil, so scheint es, kann nicht einfach falsch sein, sobald er einen Status erreicht hat, durch den er den Sinn dessen, was er untersucht, festlegt. Solche Gedanken stellen die Idee eines unabhängigen, von der Welt gegebenen Wahrheitskriteriums infrage. Der scheinbar unschuldige Gedanke eines Denkstils kann also in tiefe Gewässer führen, und es ist klüger, sie durch das Waten in Beispielen zu betreten als durch einen hohen Sprung in die Abstraktion. Die Entwicklung des statistischen Denkens ist vielleicht das beste Beispiel, das uns zur Verfügung steht – denn es ist das jüngste und beständigste und mittlerweile allgegenwärtig.

Historiker werden sofort erkennen, dass das, was folgt, keine Geschichte ist. Man kann vergangenes Wissen zu anderen Zwecken als der Wissenschafts- oder Ideengeschichte verfolgen. Eine unverbindliche Beschreibung dessen, was ich versuche, könnte lauten: eine erkenntnistheoretische Untersuchung der Sozial- und Verhaltenswissenschaften mit Konsequenzen für das Konzept der Kausalität in den Naturwissenschaften. Ich bevorzuge eine weniger erwartete Beschreibung. Dieses Buch ist ein Werk der philosophischen Analyse. Philosophische Analyse ist die Untersuchung von Begriffen. Begriffe sind Wörter an ihren Orten. Ihre Orte sind Sätze und Institutionen. Ich bedaure, dass ich zu wenig über Institutionen und zu viel über Sätze und deren Anordnung gesagt habe. Aber welche Sätze? Ich verwende nur das gedruckte Wort, einen winzigen Bruchteil dessen, was gesagt wurde. Der angesehene Statistiker I.J. Good stellte in einer Rezension fest, dass «die wahre Geschichte der Wahrscheinlichkeitsrechnung oder der Wissenschaft im Allgemeinen nie geschrieben werden wird, weil so viel von der nicht aufgezeichneten mündlichen Kommunikation abhängt und auch, weil die Autoren ihre Quellen oft nicht zitieren».[9] Ein guter Wissenschaftshistoriker kann zwar das zweite Problem lösen, aber nicht das erste. Man kann sich jedoch gut daran machen, indem man die umfangreichen viktorianischen Bestände an Notizbüchern, Briefen und anderen Ephemera durchsucht. Ich tue das nicht, denn ich beschäftige mich mit dem öffentlichen Leben von Konzepten und der Art und Weise, wie sie an Autorität gewinnen. Meine Daten sind veröffentlichte Sätze.

Aber welche? Ich lasse viele einschlägige Wörter weg, weil man nicht alles machen kann. Ich lasse zum Beispiel Malthus und Mendel, A.A. Cournot, Gustav Fechner, Florence Nightingale und noch viele andere bescheidene Teilnehmer an der Zähmung des Zufalls aus. Gut, aber ich sage nichts über Maxwell, Bolzmann oder Gibbs, obwohl die statistische Mechanik entscheidend für die Ausbreitung von Zufall und Wahrscheinlichkeit nicht nur in der Physik, sondern auch in der Metaphysik ist. Ich sage nichts über Charles Darwin, obwohl die Evolutionstheorie den Zufall in die Biologie einführte. Ich sage nichts von Karl Marx, der aus denselben Zahlen, denselben offiziellen Statistiken, die ich in eine Darstellung der Zähmung des Zufalls eingebaut habe, eine eiserne Notwendigkeit fabrizierte.

Es gibt einen unumstrittenen guten Grund, über diese Zahlen zu schweigen. Gelehrte und Teams von Gelehrten widmen ihr Leben dem Studium der einen oder anderen Figur. Es wäre töricht, hier eine kurze Geschichte zu wagen, ein blosses Kapitel. Aber es sind nicht nur Vorsicht und Respekt, sondern auch die Methode, die mich zum Schweigen bringen. Veränderungen in den Konzepten und Denkweisen sind eher das Ergebnis zahlloser kleiner Schritte als das Eingreifen einzelner Personen. Marx, Darwin und Maxwell arbeiteten in einem Raum, in dem es etwas herauszufinden gab. Das heisst: in dem verschiedene Möglichkeiten für Wahrheit oder Unwahrheit bereits formuliert werden konnten. In diesem Buch geht es um diesen Raum. Obwohl in diesem Buch also viele Sätze wiedergegeben werden, sind es nicht die Worte von Helden, sondern von den wenig Angesehenen ihrer Zeit, der Stoff, aus dem die eher unpersönlichen

Teile unseres Lebens sind. Sätze haben zwei Kräfte. Sie sind ewig, und doch werden sie in einem bestimmten Moment ausgesprochen. Sie sind anonym, und doch werden sie von Menschen aus Fleisch und Blut gesprochen. Ich habe versucht, auf diese beiden Tatsachen zu antworten. Einerseits betrachte ich die Sätze als rein materielle Objekte, als Inschriften. Aber wenn ich das tue, und nur das, dann verliere ich mich in eitler Abstraktion. Zum Ausgleich sind meine Epigrafe zu jedem Kapitel datiert, um daran zu erinnern, dass genau diese Worte an einem für den Sprecher wichtigen Tag gesagt wurden oder gesagt worden sein sollen. Meine Anmerkungen sind Anekdoten, die in einem ernsteren Text unangebracht wären.*

* Die Endnoten eines jeden Kapitels enthalten Verweise und in seltenen Fällen auch numerische Formeln. Sie sind mit Ziffern gekennzeichnet.

Sie geben einen winzigen Einblick, wer die Redner waren. Aber die Endnoten haben nur selten etwas Persönliches an sich. Sie sprechen die Person als offiziellen, öffentlichen Schriftsteller an, auch wenn uns sein Verhalten so viel später seltsam vorkommen mag.

Obwohl viele Kapitel eine zentrale Figur oder einen zentralen Text haben, ist es nicht so, dass Salomon Neumann, A.-M. Guerry oder John Finlaison «wichtig» sind. Sie sind bequeme und beispielhafte Anker für eine bestimmte Organisation von Sätzen. Ich verwende die antistatistische

Methode, die von Frédéric Le Play (Kapitel 16). Nachdem ich das schriftliche Äquivalent seines Harzgebirges durchwandert habe, wähle ich das meiner Meinung nach beste Beispiel eines Sprechers. Ähnlich wie Le Play füge ich ein paar Geschichten ein, aber die Persönlichkeiten, die ich verwende, sind in gewisser Weise wie seine Haushaltspläne, wenn auch leider weniger gründlich. Es gibt eine Ausnahme unter diesen Kapiteln. Das letzte ist doppelt so lang wie die anderen und befasst sich ausführlich mit einer Seite eines Schriftstellers, nämlich C.S. Peirce. Er glaubte wirklich an ein Universum des absoluten, nicht reduzierbaren Zufalls. Mit seinen Worten endet dieses Buch, denn als er schrieb, war dieser Gedanke möglich geworden. Ich behaupte aber, dass er möglich wurde, weil Peirce nun ein Leben führte, das von Wahrscheinlichkeit und Statistik durchdrungen war, sodass seine Vorstellung vom Zufall auf seltsame Weise unvermeidlich war. Er hatte das 20. Jahrhundert erreicht. Ich verwende Peirce als philosophischen Zeugen in etwa so, wie ich Leibniz in *The Emergence of Probability* verwendet habe.[10] Aber Leibniz war Zeuge des Wandels, den ich gerade beschrieben habe, nämlich der Entstehung der Wahrscheinlichkeitsrechnung um das Jahr 1660 und kurz danach. Hier ist Peirce der Zeuge von etwas, das zu seiner Reifezeit bereits geschehen war. Deshalb ist er auch das Thema des letzten Kapitels, während in *Emergence* der Name Leibniz immer wieder auftaucht.

Obwohl andere Philosophen in den beiden Büchern erwähnt werden, spielen nur Leibniz und Peirce eine wichtige Rolle. Die beiden Werke unterscheiden sich aber auch in anderer Hinsicht in ihrer Struktur. In *Emergence* geht es um eine radikale Mutation, die sehr schnell stattgefunden hat. Zweifellos hat das Buch, wie Sandy Zabell und Daniel Garber beispielhaft gezeigt haben, verschiedene Arten von Vorläufern unterschätzt.[11]

Meine zentrale Behauptung war jedoch, dass viele unserer philosophischen Wahrscheinlichkeitsvorstellungen durch die Art des Übergangs von den unmittelbar vorangegangenen Vorstellungen der Renaissance geprägt wurden. Über die Methodik wurde bereits an anderer Stelle berichtet.[12] Im vorliegenden Buch geht es dagegen um eine allmähliche Veränderung. Daher auch die geologischen Metaphern: Lawinen, ja, aber auch Erosion.

Die meisten meiner Auswahlen und Auslassungen – wie zum Beispiel meine lange Behandlung von Peirce und die Vernachlässigung aller anderen Philosophen – habe ich absichtlich getroffen. Aber auch Trägheit und Glück haben ihren Teil dazu beigetragen. Als ich mit der Arbeit begann, gab es kaum neueres Sekundärmaterial; jetzt gibt es eine ganze Menge. Besonders froh bin ich über die neuen Bücher meiner Freunde Lorraine Daston, Ted Porter und Stephen Stigler sowie über die früheren Bücher von William Coleman und Donald MacKenzie. Wir haben alle an einem Kollektiv teilgenommen, das von Lorenz Krüger inspiriert und geleitet wurde. Die gemeinsame Arbeit dieser Gruppe ist ebenfalls erschienen. Daher gibt es jetzt eine Reihe brillanter und oft endgültiger Darstellungen zu vielen Themen, die sich mit meinen überschneiden.[13] Sie haben es für mich überflüssig gemacht, viele Dinge zu untersuchen. Und abgesehen von spezifischen Geschichten gibt es auch Punkte von grosser Allgemeinheit, die ich mir erlaubt habe, im Lichte dieser kollektiven Arbeit zu übergehen. Ein weiterer Vorzug meiner geologischen Metapher ist zum Beispiel, dass die Erosion des Determinismus in den verschiedenen Gebieten sehr unterschiedlich schnell verlief. Es ist nicht ungewöhnlich, dass die am wenigsten deterministischen Disziplinen dem Indeterminismus am heftigsten widerstanden – die Wirtschaftswissenschaften sind ein typisches Beispiel dafür. Dieses Phänomen geht aus den einzelnen Studien der Forschungsgruppe hervor und wird in einer aktuellen Zusammenfassung einiger ihrer Ergebnisse noch deutlicher.[14]

Ich habe eine Reihe spezifischerer Themen erwähnt, die ich nur gestreift oder ganz vermieden habe: Menschen erfinden, Argumentationsstile, grosse Wissenschaftler, Philosophen, mathematische Wahrscheinlichkeiten. Aber es gibt noch eine weitere Auslassung. Ich schreibe über die Zähmung des Zufalls, d.h. über die Art und Weise, wie scheinbar zufällige oder unregelmässige Ereignisse unter die Kontrolle von Natur- oder Sozialgesetzen gebracht wurden. Die Welt wurde nicht zufälliger, sondern viel weniger zufällig. Der Zufall, der einst der Aberglaube des gemeinen Volkes war, wurde zum Kernstück der Natur- und Sozialwissenschaften, zumindest wird dies den vornehm und rational denkenden Menschen weisgemacht. Aber wie kann der Zufall jemals gezähmt werden? Parallel zu der Zähmung des Zufalls, von der ich spreche, entstand eine selbstbewusste Vorstellung von reiner Unregelmässigkeit, von etwas Wilderem als den Arten des Zufalls, die vom Zeitalter der Vernunft ausgeschlossen worden waren. Es erinnerte zum Teil an etwas Altes oder Überkommenes. Sie blickte auch in die Zukunft, zu neuen und oft dunkleren Visionen der Person als die, die ich weiter unten bespreche. Ihr leidenschaftlichster Vertreter war Nietzsche. Ihr subtilster und vielschichtiger Ausdruck war Mallarmés Gedicht «Un Coup de dés».[15] Das grafische Werk, dessen Worte mehr angezeigt als gedruckt werden, beginnt mit der Aussage, dass wir «NIEMALS … den Zufall auslöschen werden». Die Bilder zeigen einen Schiffbruch, einen Piloten, dessen exakte mathematische Navigation fehlschlägt. Aber die letzte Seite ist ein Bild des Himmels, in dessen Mitte das Wort «Sternbild» steht. Die letzten Worte lauten: «Une pensée émet un coup de dés» («Ein Gedanke würfelt»), Worte, die vom Gedicht selbst sprechen und die, obwohl sie sich nicht vorstellen, den Zufall zu zähmen, versuchen, ihn zu überwinden.

• 1 F. Galton: *Natural Inheritance,* London 1889, S. 66.
• 2 W. Wundt: *Beiträge zur Theorie der Sinneswahrnehmung,* Berlin 1862, S. xxvi.
• 3 Ich diskutierte diese erstmals in «Making up People», in: T. Heller u.a. (Hg.), *Reconstructing Individualism,* Stanford 1986, S. 222–236. Vgl. auch: «Biopower and the Avalanche of Printed Numbers», *Humanities in Society* 5 (1982), S. 279–295. Für wesentlich detailliertere Darstellungen siehe auch Alain Desrosières und Laurent Thevenot: *Les Catégories socio-professionnelles,* Paris 1988; S.R.S. Szreter, «The Genesis of the Registrar-General's Social Classification of Occupations», *The British Journal of Sociology* 35 (1986): S. 522–545.
• 4 T.S. Kuhn, «The Function of Measurement in Modern Physical Science» (1961), in: ders., *The Essential Tension,* Chicago 1977, S. 220.
• 5 Ian Hacking, «Styles of Reasoning», in: J. Rajchman und C. West (Hg.), *Postanalytic Philosophy,* New York 1985, S. 145–164; hierbei handelt es sich um eine erweiterte Version von «Language, Truth and Reason», in: M. Hollis und S. Lukes (Hg.), *Rationality and Relativism,* Oxford 1983, S. 48–66. Ich habe im Jahr 1980 die Rohfassung von A.C. Crombies *Styles of Scientific Thinking in the European Tradition* gelesen. Ich hoffe, eine publizierte Version alsbald lesen zu dürfen. (Anm. d. Übers.: Das Werk von Crombie erschien schliesslich in drei Bänden im Jahr 1994 unter dem Titel *Styles of Scientific Thinking in the European Tradition: The History of Argument and Explanation Especially in the Mathematical and Biomedical Sciences and Arts,* London 1994).
• 6 Diese Auflistung entstammt A.C. Crombie, «Philosophical Presuppositions and Shifting Interpretations of Galileo», in: J. Hintikka u.a. (Hg.), *Theory Change, Ancient Axiomatics and Galileo's Methodology,* Dordrecht 1981, S. 284.
• 7 William H. Kruskal und Frederick Mosteller, «Representative Sampling. I. Non-scientific Literature», *International Statistical Review* 47 (1979), S. 13–24; «II. Scientific Literature, Excluding Statistics», ebd., S. 111–127; «III. The Current Statistical Literature», ebd., S. 245–265; «IV. The History of the Concept in Statistics», ebd., 48 (1980), S. 169–195.
• 8 Alain Desrosières, «The Part in Relation to the Whole: How to Generalize? The Prehistory of Representative Sampling», in: M. Bulmer u.a. (Hg.), *The Social Survey in Historical Perspective,* Cambridge 1989.
• 9 I.J. Good, «Changing Concepts of Chance», eine Rezension von L. Krüger u.a. (Hg.), *The Probabilistic Revolution,* 2 Bde., Cambridge, Mass., 1987, in: *Nature* 332 (1988), S. 406.
• 10 Ian Hacking: *The Emergence of Probability,* Cambridge 1975. «Die Person, die wir Hume nennen, war der Untersuchungsgegenstand des letzten Kapitels dieses Buches. Seine Rolle war jedoch gänzlich anders als jene von Peirce heute. Leibniz war damaliger Zeuge, heute ist es Peirce.»
• 11 D. Garber und S. Zabell, «On the Emergence of

Probability», *Archive for History of Exact Sciences* 21 (1979), S. 33–53. Vergleiche auch das erste Kapitel in L. Dastons *Classical Probability*.

• 12 Ian Hacking, «From the Emergence of Probability to the Erosion of Determinism», in: J. Hintikka u.a. (Hg.), *Probability, Thermodynamics and the History of Science*, Dordrecht 1981, S. 105–223. Hier tritt meine Schuld gegenüber Michel Foucault noch stärker hervor, wie in *The Emergence of Probability*. Im vorliegenden Buch greife ich ebenso auf Foucault zurück. Das leitende Thema von *Emergence* ist entfaltet im dritten Teil der «Five Parables» in: R. Rorty, J. Schneewind und Q. Skinner (Hg.), *Philosophy in Context*, Cambridge 1984, S. 103–124. Eine vergleichbare Rolle spielt «Two Ways for the Philosopher to Use the History of Knowledge» in: *New Literary History* (1990) für dieses Buch. Für einen früheren Entwurf siehe: «How should we do the History of Statistics?», *I & C* 8 (1981), S. 15–26.

• 13 William Coleman: *Death as a Social Disease*, Madison, Wis., 1981; Lorraine Daston: *Classical Probability in the Enlightenment*, Princeton 1988; L. Krüger u.a.: *The Probabilistic Revolution* (wie Anm. 9); Donald MacKenzie: *Statistics in Britain, 1865–1930: The Social Construction of Scientific Knowledge*, Edinburgh 1981; Theodore M. Porter: *The Rise of Statistical Thinking 1820–1900*, Princeton 1986; Stephen M. Stigler: *The History of Statistics: The Measurement of Uncertainty before 1900*, Cambridge, Mass., 1986.

• 14 Gerd Gigerenzer u.a. (Hg.): *The Empire of Chance: How Probability Changed Science and Everyday Life*, Cambridge 1989.

• 15 Mallarmés «Un Coup de dés jamais n'abolira le hasard» wurde in *Cosmopolis* im Jahr 1897 veröffentlicht. Seine typografischen Anweisungen wurden jedoch erst im Druck von 1927 vollständig befolgt. Wo ich dieses Werk zitiere, beziehe ich mich auf die Übersetzung von Brian Coffley, «Dice Thrown Never Will Annul Chance», Dublin 1965.

KAPITEL 2

DIE DOKTRIN DER NOTWENDIGKEIT

1892 schlug der ikonoklastische amerikanische Philosoph C.S. Peirce vor, «den allgemeinen Glauben zu untersuchen, dass jede einzelne Tatsache im Universum durch ein Gesetz bestimmt ist».[1] «Der fragliche Satz» – er nannte ihn die Doktrin der Notwendigkeit – «ist, dass der Zustand der Dinge, der zu irgendeiner Zeit besteht, zusammen mit bestimmten unveränderlichen Gesetzen den Zustand der Dinge zu jeder anderen Zeit vollständig bestimmt.» Seine Untersuchung war bissig. Am Ende sagte er: «Ich glaube, dass ich damit alle wichtigen Gründe für das Festhalten an der Theorie der universellen Notwendigkeit einer fairen Prüfung unterzogen und ihre Nichtigkeit aufgezeigt habe.»[2] Das war nur der negative Anfang. Peirce behauptete positiv, dass die Welt irreduzibel zufällig ist. Die scheinbar universellen Gesetze, die den Ruhm der Naturwissenschaften ausmachen, sind ein Nebenprodukt des Zufalls.

Peirce ritt auf dem Rücken einer antideterministischen Welle. Wie so oft bei jemandem, der für seine Zeit spricht, hielt er sich für alleinstehend. «Die Lehre von der Notwendigkeit war noch nie so sehr in Mode wie jetzt.» Er warnte davor, anzunehmen, «dass dies eine Lehre ist, die überall und zu allen Zeiten von allen vernünftigen Menschen akzeptiert wird». Dennoch musste er in die ferne Vergangenheit zurückblicken, um Menschen zu finden, mit denen er übereinstimmte. Die Philosophie des Epikur und die wirbelnden Atome des Lukrez waren seiner Meinung nach die Vorläufer der statistischen Mechanik von Maxwell, Boltzmann und Gibbs. Er hatte mehr Verbündete, als er dachte, aber er hatte recht, wenn er meinte, dass seine Auseinandersetzung mit der Lehre von der Notwendigkeit im 18. Jahrhundert undenkbar gewesen wäre. Für ein Vorher-Nachher-Porträt müssen wir Peirce zwangsläufig mit dem grössten Wahrscheinlichkeitsmathematiker, Laplace, dem Autor der klassischen Erklärung der Notwendigkeit, vergleichen. Alle Ereignisse, auch solche, die aufgrund ihrer Unbedeutsamkeit nicht den grossen Naturgesetzen zu folgen scheinen, sind ebenso notwendigerweise ein Ergebnis davon wie die Umdrehungen der Sonne.[3] Mit diesen Worten eröffnete Laplace seinen *Philosophical Essay on Probabilities*, ein Text, der auf seine Einführungsvorlesungen an der Ecole Polytechnique im Jahr 1795 zurückgeht.[4]

> Gäbe es für einen Augenblick eine Intelligenz, die alle Kräfte, von denen die Natur beseelt

> ist, und die jeweilige Situation der Wesen, aus denen sie besteht, erfassen könnte – eine Intelligenz, die gross genug wäre, um diese Daten einer Analyse zu unterziehen –, so würde sie die Bewegungen der grössten Körper des Universums und die des leichtesten Atoms auf die gleiche Formel bringen; für sie wäre nichts ungewiss, und die Zukunft wäre für sie ebenso präsent wie die Vergangenheit.[5]

Die Philosophen waren sich mit dem grossen Physiker völlig einig. In seinen *Grundlagen der Metaphysik der Sitten* hielt Kant es für einen Gemeinplatz, dass es «notwendig ist, dass alles, was geschieht, unerbittlich durch Naturgesetze bestimmt ist».[6]

Der freie Wille wurde durch den Konflikt zwischen Notwendigkeit und menschlicher Verantwortung zu einem drängenden Problem. Eine Lösung folgte im Grossen und Ganzen den Gedanken von Descartes, der davon ausging, dass es zwei grundsätzlich verschiedene Substanzen gibt, nämlich Geist und Körper, oder die denkende Substanz im Gegensatz zur räumlich ausgedehnten Substanz. Alles, was mit der räumlichen Substanz geschieht, ist unerbittlich durch ein Gesetz bestimmt. Daher sind alle raum-zeitlichen Phänomene notwendigerweise determiniert. Das könnte Raum für die menschliche Freiheit lassen, solange sie geistig ist. Kants Darstellung der menschlichen Autonomie war eine ausgefeilte Version davon. Die beiden Substanzen, die räumliche und die geistige, wurden durch zwei Welten ersetzt, eine wissbare und eine nicht wissbare. Das freie Selbst wohnt in einem unerkennbaren Reich der Noumina. Kant war so überzeugt von der Notwendigkeit, dass er ein ganz anderes Universum erfinden musste, in dem der freie Wille eine Rolle spielen konnte. Selbst diese Welt entkam nicht der Universalität, der Begleiterscheinung der Notwendigkeit im phänomenalen Bereich: Die einzigen Prinzipien, die rationale Wesen leiten können, müssen selbst universal sein, genau wie die Naturgesetze.

Welche Rolle könnte der Zufall in der deterministischen Welt der Phänomene spielen? Es gab schon immer viele Vorschläge. Es gab die seit Langem bestehende Vorstellung von sich kreuzenden Kausallinien. Nehmen wir an, Sie und ich treffen uns *zufällig* auf dem Markt. Es mag eine kausale Geschichte darüber geben, warum ich um zehn nach neun morgens auf dem Markt bin und Melonen kaufe. Eine andere, aber ebenso kausale Geschichte wird erklären, warum Sie um diese Zeit dort sind und Pfirsiche kaufen. Da die beiden Ursachenkomplexe zusammen bewirken, dass sich unsere Wege um 9:10 Uhr kreuzen, war an unserem Treffen nichts *Unbestimmtes*. Wir nennen es Zufall, aber nicht, weil das Ereignis ohne Ursache war. Der Zufall ist ein blosser Anschein, das Ergebnis sich kreuzender Kausallinien. Diese gesichtswahrende, notwendigkeitssparende Idee wurde immer wieder vorgeschlagen, zum Beispiel von Aristoteles, von Aquin und von dem

Wahrscheinlichkeitsforscher A.A. Cournot aus dem 19. Jahrhundert.[7]

Die Wahrscheinlichkeitslehrbücher waren philosophisch weniger subtil, aber auch sie stellten keine Bedrohung für die Notwendigkeit dar. Vor Laplace war das beste Buch Abraham De Moivres *The Doctrine of Chances*. Sie erlebte drei Auflagen, 1711, 1738 und 1756. De Moivres grundlegende Wahrscheinlichkeiten waren gleichwertige Ergebnisse auf der Grundlage einer Art physikalischer Gegebenheiten. Alles, was geschah, war durch die physikalischen Eigenschaften des Aufbaus bestimmt, auch wenn wir sie nicht kannten. Jede andere Vorstellung von Zufall ist verrucht:

> Der *Zufall* ist in atheistischen Schriften oder Reden ein völlig unbedeutender Klang: Er hat nichts mit irgendeinem *Modus der Existenz* zu tun, auch nicht mit der *Existenz* selbst, genauso wenig wie mit der *Nichtexistenz*. Er kann weder definiert noch verstanden werden, noch kann man irgendeinen Satz über ihn behaupten oder leugnen, mit Ausnahme des Satzes, dass er ein blosses Wort ist.[8]

Dieser Absatz erschien, als Hume gerade seinen *Treatise of Human Nature* fertigstellte. Was der fromme De Moivre als atheistisch verurteilt hatte, tat Hume als vulgär ab: «tis commonly allowed by philosophers that what the vulgar call chance is nothing but a secret and concealed cause».[9] Später, in seiner *Enquiry Concerning Human Understanding*, verwendete er ausdrücklich De Moivres Ausspruch, dass der Zufall ein blosses Wort sei:

> Es ist allgemein anerkannt, dass nichts ohne eine Ursache für seine Existenz existiert, und dass der Zufall, wenn man ihn genau betrachtet, ein rein negatives Wort ist und keine wirkliche Kraft bezeichnet, die irgendwo in der Natur ein Wesen hat.[10]

Die atheistischen Schriftsteller von De Moivre und die vulgären Menschen von Hume hielten den Zufall für eine positive Kraft, zusammen mit Glück, Schicksal und dergleichen. Das war der einzige Raum, der für den Zufall übrigblieb, ein Raum, der der Vernunft zuwiderlief.

Hume mochte den Zufall nicht, aber würde Hume, der berühmte Skeptiker gegenüber Kausalität und Notwendigkeit, nicht auch die Lehre von der Notwendigkeit anzweifeln? Ganz und gar nicht.

> Es ist allgemein anerkannt, dass die Vorgänge der äusseren Körper notwendig sind und dass in der Kommunikation ihrer Bewegung, in ihrer Anziehung und gegenseitigen Kohäsion [es] nicht die geringsten Spuren von Gleichgültigkeit oder Freiheit [gibt]. Jedes Objekt ist durch ein absolutes Schicksal zu einem bestimmten Grad und einer bestimmten Richtung seiner Bewegung bestimmt … Die Handlungen der

> Materie sind daher als Instanzen notwendiger Handlungen zu betrachten.[11]

Vielleicht hat Hume die Saat des Zweifels am Determinismus gelegt: Warum beginnt jedes meiner Zitate mit «Tis commonly allowed», «It is universally allowed», «Tis universally acknowledged»? Legen diese Sätze die Verantwortung für die Überzeugungen anderer Philosophen auf die Schultern, anstatt Humes Zustimmung zum Ausdruck zu bringen? Aber was Hume ausdrücklich bezweifelte, war etwas anderes, nicht an der Realität der Notwendigkeit, sondern an unserem Wissen über sie. Er machte sich nur über die Behauptung lustig, das Innenleben der Natur zu kennen. Er war seinem Landsmann John Locke treu, dessen Essay besagte, dass das wahre Wesen der Dinge ihre «innere Verfassung» ist – aber der Mensch kann darüber niemals etwas wissen. Er bewunderte Robert Boyle, den «grossen Anhänger der mechanischen Philosophie, einer Theorie, die, indem sie einige Geheimnisse der Natur aufdeckt und uns erlaubt, uns den Rest vorzustellen, der natürlichen Eitelkeit und Neugier der Menschen so angenehm ist».[12] Newtons Genialität lag nicht nur in seiner Himmelsmechanik, sondern auch in der Feststellung, dass die Schwerkraft an sich unerkennbar ist. Auf diese Weise, so Hume weiter, machte Newton der eitlen Anmassung ein Ende: «Während er den Schleier von einigen der Geheimnisse der Natur zu lüften schien, zeigte er gleichzeitig die Unvollkommenheit der mechanischen Philosophie auf und brachte damit ihre letzten Geheimnisse wieder in jene Dunkelheit, in der sie immer waren und immer bleiben werden.»

Das «jemals getan hat und jemals tun wird» dieses ironischen Absatzes hat einen zutiefst skeptischen Klang, den nur wenige Physiker wiedergeben würden. Laplace war optimistisch. Aus Unwissenheit mögen wir auf endgültige Ursachen oder den Zufall zurückgegriffen haben, «aber solche imaginären Ursachen sind mit der Erweiterung der Grenzen des Wissens allmählich zurückgetreten und verschwinden völlig vor der gesunden Philosophie, die in ihnen nur den Ausdruck unserer Unwissenheit über die wahren Ursachen sieht».[13]

Nicht jeder war mit der gesunden Philosophie der Physik einverstanden. Xavier Bichat, der eine Strasse weiter an der Ecole de Médecine lehrte, warnte seine Schüler: «Es gibt in der Natur zwei Klassen von Wesen, zwei Klassen von Eigenschaften und zwei Klassen von Wissenschaften. Die Wesen sind entweder organisch oder anorganisch, die Eigenschaften vital oder nicht-vital und die Wissenschaften entweder physiologisch oder physikalisch.»[14]

Bichat postulierte ein Reich der lebendigen organischen Materie. Die Laplace-Geschichte gilt nur für die Naturwissenschaften und die anorganische Materie. «Physikalische Gesetze sind konstant, unveränderlich», schrieb Bichat, aber physiologische Gesetze sind es nicht. Physikalische Phänomene «können folglich vorhergesehen, vorhergesagt und berechnet werden. Wir berechnen den Fall eines schweren Körpers, die Bewegung der Planeten, den Lauf eines Flusses, die Flugbahn eines Geschosses usw. Wenn wir die Regel einmal gefunden haben, müssen wir sie nur noch auf jeden einzelnen Fall anwenden.»[15] Das organische Leben ist ganz anders:

> [A]lle lebenswichtigen Funktionen sind zahlreichen Variationen unterworfen. Sie weichen häufig von ihrem natürlichen Zustand ab. Sie widersetzen sich jeder Art von Berechnung, denn es wären so viele verschiedene Regeln notwendig, wie es verschiedene Fälle gibt. Es ist unmöglich, irgendetwas in Bezug auf ihre Phänomene vorherzusehen, vorherzusagen oder zu berechnen; wir haben nur Annäherungen an sie, und selbst diese sind sehr unsicher.

Selbst eine höchste Intelligenz könnte den zukünftigen Zustand eines vitalen Organismus nicht berechnen. Ein allwissender Schöpfer könnte den Verlauf des Lebens vorhersagen, aber nicht, indem er ein universelles Gesetz auf einige Randbedingungen anwendet. Ereignisse in einem Organismus werden verursacht, aber jede Ursache muss besonders und eigenartig sein. Jede vorausgehende Bedingung ist einzigartig, und das gilt auch für ihre Wirkung.

Bichats Doktrin weicht von der Doktrin der Notwendigkeit, wie sie von Peirce definiert wurde, ab. Bichat war nicht der Meinung, dass jede einzelne Tatsache im Universum durch ein Gesetz bestimmt ist (es sei denn, man trivialisiert die Lehre, indem man von Fall zu Fall ein spezielles Gesetz für jedes einzelne Ereignis aufstellt). Seine Ablehnung des Gesetzes war jedoch keine Ablehnung von Ordnung oder Kausalität. Er liess keinen Platz für den Zufall. Nicht reduzierbare Wahrscheinlichkeiten waren dem Schema von Bichat ebenso fremd wie dem von Laplace. Die Aushöhlung des Determinismus ist auch nicht als eine Art Mutation von Bichats Vitalismus zu sehen. Im Gegenteil, die organischen Philosophien waren ziemlich resistent gegen den Zufall. Der Zufall arbeitete sich allmählich in die Risse und Spalten des Gesteins der physikalischen Gesetze ein, aber er fand keinen Platz in der lebenden Materie, bis der Vitalismus weitgehend diskreditiert war.

Das soll nicht heissen, dass die Erosion des Determinismus nichts mit dem Leben zu tun hatte. Sie hatte alles mit dem Leben zu tun: mit lebenden Menschen. Lebende Menschen werden nicht als vitale organische Einheiten betrachtet, sondern als soziale Atome, die sozialen Gesetzen unterliegen. Diese Gesetze erweisen sich als statistischer Charakter. Sie konnten nur dann als statistisch angesehen werden, wenn es buchstäblich Statistiken gab. Eine Statistik kann es nur geben, wenn die Menschen sich selbst zählen wollen und die Mittel dazu haben. Wenden wir uns also dem Zählen zu. Zunächst werde ich mich mit dem Zählen befassen, das zu Lebzeiten von Hume und Kant existierte. Es gab im Wesentlichen zwei Arten von Zählungen: geheime und offizielle oder öffentliche, aber amateurhafte. Für einen aufmerksamen Beobachter wie Kant reichten die von Amateuren verbreiteten Zahlen in Verbindung mit den verfügbaren öffentlichen Aufzeichnungen aus. Gerade als er die Grundlagen der *Metaphysik der Sitten* fertiggestellt hatte, erhielt er den ersten Teil von Herders Buch über die Idee der Geschichte.[16] Er kombinierte dies mit der aktuellen Lektüre populärer deutscher Statistiken und schrieb einen kleinen Essay über die Idee der Universalgeschichte. Es begann damit:

> Was man sich auch in metaphysischer Absicht für einen Begriff von der Freiheit des Willens machen mag: so sind doch die Erscheinungen desselben, die menschlichen Handlungen, eben so wohl als jede andere Naturbegebenheit nach allgemeinen Naturgesetzen bestimmt. Die Geschichte, welche sich mit der Erzählung dieser Erscheinungen beschäftigt, so tief auch deren Ursachen verborgen sein mögen, läßt dennoch von sich hoffen: daß, wenn sie das Spiel der Freiheit des menschlichen Willens im Großen betrachtet, sie einen regelmäßigen Gang derselben entdecken könne; und daß auf die Art, was an

einzelnen Subjecten verwickelt und regellos in die Augen fällt, an der ganzen Gattung doch als eine stetig fortgehende, obgleich langsame Entwickelung der ursprünglichen Anlagen derselben werde erkannt werden können. So scheinen die Ehen, die daher kommenden Geburten und das Sterben, da der freie Wille des Menschen auf sie so großen Einfluß hat, keiner Regel unterworfen zu sein, nach welcher man die Zahl derselben zum voraus durch Rechnung bestimmen könne; und doch beweisen die jährlichen Tafeln derselben in großen Ländern, daß sie eben so wohl nach beständigen Naturgesetzen geschehen, als die so unbeständigen Witterungen, … .[17]

• 1 C.S. Peirce, «The Doctrine of Necessity Examined», *The Monist 2 (1892); Collected Papers of Charles Sanders Peirce*, Cambridge, Mass., 1931–1958, S. 6, 28.
• 2 Ebd., S. 45.
• 3 P.S. de Laplace: *Essai philosophique sur les probabilités*, Paris 1814, übersetzt von F.W. Truscott und F.L. Emory: *A Philosophical Essay on Probabilities*, New York 1951, S. 3.
• 4 C.C. Gillespie, «Mémoires inédits ou anonymes de Laplace sur la théorie des erreurs, les polynômes des Legendre, et al. Philosophie des probabilités», *Revue d'histoire des sciences* 32 (1979), S. 223–279.
• 5 Laplace, *Essay* (wie Anm. 3), S. 4.
• 6 I. Kant: *Grundlegung zur Metaphysik der Sitten* (1785), hg. von P. Menzer, *Kants Gesammelte Schriften* Berlin 1903, Erste Abteilung 4, S. 449.
• 7 M. Julienne Junkersfeld: *The Aristotelian Thomistic Concept of Chance*, Notre Dame, Ind., 1945.
• 8 A. De Moivre: *The Doctrine of Chances*, London 1738, S. 241.
• 9 D. Hume: *A Treatise of Human Nature*, London 1739, hg. von L.A. Selby-Bigge, Oxford 1888, S. 130.
• 10 D. Hume: *Enquiries Concerning Human Understanding* (ursprünglich *Philosophical Essays* von 1748), hg. von L.A. Selby-Bigge, Oxford 1902, S. 95.
• 11 Hume, *Treatise* (wie Anm. 9), S. 399 f.
• 12 D. Hume, *The History of Great Britain*, London 1757, S. 2, 452. (Kap. LXII; die letzten beiden Bände dessen, was allgemein als Humes «Geschichte Englands» bezeichnet oder nachgedruckt wird, hiessen *History of Great Britain*, da sie sich mit der Nation nach der Vereinigung beschäftigten.)
• 13 Laplace, *Essay* (wie Anm. 3), S. 3
• 14 X. Bichat: *Anatomie générale appliquée à la médecine*, Paris 1801, S. xxxv.
• 15 Ebd., S. liii.
• 16 J.G. Herder: *Ideen zur Philosophie der Menschheit*, Riga 1784.
• 17 I. Kant, «Idee zu einer allgemeinen Geschichte in weltbürgerlicher Absicht», *Berlinische Monatsschrift*, November 1784, S. 385–411, hier zit. nach https://www.projekt-gutenberg.org/kant/absicht/Kapitel1.html (Zugriff: 27.4.2023).

KAPITEL 3

ÖFFENTLICHE AMATEURE, GEHEIME BÜROKRATEN

Trient, 11. September 1786
Dabei kann ich mich trösten, daß in unsern statistischen Zeiten dies alles wohl schon gedruckt ist und man sich gelegentlich davon aus Büchern unterrichten kann.

Edinburgh, 1. Januar 1798
Viele Leute waren zunächst überrascht, dass ich die Worte *Statistik* und *statistische* … Während einer ausgedehnten Reise durch die nördlichen Teile Europas, die ich 1786 unternahm, stellte ich fest, dass man in Deutschland eine Art von politischer Untersuchung betrieb, der man den Namen *Statistik* gab. Unter Statistik versteht man in Deutschland eine Untersuchung, die dazu dient, die politische Stärke eines Landes zu ermitteln, oder Fragen, die den Staat betreffen. Die Idee, die ich dem Begriff beigefügt habe, ist hingegen eine Untersuchung des Zustands eines Landes, die dazu dient, *das Mass an Glück, das seine Bewohner geniessen, und die Mittel zu seiner künftigen Verbesserung festzustellen.*[1*]

*Goethe zu Beginn seiner italienischen Reise. Sir John Sinclair bei der Fertigstellung seines Statistischen Berichts über Schottland. Goethe und Sinclair reisten fast genau zur gleichen Zeit.

Jeder Staat, ob glücklich oder unglücklich, war auf seine eigene Weise statistisch. Die italienischen Städte, die Erfinder des modernen Staatskonzepts, führten lange vor allen anderen in Europa aufwendige statistische Erhebungen und Berichte durch. Schweden organisierte seine Pfarrer, um die besten Daten über Geburten und Sterbefälle der Welt zu sammeln. Frankreich, die Nation der Physiokraten und Probabilisten, schuf in der napoleonischen Ära eine Bürokratie, die sich an der Spitze innovativen statistischen Untersuchungen widmete, in den Provinzen aber eher an vorrevolutionären Strukturen und Klassifizierungen festhielt. Die Engländer führten 1662 die «politische Arithmetik» ein, als John Graunt aus den jahrhundertealten wöchentlichen Mortalitätsstatistiken der Stadt London demografische Schlüsse zog. England war das Mutterland der Versicherungen für Schifffahrt und Handel. In England entstanden viele andere Arten von Versicherungen zum Schutz vor Unwägbarkeiten des Lebens oder der Krankheit, doch das Zahlenmaterial war ein Mischmasch aus Genie und Stümperei.

Visionäre, Buchhalter und Generäle haben in vielen Zeiten und an vielen Orten Volkszählungen geplant. Die Volkszählungen der italienischen Stadtstaaten liefern den Historikern heute eine Fülle von Informationen. In der Neuzeit war eine Volkszählung jedoch eher eine Angelegenheit von

Kolonien als von Heimatländern. Die Spanier führten 1548 eine Volkszählung in Peru durch und 1576 in ihren nordamerikanischen Besitzungen. In Virginia wurden 1642 – 1645 und ein Jahrzehnt später Volkszählungen durchgeführt. Regelmässige, wiederholte moderne Volkszählungen wurden vielleicht zum ersten Mal in Acadie und Kanada (heute die Provinzen Nova Scotia und Québec) in den 1660er-Jahren durchgeführt. Colbert, der französische Finanzminister, hatte alle seine Regionen angewiesen, dies zu tun, aber nur Neufrankreich kam dem systematisch und pünktlich nach. Irland wurde unter der Leitung von William Petty vollständig nach Land, Gebäuden, Menschen und Vieh vermessen, um die Vergewaltigung dieser Nation durch die Engländer im Jahr 1679 zu erleichtern. Die Zuckerinseln der Karibik meldeten Bevölkerung und Exporte an ihre französischen, spanischen oder englischen Oberherren. New York machte 1698 eine Volkszählung, Connecticut 1756, Massachusetts 1764. Die Vereinigten Staaten nahmen die Forderung nach einer zehnjährlichen Volkszählung in den ersten Artikel ihrer Verfassung auf und setzten damit die koloniale Praxis fort und dehnten sie sogar noch aus, als das Imperium seinen Weg nach Westen, über den Kontinent und schliesslich bis zu den Philippinen nahm. Auf ihrem Weg nach Osten gaben sich die Briten die gleiche Mühe, ihre Untertanen zu zählen. In Indien entstand eine der grossen statistischen Bürokratien, und später wurde es zu einem wichtigen Zentrum für theoretische und praktische Statistik. Es gibt also zu jeder nationalen und kolonialen Entwicklung eine Geschichte zu erzählen, und jede hat ihre eigene Note. Die ersten kanadischen Zählungen zum Beispiel waren möglich und genau, weil die Menschen zum Zeitpunkt der Volkszählung mitten im Winter nur wenige und eingefroren waren. Es gab auch ein dringenderes Problem als in irgendeiner Region des französischen Festlandes, denn während die Bevölkerung in Britisch-Nordamerika wuchs, war die Zahl der fruchtbaren französischen Familien in Kanada aufgrund des Mangels an jungen Frauen gering. In der Verfassung der Vereinigten Staaten von 1776 wurde eine Volkszählung gefordert, um die Kriegskosten aufzuteilen. Die spätere Verfassung ordnete eine Volkszählung alle zehn Jahre an, um eine gleichmässige Vertretung der Familien zu gewährleisten (als Zugeständnis an die südlichen Plantagen sollten die Schwarzen wie eine Person gezählt werden). Sechs oder sieben Jahrzehnte später bestanden diejenigen, die die Verfassung streng auslegten, darauf, dass bei einer Volkszählung keine Fragen gestellt werden durften, die nicht unmittelbar mit der Repräsentation zu tun hatten.

Niemand wird bezweifeln, dass jede Region, sobald sie das Zählen ernst nimmt, auf ihre eigene Weise statistisch wird. Stärkere Thesen stehen in den Startlöchern. So zeugen die Statistiken des

19. Jahrhunderts in jedem Staat von seinen Problemen, Wunden und nagenden Krebsgeschwüren. Frankreich war besessen von der Entartung, seiner Interpretation der rückläufigen Geburtenrate.[2] Die grosse Krise der Volkszählung in den Vereinigten Staaten ereignete sich nach 1840, als der Anschein erweckt wurde, der Norden sei voller verrückter Schwarzer, während die Schwarzen im Süden gesund und munter seien – ein starker Beweis dafür, was gut für sie war.[3] Kapitel 22 trägt den Titel «Ein Kapitel aus der preussischen Statistik», eine Formulierung aus einem Pamphlet von 1880. Es geht um Antisemitismus.

Ein Überblick über auch nur eine einzige nationale Statistik wäre entweder oberflächlich oder umfangreich. In jedem Fall wäre es eine übermässige Vorbereitung auf die Lektüre der Zählungen des 19. Jahrhunderts. Aber aus Angst, dass wir uns auf die Lawine der gedruckten Zahlen nach 1820 oder so fixieren, werde ich mit einem regionalen Beispiel aus einer früheren Zeit beginnen. Ich habe das letzte Kapitel mit einem Zitat von Kant aus dem Jahr 1784 beendet. Er schrieb über die jährlichen Sterbe-, Geburten- und Heiratsregister, die «den Gesetzen der Natur» entsprechen. Zu Beginn dieses Kapitels habe ich Goethe zitiert, der 1786 von «unseren statistischen Zeiten» sprach. Ich werde die deutschsprachige Welt, insbesondere Preussen, als Beispiel für diese Zeit nehmen. Graunt und die Engländer begannen mit dem öffentlichen Gebrauch von Statistiken. Die Völker auf der italienischen Halbinsel und anderswo hatten den modernen Begriff des Staates propagiert. Aber es waren deutsche Denker und Staatsmänner, die die Idee ins Bewusstsein brachten, dass der Nationalstaat im Wesentlichen durch seine Statistiken gekennzeichnet ist und daher ein statistisches Amt benötigt, um sich selbst und seine Macht zu definieren.

Leibniz, mein Lieblingszeuge für das Aufkommen der Wahrscheinlichkeit im 17. Jahrhundert, war der philosophische Pate der preussischen amtlichen Statistik. Seine wesentlichen Prämissen waren: dass ein preussischer Staat ins Leben gerufen werden sollte, dass das wahre Mass für die Macht eines Staates seine Bevölkerung ist und dass der Staat ein zentrales statistisches Amt haben sollte, um seine Macht zu kennen. Daher muss ein neuer preussischer Staat mit der Gründung eines statistischen Amtes beginnen.

> Er formulierte diese Idee eines zentralen statistischen Amtes um 1685, ein paar Jahre nachdem William Petty die gleiche Empfehlung für England ausgesprochen hatte.[4]

Leibniz war der Ansicht, dass ein zentrales Amt den verschiedenen Zweigen der Verwaltung dienen sollte: Militär, Zivil, Bergbau, Forstwirtschaft und Polizei. Es würde ein zentrales Register der Sterbefälle, Taufen und Eheschliessungen führen.

Damit konnte man die Bevölkerung schätzen und somit die Macht eines Staates messen. Eine vollständige Zählung wurde noch nicht als praktikabel erachtet. Die Bevölkerung eines Landes, im Gegensatz zu einer ummauerten Stadt oder einer Kolonie, war damals noch keine messbare Grösse. Nur Institutionen konnten sie zu einer solchen machen.

Leibniz hatte ein lebhaftes Interesse an statistischen Fragen aller Art und führte einen regen Briefwechsel zu Themen wie Krankheit, Tod und Bevölkerung. Er schlug eine Bewertung eines Staates in 56 Kategorien vor, die die Anzahl der Menschen nach Geschlecht, sozialem Status, die Anzahl der waffenfähigen Männer, die Anzahl der heiratsfähigen Frauen, die Bevölkerungsdichte und Altersverteilung, die Kindersterblichkeit, die Lebenserwartung, die Verteilung von Krankheiten und Todesursachen umfassen sollte.[5] Wie so viele von Leibniz' Plänen war eine solche Aufstellung Zukunftsforschung, die längst zur Routine geworden ist.

Leibniz führte diese Stränge in einem Memorandum vom 17. August 1700 zusammen. Prinz Friedrich von Preussen wollte König eines vereinigten Brandenburgs und Preussens werden, und Leibniz drängte auf sein Anliegen. Das Argument ist sehr zukunftsorientiert. Ein Königreich muss eine lebensfähige Einheit sein, und sein Kernland muss sein stärkster Teil sein. Das wahre Mass für Stärke ist die Zahl der Menschen, denn wo es Menschen gibt, gibt es auch Ressourcen, um die Bevölkerung zu ernähren und produktiv zu machen. Friedrichs Gegner hatten behauptet, dass Preussen nur einen kleinen Teil der Macht eines geplanten Brandenburg-Preussen stellen könne und dass der Herrscher daher kein Preusse sein sollte. Das, so entgegnete Leibniz, sei ein Irrtum. Nach den preussischen Geburtenregistern (ab 1683) wurden jedes Jahr 65'400 Menschen in der gesamten Region geboren, 22'680 in Preussen. Preussen war also lebenswichtig. Leibniz verwendete dann einen Multiplikator von 30, um abzuleiten, dass Brandenburg-Preussen 1'962'000 Einwohner hatte, also etwa zwei Millionen. Selbst England, das reich an Menschen war, konnte nur fünfeinhalb Millionen Einwohner vorweisen.[6]

Leibniz schrieb diesen Rat im Jahr 1700. Im nächsten Jahr wurde das Königreich Brandenburg-Preussen gegründet, allerdings, wie ein Historiker der preussischen Statistik es ausdrückte, mit einem königlichen Hof, aber keinem Staat.[7] Sicherlich gab es kein statistisches Amt. Die preussischen Zählungen begannen erst mit der Herrschaft von Friedrich Wilhelm I. (1713 – 1740), der für seine administrativen Fähigkeiten und seinen kontrollierten Militarismus berühmt war. Seine Beamten mussten erst einmal herausfinden, wie man zählt, denn die verfügbaren Zahlen waren weit weniger zuverlässig, als Leibniz' Rhetorik es hatte erscheinen lassen. Die Reorganisation erfolgte stückweise, beginnend mit einem System zur Registrierung von Geburten, Sterbefällen und Eheschliessungen in den vier (königlichen) Residenzstädten Brandenburg-Preussens. Im Jahr 1719 wurde ein gescheiterter Versuch unternommen, das gesamte Land aufzuzählen. Es wurde mit verschiedenen Meldesystemen experimentiert, und eine erste Zusammenfassung der Ergebnisse wurde am 3. März 1723 veröffentlicht. Bis 1730 wurden die Menschen offiziell in die folgenden neun Kategorien eingeteilt: Grundherren, Hausfrauen, männliche und weibliche Kinder, dann Haushaltsmitglieder, die als Gesellen, Knechte, Diener, Jugendliche und Mägde klassifiziert wurden. Die Rubriken blieben bestehen, aber die Unterklassifizierungen explodierten. Die Arbeiter wurden nach 24 Berufen klassifiziert, und für die wichtigsten Industriezweige wurden spezielle Kategorien geschaffen: Tuchmacher, Stoffmacher, Hutmacher, Strumpfmacher usw. Die Mengen an verarbeiteter Wolle wurden in die Tabellen eingepasst. Gebäude wurden akribisch sortiert (mit Ziegeln oder Stroh gedeckt, neu oder repariert, Scheunen oder verfallend), und Vieh, Land und Strassen wurden beschrieben. Zu welchem Zweck? Oft für die Besteuerung; daher die Art und Weise, wie die Gebäude klassifiziert wurden. Leibniz' Formulierung wurde regelmässig verwendet: die Macht des Staates bestimmen. Was könnten die Zahlen den Feinden verraten? Ein Dekret vom 2. Januar 1733 verbot die Veröffentlichung der Bevölkerungsliste. Sie wurde zu einem Staatsgeheimnis.

Wenn es einen Unterschied zwischen den offiziellen Statistiken des 18. und des 19. Jahrhunderts gibt, dann ist es der, dass das erste Jahrhundert Angst hatte, etwas zu enthüllen, während das zweite es liebte, es zu veröffentlichen. Eine Anekdote soll dies veranschaulichen. Der umtriebige Redakteur, Geograf und Reisende A.F. Busching veröffentlichte neben vielem anderen Material zwei Zeitschriften, die mit Informationen über die deutschen Staaten und ihre Nachbarn überfüllt waren. Die eine, eine «Zeitschrift für neue Geschichte und Geographie», wurde von 1762 bis 1793 kontinuierlich herausgegeben, die andere, eine «Wochenschrift», von 1773 bis 1787.[8] Als Busching Friedrich den Grossen um Hilfe bei der Koordinierung und Veröffentlichung von Informationen bat, die bereits in den königlichen Ministerien gesammelt worden waren, antwortete der König, dass er Busching nicht daran hindern würde, alles zu veröffentlichen, was er wisse. Aber weder der König noch seine Agenten machten einen Finger krumm, um ihm zu helfen, etwas herauszufinden.[9]

Eine lange Reihe von Privatpersonen wie Busching sammelte und veröffentlichte unzählige Zahlen. Es waren vor allem sie, auf die sich Goethe bezog, als er in seinem Reisebericht von 1786 von «unseren statistischen Zeiten» sprach. Reisebücher, an die man sich weniger gut erinnert als an das von Goethe, würden alles zählen. Nehmen Sie Johann Bernoullis Abenteuer in Brandenburg, Preussen, Pommern, Russland und Polen, etwa zur gleichen Zeit wie Goethes berühmtere Reise. Man könnte erwarten, dass ein Bernoulli anspruchsvoll mit Zahlen umgeht, aber das ist nicht der Fall. Wenn er einen Raum mit Gemälden alter Meister betrat, beschrieb er die Bilder nicht, sondern zückte seinen Zollstock und mass sie ab. Er erzählte dem Leser mehr über die (ganz und gar nicht aussergewöhnlichen) Grössen dieser Gemälde als darüber, was sie darstellen oder wer sie gemalt hat.[10] Der Inhalt jedes lokalen statistischen Nachrichtenblattes wurde ihm auf der Durchreise mitgeteilt. Er war schockiert, dass niemand in Warschau wusste, wie viele Menschen in der Stadt lebten, aber er war erleichtert, dass er eine Fussnote einfügen konnte, während das Werk im Druck war: Die Märzausgabe 1780 von Buschings Wochenblatt klärte die Angelegenheit auf.[11]

Das systematischste private statistische Unternehmen in Deutschland in der Mitte des 18. Jahrhunderts war die *Göttliche Ordnung* von J.P. Süssmilch. Es handelte sich dabei um eine äusserst detaillierte Studie über Geburten, Sterbefälle und das Geschlechterverhältnis, die das Wirken der Vorsehung offenbarte.[12] Er studierte akribisch Kirchenbücher und andere ungenutzte Daten und folgte dabei dem Vorbild des Engländers Graunt: «Alles, was man brauchte», um diese Art von Untersuchung zu beginnen, «war ein Kolumbus, der in seiner Untersuchung alter und bekannter Berichte weiter gehen sollte als andere. Dieser Kolumbus war Graunt.»[13]

Pastor Süssmilch war einer der besten Vertreter der Naturreligion, der Idee, dass die Vorkehrungen hier auf der Erde selbst die Existenz eines wohlwollenden Schöpfers beweisen.*[14]

*1766 veröffentlichte Süssmilch «einen Versuch zu beweisen, dass die erste Sprache nicht vom Menschen stammt, sondern im Gegenteil vom Schöpfer». Mit dem Nachdruck eines Noam Chomsky betonte er, dass der Mensch die Sprache im Prinzip nicht von Grund auf erfinden kann und dass er sie auch nicht als Säugling durch blosse empirische Verallgemeinerung der Worte seiner Eltern erwerben kann. Sprachliche Kompetenz ist eine angeborene Fähigkeit, ein Geschenk des Schöpfers. Diese These war so verblüffend, dass die Berliner Akademie ihren Preisaufsatz 1769 zum Thema des angeblich göttlichen Ursprungs der Sprache machte. Von den 19 Kandidaten erinnern wir uns nur an den Gewinner: J.G. Herder. Sein Aufsatz ist die Verkündung des neuen deutschen Verständnisses von Sprache als soziales und kulturelles Phänomen. Es handelt sich nicht, wie Hobbes es ausdrückte, um einen «geistigen Diskurs», der der Einfachheit halber in gesprochene Worte gegossen wird. Sie ist im Wesentlichen öffentlich. Obwohl Herder seinem Mentor J.G. Hamann viel zu verdanken hatte und der Triumph seiner Ansichten in der Arbeit seines Nachfolgers Wilhelm Humboldt lag, markiert dieser Preisaufsatz als Antwort auf Süssmilch einen grundlegenden Wandel im europäischen Denken: Die Sprache, die einst im Wesentlichen im Kopf stattfand, eine Angelegenheit des mentalen Diskurses, wurde von Natur aus gemeinschaftlich und öffentlich.

Auch hier folgte er den Engländern, denn die Anwendung der Geburtenraten auf die natürliche Theologie begann mit einer bizarren Wendung in der englischen politischen Arithmetik. Im Jahr 1710 hatte John Arbuthnot die göttliche Vorsehung anhand der konstanten Regelmässigkeit zwischen männlichen und weiblichen Geburten nachgewiesen. Es werden mehr Jungen als Mädchen geboren. Dies konnte nicht auf Zufall (d.h. gleiche Chancen) zurückzuführen sein, sondern musste von Gott arrangiert werden, um den Überschuss an jungen Männern auszugleichen, die auf See, im Krieg usw. getötet wurden.[15] Die Idee wurde durch die Boyle-Vorlesungen im ersten Jahrzehnt des 18. Jahrhunderts verbreitet, Vorlesungen, die dem Beweis der Existenz Gottes auf der Grundlage seiner Werke gewidmet waren.[16]

Süssmilchs demografische Theologie erschien in drei Ausgaben, 1741, 1747 und posthum 1775 / 76. Es war eine gewaltige Zusammenstellung von Fakten, die Kirchenbücher und Sterbestatistiken kombinierte. Die zweite Auflage von 1747 fand königliche Anerkennung; mit Verspätung wurde er am Ende seines Lebens in die Berliner Akademie gewählt. Sein immenses Buch enthielt viele direkte Moralpredigten. Die höhere Sterblichkeitsrate in den Städten wurde eher auf Sünde als auf schlechte Hygiene zurückgeführt. Aber es gab auch eine Menge Kommentare zur Bevölkerungspolitik. Die Heiratsrate und das Heiratsalter wurden als abhängig von der Verfügbarkeit von Ackerland betrachtet. Dies wiederum sollte die Fruchtbarkeit bestimmen. Er sagte schwankende Geburtenraten voraus. Wenn die Bevölkerung wächst, ist das Land weniger wertvoll, die Heirat wird aufgeschoben und die Geburtenrate sinkt. Aber zu gegebener Zeit gibt es einen Mangel an Arbeitskräften und Land ist besser verfügbar, sodass das Heiratsalter sinkt und die Geburtenrate steigt. Wenn wir den Siebenjährigen Krieg ausklammern, für den es keine statistischen Daten gab, traf diese Vorhersage auf die preussischen

Zahlen von der Zeit der ersten Auflage von Süssmilch bis 1800 zu. Natürlich setzt dieses Modell zahlreiche Einschränkungen voraus, wie z.B. eine vernachlässigbare (oder sich aufhebende) Zu- und Abwanderung und relativ geringe Veränderungen in der landwirtschaftlichen Technologie.

Süssmilch gehörte zu einer langen Reihe von Akteuren auf der Bühne dessen, was Michel Foucault eine Biopolitik nannte, «die umfassende Massnahmen, statistische Auswertungen und Interventionen hervorbrachte, die auf den gesamten sozialen Körper oder auf Gruppen als Ganzes abzielten».[17] Das paart sich mit einer Anatomiepolitik, die sich auf den Körper konzentriert, auf «biologische Prozesse: Fortpflanzung, Geburten und Sterblichkeit, Gesundheitszustand, Lebenserwartung und Langlebigkeit». Für Foucault handelt es sich dabei um «zwei Pole der Entwicklung, die durch ein ganzes Bündel von Zwischenbeziehungen miteinander verbunden sind». Die Unterscheidung zwischen dem politischen Körper und dem Körper der Person hört sich gut an, aber tatsächlich sehe ich Foucaults Polarisierung in den Texten, die uns beschäftigen, nicht. Die statistischen Auswertungen von Süssmilch (der biopolitische Pol) richten sich genau auf die Vermehrung, die Geburten, die Sterblichkeit, die Gesundheit, die Lebenserwartung (der anatomopolitische Pol). Aber ganz gleich, wie wir Foucaults Polarisierung auffassen, die Biopolitik ist in irgendeiner Form seit dem 18. Jahrhundert oder früher in der westlichen Zivilisation weit verbreitet gewesen.

Das berühmteste Stück Biopolitik ist die Malthusianische Debatte. Diese entstand schon lange vor Malthus' Veröffentlichung im Jahr 1798, wie sein Untertitel deutlich macht: *With Remarks on the Speculations of Mr Godwin, M. Condorcet and Other Writers*. Sein berühmter Beweis, dass die Produktion arithmetisch zunimmt, während die Bevölkerung geometrisch wächst, führte jedoch zu einer Beschäftigung des 19. Jahrhunderts. Seine Schlussfolgerung lautete, dass die Armen auf eigene Gefahr wenige Kinder haben sollten. Karl Pearsons Eugenik präsentierte das gleiche Thema zu Beginn unseres Jahrhunderts, nicht um den Armen zu helfen, sondern um die Reichen zu retten.

Die Biopolitik weist das übliche Merkmal eines Risikoportfolios auf, nämlich dass fast zur gleichen Zeit entgegengesetzte Extreme als schreckliche Gefahren dargestellt werden (heute ist es der nukleare Winter oder der Treibhauseffekt).[18] Das «Bevölkerungsproblem» bezeichnet sowohl die Bevölkerungsexplosion anderer Völker als auch eine zu niedrige Geburtenrate des eigenen Volkes. Im 19. Jahrhundert waren in Frankreich die eigenen Leute Franzosen, die anderen Deutsche und Briten. In Preussen, wie in Kapitel 22 beschrieben, waren die anderen die Juden. Heute sind die anderen die Dritte Welt. Im spätviktorianischen England waren die anderen die arbeitenden Klassen.

Die deutsche Biopolitik begann ernsthaft nach dem Siebenjährigen Krieg 1757 – 1763, und hier ging es um Unterbevölkerung. Vielleicht ein Drittel der Bevölkerung war gestorben, und viele Regionen waren fast leer. Sie mussten kolonisiert werden, um das verwüstete Ackerland wiederherzustellen. Viele Merkmale der preussischen Statistik gehen auf dieses objektive Anliegen zurück, das durch die eifrige Verwaltung um ihrer selbst willen durch Friedrich den Grossen noch verstärkt wurde.

Eine Liste der Kategorien von Dingen, die während seiner Herrschaft gezählt wurden, erforderte sieben Seiten.[19] Viele waren *natürlich*, wie in jedem Agrarstaat zu erwarten, dessen wirtschaftliche Entwicklung mit der Preussens vergleichbar war. Aber es gab auch Eigenheiten. Erstens wurde der Bevölkerung eine grundlegende Unterscheidung auferlegt. Jede Person musste entweder zivil oder militärisch sein. Zum Militär gehörten nicht nur die Soldaten, sondern auch deren Angehörige und Bedienstete. Die Zivilliste wurde nach den oben erwähnten neun Rubriken sortiert, die Militärliste hatte fünf Unterteilungen. Diese Sortierung war von Dauer. Wenn wir uns die ausgezeichneten Jahrbücher ansehen, die vom preussischen Statistikamt in der zweiten Hälfte des 19. Jahrhunderts veröffentlicht wurden, finden wir die erste Einteilung der Bevölkerung: links das Militär, rechts die Zivilisten. Zuallererst waren Sie Zivilist oder Militär, dann waren Sie männlich oder weiblich,

Diener oder Herr, Mennonit oder Altkatholik. Es gab eine unausgesprochene Logik. Die Menschen wurden, wie es auch heute noch der Fall ist, nach geografischen Gebieten gezählt. Die Zivilbevölkerung blieb an einem Ort, während das Militär mobil war und in Garnisonen lebte. Militär und Zivilbevölkerung waren unterschiedliche Aspekte der nationalen Topografie. Aber in ganz Europa war es nur die preussische amtliche Statistik, die dies als ein erstes Prinzip für die Kennzeichnung der Bürger ansah, sogar grundlegender als ihr Geschlecht.

Eine zweite Neuerung begann 1745, wahrscheinlich als Antwort auf Fragen, die in der ersten Ausgabe von Süssmilchs Buch gestellt wurden. Wir finden die Anfänge von Tabellen für Einwanderung, Auswanderung, Nationalität und Rasse. Auf der zivilen Seite der Liste hatten die neun Grundkategorien eine Untertabelle für Menschen, die Wallonen, Franzosen, Böhmen, Salzburger oder Juden waren. Obwohl Ostpreussen Teil des Königreichs war, wurden Polen, Litauer, Letten usw. nicht erwähnt. Das lag zum einen daran, dass Ostpreussen gleichgültig verwaltet wurde, und zum anderen daran, dass es nicht an das eigentliche Preussen grenzte, sodass die Migration zwischen diesen beiden Teilen weniger einfach war als zwischen den anderen preussischen «Inseln» im Westen. Spezifische Fragen der Migration entwickelten sich nach und nach. Die schlesischen Städte begannen ab 1750 mit der Erfassung der

Bürgerbewegungen. Einige Tabellen mit Kolonisten wurden 1753 erstellt, aber ernsthaft wurden sie erst in der Wiederaufbauzeit nach 1763. Sie begannen 1768 in Minden, und bald umfassten die Tabellen das gesamte Königreich.

Die meisten Bezeichnungen für Minderheitengruppen waren lokal und willkürlich, die Ausnahme waren die Juden. Sie tauchen 1745 in den Tabellen auf, und zu diesem Zeitpunkt nicht als religiöse Gruppe. Bald sollte es eine völlig separate und regelmässige Zählung aller jüdischen Haushalte geben. Vollständige Tabellen, bekannt als *General-Judentabellen oder Provinzial-Judenfamilie-Listen*, wurden 1769 zu einem routinemässigen Bestandteil der preussischen Zahlen. Abgesehen von den Tabellen der Geburten, Eheschliessungen und Sterbefälle waren die offiziellen Statistiken privat, für die Augen des Königs und seiner Verwalter. Es gab natürlich alle Arten von Dokumentationen in Handelsangelegenheiten, aber auch diese folgten eher dem Muster der Personenzählung.[20] Sie liefen parallel zu den fleissigen Produktionen enthusiastischer Amateure, von denen Süssmilch und Busching zwei verschiedene Arten von Beispielen liefern. Die dritte Kraft in der deutschen Statistik war die «Universitätsstatistik», von der unser Fach angeblich seinen Namen hat.

Es ist unklar (und unwichtig), wie weit sich die Tradition der Universitätsstatistik zurückverfolgen lässt. Hermann Conring, der grosse Jenaer Professor für Politik und Geografie –, und Korrespondent von Leibniz zu diesen Themen –, soll fesselnde Vorlesungen über den wirtschaftlichen Zustand verschiedener Nationen gehalten haben und wird oft zu Recht als Begründer der «Universitätsstatistik» bezeichnet. Er nannte seine Vorlesungen *notitia statuum Germaniae*. Sein Nachfolger in Jena, B.G. Struve, hielt Vorlesungen über *de statu regni germanici* und dann über *notitia statuum Germaniae*. Martin Schmeitzel hatte an der gleichen Universität 1725 ein Collegium *politico-statisticum*.[21]

Wörter, auf die sich unser Wort «Statistik» stützen könnte, stammen kaum von diesen Professoren und haben wahrscheinlich einen besseren italienischen als einen deutschen Stammbaum. Aber es war zweifellos ein Göttinger Gelehrter, der das Wort «Statistik» prägte. Gottfried Achenwall betrachtete das, was er Statistik nannte, als die Sammlung «bemerkenswerter Tatsachen über den Zustand».[22] Der Nachfolger seines Lehrstuhls definierte die Statistik tapfer mit den Worten: «Geschichte ist laufende Statistik, Statistik ist stationäre Geschichte.» Die Göttinger Statistiker waren stark positivistisch geprägt:

> Streng genommen will man vom Statistiker nur Fakten; er ist nicht für die Erklärung von Ursachen und Wirkungen zuständig. Er muss jedoch oft Wirkungen aufgreifen, um zu zeigen, dass sein Faktum statistisch wichtig ist – und ausserdem wird seine Arbeit völlig trocken sein, wenn er ihr nicht an geeigneten

> Stellen etwas Leben und Interesse verleiht, indem er eine Mischung aus Geschichte, Ursache und Wirkung einführt.[23]

Die Arbeit dieser Männer war nur selten quantitativ. Sie lehnten die von Süssmilch vertretene Art der Zahlenakrobatik ab. Sie stehen damit für eine antinumerische und Anti-Mittelwert-Tradition, die von Zeit zu Zeit in unserer Geschichte auftaucht. Sie produzierten riesige Ausziehtabellen, aber hier fand man Beschreibungen des Klimas (zum Beispiel) häufiger als Messungen der Bewölkung. Trotzdem finde ich ein sehr beachtliches Kontinuum zwischen den historisch-politisch-wirtschaftlich-geografisch-topografisch-meteorologisch-militärischen Erhebungen der Universitätsstatistiker und zum Beispiel dem Inhalt der beiden Zeitschriften von Busching. Busching war durch und durch numerisch – statistisch in unserem Sinne des Wortes –, aber auf den Titelblättern oder in den Titeln vieler seiner Bücher bezeichnete er sich selbst als Historiker-Geograf – ein Statistiker im Achenwall'schen Sinne des Wortes.

Die deutsche Kultur verlangt Definitionen von Begriff und Objekt. Sie verlangt eine Antwort auf die Frage: Ist *X* eine (objektive) Wissenschaft? Ist die Statistik also eine Wissenschaft? Wenn ja, was für eine Wissenschaft ist sie, und was sind ihre Begriffe, was ihre Objekte? Bis jetzt gab es 62 verschiedene Definitionen von Statistik. «Mit meiner werden es 63», schrieb Gustav Rumelin 1863.[24] Er war Direktor des württembergischen statistischen Amtes, Politikwissenschaftler und überzeugter Malthusianer. Ich weiss nicht, welche 62 er im Sinn hatte – ich denke, dass ich 1863 allein in der deutschen Literatur doppelt so gut abschneiden kann wie er. Aber es gab bereits den richtigen Schritt, der von den Professoren der Philosophie gelehrt wurde: Unterscheiden! Es gibt zwei Wissenschaften. Die eine ist deskriptiv und nicht-numerisch, nämlich die Arbeit der Universitätsstatistiker. Dann gibt es das Erbe der englischen politischen Arithmetik, das in Deutschland von Süssmilch ernsthaft begonnen wurde. C.G.A. Knies' *Statistik als eigenständige Wissenschaft* von 1850 förderte diese Schlussfolgerung und empfahl, dass wir, obwohl wir das Wort «Statistik» Achenwall verdanken, es übertragen und zur Bezeichnung der numerischen Studien der politischen Arithmetiker verwenden sollten.[25]

Wir sollten also sagen, dass Achenwall etwas anderes als Statistik gemacht hat; nennen wir es (so Knies) *Staatskunde*. Und was nun? All dies scheint ein Wortspiel zu sein. Harald Westergaard hat diese «Saga» des Wortes «Statistik» ironisch nacherzählt und ist zu dem Schluss gekommen, dass «ohne die merkwürdigen Namensänderungen, die stattgefunden haben und die die Studenten der Statistik oft verwirrt haben, wenig Interesse daran bestehen würde».[26] Westergaard deutete an, dass wir Achenwall nicht einmal bemerken würden, wenn er nicht das Wort «Statistik» institutionalisiert hätte, das wir heute verwenden, um etwas Numerisches und Nicht-Achenwallisches zu bezeichnen. Vielleicht unterschätzt diese Meinung die Universitätsstatistiker. Österreich zum Beispiel richtete erst 1829 ein statistisches Amt nach preussischem Vorbild ein. Dabei handelte es sich um eine systematische Bürokratie für die Zusammenstellung numerischer Daten. Wen sollte es beschäftigen? Das Personal wurde direkt von den Universitäten übernommen, wo weiterhin Universitätsstatistik im alten Stil gelehrt wurde. Das Fach war Teil des Lehrplans an den sechs österreichischen Universitäten – Innsbruck, Padua, Pest, Prag, Venedig und Wien. Auch an zahlreichen Hochschulen und Lyzeen war es Standard. Ob zu Recht oder zu Unrecht, die österreichischen Verwaltungsbeamten sahen in den Lehrern und Studenten nichts, was sich wesentlich von dem unterschied, was ein statistisches Amt tun sollte.

Das österreichische Beispiel ist ein objektives Element der bürokratischen Geschichte. Auf einer eher impressionistischen Ebene sieht es so aus, als ob die preussische Statistikbürokratie eine bemerkenswerte Kontinuität mit den alten Universitätsstatistikern aufwies. Sie war numerisch, ja, aber auch deskriptiv. Es gab einen grossen Widerstand gegen die theoretischen französischen Vorstellungen von «statistischen Gesetzen». Die preussischen Tabellierungen ähnelten denen von Achenwall und Schlozer, allerdings mit Zahlen statt mit Worten. Bürokratische Effizienz wurde mit mathematischer

Naivität kombiniert. Das preussische Büro war das Erbe der Universitätsstatistiker, ebenso wie es das Erbe des administrativen Fachwissens der Ministerien Friedrichs des Grossen und das Erbe der Armee der Zahlenamateure war.

Es waren jedoch die Amateure der Zahlen, die literarischen Reisenden wie Goethe und Bernoulli am meisten auffielen. In den Reisebüchern wurde immer wieder auf lokale Zeitschriften verwiesen, die flüchtiger waren als die von Busching, vollgestopft mit numerischen Leckerbissen, die mit einem wahllosen Enthusiasmus gesammelt wurden, der in Grossbritannien oder Frankreich seinesgleichen sucht. Reisende, die sich für Politik und öffentliche Angelegenheiten interessierten, konnten ebenfalls lernen. Niemand bereiste den europäischen Kontinent fleissiger als Gentlemen von den britischen Inseln. Arthur Youngs Reisen durch Europa und seine spätere Rolle bei der Agrarreform sind wohlbekannt. Aber diese Reisenden importierten nicht nur landwirtschaftliche Technik. Wie wir in meinem zweiten Epigraf gesehen haben, begeisterten sie sich auch für Statistiken. Das Wort selbst gelangte über einen der grössten schottischen Agrarreformer, Sir John Sinclair, ins Englische. Er war der Autor und Herausgeber des stupenden 21-bändigen *Statistical Account of Scotland*, dem Ergebnis umfangreicher Antworten auf gewaltige Fragebögen. Die Befragten waren die Pfarrer der 938 Kirchengemeinden der Church of Scotland.[27] Sinclair nahm dieses Projekt erst nach seinen Reisen durch Deutschland in Angriff. Seine Deutschstunden beschränkten sich jedoch nicht auf Schottland. Hier ist ein lakonischer Tagebuchschreiber der Londoner Szene:

> *20. August 1793:* Farmer George hat seine Ernte verlassen und ist in die Stadt gekommen – nicht um die Sehenswürdigkeiten zu bestaunen, sondern um seiner Stimme in hohen Positionen Gehör zu verschaffen. Sir John Sinclair, ein schottischer Gutsherr, und eine Gruppe anderer Grossgrundbesitzer haben Mr. Pitt dazu gebracht, einen Landwirtschaftsrat zu bilden. Arthur Young, der Herausgeber der *Annals of Agriculture*, wurde zum Sekretär ernannt … Seine erste Aufgabe wird es sein, wie ich höre, die landwirtschaftlichen Statistiken des Landes zu sammeln, die auf den Berichten aus jeder Gemeinde basieren.[28]

• 1 J.W. Goethe: *Italienische Reise*, hg. u. kommentiert von Herbert von Einem, München 1978, S. 21. J. Sinclair: *A Statistical Account of Scotland*, Edinburgh 1791–1799, S. 20, liii.

• 2 Eine detaillierte Studie zu den Konsequenzen dieser Obsession siehe Robert A. Nye: *Crime, Madness and Politics in Modern France: The Medical Concept of National Decline*, Princeton 1984.

• 3 Siehe auch Gerald N. Grob: *Edward Jarvis and the Medical World of Nineteenth-century America*, Knoxville 1978.

• 4 W. Petty: *The Petty Papers*, hg. von The Marquis of Lansdowne, London 1927, S. 1, 171.

• 5 O. Klopp (Hg.): *Die Werke von Leibnitz*, 11 Bde., Hannover 1864–1868, Bd. 5, S. 303–315.

• 6 Otto Behre, «Über den Anteil germanischer Völker an der Entwicklung der Statistik», *Allgemeines Statistisches Archiv* 7 (1907), S. 75.

• 7 Otto Behre: *Geschichte der Statistik in Brandenburg-Preussen bis zur Gründung des königlichen Statistischen Bureaus*, Berlin 1905.

• 8 *Magazin für die neue Historie und Geographie*, 23 Bde., 1762–1793. *Wöchentliche Nachrichten*, 1773–1787. Für eine detaillierte Perspektive und deren wöchentliche oder monatliche Publikationen siehe W. Schöne: *Zeitungswesen und Statistik: Eine Untersuchung über den Einfluss der periodischen Presse auf die Entstehung und Entwicklung der Staatswissenschaftlichen Literatur, speziell der Statistik*, Jena 1924.

• 9 C.G.A. Knies: *Die Statistik als selbstständige Wissenschaft: zur Lösing des Wirrfals in der Theorie und Praxis dieser Wissenschaft*, Kassel 1850, S. 3.

• 10 Johann Bernoulli: *Reisen durch Brandenburg, Pommern, Preussen, Curland, Russland und Pohlen*, 4 Bde., Leipzig 1779–1790, Bd. 2, S. 197.

• 11 Ebd., Bd. 4, S. 86.

• 12 J.P. Süssmilch: *Die göttliche Ordnung in der Veränderung des menschlichen Geschlechts, aus der Geburt, dem Tode und der Fortpflanzung desselben erwiesen*, Berlin 1741.

• 13 Ebd., S. 18.

• 14 J.P. Süssmilch: *Versuch eines Beweis dass die erste Sprache ihren Ursprung nicht von Menschen, sondern allein vom Schöpfer erhalten habe*, Berlin 1766. Für den Einfluss dieser Schrift siehe Bruce Kiffer, «Herder's Treatment of Süssmilch», *The Germanic Review* 53 (1978), S. 96–295.

• 15 Siehe Hacking: *The Emergence of Probability* (wie Anm. 10, Kap. 1), S. 166–171.

• 16 William Derham: *Physico-Theology: or a Demonstration of the Attributes of God from His Works of Creation*, London 1713.

• 17 Michel Foucault: *The History of Sexuality*, New York 1980, S. 138.

• 18 Siehe den Begriff «Risikoportfolio»: Mary Douglas und Aaron Wildavsky: *Risk and Culture: An Essay on the Selection of Environmental Dangers*, Berkeley 1982.

• 19 Richard Boeckh: *Die geschichtliche Entwicklung der amtlichen Statistik des preussischen Staates: Eine Festgabe für den internationalen statistischen Congress in Berlin*, Berlin 1863.

• 20 Siehe die Bibliografie von W. Sachse: *Bibliografie zur preussischen Gewerbestatistik 1750–1850*, Göttingen 1981.

• 21 Behre, «Über den Anteil germanischer Völker» (wie Anm. 7), S. 77. M. Schmeitzels Buch- und Vorlesungsverzeichnis ist: *Einleitung zur Staatswissenschaft*, Halle 1732.

• 22 Zur gesamten Periode: Vincenz John: *Geschichte der Statistik: Ein Quellenmässiges Handbuch für den akademischen Gebrauch wie für den Selbstunterricht*, Stuttgart 1884, S. 1.

• 23 A.L. Schlozer: *Staats-Gelehrtheit nach ihren Haupt-Theilen, im Auszug und Zusammenhang*. Teil 2. *Allgemeine Statistik*. 1, *Theorie der Statistik: Nebst Ideen über das Studium der Politik überhaupt*, Göttingen 1804, S. 47.

• 24 Rumelin, «Statistik», *Tübinger Zeitschrift für Staatswissenschaft* 4 (1863), S. 645.

• 25 Süssmilch, *Göttliche Ordnung* (wie Anm. 12).

• 26 H. Westergaard: *Contributions to the History of Statistics*, London 1932, S. 14.

• 27 Sinclair, *Statistical Account* (wie Anm. 1), S. 16–18.

• 28 Ernest Gray (Hg.): *Man Midwife: The Further Experiences of John Knyveton, M.D., Late Surgeon in the British Fleet, During the Years 1763–1908*, London 1946, S. 135.

KAPITEL 4

BÜROS

Potsdam, den 12. November 1805
[In der statistischen Arbeit] sind Ordnung, Vollständigkeit und Zuverlässigkeit die wichtigsten Anforderungen. Um diese Ziele zu erreichen, sind deutscher Fleiss, Arbeitsamkeit und Beharrlichkeit besser geeignet als brillantes Talent, solange sie letzteres nicht tatsächlich zerstören.* [1]

* Friedrich Wilhelm III, König von Preussen schreibt an seinen Handelsminister Stein über die Einrichtung eines statistischen Amtes. Stein bemühte sich damals verzweifelt um eine Reform der preussischen Bürokratie, blieb aber bis nach der katastrophalen Niederlage Preussens bei Jena 1806 erfolglos. Ab 1807 wurde er zu einem der wichtigsten Architekten des neuen preussischen Staates.

Numerische Amateure wurden zu öffentlichen Verwaltern. Sir John Sinclair kam 1793 in die Stadt, um das *Board of Agriculture* zu gründen und damit eine der zahlreichen Bürokratien aufzubauen, deren Aufgaben zum Teil statistischer Natur waren.[2] Er war ein Grossgrundbesitzer und ein Mann des öffentlichen Lebens, der sich in der lebhaften Bewegung für eine Agrarreform in Schottland engagierte und in Europa davon überzeugt worden war, dass Fakten und Zahlen den Fortschritt begünstigen. Über sein Land war nichts bekannt: Das wollte er ändern. 1799 wurde der 21-bändige *Statistical Account of Scotland* fertiggestellt, den er direkt nach seiner Europareise 1788 begonnen hatte.[3] Er schrieb an jeden Pfarrer der Kirche von Schottland und bat um eine detaillierte Aufstellung der Fakten über seine Gemeinde. Einige waren zuvorkommend, andere widerspenstig. Er bettelte, schikanierte und drohte scherzhaft. Grosse Trupps der Rothsay- und Caithness-Fencibles sollen bei allen Geistlichen einquartiert werden, die ihre statistische Aufstellung nicht am oder vor dem Martinstag geschickt haben, sodass die Geistlichen die Wahl haben, entweder an den Colonel zu schreiben oder seine Soldaten zu behandeln.[4] Als schliesslich nur noch sechs der 938 Pfarreien fehlten, schrieb er in blutroter Farbe, um durch «die drakonische Farbe seiner Tinte» anzudeuten, was die Delinquenten erwarten würde.[5]

Sinclair war ein Ein-Mann-Statistikbüro. Seine Mitstreiter aus der Agrarreform gründeten die *Highland and Agricultural Society*, die Zahlen über alles, was mit dem Land zu tun hatte, sammelte. Es handelte sich um eine Gesellschaft von Landeigentümern und Faktoren, die Aufgaben erfüllten, die später vom Staat übernommen wurden. Ihre Daten über die Gesundheit der Landarbeiter wurden zu den ersten systematischen Statistiken über Krankheiten. Wie wir in Kapitel 6 sehen werden, erregten diese Daten grosses Aufsehen, als sie den Londoner Versicherungsmathematikern zur Kenntnis gebracht wurden. Als Sinclair in den Süden ging, um die Bürokratie zu stärken, wollte er eine Landwirtschaftsbehörde. Sie sollte offiziell vieles von dem tun, was er privat getan hatte. Unter seiner Präsidentschaft wurde in London der Generalbericht für Schottland herausgegeben (und vieles mehr). Sinclair wurde Teil des sich entwickelnden britischen Systems der amtlichen Statistik. Es war stückweise, pragmatisch, abwechselnd vernünftig oder stümperhaft, gelegentlich eine Quelle radikaler Reformen, häufiger jedoch das Werk des Umschreibungsbüros. Wenn eine Behörde benötigt wurde, um eine neue Art von Informationen zu sammeln, richtete ein Ausschuss oder ein anderes Gremium ein Gremium mit einem bestimmten Auftrag ein oder fügte einer bestehenden Bürokratie eine Abteilung hinzu.

Die Briten hielten die Menschen von den Dingen getrennt. Die Lebensstatistiken im Süden wurden vom Registrar-General für England und Wales erstellt, einem Amt, das 1837 gegründet wurde. Der Handel wurde vom Board of Trade verwaltet, einer alten Institution mit einer wechselvollen Geschichte. Seit dem 14. Jahrhundert waren von Zeit zu Zeit beratende Gremien für den Handel eingerichtet worden. Ein von Cromwell eingerichteter ständiger Rat überlebte das Commonwealth nur knapp als amerikanischer Arm und diente als kolonialer Ausschuss für Handel und Plantagen. Er wurde 1675 abgeschafft und zwanzig

Jahre später wiederbelebt, um Berichte über die Armen, über Handelshindernisse und über den Wert des Silbers zu erstellen. Die Münzprägung war ein besonderes Anliegen seines Sekretärs John Locke. Aber als Locke 1700 in den Ruhestand ging, wurde der Rat wieder weitgehend zu einem kolonialen Amt. Er dümpelte weiter vor sich hin, bis Edmund Burke 1780 in einer berühmten Rede die Inkompetenz und Verschwendungssucht solch verkommener Bürokratien anprangerte. Das *Board of Trade* wurde also für sechs Jahre abgeschafft und dann 1786 durch einen Ratsbeschluss wieder eingesetzt, der den Charakter des *Board of Trade* seither in gewisser Weise bestimmt hat. Je nach Bedarf wurden verschiedene Abteilungen ausgegliedert, zum Beispiel eine Eisenbahnabteilung im Jahr 1840. Schifffahrtsabteilungen, Hafenabteilungen, Finanzabteilungen – eine Konkursabteilung im Jahr 1886. Während dieser ganzen Zeit gab es mehr oder weniger eine Handels-, Arbeits- und Statistikabteilung, also das, was nach den anderen Abteilungen noch übrig war. Es gab kein Konzept für eine zentrale Zahlenerfassung, und die Ämter wurden je nach praktischen oder politischen Erfordernissen umbesetzt. Sinclairs Landwirtschaftsministerium, das mit einem klaren Mandat für eine Agrarreform antrat, verlor durch seinen Erfolg an Kraft. 1865 wurde eine Veterinärabteilung ausgegliedert, die Ende des Jahrhunderts zum Kern des Landwirtschaftsministeriums wurde, das 1903 in Landwirtschaft und Fischerei umgewandelt wurde, indem es die Fischerei aus der Zuständigkeit des Handelsministeriums übernahm. Diese Schritte waren typischerweise verspätete Antworten auf praktische Probleme.

Was die Statistiken betrifft, so sollten die Zahlen von der Behörde erhoben werden, die sie benötigte. Der britische Umgang mit Zahlen spiegelte den Widerstand gegen eine zentralisierte Verwaltung wider, aber er war auch ganz natürlich. Ein zentrales Büro, das sich der reinen Wissenschaft des Zahlenwesens um seiner selbst willen widmet: Das wäre eine Anomalie. Preussen leitete die Anomalie ein, die zur Welle der Zukunft wurde. Es ist verlockend, das preussische statistische Amt als ein allgemeines Zahlenamt zu bezeichnen. Das Büro war eine Ressource für alle anderen Bereiche der Regierung. Eine solche Institution setzt eine besondere Art von Wissen und eine neue Art von Fähigkeit voraus, nämlich die Fähigkeit, numerische Informationen über jedes beliebige Thema zu sammeln, zu organisieren und zu verarbeiten. Diese Fähigkeit wird sich als neutral zwischen den Parteien darstellen, als unabhängig von Werten, als objektiv.

Wir wollen hier keine Geschichte von Institutionen wie dem *Board of Agriculture* in London oder dem *Königlich Preussischen Statistischen Bureaus* in Berlin. Wir müssen nur feststellen, dass neue Arten von Behörden geschaffen wurden, mit neuen Arten von Mandaten. Der Übergang erfolgte in der Regel, indem man sich die Talente von

Amateuren zunutze machte. Preussen ist das beste Beispiel dafür, wie die Talente der geheimen staatlichen Informationssammler des 18. Jahrhunderts mit denen der fetischistischen Zahlenliebhaber zusammengeführt wurden. Ein Mann repräsentiert diese Kombination sehr gut. Leopold Krug begann als einer der grössten Amateur-Geografen und -Statistiker und wurde zu einem der ersten der neuen Art von offiziell ernannten Zählern, die fast alles, was sie zählten, öffentlich auswerteten. Krug hatte weder das Vermögen noch den Status eines Sinclairs. Er konnte keine Organisation gründen; er konnte nur einen Ruf annehmen. Als die offizielle, geheimnisvolle Bürokratie ins Trudeln geriet, war er ein Amateur, der bereit war, einzugreifen und ihre Methoden und Ziele zu ändern.

Zu Ehren der Krönung von Friedrich Wilhelm II. wurde 1787 eine neue Zählung des preussischen Volkes und seiner Wohnungen vorgeschlagen. Die Motivation war eindeutig: Der neue König und seine Minister sollten über ihre Macht informiert werden. Leider war dies eine Zeit der nationalen Misswirtschaft und der schwindenden Autorität. Preussen sah auf der Landkarte grossartig aus, denn es hatte sich dank der sukzessiven Annexion von Teilen Polens im Osten stark ausgedehnt. Bei der dritten Teilung Polens im Jahr 1795 hatte sich Preussens Grösse verdoppelt. Doch im selben Jahr überliess es dem revolutionären Frankreich mit merkwürdiger Gleichgültigkeit die wohlhabenden deutschsprachigen Gebiete westlich des Rheins. Es versuchte also, ein verarmtes, fremdes und entfremdetes Volk zu absorbieren, während es gleichzeitig einen grossen Teil seiner gebildeten Handwerker verlor. Die frühere Presse- und Religionsfreiheit Friedrichs des Grossen wurde beendet, aber die Ordnung nahm ab und eine effektive Kontrolle wurde selten. Die Bürokratie schien unfähig zu sein, auch nur kleine Ziele zu erreichen. Insbesondere konnte sie ihr eigenes Kernland nicht erfassen, geschweige denn ihre unzufriedenen Untertanen in Ostpreussen. Die geheimnisvollen Bürokraten hatten nur sehr wenige Informationen, über die sie geheimnisvoll sein konnten. Die Angelegenheiten wurden den Amateuren überlassen, unter denen keiner bemerkenswerter war als Krug.

Er war in Halle als Theologe ausgebildet worden, widmete sich aber bald der Beschreibung der Nation. Zwischen 1796 und 1803 erstellte er ein 13-bändiges Topographisch-Statistisch-Geographisches Wörterbuch des gesamten preussischen Staates, dass eine Zusammenfassung der Bevölkerung und der Produktion aus jedem Dorf des Reiches enthielt.[6] Er hatte den üblichen Kampf eines Amateurs mit der Zensur. Im Jahr 1796 begann er in Verbindung mit seinem Wörterbuch seine eigene Zeitschrift, die sofort wegen ihres Artikels über die «preussische Militärorganisation»* zensiert wurde.[7]

*Krugs Begeisterung für das Publizieren war kaum zu bremsen. Im Jahr 1804 tat er sich mit L.H. Jakob, einem Philosophieprofessor an seiner alten Universität in Halle, zusammen, um eine weitere Zeitschrift zu gründen. Jakob schrieb ausgiebig über Unsterblichkeit, Ethik und Gott und mischte sich in eine Kontroverse zwischen Moses Mendelssohn und Kant ein oder erfand sie sogar. Seine wahre Liebe galt den Finanzen, und er schlug eine neue Wissenschaft der Nationalökonomie vor, die von der neuen Zeitschrift gefördert werden sollte. Jena war effektiver als blosse Zensur: Napoleon schaffte die Universität in Halle ab. Professor Jakob reiste nach St. Petersburg, um die kaiserliche Regierung zu beraten und seine neue Wissenschaft zu gründen.

Doch nach dem Tod von Friedrich Wilhelm II. erhielt er einen Posten im Finanzministerium, möglicherweise wegen der Aufmerksamkeit, die sein verbotener Aufsatz erregt hatte.[8] Dieser Posten verschaffte ihm Zugang zu mehr Informationen als die vorherigen Generationen von Amateuren. Er nutzte sie gut. Seine Arbeit gipfelte in zwei bemerkenswerten Bänden mit dem Titel *Betrachtungen über den National-Reichtum des preussischen Staates und über den Wohlstand seiner Bewohner*.[9] Dies war eine wunderbare Zusammenfassung dessen, was man mithilfe von Zahlen im Allgemeinen über jeden Ort im Königreich sagen konnte. Es veranlasste den König, am 28. Mai 1805 ein Dekret zu erlassen:

> Es wird ein Büro eingerichtet, das die statistischen Tabellen der verschiedenen Ministerien und Ämter, der Sonderverzeichnisse und des schlesischen Finanzministeriums sammelt und zusammenführt. Seine Majestät ordnet an, dass diese Abteilung von Staatsrat Krug verwaltet wird, der direkt dem Staatsminister Stein untersteht.[10]

Stein selbst wollte eine Art statistisches Amt, aber keines, das von einem Amateur geführt wurde.[11] Er hatte ein scharfes Auge auf die Neuerungen in Frankreich unter dem Kaiser und wusste, dass die Zeit für Zahlen gekommen war. Aber er wollte, dass die Ministerien auf einer festen, aber traditionellen Linie geführt wurden. Die Statistik sollte in einem Standardministerium verbleiben, das von einem Standardbeamten geleitet wurde. Er hatte seinen eigenen Favoriten aus dem Finanzministerium für diese Aufgabe. Krug, so sagte er seinem König, habe weder den Status noch die Fähigkeit, komplexe Staatsgeschäfte zu führen. Der König war ungerührt. Ich habe einen Teil seiner Antwort am Anfang dieses Kapitels zitiert, in dem es heisst: Wir wollen keine Brillanz, wir wollen deutschen Fleiss. Der daraus resultierende kurze Kompromiss zwischen Stein und dem König brach mit allem anderen zusammen, als Napoleons Armeen 1807 bei Jena triumphierten.

Stein, der den Wiederaufbau des zerrütteten preussischen Staates plante, wusste, dass die Statistik dabei eine Rolle spielen musste. Aber wie? In einem Rundschreiben an die Provinzverwaltungen bat er um Vorschläge für ein neues statistisches Amt. Die Antwort aus Königsberg erregte seine Aufmerksamkeit. Einer der Bürger, J.G. Hoffmann, ein Mann mit zahlreichen Diplomen, aber ohne festen Beruf, war mit der Aufgabe betraut worden, nach Berlin zu berichten. Seine Bemerkungen zu Krugs Arbeit waren spöttisch. Hätte

Krug ausführliche Informationen über die Ernten in allen Regionen Preussens gegeben? Landwirte, sagte Hoffmann, lügen immer, um Steuern zu hinterziehen: Krugs Zahlen seien «durch und durch falsch und folglich völlig nutzlos».[12]

Hoffmann schrieb ganz nach Steins Geschmack. Seine unmittelbare Belohnung aus seiner eigenen Stadt war ein Lehrstuhl in Königsberg.[13] Er entwarf eine ausgeklügelte, begründete Struktur für die Nummerierung, die auf sechs Hauptkategorien und 625 Unterkategorien basierte. Er legte eine offizielle Begründung für ein zentrales statistisches Amt vor, die in ein Memo des Innenministers Dohna an den Interimskanzler aufgenommen wurde. Innenminister Dohna an den Interimskanzler Altenstein:

> Das Bureau soll die möglichst vollständige Sammlung von Material über den preussischen Staat zum Ziel haben ... die Macht des Staates liegt teils in seinem Territorium, teils in seinen Menschen ... der eine liefert das Rohmaterial, der andere verwandelt es durch Kapital und Arbeit ... Daher fällt die Sammlung von Daten naturgemäss unter zwei Hauptbereiche, einen geografischen und einen anthropologischen. Es liegt nahe, zwei Beamte zu ernennen, einen für jeden Zweig ... aber die Arbeit dieser beiden Sammler, so umfangreich sie auch sein mag, kann nur schwer genutzt werden, es sei denn, wir ernennen einen dritten Beamten

> über diese beiden, einen Beamten, der mit den notwendigen Fähigkeiten und Werkzeugen ausgestattet ist, um politische Arithmetik im allgemeinsten Sinne des Wortes zu betreiben. Er wird das Material der ersten beiden Offiziere so umwandeln, dass es von den höchsten Verwaltungsbeamten des Landes sofort genutzt werden kann.[14]

Der dritte Mann sollte eine neue Art von Bürokrat sein, der eine neue Art von Arbeit macht. Dohna schlug Krug als Anthropologen, als Menschenkenner, als Geografen und als Mathematiker für die neue politisch-arithmetische Aufgabe der Informationsaufbereitung vor. Altenstein interessierte sich für Krugs Typ ebenso wenig wie Stein. «Ich verkenne nicht den Fleiss und die Loyalität, mit denen er seit so vielen Jahren für den preussischen Staat schuftet, aber es wäre nicht richtig, ihm die Rolle eines unabhängig denkenden Arbeiters zuzuweisen … Er hat eine viel zu enge Vorstellung von politischer Ökonomie.»[15] Keine der von Dohna vorgeschlagenen Personen war eine geeignete Führungspersönlichkeit. Sie sollten als blosse *Werkzeuge* betrachtet werden.

Es gab eine Menge Gezänk hin und her. Obwohl es sich dabei um lokale, persönliche, kleinliche Macht- und Klientelangelegenheiten handelte, spiegelten sie ein echtes Unbehagen wider. Was *ist* ein statistisches Amt? Was für eine Aufgabe hat es, und wer leitet es? Hoffmann stand schon in den

Startlöchern. Sein Status als Professor im öffentlichen Dienst war höher als der von Krug in der Finanzabteilung. Er handelte eine Doppelrolle als Direktor des neuen Statistikamtes und als Professor eines neuen Lehrstuhls für Politikwissenschaft in Berlin aus, wo er die Theorie der neuen Wissenschaft, die er leitete, lehren sollte. Der Direktor behielt diese Rolle und Einkommensquelle bis 1860. Schon damals richtete der neue Direktor, Ernst Engel, der nicht mehr von Amts wegen ein Professor war, ein berühmtes «statistisches Seminar» ein, das die meisten der neuen Generation deutscher Ökonomen der 1860er-Jahre ausbildete.[16] Die Achenwallische Universitätsstatistik wurde nicht abgeschafft, sondern umgestaltet.

In der neuen Verwaltung erhielt Krug den sekundären, anthropologischen Posten. Er hatte de facto die Kontrolle über das Büro in den Jahren 1814 – 1821, als Hoffmann mit grösseren Aufgaben beschäftigt war, wie der Unterstützung Hardenbergs auf dem Wiener Kongress. Diese Details sind unbedeutend und an sich nur eine zufällige Abfolge von Fakten. Aber eine solche Abfolge musste die Schaffung der neuen Art von Institution verkörpern. Was auf dem Papier und in der Anordnung der Personen beschlossen wurde, war das Wesen eines allgemeinen statistischen Allzweckamtes. Friedrich Wilhelm (1804) und Dohna (1809) sahen darin, wenn auch nur schemenhaft, eine neue Art von Organisation mit einer neuen Art von Mitarbeitern, die eine neue Art von

Richtung vorgaben. Die traditionellen und nüchternen Minister Stein und Altenstein bevorzugten etwas, das in eine stromlinienförmige Version der alten Ordnung passte. Sie sahen es als ein Organ zur Unterstützung des Finanzministeriums. Der taxonomische Baum der Regierung musste beibehalten werden, und ein Amt, das im Prinzip allen Ministerien dienen könnte, konnte nicht passen. Dohna und der König gewannen. Preussen wurde von Grund auf wiederaufgebaut und hatte so viel Raum für neue Institutionen.

Ein Mann kann sich in einer Doppelrolle bewegen und seinen Weg machen. Die formale Position von Hoffmann, der sowohl Direktor des Büros als auch Professor in Berlin war, signalisierte auf nette Weise, dass das Büro nicht Teil einer alten Ordnung war. Aber im Gegensatz zu einem Mann kann ein Regierungsbüro nicht in freier Suspension existieren; es muss jemandem unterstellt sein. Es muss einen Platz in der Struktur der Verwaltung haben. Da niemand, nicht einmal Hoffmann, wusste, was diese neue Einrichtung war, wusste auch niemand, wie sie untergebracht werden sollte. Im Jahr 1805 war sie kurzzeitig dem Staatsminister für Handel, Stein, unterstellt. 1810 ging sie an die Polizei des Innenministeriums. Im Jahr 1812 wurde sie direkt dem neuen und mächtigen Kanzler von Hardenberg unterstellt. Er behielt sie bis 1823, als sie an das Innenministerium überging. Dort blieb sie bis zu Hoffmanns Tod im Alter von 79 Jahren im Jahr 1844. Unter der Leitung seines Nachfolgers C.F.W. Dieterici wechselte das Büro ins Handelsministerium; nach seinem Tod kehrte es in das Innenministerium zurück.

Ein charakteristisches Merkmal der neuen Art von Büro wurde durch sein administratives Zuhause kaum beeinträchtigt. Es veröffentlichte und veröffentlichte und veröffentlichte und verband so die Begeisterung des 18. Jahrhunderts für die Veröffentlichung von Zahlen mit der Macht einer geordneten Regierung. Es brauchte keine Sinclair'schen Briefe mit blutroter Tinte, um Antworten zu erhalten. Hoffmann selbst, Professor und Bürokrat, veröffentlichte über 300 statistische Abhandlungen sowie zahlreiche Monografien und offizielle und halboffizielle Handbücher. Die Zahlen waren also für jeden, der sie lesen wollte, zugänglich. Eine spezielle Publikation des Statistischen Amtes entstand jedoch nicht während Hoffmanns langer Lebenszeit. Dies wurde seinem Schüler und Nachfolger Dieterici überlassen.[17] In dem halben Jahrhundert von 1810 bis 1860 gab es keine wirklichen Bestrebungen, die Veröffentlichung von Zahlen zu zentralisieren. Hoffmanns Bureau war immer noch gentlemanlike und wurde von Männern geführt, deren Ideen, so radikal sie zu ihrer Zeit auch sein mochten, vor 1810 entstanden waren. Der nötige neue Besen war Ernst Engel, der aus Sachsen geholt wurde. Er war ein energischer Mann, der noch vor seinem 30. Lebensjahr die erste Weltmesse in Leipzig organisierte (1850, ein Jahr vor der Great Exhibition in London, und der damit die Tradition Leipzigs begründete, die heute unter dem Motto «Die Messestadt» zusammengefasst wird). Er hatte das sächsische statistische Amt eingerichtet, zwei statistische Zeitschriften gegründet, die Hypothekenversicherung als Mittel zur Lösung des Wohnungsproblems erfunden und so weiter. Sobald er nach Berlin berufen wurde, gründete er drei neue Zeitschriften und stellte in einer von ihnen mit einigem Entsetzen eine Liste der offiziellen statistischen Zeitschriften der Regierung zur Verfügung, die im Jahr 1860 erschienen. Es handelte sich dabei um regelmässige Veröffentlichungen, nicht um Gelegenheitsblätter oder Sonderberichte; es waren veröffentlichte Materialien, keine internen Dokumente; es waren keine Stadt- oder Provinzblätter, sondern solche, die von der Zentralregierung in Berlin herausgegeben wurden. Er brauchte 21 Seiten, um die 410 periodischen Publikationen aufzulisten.[18] Im Jahr 1800 gab es tatsächlich keine solchen Publikationen. Ist meine Formulierung einer «Lawine von gedruckten Zahlen» eine Übertreibung?

Man könnte meinen, dass ein Engel, der mit dieser unaufhörlichen statistischen Aktivität konfrontiert wird, einen Stopp einlegen möchte. Doch weit gefehlt. Er wollte in der Tat die Veröffentlichung statistischer Daten zentralisieren und gründete rasch eine Statistische Zentralkommission, um die Arbeit aller anderen Abteilungen und Ministerien zu koordinieren. Am 1. April 1860 ernannt, legte er seinem Minister am 24. Juni die vollständigen «Pläne für die Kommission» vor. Aber er wollte, dass die von den zahlreichen nationalen Behörden geleistete Arbeit auf lokaler Ebene wiederholt wurde. Jede Stadt, und insbesondere die freien Städte Deutschlands, sollten in ihrem Bereich das tun, was sein Amt für das Königreich tun würde. Jede der 25 regionalen Verwaltungen Preussens sollte dasselbe tun. Das endgültige Ziel wäre, dass jeder Bezirk, jeder Kreis, jedes Dorf sein eigenes statistisches Amt haben sollte. Dazu kam es zwar nie, aber das Muster war vorhanden: Jede grössere Stadt wetteiferte um ihre eigene statistische Verwaltung: Berlin 1862, Frankfurt am Main 1865, Hamburg 1866, Leipzig 1867; Lübeck, Breslau und Chemnitz 1871, Dresden 1874 und 27 grössere Stadtämter bis 1900. Das war keine deutsche Besonderheit; vergleichen Sie Wien und Rom im selben Jahr wie Berlin, New York und Riga 1866, Stockholm 1868, Buda 1869.

Ich werde den Schwerpunkt auf die allerersten veröffentlichten bürgerlichen Statistiken *moderner* Art legen, die von Paris und dem Departement Seine in den 1820er-Jahren begonnen wurden. Ich werde diese institutionelle Geschichte nicht einmal skizzieren, sondern nur darauf hinweisen, dass jedes Land auf seine eigene Weise statistisch tätig war. Die Geschichte der preussischen Zahlen liefert kein Modell für die Entwicklung der Statistiken anderer Nationen. Sie ist vielmehr eine von vielen parallelen Entwicklungen. Deutschland hatte besondere Bedürfnisse, die sich aus der Zollunion von 1833 ergaben. Die Verbrauchssteuern für den Handel zwischen den Staaten wurden nach der Zahl der Einwohner der einzelnen Staaten aufgeteilt. Die Bevölkerungszahl sollte alle drei Jahre ermittelt werden. Daher benötigten die deutschen Staaten aus Gründen, die anderswo in Europa unbekannt waren, häufig rohe Bevölkerungsdaten. Preussen, das mächtigste Land und eines der ersten auf dem Gebiet der Statistik, führte die Technik ein, die verwendet werden sollte, obwohl andere deutsche Staaten wie Baden und Württemberg keineswegs untätig waren. Andere Nationen und Gruppen von Nationen gingen andere Wege. Dennoch schuf jede auf ihre Weise ähnliche Institutionen, um ihre eigenen öffentlichen Zahlen zu erstellen. Da verschiedene Verwaltungen unterschiedliche Dinge zählten, unterschieden sich die Zahlen, die angehäuft wurden, von Fall zu Fall. Die nationalen Vorstellungen von statistischen Daten variierten, und ich behaupte, dass es zum Beispiel zwischen den Vorstellungen Preussens und Frankreichs grosse Unterschiede gab. Doch Engel war vielleicht der beste Vertreter einer internationalen Vision von Statistik als einer höheren Berufung, der reinen Wissenschaft der numerischen Fakten über den Bürger. Die Institutionen brachten eine neue Art von Mensch hervor, den Menschen, dessen Wesen durch Tausende von Zahlen erfasst wurde:

> Um eine genaue Darstellung zu erhalten, begleitet die statistische Forschung das

Individuum durch seine gesamte irdische Existenz. Sie berücksichtigt seine Geburt, seine Taufe, seine Impfung, seine Schulbildung und deren Erfolg, seinen Fleiss, seinen Schulabgang, seine anschliessende Ausbildung und Entwicklung und, sobald er ein Mann ist, seinen Körperbau und seine Fähigkeit, Waffen zu tragen. Sie begleitet auch die weiteren Schritte seines Lebensweges; sie nimmt zur Kenntnis, welchen Beruf er wählt, wo er seinen Haushalt gründet und wie er ihn führt; ob er vom Reichtum seiner Jugend für sein Alter gespart hat, ob und wann und in welchem Alter er heiratet und wen er sich zur Frau nimmt – die Statistik kümmert sich um ihn, wenn es ihm gut geht und wenn es schief geht. Sollte er in seinem Leben Schiffbruch erleiden, materiell, moralisch oder geistig ruiniert werden, nimmt die Statistik dies zur Kenntnis. Die Statistik verlässt einen Menschen erst nach seinem Tod – nachdem sie das genaue Alter seines Todes festgestellt und die Ursachen, die sein Ende herbeigeführt haben, notiert hat.[19]

• 1 Friedrich Wilhelm III., König von Preussen in einem Brief an seinen Handelsminister Stein. In: «Zur Geschichte des königlich preussischen statistischen Bureaus», *Zeitschrift des königlich preussischen Statistischen Bureaus* 1 (1860), S. 4.

• 2 Autobiografisch über sich selbst: J. Sinclair: *Account of the Origin of the Board of Agriculture and its Purposes for Three Years after its Establishment*, London 1796.

• 3 Siehe J. Sinclair: *Specimen of the Statistical Account of Scotland, Drawn up form of the Communications of the Ministers of the Different Parishes*, Edinburgh 1791.

• 4 J. Sinclair in einem Rundbrief vom 1. November 1794; *The Statistical Account of Scotland*, Edinburgh 1799, S. 20, xvii.

• 5 11. Juli 1797; ebd., S. liii.

• 6 L. Krug: *Topographisch-Statistisch-Geographisches Wörterbuch der sämmtlichen preussischen Staaten oder Beschreibung aller Provinzen, Kreise, Distrikte, Städte etc. in den preussischen Staaten*, 13 Bde., Halle 1796 – 1803.

• 7 Krugs erste, erfolglose Zeitschrift war der *Preussische Anzeiger*, die zweite waren die *Annalen der preussischen Staatswirtschaft und Statistik*.

• 8 Diese Hypothese wird im Eintrag zu Krug in der *Allgemeinen Deutschen Bibliographie* vorgeschlagen Leipzig 1878 – 1899, S. 17, 216. Eine weitere Biografie: Otto Schwarz: *Leopold Krug als Nationalökonom: Ein Beitrag zur Deutschen Sozial- und Wirtschaftsgeschichte im 19. Jahrhundert*, Frankfurt am Main 1904.

• 9 L. Krug: *Betrachtungen über den National-Reichtum des preussischen Staates und über den Wohlstand seiner Bewohner*, 2 Bde., Berlin 1805.

• 10 «Zur Geschichte» (wie Anm. 1), S. 3.

• 11 Diese Information entstammt einem Brief von Stein vom 7. Mai, der drei Wochen vor dem königlichen Dekret zur Schaffung eines statistischen Büros verfasst wurde. Siehe Hermann Loening: *Johann Gottfried Hoffmann und sein Anteil der staatswirtschaftlichen Gesetzgebung Preussens. Erster Teil: 1765 – 1813*, Halle 1914, S. 47. Ich danke Ernst P. Hamm für die Hilfe bei der Untersuchung der Quellen zum preussischen Büro.

• 12 Richard Boeckh: *Die geschichtliche Entwicklung der amtlichen Statistik des preussischen Staates*, Berlin 1863, S. 23.

• 13 Siehe Loening, *Hoffmann* (wie Anm. 11), S. 26.

• 14 «Zur Geschichte» (wie Anm. 1), S. 4.

• 15 Ebd., S. 6.

• 16 Mehr zu Engel bei Ian Hacking, «Prussian Numbers 1860 – 1882», in: Krüger u.a., *The Probabilistic Revolution* (wie Anm. 9, Kap. 1), Bd. 1, S. 377 – 394.

• 17 *Mittheilung des preussischen statistischen Bureaus*, 1851 – 1860.

• 18 «Verzeichnis der von der königlichen Regierung aus den laufenden erhaltenen statistischen Nachrichten», *Zeitschrift des königlich preussischen statistischen Bureaus* 3 (1863), S. 287 – 308.

• 19 Ernst Engel, «Die Volkszählung, ihre Stellung zur Wissenschaft und ihre Aufgabe in der Geschichte», ebd., 2 (1862), S. 31.

KAPITEL 5

DIE SÜSSE TYRANNEI DER VERNUNFT

Paris, 15 germinal de l'an IV

Isoliert und fast ohne jegliche Unterstützung, weder mit öffentlichen Schulen noch mit elementaren Lehrbüchern, der meisten Mittel zur Verbreitung und Einflussnahme beraubt, haben die moralischen und politischen Wissenschaften – stark nur in der Energie, die durch Unterdrückung hervorgerufen wird, und immer wieder die Mittel nutzend, die aus einem Instinkt für Freiheit entspringen –, ob sie die Tyrannei täuschen oder ihr trotzen, sie haben unser Jahrhundert auf die überwältigende Revolution vorbereitet, die es abschliesst und die 25 Millionen Menschen an die Ausübung ihrer Rechte, das Studium ihrer Interessen und ihre Pflichten erinnert.*[1]

* P.-C.-F. Daunou, bei der Einweihung des Institut national, dessen zweite Abteilung die der Moral- und Politikwissenschaften war. Es war ein grosser Anlass, eine Feier zum Ende des Terrors. Das gesamte Direktorium war anwesend, ebenso wie fast alle namhaften Künstler und Wissenschaftler, die «die Stürme der Revolution überlebt hatten». Das Botschafterkorps war anwesend, ebenso wie 1500 Amateure, Frauen und Männer in fast gleicher Zahl. Neben Daunous mitreissender Rede wurden unter anderem 184 Zeilen einer Allegorie über die

Einheit der Künste und der Wissenschaften rezitiert, 124 Zeilen aus Livius übersetzt (Hannibal trifft auf einen wilden, aber republikanischen Senat) und statistische Schätzungen der Bevölkerung Frankreichs präsentiert, Zusammenfassungen von Vorträgen aus allen drei Sektionen des Instituts, ein Vortrag von Cabanis über die Einheit von Physik und Metaphysik, ein Vortrag von Fourcroy über einen neuen Sprengstoff, begleitet von viel Wehklagen über den Verlust von Frankreichs grösstem Chemiker (obwohl Fourcroy weithin geglaubt wurde, den Sturz und die Guillotine von Lavoisier eingefädelt zu haben). Es gab einen Vortrag von Cuvier über die Fossilien der asiatischen Elefanten, und die Veranstaltung endete mit einem Feuerwerk, nämlich einer Demonstration von Fourcroys Sprengstoff.

Veröffentlichte Tabellen frieren die gesammelten numerischen Fakten einer Nation in kalter Schrift ein. Die Tabellen weisen von Jahr zu Jahr Regelmässigkeiten auf. Kann diese neue Art von Dingen, ein statistisches Gesetz der menschlichen Natur, noch weit entfernt sein? Ja und nein. Es kommt darauf an, wo Sie sich befinden. Das Preussen, das Napoleon stürzte, schuf eine Vorstellung von der Gesellschaft, die sich einer statistischen Verallgemeinerung entschieden widersetzte. Es sammelte präzise Statistiken, um die Politik zu lenken und die Meinung zu beeinflussen, aber alle Regelmässigkeiten, die sie aufzeigten, waren weit entfernt von den Gesetzen der Gesellschaft. Die Preussen schufen zwar ein mächtiges Büro, konnten sich aber nicht mit der Idee eines statistischen Gesetzes durchsetzen. Das blieb dem Frankreich, das Napoleon überlebte, überlassen («Wenn Sie die Aufmerksamkeit des Kaisers erregen wollen, müssen Sie nur ein paar Statistiken vortragen»). Das statistische Recht brauchte zwei Dinge. Das eine war die Lawine von gedruckten Zahlen, die ganz Europa überrollte. Ohne die Bürokratien der

Nachkriegszeit hätte es keine Tabellen gegeben, in denen man eine gesetzesähnliche Regelmässigkeit hätte erkennen können. Aber es musste auch die richtigen Leser geben, die in der Lage waren, die Gesetze der Gesellschaft zu erkennen, die den von Newton aufgestellten Naturgesetzen ähnelten. Preussen war und bleibt unser «entscheidendes Experiment», der Staat mit der exquisiten Statistik und dem Widerstand gegen die Idee des statistischen Gesetzes. Was machte den Unterschied zwischen Frankreich und England einerseits und Preussen andererseits aus? Ich werde kurz einen vereinfachenden Ost / West-Kontrast erwähnen, der von einigen Historikern der europäischen Kultur bekannt gemacht wurde, und dann in diesem Kapitel auf eine spezifische Tatsache der französischen Geistesgeschichte hinweisen.

Ost / West ist grob, aber bequem. Die vorherrschenden Sprachen und Institutionen des Westens waren Französisch und Englisch, seine Hauptstädte Paris und London. Die vorherrschende Sprache und die Institutionen des Ostens waren Deutsch, und Berlin wurde zunehmend zu seinem Gravitationszentrum. Das westliche Denken war überwiegend atomistisch, individualistisch und liberal. Der Osten dagegen war ganzheitlich, kollektivistisch und konservativ. Der westliche Souverän, sei es ein König oder das Volk, wurde durch die Individuen in seinem Herrschaftsbereich konstituiert, genau wie Hobbes es gelehrt hatte. Weiter östlich, so betonten Herders Nachfolger, verlieh die Gruppe – ihre Zivilisation und Sprache – den Individuen, die sie bildeten, Identität. Westliche Individuen (so lautete ihre Philosophie) konstituieren ihren Souverän. Östliche Staaten (so sagten ihre Philosophen) konstituieren die Individuen. Der liberale Westen vertrat die Ansicht, dass die Industriegesellschaft mit all ihren Problemen und Erfolgen am besten durch eine Kombination aus freiem individuellem Wettbewerb und Philanthropie geführt werden sollte. Der konservative Osten schuf den Wohlfahrtsstaat. Berlin führte die Entschädigung für Arbeitsunfälle, die Kranken- und Arbeitslosenversicherung und andere Aspekte des sozialen Netzes ein. Viele der Männer, die die Vorarbeit für diesen preussischen Kollektivismus leisteten, arbeiteten in den Büros, die statistische Daten sammelten und sich jeder Idee von statistischem Gesetz widersetzten.

Wie weit kann man diese Karikatur eines Gegensatzes über die politische Arena hinaustragen? Norton Wise hat es bis zur Physik getrieben.[2] Er verweist auf eine grundlegende Kluft zwischen westlicher und östlicher Physik, die das gesamte 19. Jahrhundert überdauert hat und die Parallelen zu den Unterschieden zwischen Liberalen und Konservativen aufweist. Seine Analyse erstreckt sich über das gesamte Feld, aber ein Beispiel soll genügen. Boltzmann und Maxwell kamen zu «der gleichen» statistischen Mechanik. Sie taten dies jedoch auf sehr unterschiedlichen Wegen. Maxwell war offen für die Idee, dass diese Wissenschaft indeterministisch ist. Ihre Gesetze könnten rein probabilistischer Natur sein. Boltzmann hingegen glaubte fest daran, dass die statistische Mechanik deterministisch ist. Eines seiner wichtigsten Ergebnisse, das *H*-Theorem, sollte dies bestätigen.

Natürlich lehnten nicht alle Menschen im Osten die Idee des statistischen Gesetzes ab, und auch nicht alle Menschen im Westen glauben, dass es statistische Gesetze gibt. Es ist jedoch so, dass die deutschen Befürworter des statistischen Gesetzes typischerweise in der liberalen Minderheit waren, während die französischen und englischen Gegner dieser Idee in der Regel dem konservativen Lager angehörten. Ich werde von Zeit zu Zeit auf bemerkenswerte Beispiele hinweisen.

Es ist irreführend zu sagen, dass die vorherrschende preussische Reaktion auf die französische Idee des statistischen Gesetzes darin bestand, sie abzulehnen. Es selbst wurde anders verstanden. Hier ist ein kluger französischer Beobachter, der in dem Artikel «*Loi*» für *La Grande Encyclopédie* am Ende des 19. Jahrhunderts schreibt.

> Die Engländer ... sehen das Recht an sich als eine gegebene Tatsache an, und ihre Argumentation impliziert, dass es ein Produkt des Willens von Individuen ist. Die Deutschen (Historiker und Metaphysiker) haben das Problem [des Rechts] an seinem Ursprung angegriffen ... sie betrachten das Recht als ein soziales Produkt, auf der gleichen Ebene

wie die Sitte und die Sprache; es ist niemals festgelegt, sondern in ständiger Entwicklung und Veränderung.

Warum sind Sie, wenn Sie ein Konservativer sind, der das Recht als ein soziales Produkt betrachtet, nicht geneigt zu glauben, dass statistische Gesetze in den gedruckten Tabellen mit numerischen Daten gelesen oder aus Zusammenfassungen von Fakten über Personen gewonnen werden können? Denn Gesetze lassen sich nicht aus Individuen ableiten, die bereits vorhanden und gezählt sind. Die Gesetze der Gesellschaft, wenn es sie denn gibt, sind Fakten über die Kultur, keine Destillationen des individuellen Verhaltens.

Warum begnügen Sie sich als Liberaler, der das Recht (im politischen Bereich) als Produkt des Willens von Individuen betrachtet, damit, statistische Gesetze in den vom Justizministerium veröffentlichten Fakten über Verbrechen und Verurteilungen zu finden? Weil die sozialen Gesetze durch die Handlungen von Individuen entstehen.

Dieses Modell zeigt, wo viele Inkohärenzen aus dem 19. Jahrhundert entstehen. Zunächst einmal, wenn, wie viele Ihnen heute sagen werden, das Wahrscheinlichkeitsgesetz für Populationen, *Ensembles* oder *Kollektive* gilt, sollte dann nicht die kollektivistische ganzheitliche Einstellung diejenige sein, die den Begriff des statistischen Gesetzes einlädt? Umgekehrt, wenn der Liberale glaubt, dass statistische Gesetze Gesetze der Gesellschaft sind, ähnlich wie Naturgesetze, welche Freiheit bleibt dann den Individuen in ihrer Gesamtheit? Diese Frage des statistischen Fatalismus tauchte Mitte des Jahrhunderts in verwirrender Weise auf. Die allgemeinen Fragen des statistischen Fatalismus und des Ost / West-Verhältnisses werden uns in der Folgezeit noch viel beschäftigen. Hier wende ich mich einer spezifischeren Vorgeschichte der Idee des statistischen Gesetzes zu. Es war eine vorstatistische, ja sogar antistatistische Vorstellung von Gesetzen der Gesellschaft. Es war eine Vorstellung von den moralischen Wissenschaften. Daunous Deklamation in meiner Epigrafik ist ein klingendes Glaubensbekenntnis. Die moralischen Wissenschaften sind vernünftig, befreiend und die Feinde der Tyrannei.

Die *Wissenschaft der Moral* bezeichnet nicht das hochnäsige Gebilde, das wir im Englischen Moral nennen. Sie ist vielmehr als eine Wissenschaft der *moeurs*, der Sitten, der Gesellschaft zu verstehen. Im Zuge der Reformen Mitte des 19. Jahrhunderts führte die Universität Cambridge eine Fakultät für Moralwissenschaften ein, die Wirtschaft, Politik, Psychologie, Metaphysik und Ethik umfasste. Diese Klassifizierung in einer einzigen Fakultät war eine Anleihe bei den Franzosen, die ihrerseits die Idee der Moralwissenschaften erfunden hatten, indem sie ihre beiden englischen Helden idealisierten.

Newton hatte die himmlische und rationale Mechanik geliefert. Die Franzosen übernahmen von ihm alles ausser seinem Theismus. Lockes

Ideenlehre untersuchte den menschlichen Geist und seine Vernunftfähigkeit. Viele der wichtigsten Philosophen der französischen Aufklärung liessen sich gerne als *idéologues* bezeichnen, nicht als Ideologen oder Ideologisten, sondern als Idee-isten, als Locke-Anhänger. In dieser Matrix entstand eine Konzeption der *wissenschaftlichen Moral*, zunächst eine rationale Theorie des Einzelnen und der Gesellschaft. Unter diesem Begriff verstehen wir alle Wissenschaften, die entweder den menschlichen Geist selbst oder die Beziehungen der Menschen untereinander zum Gegenstand haben.[3]

Dies sind die Worte von Condorcet, dem herausragenden Vertreter der Moralwissenschaften. Der letzte der *Philosophen* war auch Schüler, Freund und Berater des grössten der *Physiokraten*, Turgot. Er war der Verfasser von Verfassungen, der edelste (und romantischste) der gemässigten Revolutionäre, der Reformer des Bildungssystems und der Verfechter der Rechte der Frauen. Er war es, der sagte, dass «der Amerikaner, der seine eigenen Ketten sprengt, die Pflicht übernimmt, die seiner Sklaven zu sprengen». Dieser Ausspruch war nur einer von vielen, die er in seiner Dankesrede bei seiner Wahl in die Akademie im Jahr 1782 deklamierte. Inmitten solcher klassischen liberalen Gefühle prophezeite er eine glühende Zukunft für die Moralwissenschaften:

> Diese Wissenschaften, die fast in unseren Tagen entstanden sind, deren Gegenstand der

> Mensch selbst ist, deren unmittelbares Ziel das Glück des Menschen ist, werden einen Fortschritt erleben, der nicht weniger sicher ist als der der physikalischen Wissenschaften … diese so süsse Vorstellung, dass unsere Neffen uns an Weisheit wie an Erleuchtung übertreffen werden, ist keine Illusion mehr. Wenn man über das Wesen der moralischen Wissenschaften nachdenkt, kommt man nicht umhin zu erkennen, dass sie, da sie wie die physikalischen Wissenschaften auf der Beobachtung von Tatsachen beruhen, der gleichen Methode folgen, sich eine ebenso exakte und präzise Sprache aneignen und den gleichen Grad an Gewissheit erlangen müssen.[4]

In unveröffentlichten Überarbeitungen der Dankesrede machte er seine Überzeugungen noch deutlicher. «Die moralischen Wissenschaften beruhen auf Tatsachen und Schlussfolgerungen; ihre Gewissheit wird daher die gleiche sein wie die der physikalischen Wissenschaften.» Die physikalischen Wissenschaften stehen im Gegensatz zu den mathematischen Wissenschaften; sie haben «nur jene Art von Gewissheit, die eine echte, mathematisch ausgedrückte Wahrscheinlichkeit ist». Die Theoreme der rationalen Mechanik sind Teil der Mathematik und können «zu einem bestimmten Zeitpunkt intuitiv verstanden werden». Aber Sätze über die reale Existenz sind nur wahrscheinlich. Aus der mehr oder weniger konstanten

Ordnung der Tatsachen, die bei moralischen wie bei physikalischen Phänomenen zu beobachten ist, leitet sich die Art von Gewissheit ab, die für die Realität gilt.[5]

Die Moralwissenschaften zielen darauf ab, Menschen und ihre sozialen Beziehungen zu studieren. Aber wie? Nicht, indem sie der empirischen Psychologie oder der Soziologie mit Umfragen vorgreifen. Condorcets Moralwissenschaft bedeutete vor allem zwei Dinge, und damit hängt eine Geschichte zusammen, die selbst heute noch nicht enträtselt ist. Condorcet hat zwei unterschiedliche Bereiche abgesteckt, die sich heute unterscheiden. Das eine ist die Moralwissenschaft-als-Geschichte, das andere die Moralwissenschaft-als-(Wahrscheinlichkeit, Statistik, Entscheidungstheorie, Kosten-Nutzen-Analyse, Rational-Choice-Theorie, diverse angewandte Wirtschaftswissenschaften und dergleichen).

Moralische-Wissenschaft-als-Geschichte ist keine Chronologie, sondern die übergreifende Struktur, die in Condorcets berühmtestem Werk, seiner lange geplanten Theorie des menschlichen Fortschritts, *Esquisse d'un tableau historique des progrès de l'esprit humaine*, vorgestellt wird. Es wurde Ende 1793 fertiggestellt, als er untergetaucht war, und 1795, ein Jahr nach seinem Tod, veröffentlicht. Es ist eine Geschichte der menschlichen Entwicklung über neun Stufen und den Eintritt in die zehnte, die durch die Französische Revolution eingeleitet wurde. Es ist ein Modell, das vielleicht von Saint-Simon poetisch und von Auguste Comte, dem Begründer des Positivismus, ganz wörtlich genommen wurde. Comtes scheinbar unendlicher *Cours de philosophie positive*, der zwischen 1830 und 1842 veröffentlicht wurde, führte das menschliche Wissen in die Phase der positiven Wissenschaft, die von Leuten wie Lagrange und Cuvier, Bichat und Laplace erreicht wurde. Das Modell der *Esquisse* von Condorcet wurde von Hegel in die historische Dialektik umgewandelt; es ist ein Modell, das von Marx mit neuen Kräften ausgestattet wurde.

Auf dem anderen Terrain der Moralwissenschaft gibt es niemanden, der so viel zu bieten hat wie Hegel und Marx. In seinem letzten Werk, das noch zu seinen Lebzeiten gedruckt wurde, nannte Condorcet es «Sozialmathematik». Ich ziehe den Begriff «sozial» den Begriffen «moralisch» oder «politisch» vor, denn der Sinn dieser letzteren Worte ist weniger umfassend und weniger präzise.[6] Immer bemüht um Klassifikation, unterteilte er die Sozialmathematik in fünf Bereiche. Die erste ist das Studium des Zinseszinses und anderer Zeitreihen. Dann kommen Permutationen und Kombinationen, dann die Induktion, dann die Wahrscheinlichkeitsrechnung und schliesslich die Theorie der Mittelwerte. Obwohl ich das statistische Erbe der sozialmathematischen Seite der Moralwissenschaft betonen werde, könnte man genauso gut die Wirtschaftswissenschaften hervorheben. Diese Taxonomie bestätigt meine leichte Modernisierung der Terminologie und der Interessen: Das zweite Terrain der Moralwissenschaften war die Moralwissenschaft-als-(Wahrscheinlichkeit, Statistik, Entscheidungstheorie, Kosten-Nutzen-Analyse, Rational-Choice-Theorie, angewandte Wirtschaftswissenschaften und dergleichen).

Die beiden Bereiche der Moralwissenschaft, der Historiker und der Statistiker, trennten sich im frühen 19. Jahrhundert sehr schnell. Comte war der Entdecker des einen, der Statistiker Quetelet der des anderen. Sie stritten sich um verschiedene Bezeichnungen wie «soziale Mechanik» und «soziale Physik». In jedem Fall wurde der Name, den Comte für seine historische Erkenntnistheorie vorschlug, von Quetelet als Bezeichnung für die statistische Untersuchung von Menschen aufgegriffen (ein Gräuel für Comte). In seiner Verzweiflung erfand Comte das Wort «Soziologie», weil er es für so hässlich hielt, dass die statistischen Studenten der Menschheit es niemals wagen würden, es zu stehlen. Er wurde einmal mehr eines Besseren belehrt.[7]

Es mag scheinen, dass Condorcets soziale Mathematik, seine numerische Seite, diejenige sein muss, die unsere Suche nach den Ursprüngen des statistischen Gesetzes betrifft. Das war die Ansicht von Karl Pearson, der Condorcet sehr bewunderte, einen verwandten Geist, keinen grossen Mathematiker, aber mit einem «fantasievollen Geist, der neue Probleme erfassen kann, die mathematisch gelöst werden können». Er war der Meinung, dass

Condorcet «der erste Schriftsteller war, der eine Philosophie seiner Wissenschaft [der Statistik] hatte und darauf hinwies, dass unser Glaube an die Stabilität der statistischen Verhältnisse genau derselbe ist wie unser Glaube an die so genannten Naturgesetze».[8] Ja, aber was zählte, war Condorcets feste philosophisch-physiokratische Überzeugung, dass es Gesetze der Gesellschaft gibt. Für ihn waren diese nicht statistisch, sondern die Prinzipien der Vernunft selbst. Die Wahrheit in Pearsons Urteil ist folgende: Das zukünftige Gebiet der Statistik erbte die Idee des Gesetzes von einer moralischen Wissenschaft, die aus der aufgeklärten Vernunft geboren wurde.

Pearson sprach von stabilen statistischen Verhältnissen. Condorcet hatte nur wenige zur Hand.[9] Sie waren eher biologisch als sozial. Es handelte sich um Aussagen über Geburt und Tod und enthielt zum Beispiel einige Spekulationen über die Pockenprävention. Das erste statistische Gesetz lautet: Das Verhältnis von männlichen zu weiblichen Geburten liegt mit grosser Regelmässigkeit bei etwa 13:12. Jedenfalls übersteigt es ½; mehr Jungen werden geboren als Mädchen. Ich habe bereits erwähnt, dass John Arbuthnot dies 1710 feststellte, indem er argumentierte, dass das Übergewicht der männlichen Geburten die göttliche Vorsehung am Werk zeigt. Diese Idee hatte viele Konsequenzen, unter anderem die Arbeit von J.P. Süssmilch. Die Erforschung des Todes hatte potenziell mehr praktische Bedeutung. Um

1670 war den aufgeklärten Führern der kurzen niederländischen Republik klar, dass die Sterblichkeitsdaten als Richtschnur für den Verkauf von Leibrenten verwendet werden sollten – die übliche Methode zur Kapitalbeschaffung für den Staat. Die Idee setzte sich nicht durch, aus Gründen, die von Lorraine Daston beschrieben werden, aber es war eine tragfähige Idee von versicherungsmathematischen Daten als angewandte Wissenschaft.[10]

Auch wenn die Sterblichkeitsstatistiken bis zum 19. Jahrhundert von geringer praktischer Bedeutung waren, so waren sie doch konzeptionell bedeutsam. Sie gaben den Anstoss für die Idee eines Gesetzes der Sterblichkeit und für den Begriff «*Gesetz* der Sterblichkeit». Die Faszination, die von diesen Gesetzen ausgeht, wird durch J.H. Lambert gut veranschaulicht, der 1765 den anspruchsvollsten aller Versuche des 18. Jahrhunderts unternahm, eine mathematische Gleichung für den Tod aufzustellen. Er war ein bemerkenswerter autodidaktischer Geometer, Astronom, Philosoph, Mitbegründer der probabilistischen Theorie der Messung und des Fehlers und ein Begründer der Fotometrie, der Wissenschaft, die die Eigenschaften des Lichts misst. Er schrieb ein kleines Lehrbuch über praktische Anwendungen der Mathematik. Da vor Kurzem eine Ausgabe von Süssmilch erschienen war, fügte er ein neuntes Kapitel mit Bemerkungen über Sterblichkeit, Sterbetafeln, Geburten und Eheschliessungen an, wobei er die Informationen aus *Die göttliche Ordnung* verwendete.[11]

Ein Problem bei der Darstellung der Sterblichkeit durch eine einzige Formel bestand darin, dass die Sterblichkeitsrate bei Säuglingen damals immens und bei Kindern sehr hoch war; es war schwierig, dies mit der gleichmässigeren Sterblichkeit der späteren Jahre in Einklang zu bringen. Lambert schlug vor, die gesamte Lebensspanne in eine etwas komplizierte Kurve einzubeziehen, eine Kombination aus einer Parabel und zwei logarithmischen Kurven.[12] Dieses Gesetz wurde 1787 von E.E. Duvillard de Durand bewundernd aufgegriffen.[13] Er war ein wichtiger Beamter, auf den ich noch zurückkommen werde, der Mann, der die systematische Lebensversicherung in Frankreich einführte. Duvillards Verwendung von Lambert wurde wiederum erst 1825 im ersten Band von Quetelets Zeitschrift wiederholt, die unter anderem zur Verbreitung statistischer Nachrichten gegründet worden war.[14] Darin erklärte der Autor, dass Lamberts Gleichung «mit erstaunlicher Präzision das Gesetz der Sterblichkeit für London angibt». (Das tut sie nicht.) Wir erhalten jedoch eine anschauliche Möglichkeit, die obige Gleichung zu verstehen: Die menschliche Spezies stirbt auf die gleiche Weise wie eine prismatische Vase oder ein vertikaler Zylinder, der sich durch ein winziges Loch in seiner Basis entleert.

Die Gesetze der Geburt und der Sterblichkeit waren weit verbreitet. Lambert dient mir nur als Beispiel. Da die Sterbekurven nicht als Angelegenheit der *moeurs* oder der Sitten betrachtet wurden, boten sie der Moralwissenschaft oder der Sozialmathematik nur wenig Anhaltspunkte. Aber sie lieferten Daten für die Lösung sozialmathematischer Probleme: im Idealfall zum Beispiel die richtigen Sätze, zu denen eine Regierung Leibrenten verkaufen sollte, wenn ein bestimmter Zinssatz vorherrschend ist.

Aber auch andere Statistiken kamen auf den Tisch: die Verteilung des Heiratsalters zum Beispiel. War das nicht eine Folge der Sitten oder einer moralischen Entscheidung? Hier spielte Süssmilch eine zentrale Rolle. So wie Lambert die Sterblichkeitsdaten von Süssmilch mit einer bizarren Kurve versah, zeichnete er Zusammenfassungen der Heiratstabellen von Süssmilch und stellte fest, dass auch diese gesetzesähnlich sind. Wir bewegen uns in den Bereich des Freiwilligen. Welche anderen menschlichen Entscheidungen könnten Regelmässigkeiten aufweisen?

> [E]ine Ansammlung von Menschen besteht aus einer bestimmten Anzahl von Personen aller Art, und dies führt zu einem ungefähr ähnlichen Ergebnis, denn man muss beachten, dass man in diesen Fällen, die am meisten vom Zufall abhängig sind, das Ergebnis berechnen kann, wenn die Chancen zahlreich sind. So hat man zum Beispiel im Kanton Bern festgestellt, dass die Zahl der Scheidungen von einem Jahrzehnt zum nächsten fast gleich ist, und es gibt Städte in Italien, in

> denen man genau berechnen kann, wie viele Morde von Jahr zu Jahr begangen werden. So haben Ereignisse, die von einer Vielzahl unterschiedlicher Kombinationen abhängen, eine periodische Wiederkehr, einen festen Anteil, wenn die Beobachtungen aus einer grossen Anzahl von Zufällen resultieren.[15]

Diese Worte von Frau de Staël wurden nur zwei Jahre nach dem Tod von Condorcet veröffentlicht, und doch springen sie über seine Ideen hinaus. Sie sprach prophetisch von Scheidungs- und Mordraten. Diese stabilen Verhältnisse der Devianz sind der Stoff, aus dem das französische statistische Denken des frühen 19. Jahrhunderts ist. Condorcets Moralwissenschaften standen auf einer anderen Grundlage. Sie verfolgten das optimistische Ziel, die sozialen Beziehungen «dem süssen Despotismus der Vernunft» zu unterwerfen.[16] Ihr Gebiet war nicht das der empirischen Verhältnisse der Perversionen, sondern das um die A-priori-Lösungen der süssen Vernunft.

Auf der Seite der Historiker ist Condorcets posthum veröffentlichte Skizze über den Fortschritt des menschlichen Geistes sein berühmtestes Werk. Auf der statistischen Seite war sein bekanntestes, aber immer noch obskures Werk eine Abhandlung über das Wählen.[17] Es analysierte rationales Verhalten, wobei das Wort «rational» weniger die Bedeutung von «vernünftig» hat als die Bedeutung, die es in der «rationalen Mechanik» hat, der deduktiven Wissenschaft eines Newton oder eines Lagrange. Sie hatte praktische Ambitionen. Condorcet wusste, dass Frankreich bald Versammlungen und Geschworenenprozesse fordern würde. Es könnte die alten, willkürlichen englischen Modelle übernehmen. Aber warum sollte man genau zwölf gute Männer bevorzugen, die mit einstimmigem Votum entscheiden? Ist die englische Jury auf den babylonischen Aberglauben an die Zahl Zwölf zurückzuführen? So wie die Revolution bald das Münzgeld, die Entfernungen und den antiken Kalender dezimalisieren würde, könnte jeder vernünftige Mensch solche primitiven Rechtsbräuche hinterfragen. Was sind die mathematisch besten Grössen für Gruppen, die mit Mehrheit entscheiden, und welches sind die besten Abstimmungsverfahren?

Condorcets Aufsatz wurde lange Zeit vernachlässigt, hat aber in letzter Zeit als Vorläufer des Arrow-Paradoxons über das Abstimmungsverhalten einige Berühmtheit erlangt, eine Ehre, die er mit einer weniger bekannten Arbeit von J.C. de Borda teilt.[18] Das Arrow-Paradoxon ist eine A-priori-Beobachtung über die Unmöglichkeit zufriedenstellender Abstimmungsverfahren unter bestimmten Umständen. Es ist genau genommen eine Angelegenheit der Vernunft. In späteren Kapiteln zeige ich, wie Condorcets Vorschläge für Jurys seine Nachfolger, Laplace und dann Poisson, beschäftigten. Poissons Analyse von Geschworenengerichten wurde in letzter Zeit wiederbelebt, da er eine statistische Studie über die Verurteilungsraten von Geschworenengerichten unterschiedlicher Grösse und Abstimmungsregeln in Angriff nahm. Für Condorcet war dies buchstäblich unmöglich, da er keinen Zugang zu Aufzeichnungen über Verurteilungen hatte. Erst nach 1829, als es gedruckte Aufzeichnungen über die Entscheidungen französischer Geschworener gab, konnte Poisson die Idee von probabilistischen Gesetzen für das Abstimmungsverhalten entwickeln. Es waren die gedruckten Zahlen, die Condorcets A-priori-Studien zu Poissons empirischen Studien machten.

Condorcet ist für den Studenten der Wahrscheinlichkeitsrechnung aus vielerlei Gründen wichtig. Unter anderem war es wahrscheinlich er, der Laplace für das Thema interessierte und ihn damit zum Paten der modernen Wahrscheinlichkeitstheorie machte.[19] Er war es, der aus Laplaces frühem Aufsatz von 1781 die erstmals von Thomas Bayes vorgeschlagene Art der Inferenz aufgriff und sie zu einem wichtigen Instrument in seiner A-priori-Analyse von Wahlverfahren machte. Trotz all dieser ordentlichen Vorwegnahmen möchte ich hier seinen Versuch hervorheben, eine neue Art von Wissenschaft zu institutionalisieren. Er ahnte nicht, dass sich daraus mehrere Arten von Wissen entwickeln würden. Er hat das alles nicht mehr erlebt. Die Jakobiner siegten über die Girondisten, und die jakobinische Verfassung wurde am 24. Juni 1793 in Kraft gesetzt. Condorcet prangerte sie an. Er wurde am 8. Juli geächtet. Zwischen diesen beiden Daten hatte er in seiner Zeitschrift über den öffentlichen Unterricht seinen Bericht über die Sozialmathematik gedruckt. Er tauchte unter, wo er seine Skizze des menschlichen Fortschritts schrieb. Als er gewarnt wurde, dass er entdeckt worden war, floh er aufs Land, wurde gefasst und starb in seiner ersten Nacht im Dorfgefängnis, möglicherweise an einer Selbstmordpille, die er ein paar Jahre zuvor von seinen medizinischen Freunden erhalten hatte.[20]

Condorcet war tot, aber seine Projekte gingen weiter. Er hatte einen Traum für die Moralwissenschaften: Sie sollten neben den Naturwissenschaften, deren Vorbild sie waren, in Institutionen verankert werden. Wenn die mathematischen und physikalischen Wissenschaften die erste Klasse einer Akademie bildeten, dann sollten die Moralwissenschaften die zweite Klasse darstellen. Er unterteilte diese zweite Klasse in fünf Abteilungen (Metaphysik und Moral, Naturrecht und Sozialwissenschaften, Gesetzgebung und öffentliche Verpflichtungen, politische Ökonomie, Geschichte).

Sein Plan zeigte Wirkung. Die alten Akademien wurden 1791 abgeschafft. Das Institut national wurde 1796 gegründet und mit den Worten von Daunou, meinem Epigrafen, angekündigt. Daunou sagte, es solle ein «nationaler Tempel sein, dessen Türen, die immer für Intrigen verschlossen waren, nur für das Geschrei des wahren Ruhmes offen sein würden». Das Institut mit seiner zweiten Klasse für Moralwissenschaften, die in etwa nach dem

Vorbild von Condorcet organisiert war, erlebte nur eine kurze Blütezeit. Im Jahr 1801 wählte es seinen ersten ausländischen Mitarbeiter: Thomas Jefferson. Die zweite Klasse war nicht mit Statistikern, sondern mit Ideologen besetzt. Napoleon hatte keine Verwendung für sie. Im Jahr 1803 liess er sie in Pension gehen und schaffte die zweite Klasse ab. Man erinnerte sich an die Worte von Daunou, allerdings ohne Erfolg: «Der Despotismus, dessen Schicksal es war, die moralischen und politischen Wissenschaften zu verfolgen ...» Napoleon reorganisierte das Institut. Er liess kaum Geschichte zu: sehr alte Geschichte. Er war im Begriff, mit 170 Wissenschaftlern in Ägypten einzumarschieren. Dann nannte er sich «Bonaparte, General und Mitglied des Instituts». Es bedurfte einer weiteren Revolution, der von 1830, um eine Akademie der Moralischen Wissenschaften zu gründen. Das erste ausländische Mitglied, das gewählt wurde, war nicht Jefferson, sondern der rüstige, aber alternde Thomas Malthus, der von dem fünf Jahre älteren Überlebenden Daunou begrüsst wurde.* [21]

* Wir haben gesehen, dass Daunou ein Händchen für Worte hatte. Er wurde 1787 ordiniert, in dem Jahr, in dem er den Preis der Berliner Akademie für seinen Aufsatz über die Autorität, die Eltern über ihre Kinder ausüben können, gewann. 1789 predigte er auf den Stufen des Oratoriums den Lobgesang für die Gefallenen des Sturms auf die Bastille. 1792 wurde er ohne Gegenkandidaten als Abgeordneter für Arras in die Nationalversammlung gewählt. Er stimmte mit Condorcet für die Abschaffung der Monarchie, aber nicht für die Hinrichtung: kein politisches Votum. Er arbeitete weiter als Gelehrter, Berater und Archivar bei Napoleon. Er war ein fast reueloser *idéologue* – als Destutt de Tracy 1836 starb, war er tatsächlich der letzte lebende *idéologue*. Und er war keineswegs todkrank: In seinen späten Sechzigern und in den Siebzigern bot er einen Studienkurs an, hauptsächlich am Collège de

France, der nach seinem Tod in 20 Bänden veröffentlicht wurde. Er nahm seinen Sitz in der Akademie der Moralwissenschaften wieder auf, als diese 1832 wiedergegründet wurde. Er war immer ein Akademiker in der Sektion für Schöne Künste und Inschriften und wurde im Alter von 77 Jahren deren ständiger Sekretär.

Zum Leidwesen von Condorcet hat diese wiederbelebte Akademie nie die geringste Bedeutung erlangt. Die Moralwissenschaft stammt aus der Generation von Daunou, Malthus und Condorcet. Sie wurde von ihren Nachfolgern abgelöst, zu denen auch die empirische Statistik gehörte. Condorcets Fantasie vom Ende der Aufklärung, eine Akademie oder eine Klasse der Moralwissenschaften zu gründen, scheiterte zum Teil an ihrem ideologischen Ballast. Napoleon war die Zukunft. Es waren seine neuen Institutionen, nicht die von Condorcet, die überleben würden. Doch diese vereinfachende Behauptung ist falsch. Denn was überlebte, wurde von Turgot in Gang gesetzt und überdauerte Napoleon um viele Jahre. Ein einziger Werdegang soll dies verdeutlichen.

Stellen wir Condorcet einen Mann zur Seite, der zwölf Jahre jünger ist als er, Duvillard de Durand. Ich habe bereits erwähnt, wie er Lamberts Gesetz der Sterblichkeit in einer Studie über Leibrenten aufgriff. Solche Proto-Statistiker waren Stabilisatoren, die den Staat in jenen Tagen des Aufruhrs am Laufen hielten. Condorcets Vision einer numerischen Moralwissenschaft hat sich in der Akademie der Moralwissenschaften nie ernsthaft durchgesetzt. Sie musste notgedrungen einen anderen Weg einschlagen, einen bürokratischen Weg.

Turgot berief 1776 Leute wie den jungen Duvillard in das Büro des Generalkontrolleurs. Als Turgot abgesetzt wurde, wurde Duvillard in das Finanzministerium versetzt. In diesem Amt blieb er bis zum Jahr VIII der Revolution. Dann wechselte er in den Senat und 1805 in das statistische Amt des Innenministeriums. Im Jahr 1812 wurde er erneut befördert und wurde Leiter des Büros für allgemeine Dienste. Wer gab Frankreich eigentlich das metrische System oder die neue Münzprägung? Duvillard arbeitete an beiden Projekten und ohne ihn wäre keines von beiden erfolgreich gewesen.

In revolutionären Zeiten mischten sich Intellektuelle und Bürokraten. Sowohl Duvillard als auch Condorcet waren Mitglieder des Clubs von 1789, der anscheinend als eine Gruppe hochgestellter radikaler Intellektueller (Lafayette, Dupont de Nemours, Sieves usw.) gegründet wurde. Bald zog er Bankiers an und wurde mit der Rechten identifiziert. Sie war elitär und geheim, und über der Tür ihres Klubhauses könnten die folgenden Worte gestanden haben: «Die kleinen Fische werden immer von den grösseren gefressen.»[22] Condorcet verteidigte den Elitismus mit der Begründung, dass der Club für Gleiche sein müsse und daher strenge Zulassungsregeln notwendig seien. Sie würden ihn zu einem Ort machen, an dem die besten Köpfe der Nation den Staat bewahren und ihn gleichzeitig in eine bessere Gesellschaft verwandeln würden. Daher scheiterte er. Selbst Condorcet schloss sich 1791 wieder dem Jakobinerclub an, und der Club von 1789 verschwand. Aber für einen Beamten wie Duvillard war er kurzzeitig ein perfekter Ort, um zuzuhören und Einfluss zu nehmen. Duvillard hat Einfluss genommen. Seine statistische Analyse von Schulden, Annuitäten und Ähnlichem wurde 1786 in der Akademie der Wissenschaften bewundert. Er leitete die Kommission, die einen Plan für die Lebensversicherung ausarbeiten sollte, die bis dahin eine englische Spezialität gewesen war.[23] Während er im Finanzministerium arbeitete, wurde er 1790 Leiter eines Büros für politische Arithmetik. Von den drei Mathematikern, die seine Pläne für eine nationale Lebensversicherung prüften, war einer Condorcet, und ein zweiter war ein weiteres Mitglied des Clubs von 1789.

Condorcet hat den Terror nicht überlebt. Duvillard schon. Während seiner Zeit im Innenministerium erstellte er die erste tiefgreifende Analyse der versicherungsmathematischen Konsequenzen der grossen Entdeckung des Zeitalters, Jenners Impfung gegen Pocken. Welche Auswirkung würde dies auf die nationale Lebenserwartung haben? Die Frage war dringlich, als der Staat durch den Verkauf von Leibrenten Kapital aufnahm.[24]

Er scheint ein vernünftiger Verwalter gewesen zu sein, der das fragte, was wir heute als die richtigen theoretischen Fragen betrachten. So war seine Arbeit über die mathematische Statistik der Bevölkerung der erste Versuch in Frankreich, eine systematische Aufschlüsselung der Sterblichkeitsgesetze nicht nur nach Alter, sondern auch nach

Geschlecht, Familienstand und – versuchsweise – nach Ort und sogar Beruf zu erhalten.[25] Eine solche Frage zog neue Schichten von Beamten, Zählern, Rechnern und Druckern nach sich, die mit der Zeit eine Lawine von Zahlen auslösen sollten. Duvillard war auch ein Prophet. Er hat im Allgemeinen nicht bekommen, was er wollte. Er glaubte, dass es möglich sein würde, genaue, wenn auch unvollständige Zahlen zu erhalten und dann die Wahrscheinlichkeitsrechnung zu nutzen, um Schätzungen der Bevölkerungszahlen, der Altersverteilung und dergleichen abzuleiten. Schon früh lehnte das Konsulat seine Vorschläge für ein hochmathematisches Gremium ab und zog eine eher deskriptive Statistik vor, die auf ausführlichen Erhebungen in den Provinzen beruhte, und nicht auf Berechnungen, die in der Metropole durchgeführt wurden.[26]

Duvillard strebte nach Anerkennung. Seine Arbeit über Impfstatistiken führte dazu, dass er in die Akademien von St. Petersburg und Haarlem gewählt wurde. Frankreich hatte jedoch andere Massstäbe. Er bewarb sich 1803 und 1813 um die Wahl in die erste Klasse des *Instituts*, scheiterte aber. Er lebte nicht lange genug, um in die Akademie der Moralischen Wissenschaften aufgenommen zu werden, als diese 1832 wiederhergestellt wurde, obwohl er als mögliches Mitglied vorgeschlagen worden war. Es hätte ihm nicht viel ausgemacht: Er wollte unter den Mathematikern anerkannt werden, was er nicht war. Er tat etwas viel Bedeutsameres. Indem er sich abmühte, das metrische System, die neue Münzprägung und vor allem die neue Bürokratie zur Erfassung statistischer Daten zu organisieren, hatte er mehr Einfluss auf das postrevolutionäre Frankreich, als wir jemals direkt auf Condorcet zurückführen können.

Die Duvillards waren die Funktionäre, die Condorcets Vision der sozialen Mathematik erforderte. Duvillards Pläne für ein zentralisiertes Büro, das die beste Technologie der Wahrscheinlichkeitstheorie nutzte, hatten keinen Erfolg. Viele der statistischen Ämter Frankreichs wurden von anderen Fraktionen beherrscht.[27] Auch sie konnten in Ungnade fallen. Als Napoleon 1811 innerhalb einer Woche eine vollständige Tabelle der Manufakturen Frankreichs verlangte, waren sie, wenig überraschend, unfähig.[28] Die Statistiken von Duvillard und seinen unmittelbaren Konkurrenten waren von den *idéologues* und dem Wunsch beseelt, die Gesellschaft durch die Anwendung der Vernunft auf Fakten zu verbessern. Gegen Ende des Kaiserreichs wurden die Einrichtungen zur Datenerhebung immer effizienter, aber ihr Auftrag änderte sich. Die hohen Ambitionen der alten moralischen Wissenschaft waren vergessen. Die Statistik wurde wieder «staatsorientiert» und sollte dem Staat seine Mittel zur Steuerung und Kontrolle geben. Folglich sollten die Statistiken nicht mehr veröffentlicht werden.[29]

Diese unterschiedlichen Kräfte schufen die Institutionen, die die Daten generierten, die das

Konzept der Sozialmathematik veränderten. Die kaiserliche Statistik mag zunehmend geheimnisvoll geworden sein, aber in der Welt des Beamtentums waren zu viele Interessen freigesetzt worden, als dass ein einzelner Strang dominieren konnte. Als die Kriege zu Ende waren, gab die Stadt Paris das Modell für die Veröffentlichung von Sozialdaten vor, und die Lawine der gedruckten öffentlichen Zahlen war im Gange. Aber ohne Condorcets aufklärerische Vision des Rechts, der Moral und des süssen Despotismus der Vernunft hätten diese Zahlenbüros vielleicht nur Tabellen im preussischen Stil hergestellt. Die französische Numerologie und Sozialmathematik wurde stattdessen von den Newton'schen Ambitionen der Gesellschaftsgesetze gezeugt. Ohne die Zahlenlawine, die von den Duvillards in Gang gesetzt wurde, hätte es keine Idee von statistischen Gesetzen der Gesellschaft gegeben. Aber ohne die A-priori-Überzeugung, dass es Newton'sche Gesetze über die Menschen gibt, hätte man niemals probabilistische Gesetze in diese Zahlen hineingelesen.

• 1 *Gazette nationale ou Le Moniteur universelle* no. 203 (23 germ, l'an IV: 12. April 1796). Der Bericht des Treffens wird in den beiden folgenden Ausgaben fortgesetzt.

• 2 Norton Wise, «How do Sums Count? On the Cultural Origins of Statistical Causality», in: Krüger u.a., *Probabilistic Revolution* (wie Anm. 9, Kap. 1), Bd. 1, S. 395–426.

• 3 «Éloge de M. Buquet», in: *Oeuvres de Condorcet*, hg. von A. Condorcet-O'Connor und F. Arago, Paris 1847, Bd. 2, S. 410.

• 4 *Discours prononcés dans l'académie Française le jeudi février MDCLXXXII à la réception de M. le Marquis de Condorcet*, Paris 1782. Viele der wichtigsten Schriften sind in das Englische übersetzt in: *Condorcet: Selected Writings*, übers. von K.M. Baker, Indianapolis 1976. Die Eröffnungsrede mit Condorcets nicht veröffentlichten Revisionen findet sich auf den Seiten 3–32. Eine tiefgehende Analyse von Condorcets «moralischer Wissenschaft» hat K.M. Baker verfasst: *Condorcet: From Natural Philosophy to Social Mathematics*, Chicago 1975.

• 5 *Selected Writings*, ebd., S. 18 f.

• 6 Ebd., S. 184. K.M. Baker, «The early History of the Term ‹Social Science›», *Annals of Science* 20 (1964), S. 211–226, Revision in: *Condorcet* (wie Anm. 3), S. 391–395.

• 7 Für eine Darstellung zur Auseinandersetzung über die Namen siehe: J. Lottin: *Quetelet: statisticien et sociologue*, Louvain 1912, S. 331–366.

• 8 K. Pearson: *The History of Statistics in the 17th and 18th Centuries against the Changing Background of Intellectual Scientific and Religious Thought. Lectures Given by Karl Pearson at University College London during the Academic Years 1921–1933*, London 1975, A. 448, 495. Pearsons Beschreibung von Condorcet orientiert sich teilweise an der Selbstbeschreibung von Condorcet. Vgl. auch: Ian Hacking, «Karl Pearson's History of Statistics», *British Journal for the Philosophy of Science* 32 (1981), S. 177–182.

• 9 Einen grafischen Überblick des sozio-statistischen Materials bietet Bertrand Gille: *Les Sources statistiques de l'histoire de France. Des enquêtes du XVIIe siècle à 1870*, Paris 1964.

• 10 L. Daston: *Classical Probability in the Enlightenment*, Princeton 1988, Kap. 3.

• 11 J.H. Lambert, «Anmerkung über die Sterblichkeit, Todtenlisten, Geburten und Ehen», Teil IX von *Beyträge zum Gebrauch der Mathématique und deren Anwendung*, Berlin 1765. Lamberts Analysen werden kritisiert von: H. Westergaard, *Die Lehre von der Mortalität*, 2. Aufl., Berlin 1889, S. 200. *Westergaards Contributions to the History of Statistics*, London 1932, bietet zahlreiche Beispiele des «Gesetzes der Mortalität».

• 12 Sein Gesetz der Sterblichkeit gestaltet sich wie folgt: Lass *Y* die Nummer der Überlebenden im Jahr *X* einer Geburtskohorte *N* sein Dann, wenn *T* das Alter des Todes des ältesten Überlebenden ist, und *K*, *M* und *N* ergibt sich eine logarithmische Verteilungskurve, aus welcher Wahrscheinlichkeiten extrapoliert werden können.

• 13 E.-E. Duvillard de Durand: *Recherches sur les rentes, les emprunts et les remboursements*, Genève 1787.

• 14 Kommentar von F. Gamier in *Correspondance mathematique et physique 1* (1825), S. 18.

• 15 Mme de Stäel: *De l'influence des passions sur le bonheur des individus et des nations*, Lausanne 1796; *Œuvres*, Paris 1820, Bd. 3, S. 10.

• 16 Condorcet, *Œuvres* (wie Anm. 3), Bd. 10, S. 75.

• 17 Condorcet, *Essai sur l'application de l'analyse à la probabilité des décisions rendu à la pluralité des voix*, Paris 1785.

• 18 Eine Retrospektive mit weiteren Referenzen bietet K. Arrow: *The Economics of Information*, Cambridge, Mass., 1984, S. 179.

• 19 C.C. Gillispie, «Probability and Politics: Laplace, Condorcet and Turgot», *Proceedings of the American Philosophical Society* 116 (1972), S. 1–20.

• 20 Märchen sollten nicht völlig verworfen werden. Condorcets Unterschlupf in der Nähe des Luxembourg wurde von seinem Freund, dem *idéologue* Arzt Cabanis, gefunden, dessen Schüler Pinel, der Psychiatriereformer von Bicêtre, Condorcet zu der Vermieterin aus Pinels Studentenzeit brachte. Die gute Mme de Vernet versuchte, ihn dort zu halten, nachdem seine Tarnung aufgeflogen war: «Monsieur, der Konvent mag Sie für *hors la loi* erklären, aber nicht für *hors de l'humanité*.» Es gibt auch die Geschichte, wie er im Dorfgasthaus erwischt wurde. Der Wirt wurde ein wenig misstrauisch, als dieser vermeintlich raue Bürger mit seinen eleganten weissen Händen dort sass und Horaz las und ein Omelett bestellte. «Wie viele Eier?» «Zwölf.»

• 21 Die späteren Vorlesungen wurden in P.C.F. Daunou: *Cours d'études historiques*, Paris 1842–1849, veröffentlicht. Der letzte Band beinhaltet einen Angriff auf eine Schrift von Broussais, die ich in späteren Kapiteln mehrfach erwähnen werde. Siehe J.-F. Braunstein: *Broussais et le matérialisme: médecine et philosophie au XIXe siècle*, Paris 1896, S. 111–116.

• 22 Vgl. Baker, *Condorcet* (wie Anm. 4), S. 272–285, insb. S. 280.

• 23 Veröffentlicht durch das Institut im Jahr 1796.

• 24 E.-E. Duvillard de Durand: *Analyse et tableaux de l'influence de la petite vérole sur la mortalité à chaque âge et de celle qu'un préservatif tel que la vaccine peut avoir sur la population*, Paris 1806. Siehe auch *Rapport du Collège des médecins de Londres, sur la vaccination, suivi d'une analyse de son influence sur la mortalité*, Paris 1807.

• 25 Veröffentlicht durch das Institut im Jahr 1813.

• 26 Marie-Noëlle Bourguet, «‹Décrire, Compter, Calculer›: The Debate over Statistics during the Napoleonic Period», in: L. Krüger u.a., *Probabilistic Revolution* (wie Anm. 9, Kap. 1), S. 307.

• 27 Eine detaillierte Analyse der napoleonischen Statistik findet sich bei Marie-Noëlle Bourguet: *Déchiffrer la France: la statistique départementale à l'époque Napoléonienne*, Paris 1989.

• 28 Bourguet, «Décrire» (wie Anm. 25), S. 312.

• 29 Ebd., S. 313.

KAPITEL 6

EIN QUANTUM AN KRANKHEIT

London, 11. März 1825

«Wenn Sie sagen, dass Krankheit nicht bewertet werden kann, meinen Sie damit, dass es keine Daten gibt, anhand derer eine Berechnung vorgenommen werden kann?» «Ich meine, dass Leben und Tod einem bekannten Naturgesetz unterliegen, Krankheit jedoch nicht, sodass das Auftreten des einen Ereignisses vorausgesehen und bestimmt werden kann, das andere aber nicht.»* [1]

* John Finlaison, leitender Versicherungsmathematiker des National Debt Office, antwortet auf eine Frage eines Sonderausschusses des Unterhauses. Er war so etwas wie ein Enfant terrible und wurde im Alter von 19 Jahren Factor (Verwalter) des riesigen schottischen Anwesens von Sir Benjamin Dunbar. In seinen Zwanzigern übernahm er eine Reihe von Positionen in der Verwaltung der HM Dockyards und entwickelte ein System zur Informationsbeschaffung für diese ausufernde Bürokratie. Die Konten waren immer 18 Monate im Rückstand, aber unter seinem Regime wurden alle Rechnungen innerhalb von drei Wochen beglichen. Während seiner elfjährigen Tätigkeit in den Werften soll seine Buchhaltung der Nation £ 2'000'000 gespart haben. Er war genau der richtige Mann, um die nationale Schuldenkatastrophe anzugehen.

Selten wird das Unregelmässige vor unseren Augen zum Regelmässigen. Doch hier ist es so. Der

Zeuge war John Finlaison. Im März sagte er wie oben beschrieben aus. Im April machten ihm die Abgeordneten das Leben schwer. Als sie im Juli ihren Bericht vorlegten:

> Ihr Komitee bittet um besondere Aufmerksamkeit für die Aussagen von Herrn *Finlaison*, Aktuar der Staatsschuldenverwaltung, der bei seiner ersten Anhörung vor dem Komitee die Meinung vertrat, dass Krankheit keinem allgemeinen Gesetz folgt, und nachdem er sich auf Anregung des Komitees eingehender mit dem Thema befasst hat, hat er schliesslich seine Überzeugung zum Ausdruck gebracht, dass Krankheit auf ein fast sicheres Gesetz reduziert werden kann.[2]

Der Ausschuss hat übertrieben. Finlaison ist nicht zur Vernunft gekommen. Er erstellte zwar Tabellen mit Krankheitsraten für verschiedene Altersgruppen, weil er dazu aufgefordert wurde, aber nichts ist vorsichtiger als die Prosa, die ihn umgibt: «Wenn es uns erlaubt wäre, in unserer gegenwärtigen Ungewissheit über die Tatsache der Häufigkeit und Dauer von Krankheiten unter den arbeitenden Klassen von einer vernünftigen Hypothese auszugehen, könnte man vielleicht das Folgende wagen, nur als Spekulation …».[3] Als Reaktion auf die neuen Daten, die in den 1820er-Jahren auftauchten, kam er 1829 zu dem Schluss, dass es nicht einmal ein Gesetz der

Sterblichkeit gibt.[4] Der Zeitgeist sah anders aus. Während 1825 buchstäblich kein einziges Krankheitsgesetz bekannt war, waren die Zeitschriften um 1840 voll von Gesetzen, die nach Geschlecht, Ort, Krankheit und Beruf geordnet waren. Dies war kein abstraktes, intellektuelles Ereignis, sondern, wie immer bei der Zähmung des Zufalls, ein praktischer Angriff auf ein unmittelbares und materielles Problem. Es gab schon lange kleine lokale Vereine auf Gegenseitigkeit für Gruppen von Handwerkern, Landwirten oder Arbeitern. Die Mitglieder zahlten geringe wöchentliche Beiträge und erhielten dafür Unterstützung im Krankheitsfall oder für Witwen und Waisen nach dem Tod. Im Jahr 1793 erliess das Parlament schliesslich eine Gesetzgebung für diese sogenannten Freundschafts-, Wohlfahrts- oder Benefizvereine. Ein Verein konnte sich nach diesem Gesetz registrieren lassen und erhielt eine gewisse öffentliche Kontrolle über seine finanziellen Angelegenheiten, die bis dahin häufig missbraucht worden waren. Diese kleinen Gesellschaften waren schlecht organisiert, aber es gab sie überall. Im Jahr 1825 wurde spekuliert, dass «ein Achtel der gesamten Bevölkerung des Reiches» in solchen Organisationen eingeschrieben war und dass sie jährlich eineinhalb Millionen Pfund verteilten. Das Select Committee stellte fest, dass bis 1802 9672 Gesellschaften unter dem Gesetz von 1793 registriert worden waren und dass es im Jahr 1815 925'429 Mitglieder gab.[5]

Das gut gemeinte Gesetz von 1793 wurde in den nächsten 30 Jahren oft überarbeitet. Es gab Schwierigkeiten. Eine Regelung erlaubte die Auflösung einer Gesellschaft mit einer Mehrheit von fünf zu eins. Die Mitglieder würden dann das Vermögen aufteilen. Dies machte eine wohlhabende altertümliche Gesellschaft zu einem attraktiven Köder für ein Übernahmeangebot durch junge Männer, die dann die Alten und Gebrechlichen in arger Bedrängnis zurückliessen. Zweitens war es normal, dass sich die Clubs in öffentlichen Häusern trafen. Der Wirt war oft der einzige Mann vor Ort, der mit Geld umgehen konnte. Er wurde in der Regel zum Sekretär oder Schatzmeister gewählt und ermutigte dann die Mitglieder, ihre Beiträge für «Unterhaltung» auszugeben.

Es gab politische Sorgen. Zusammenschlüsse von Arbeitern (zukünftige Gewerkschaften) waren illegal. Die Arbeitgeber vermuteten, dass die «Friendly Societies» nur eine Fassade darstellten: «Der Ausschuss stellt mit Bedauern fest, dass Gesellschaften, die rechtmässig als Wohltätigkeitsvereine eingetragen sind, häufig zum Deckmantel gemacht wurden, unter dem Gelder für die Unterstützung von Zusammenschlüssen und Streiks gesammelt wurden, die mit Gewalt und Einschüchterung einhergingen.»[6] Aufgrund dieser Bedenken schenkten die wohlhabenden Klassen den Friendly Societies mehr Aufmerksamkeit, als es sonst der Fall gewesen wäre.

Betrug, Alkohol und Unruhe waren nicht die Hauptschwierigkeiten. Das Problem war versicherungstechnischer Natur. Niemand hatte eine Vorstellung davon, wie hoch die Prämien sein sollten. Ausserdem waren die englischen Clubs klein und lokal, es sei denn, die Versicherungsgesellschaften mischten sich ein. Das brachte sie in eine doppelte Gefahr. Ein Verein mit 80 Mitgliedern bietet wenig Spielraum für das «Gesetz der grossen Zahl», das hier zum Tragen kommt. Zweitens: Sollte eine Krankheit ein Dorf oder eine Fabrik befallen, könnte eine ganze Gesellschaft finanziell ruiniert werden. Ausserdem wurden die Tabellen zur Berechnung der Prämien in der Regel von «kleinen Schulmeistern und Buchhaltern» unterzeichnet, die keine Ahnung von der «Wahrscheinlichkeit von Krankheiten» hatten. Dies sind die kritischen Worte des Sonderausschusses. Ihre tiefgründigere Frage lautete: Wer hat eine Vorstellung von der Wahrscheinlichkeit von Krankheit? Gibt es so etwas?

Es gab Experten. Der berühmteste, Richard Price, war 1791 gestorben, aber er hatte die Northampton-Tabellen hinterlassen, die ein Sterblichkeitsgesetz enthielten, das auf den Aufzeichnungen der Stadt Northampton aus dem 18. Jahrhundert basierte.*

*Price konstruierte diese Tabellen, nachdem er von der ersten Lebensversicherungsgesellschaft, der Equitable, zu Rate gezogen worden war. Der Wahrscheinlichkeitsforscher kennt ihn als den Mann, der 1763 den berühmten Aufsatz von Thomas Bayes der Öffentlichkeit vorstellte und damit eine der wichtigsten Theorien der statistischen

Schlussfolgerung vermittelte. Der Philosoph kennt ihn als Autor der 1758 erschienenen *Review of the Principal Questions and Difficulties in Morals*. Der Historiker kennt ihn als den freimütigen Pamphletisten, der 1789 die Französische Revolution lobte, der zuvor gegen den Krieg in Amerika gepredigt hatte und der den Namen «Vereinigte Staaten von Amerika» schuf. Seine Unterstützung für die revolutionären Kolonisten brachte ihm die Freiheit der Stadt London ein. Sein versicherungsmathematisches Fachwissen und seine Sympathien führten dazu, dass er nach Philadelphia eingeladen wurde, um Finanzberater des Kongresses zu werden. Er lehnte aus gesundheitlichen und familiären Gründen ab.

Sie wurden für ein Jahrhundert zum britischen Standard und wurden in Gesetze über Prämien für Lebensversicherungen und Leibrenten aufgenommen. Viele amerikanische Bundesstaaten folgten dem britischen Beispiel. Das war keine so gute Idee, denn Price überschätzte die Sterblichkeit. Er setzte die Lebenserwartung bei der Geburt auf 24 Jahre fest; zu seiner Zeit lag sie eher bei 30 Jahren und war vielleicht sogar noch steigend. Regierungen, die sich auf Leibrenten zur Kapitalbeschaffung verlassen hatten, waren also in einer schlechten Verfassung. Niemand war sich dessen mehr bewusst als Finlaison. Er versuchte verzweifelt, die Sterbetafeln in den Jahren 1819 und 1821 zu ändern, wurde aber durch ein Gesetz daran gehindert, dies zu tun.

Die Tabellen von Price mögen ungerecht gewesen sein, aber sie haben einen tiefen Eindruck auf die englische Seele gemacht. Heute sind wir der Meinung, dass die Arbeit in Schweden viel besser war.[7] Der Sonderausschuss befragte fast alle seine Sachverständigen zu den sogenannten schwedischen Tabellen, aber die Experten wussten wenig. Viele Informationen lassen sich aus veröffentlichten Arbeiten über französische Tontinen ableiten (bei einer Tontine zahlen 100 von uns in einen Fonds ein; die letzten Überlebenden nehmen das gesamte Kapital plus Zinsen für sich selbst).[8] Aber die Engländer nahmen selbstgefällig an, dass Price die wahre empirische Grundlage für Sterbetafeln geliefert hatte und dass, obwohl Tabellen für andere Städte wie Carlisle erstellt wurden, Northampton entschied.

Finlaison hatte allen Grund zur Sorge. Wie viele andere Staaten auch, nahm Grossbritannien viel Kapital durch den Verkauf von Leibrenten auf. Im Jahr 1808 hatte es einen gigantischen Verkauf von Leibrenten gegeben. Im Jahr 1816 betrug die Staatsverschuldung 900 Millionen Pfund. Nach den napoleonischen Kriegen führte Grossbritannien seine Geschäfte durch Defizitfinanzierung. Gemessen am Standard aller anderen Staaten war die Verschuldung grotesk. Finlaisons Aufgabe war es, dafür zu sorgen, dass die Annuitätenseite der Schulden bedient wurde, da Millionen und Abermillionen von Pfund zu katastrophalen Zinssätzen erworben worden waren.

Nun hatte Price auch einen Zeitplan für die Krankheit und die Sterblichkeit errechnet. Er setzte die Krankheitsrate proportional zur Sterblichkeitsrate, wie sie in seiner Tabelle dargestellt ist. Das war ordentlich. Bis zum Alter von 32 Jahren rechnete er mit einem Krankheitstag alle acht Wochen, was (nach Abzug der Urlaubstage, die

Landarbeitern üblicherweise zugestanden werden) fast genau eine Arbeitswoche pro Krankheitsjahr ausmacht. Dann werden wir schrittweise zu zwei Wochen pro Jahr für einen Mann von 60 Jahren geführt.[9] Dies können keine völlig törichten Faustregeln für Lebensversicherungsgesellschaften gewesen sein. Die Équitable wandte sie anstandslos an, wie Morgan, der Neffe von Price, bestätigte. Auch die Rock, so der Zeuge, und die Royal Union taten das Gleiche:

> *Der Ausschuss:* Ich gehe davon aus, dass die Tabellen von Dr. Price nicht auf einer tatsächlichen Beobachtung des Ausmasses der Krankheit beruhen?
> *Mr. Glenny von der Royal Union:* Nein, ich glaube nicht.
> *Der Ausschuss:* Da Sie selbst die Tabellen weitgehend auf der Grundlage tatsächlicher Beobachtungen erstellt haben, werden Sie in Ihrer Meinung bestätigt, dass die Tabellen von Dr. Price korrekt waren?
> *Mr. Glenny:* Sie kommen der Richtigkeit am nächsten.
> *Der Ausschuss:* Glauben Sie nicht, dass sich die Gesundheit durch die Fortschritte der medizinischen Wissenschaft seit der Zeit von Dr. Price verbessert hat?
> *Mr. Glenny:* Nicht viel mehr bei Erwachsenen, aber sehr viel bei Kindern.[10]

Das Komitee suchte nach handfesteren Beweisen für Krankheit und Unfähigkeit als solche Zeugenaussagen und durchforstete alle Quellen. Er schrieb an Baron Delessert, den Sekretär der Société Philanthropique in Paris, bezüglich der französischen *sociétés de prévoyance*. Als Antwort erhielt es die statistischen Berichte von 1824 für Paris und das Departement Seine, zusammen mit der traurigen Nachricht, dass «wir leider bisher so wenig Fortschritte bei Institutionen dieser Art gemacht haben, dass ich fürchte, Sie werden in den Dokumenten, die ich Ihnen schicke, wenig Interessantes finden».[11]

In Schottland lagen die Dinge anders. Ein Kronzeuge, Charles Oliphant, war in der Highland Society aktiv, dem mächtigen Organ der Agrarreform, das Sir John Sinclair zu seinen Gründern zählte. Er leitete 1820 eine systematische Studie über die «schottischen Wohltätigkeitsgesellschaften». Sein Bericht von 1824 begann mit dem höflichen Stolz, der auch seine Aussage in London im Jahr darauf kennzeichnete. Die Mitglieder eines Wohltätigkeitsvereins, so erklärte er, «haben sich zu einer Gesellschaft zusammengeschlossen, um sich gegenseitig zu helfen, und zwar *nicht* als wohltätige Einrichtung (wie manche Gesellschaften gemeinhin genannt werden), sondern aus brüderlicher Liebe zueinander, so wie jeder für sich selbst sorgt».[12]

Das Ziel der Highland Society war genau das, an das sich der Sonderausschuss wandte. Im

Allgemeinen würde es eine neue Idee unter den Mitgliedern der Friendly Societies einführen, wenn der Glaube eingepflanzt werden könnte, dass die Pläne dieser Institutionen in irgendeiner Weise berechenbar sind.[13] Ein Fragebogen wurde an jede bekannte Gesellschaft in Schottland geschickt. Es wurden zwei Preise in Höhe von zwanzig Guineen in Form von Platten oder Münzen ausgelobt.[14] Am Ende hatten nur 73 Gesellschaften genügend Unterlagen und genug Vertrauen, dass die Gesellschaft sie nicht missbrauchen würde, um zu antworten. Das waren 104'218 Mitglieder, geordnet nach Alter, nach Jahrzehnten und nach der Anzahl der Krankheitstage eines Mitglieds. Sie werden feststellen, dass es sich um grosse Gesellschaften handelte, die bereits auf einer solideren Grundlage standen als ihre englischen Gegenstücke. Infolgedessen konnte die Highland Society «den Krankenstand von 20 bis 70 Jahren ausweisen», oder *«das Quantum an Krankheit, das ein Individuum im Durchschnitt jedes Jahr erlebt, von 20 bis 70 Jahren»*.[15] Es ist ein stilles Zeichen für den Wandel, der sich im statistischen Denken vollzog, dass Sinclair in Schottland nach dem «Quantum des Glücks» gesucht hatte, während ein Vierteljahrhundert später genau die Gesellschaft, die er mitbegründet hatte, nach dem Quantum der Krankheit fragte. Wie sahen diese schottischen Zahlen im Vergleich zu Price' Faustformel aus? Für Männer unter 50 Jahren ergab Price' Formel etwa eine halbe Woche mehr Krankheitsfälle pro Jahr und Mann als in den schottischen Berechnungen. Nur in den Sechzigern gab es mehr Krankheiten, als Price vorhergesagt hatte.

Die englischen Versicherungsmathematiker der grossen Unternehmen waren von dem schottischen Bericht nicht angetan. So der Ausschuss: «Kennen Sie den Bericht über Friendly oder Benefit Societies, der kürzlich von einem Ausschuss der Highland Society of Scotland veröffentlicht wurde?» Herr Glenny: «Ja.» «Haben Sie die Tabellen im Anhang dieses Berichts geprüft?» «Ja.» «Was halten Sie davon?» «Meiner Meinung nach sind die Daten zu niedrig.»[16] Auf die Frage, ob er die Daten für falsch halte, gab Glenny eine «eingeschränkte Antwort». Er vermutete, dass die Gesellschaften, die keine Angaben machten, einen viel höheren Krankenstand aufwiesen als die, die Angaben machten, sodass die Daten verzerrt waren. Glenny war Versicherungsmathematiker für die Royal Union. Würden die schottischen Zahlen öffentlich genehmigt, müssten die Krankenversicherungsprämien seiner Gesellschaft um ein Drittel sinken. Finlaison trat am nächsten Tag in den Zeugenstand. Er sah den Highland-Bericht zum ersten Mal im Ausschussraum. Er war überzeugt, dass es kein Krankenversicherungsgesetz geben konnte. Eine Woche später, am 18. März:

> Nach weiterer Betrachtung der Frage bin ich immer noch der Meinung, dass wir mit den heute vorhandenen Materialien nicht in der

> Lage sind, den Krankheitsfall auf ein bestimmtes Gesetz zu reduzieren. Dennoch glaube ich, dass er analog zur Versicherung gegen Feuer und Seerisiken betrachtet und durch Erfahrung mit ausreichender Genauigkeit beurteilt werden kann.[17]

Am 22. April wurde Finlaison erneut zu den schottischen Tabellen befragt und antwortete: «Ich denke, dass die Daten als viel zu begrenzt angesehen werden müssen, um daraus Tabellen abzuleiten.» Seine frühere Aussage wurde verlesen und als nicht übereinstimmend mit seiner jetzigen Haltung beurteilt. Hatte die Highland Society wenigstens die richtigen Methoden angewandt? Ich bin nicht gerade bereit, mich zu dieser Frage zu äussern; ich weiss nicht, ob es die beste Methode ist, die man anwenden kann. Aber Oliphant war an diesem und am nächsten Tag als Zeuge anwesend. Die beiden Männer wurden abwechselnd in den Zeugenstand gerufen, wobei Oliphant jede von Finlaisons Kritiken widerlegen oder relativieren konnte, sobald sie vorgebracht wurden. Ein mürrischer Schotte und ein wortgewandter Schotte: Oliphant gewann.* [18]

* Der Ausschuss fragte den klugen Oliphant, ob die schottischen Gesellschaften einer Regierungsstelle oder einem Ministerium Informationen zur Verfügung stellen würden, und er antwortete: «Ich neige zu der Annahme, dass sie nicht so willig wären.» Was wäre, wenn die Regierung sich bereit erklären würde, ihr Geld sicher anzulegen und dafür 4 1/2 Prozent Zinsen (im Vergleich zu den üblichen 3 Prozent) zu zahlen? Nein. «Der Umstand, der sie abhalten würde, wäre ein vager Eindruck, der sich nicht leicht in Berechnungen umsetzen liesse; und

andererseits würden sie den angebotenen Vorteil unter den gegenwärtigen Umständen nicht in vollem Umfang zu schätzen wissen; denn ich glaube, dass sie im Allgemeinen, obwohl der Zinssatz gesunken ist, durch den Kauf von Wohneigentum eine höhere Rendite als 4 1/2 Prozent erzielen.»

Finlaison wurde beauftragt, die Prämien für freundschaftliche Gesellschaften nach dem schottischen Modell zu berechnen. Er tat dies nur widerwillig. Ausserdem ist es offensichtlich, dass er den schottischen Tabellen nicht geglaubt hat. Am 7. Juni hatte er die Krankheitsraten für die Armee erhalten. Jede Woche findet eine Musterung statt, und die Anzahl der an diesem Tag erkrankten Männer wird notiert. Er erhielt 313'695 Mann aus 24 Musterungen (d.h. etwa 13'000 Soldaten, aufgeteilt auf Kavallerie, Infanterie und Fusstruppen). Finlaison stellte fest, dass nur gesunde Männer in die Armee aufgenommen werden, dass alle Männer unter 45 Jahre alt sind und dass es Unteroffiziere gibt, die Simulanten aufwecken. Es liegt auf der Hand, dass der Krankenstand in der Armee viel geringer ist als bei den elenden Arbeitern und Crofters in den schottischen Highlands und Lowlands.

> Aber über die gesamten zwei Jahre hinweg ist die Krankheitsrate [in der Armee] bemerkenswert konstant und gleichmässig, und mit 4,78553 Prozent ist dies dasselbe, als ob 100 Soldaten jedes Jahr 233 Wochen krank gewesen wären, oder als ob jeder 2,33 Wochen krank gewesen wäre, was mehr als das

Dreifache der Krankheitsrate ist, die in den Wohlfahrtsverbänden nach den Berichten der Highland-Gesellschaft vorherrscht.[19]

Finlaison dachte, dass diese Beobachtung ausreicht, um die schottischen Ergebnisse zu diskreditieren. Jetzt wissen wir es besser. Der beste Weg für einen jungen Mann, krank zu werden, war der Eintritt in die britische Armee, aber es dauerte 50 Jahre und eine Florence Nightingale, um dies zu verdeutlichen.

Finlaison hat tatsächlich verloren. Die Briten kamen zu der Überzeugung, dass es bei der Krankheit ähnlich wie bei der Sterblichkeit regelmässige Gesetze gibt. Das statistische Recht war auf dem Vormarsch und eroberte neues Terrain. Der Sonderausschuss trat 1827 erneut zusammen, aber das Thema war bereits abgeschlossen. Bei den Zeugen handelte es sich um theoretisch denkende Männer wie Charles Babbage oder um Männer, die eher eine medizinische als eine versicherungsmathematische Ausbildung hatten.[20] Innerhalb eines Jahrzehnts arbeitete eine neue Generation an Gesetzen über Krankheit. Sobald der Gedanke an solche Gesetze einen Eindruck hinterlassen hatte, fanden die Menschen Daten vor ihrer Nase. Die Angestellten der Ostindien-Kompanie führten zum Beispiel grosse Bücher über alle Londoner Arbeiter für dieses gigantische Unternehmen. Das Ergebnis war ein «grosser Band mit einer Liste von 2461 Arbeitern, die im Monat April 1823 beschäftigt waren, mit einer Aufstellung der Anzahl der Krankheitstage dieser Arbeiter, einer nach dem anderen, Jahr für Jahr, für die zehn darauffolgenden Jahre».[21]

Der berühmteste Autor von Krankheitsgesetzen war William Farr, der im Büro des Registrar-General für England und Wales Zusammenfassungen erstellte.[22] Er wurde 1838, ein Jahr nach der Gründung des Büros, ernannt und nutzte es bis zu seinem verärgerten Rücktritt im Jahr 1879, um die britischen Vitalstatistiken zu institutionalisieren. (Er hatte gehofft, dass er endlich nicht nur dem Namen nach, sondern auch in seiner Funktion Generalregistrator werden würde, aber der Job war ein Klotz am Bein für Sir dies und Sir das.) Er war ein Duvillard de Durand, dessen Zeit gekommen war. Sein System zur Erfassung und Analyse der Häufigkeit von Geburten, Leben und Tod wurde zum Vorbild für die ganze Welt. Er war auch der erste Funktionär, der in seinem Haus einen Computer installierte und einsetzte, um Rentenzahlungen und Ähnliches zu berechnen und auszudrucken.* [23]

* Babbage wird dafür bewundert, dass er einen Digitalcomputer entwickelt hat, der nicht funktionierte, während der schwedische Erfinder G. Scheutz dafür vergessen ist, dass er einen funktionierenden Computer gebaut hat. Scheutz baute seine Maschine zum Berechnen und Ausdrucken von Tabellen mit fünfstelligen Logarithmen. Das Original wurde von einem amerikanischen Besucher gekauft und dem Dudley-Observatorium in Albany, New York, übergeben, wo es selten funktionierte und die Reparatur viel Geld kostete. Zum Zeitpunkt des Verkaufs war sie im Somerset House ausgestellt, dem Sitz des Registrar-General. Farr liess die Maschine nachbauen, indem er einen Ingenieur beauftragte, jedes der 4320 Hauptteile, 2054 Schrauben, 364 Ketten und 902 Kleinteile zu kopieren (Gewicht: 1120 Pfund).

«Die Idee war von Mr. Bryan Donkin so schön in Metall umgesetzt worden, wie sie vom Genie seiner Erfinder erdacht worden war, aber sie war nicht erprobt. Daher musste seine Arbeit mit Sorge beobachtet werden, und seine arithmetische Musik musste durch häufiges Stimmen und geschickte Handhabung in der für eine solche Produktion günstigsten Ruhe hervorgelockt werden.» Scheutz ging es schlecht, wie aus den traurigen Briefen hervorgeht, die er und sein Sohn aus Schweden an Farr schickten. Sie beschwerten sich nie über Farrs Diebstahl, sondern baten um finanzielle Hilfe. Die nächste Generation von Computern, die Lochkarten nach dem Vorbild des Jacquard-Webstuhls von 1801 verwendeten, wurde von Hollerith für ähnliche Zwecke entwickelt, nämlich für die Arbeit der US-Volkszählung von 1890. Holleriths Firma war eine der drei Muttergesellschaften von IBM.

Farr schuf eine neue Art von Job und eine neue Art von Büro. Niemand konnte seinen Einfluss vorhersehen, aber es war bekannt, dass er wichtig war. Er machte sich durch seine Arbeit über Krankheiten einen Namen und trug zur Debatte über Wohltätigkeitsvereine in den 1830er-Jahren bei.[24] Neben speziellen Analysen von Krankheitsstatistiken konnte Farr 1837 in einer der von ihm herausgegebenen Zeitschriften ein Traktat über die Methodik verfassen, das ein «Instrument zur Messung der relativen Dauer und Gefahr von Krankheiten» sowie ihrer Häufigkeit enthielt.[25] In einem anderen Aufsatz stellte er fest, dass «die *Stärke* der Sterblichkeit in jeder Krankheitsperiode durch die Todesfälle einer *bestimmten* Anzahl von Kranken zu einem *bestimmten* Zeitpunkt gemessen wird». Er stützte sich dabei auf ein Jahrhundert von Krankenhausaufzeichnungen. Zwei Dinge waren wichtig: die Nosologie (Farr trug dazu bei, die Klassifizierung von Krankheiten zu revolutionieren) und die Zählung nach der neuen Nosologie. Farr entwickelte ein treffendes Wort für das, was er tat – Nosometrie, d.h. «Messen» anhand der Nosologie. Schon das Wort erinnert uns daran, dass neue Klassifikationen und neue Zählungen untrennbar miteinander verbunden sind. Ausserdem klang das Zählen dadurch wissenschaftlicher, denn was war damals wissenschaftlicher als das Messen? Farr konnte seine Arbeit mit einer aufrüttelnden Erklärung über den neuen Imperialismus des statistischen Gesetzes abschliessen:

> Die berechneten Beziehungen der Ereignisse stimmen so genau mit den Ergebnissen der direkten Beobachtung überein, wie die berechneten Atomgewichte mit den Ergebnissen sehr sorgfältiger Experimente übereinstimmen. Es gibt genauso viel Grund zu der Annahme, dass die Beziehungen im einen wie im anderen Fall regelmässig sind. Wenn man das gesamte Feld der Lebensmessung, das in diesem Land so erfolgreich kultiviert wird, in Betracht zieht, wird man feststellen, dass die Berechnung auf die Physiologie im weitesten Sinne des Wortes viel umfassender angewandt wurde als auf chemische Phänomene, und dass, während die Chemie immer noch auf das «Hornbuch der Berechnung» beschränkt bleibt, die Nosometrie durch die energischen Bemühungen der heutigen Generation von Medizinern zu Recht ihren Platz unter den Wissenschaften einnehmen kann.[26]

• 1 «Report of the Select Committee to Consider the Laws Respecting the Friendly Societies», *Parliamentary Papers* (1825 [522] IV 321), S. 44.
• 2 Ebd., S. 4.
• 3 Ebd., S. 152
• 4 Bericht von John Finlaison, «Actuary of the National Debt, on the Elementary Facts on which the Tables of Life Annuities are Founded», *Parliamentary Papers* (1829 [122] III 287).
• 5 «Report» über Friendly Societies (wie Anm. 1), S. 6.
• 6 «Resolutions of the Select Committee (of 1824) appointed to Inquire into the State of the Law of the United Kingdom [etc.] so far as relates to the Combination of Workmen and others, to Raise Wages, or to Regulate the Hours of Working», *Parliamentary Papers* (1825 [437] IV 499), S. 64 Appendix No. 22.
• 7 H. Westergaard: *Contributions to the History of Statistics*, London 1932, S. 53 – 60, zu A. Berch, E. Salander, Th. Wassenius, P. Elvius, E. Carleson und insbesondere Per Wargentin (1717 – 1783).
• 8 A. Deparcieux: *Essai sur les probabilités de la durée de la vie humaine*, Paris 1746.
• 9 Bis zum Alter von 32, so sein Gedankengang, sollten wir erwarten, dass ein erwachsener Arbeiter von 45 zu krank für die Arbeit an einem bestimmten Tag sei. Bis zu einem Alter von 42 müssen wir ein zusätzliches Viertel addieren [1/48 + (1/4) (1/45) = 5/192]. Und immer weiter so, mit 6/192 Kranken zwischen 43 und 51, 7/192 zwischen 52 und 55, sowie 8/192 zwischen 58 und 64, oder aber eine Person in 24 beeinträchtigt zu einem jeden Zeitpunkt während dieser letzten acht Jahre des Arbeitslebens. Warum diese Zahlen? Etwa die Hälfte aller Menschen im Alter von 20 Jahren überleben weitere 28 Jahre, während die Hälfte derjenigen, die mit 60 Jahren noch am Leben sind, noch weitere 13 Jahre überleben. Daher kann die Wahrscheinlichkeit des Überlebens mit 30 als etwa doppelt so hoch angegeben werden wie mit 60 Jahren. Daher sollte proportional die Zahl der Kranken im Alter von 30 auch etwa halb so hoch sein wie diejenige der 60-Jährigen. Ein Verhältnis, welches Prices Anteilen von 1/48 und 1/24 entspricht.
• 10 «Report» über Friendly Societies (wie Anm. 1), S. 40.
• 11 Ebd., S. 162.
• 12 «Report of the Committee of the Highland Society of Scotland appointed in 1820 to inquire into the State of Friendly Societies», *Prize Essays and Transactions of the Highland Society of Scotland* 6 (1824), S. 271 – 560.
• 13 Ebd., S. 312.
• 14 Für die Regeln siehe: *Prize Essays and Transactions* 5 (1820), S. 569 – 571.
• 15 Ebd., S. 420; zusammengefasst vom Vergabekomitee im Report von 1825 auf S. 137.
• 16 1825 «Report» über Friendly Societies (wie Anm. 1), S. 39.
• 17 Ebd., S. 58.
• 18 Ebd., S. 75.
• 19 Ebd., S. 140.
• 20 «Report from the Select Committee appointed to consider the Laws respecting the Friendly Societies and to whom was referred the Report

of 5th July 1825», *Parliamentary Papers* (1826 / 27 [588]), S. 3, 869.

• 21 M. Mitchell, «Factories Inquiry: A Supplementary Report» [Supplementary to Dr F. Bissett-Hawkins's main report], in: J.R. McCulloch, *A Statistical Account of the British Empire*, London 1837, S. 48.

• 22 Biografische Notizen finden sich bei John M. Eyler: *Victorian Social Medicine: The Ideas and Methods of William Farr*, Baltimore 1979.

• 23 Das Zitat ist aus W. Farr: *Tables of Lifetime Annuities and Premiums with an Introduction by William Farr*, London 1861, S. cxxix.

• 24 W. Farr, «Mortality and Diseases of Armies», *British Medical Almanack* 6 (1836), S. 109 – 111; «Proportions of Sickness at Different Ages», ebd., S. 11 – 13; «On Benevolent Funds and Life Insurance in Health and Sickness», *Lancet* (1837 / 38, Teil i), S. 701 – 704, 817 – 823.

• 25 W. Farr, «On a Method of Determining the Danger and the Duration of Diseases at every period of their progress», *British Annals of Medicine, Pharmacy, Vital Statistics ad General Science* 1 (1837), S. 72 – 79.

• 26 W. Farr, «On the Law of Recovery and Dying in Smallpox», ebd., 2 (1837), S. 134 – 143.

DIE KORNKAMMER DER WISSENSCHAFT

London, den 22. Februar 1832
Unter den wissenschaftlichen Werken, die zu umfangreich und zu mühsam für individuelle Bemühungen und daher geeignet sind, von vereinigten Akademien in Angriff genommen zu werden, möchte ich eines hervorheben, das zum gegenwärtigen Zeitpunkt äusserst notwendig erscheint und das für alle Klassen der wissenschaftlichen Welt von grösstem Nutzen wäre.

Ich würde vorschlagen, dass der Titel «Die Konstanten der Natur und der Kunst» lautet. Es sollte alle Fakten enthalten, die in den verschiedenen Wissenschaften und Künsten durch Zahlen ausgedrückt werden können.* [1]

* Charles Babbage, an den bedeutenden Experimentator David Brewster.

Numerische Regelmässigkeiten über Krankheiten, die 1820 noch unbekannt waren, waren um 1840 alltäglich. Man nannte sie Gesetze, Gesetze des menschlichen Körpers und seiner

Krankheiten. Ähnliche statistische Gesetze wurden auch auf die menschliche Seele angewandt. Die Analogie war naheliegend, denn Verhaltensgesetze zielten auf kranke Seelen ab. Die Mediziner konnten eine neue Expertise in moralischen und geistigen Angelegenheiten für sich beanspruchen. Bevor wir jedoch fortfahren, sollten wir uns kurz eine elementare Frage stellen: Wie sieht ein Naturgesetz aus? Unser bekanntestes Gesetz ist immer noch das von Newton. Es besagt, dass die Anziehungskraft zwischen zwei Körpern gleich dem Produkt aus ihren Massen geteilt durch das Quadrat des Abstands zwischen ihnen ist – alles multipliziert mit der Gravitationskonstante. Newton hat das nicht so geschrieben, denn er drückte seine Analyse in Form von Verhältnissen aus, sodass die Konstante, die wir «G» nennen, unsichtbar ist. Seine Arbeit implizierte einen Wert für G. Eine französische Expedition zum Berg Chimborazo in Ecuador im Jahr 1740 führte eine angemessene experimentelle Bestimmung durch, aber die Beobachter dachten, sie hätten die Masse der Erde bestimmt. 1798 gelang Henry Cavendish eine Labormessung der Superlative, und er berechnete G tatsächlich, aber er bezeichnete es immer noch als «Wiegen der Erde». Die Idee einer abstrakten fundamentalen Konstante – im Gegensatz zu einer stabilen, messbaren Eigenschaft eines physikalischen Objekts, wie dem Gewicht der Erde – wurde erst im 19. Jahrhundert ausformuliert.

Unsere Fundamentalkonstanten sind Grössen wie die Lichtgeschwindigkeit, die Planck'sche Konstante, die Ladung des Elektrons und das Masse / Ladungs-Verhältnis des Elektrons, die Hubble-Konstante, die Expansionsrate des Universums – und G. Von diesen können nur die Eigenschaften des Elektrons als Eigenschaften von «Objekten» betrachtet werden, und viele Philosophen würden selbst das Bestreiten. Die Zahlen werden als fundamental bezeichnet, weil sie als Parameter in den fundamentalen Naturgesetzen vorkommen. Viele Kosmologen von heute vertreten das folgende Bild. Das Universum besteht in erster Linie aus bestimmten tiefen Gleichungen, den Grundgesetzen von allem. Sie setzen sich aus Variablen für messbare Grössen und freien Parametern zusammen, deren Werte durch die Zuweisung von Konstanten festgelegt werden – die Lichtgeschwindigkeit und so weiter. Dann kommen verschiedene Randbedingungen hinzu, Bedingungen, die nicht durch die Gleichungen und die fundamentalen Konstanten bestimmt sind – die Menge an Masse und Energie des Universums, zum Beispiel.

Ein solches Bild ist implizit hierarchisch. Zuerst kommen die Gesetze, dann die Konstanten, die ihre Parameter festlegen, und dann eine Reihe von Randbedingungen. Es ist nicht einfach, eine solche Kosmologie mit einem ausgeprägten Positivismus zu kombinieren, denn die ursprünglichen Naturgesetze, deren Parameter noch nicht durch

Konstanten festgelegt sind, scheinen keine blossen «Regelmässigkeiten» zu «beschreiben». Sie sind Zwänge für physikalisch mögliche Universen, was auf eine notwendige Einstellung zu den Naturgesetzen hindeutet. Eine solche Kosmologie ist nicht weit entfernt von Galileis Theismus und seinem Bild von Gott, der das Buch der Natur schreibt. Der Autor der Natur schreibt die Gleichungen auf, legt dann die Grundkonstanten fest und wählt schliesslich eine Reihe von Randbedingungen aus.

Wie haben sich unsere Vorstellungen von Konstanten entwickelt? Schon vor Descartes hat der berühmte Algebraist Vieta zwischen Variablen und Parametern einer Gleichung unterschieden. Trotzdem hielten sich lange Zeit eher geometrische als analytische Denkweisen. Sie eignen sich nicht für die Idee einer «Konstante» in einer Gleichung, denn konstante Proportionen werden durch Verhältnisse ausgedrückt.[2] Lexikografen berichten, dass das französische Wort *«constant»* bereits 1699 für feste Parameter verwendet wurde. Die Engländer scheinen es im Laufe des 18. Jahrhunderts nicht übernommen zu haben, zweifellos wegen der Spaltung zwischen der Newton'schen und der kontinentalen mathematischen Tradition. Das Wort *«variabel»* war jedoch fast von Anfang an Standard in der Lehre von den Fluxionen. Auch wenn der Begriff *«constant»* nicht gebräuchlich war, so war die Idee doch vorhanden. Eine andere Sache ist es jedoch, die mathematische Verwendung auf die Beschreibung der Welt zu übertragen. Die

Konstanten in der Algebra oder Analyse mussten mit konstanten Zahlen identifiziert werden, die den Dingen zugeordnet sind.

Das «Gewicht der Erde» mag für abstrakte Denker als Naturkonstante ausreichen – ebenso wie zum Beispiel die Entfernungen und Umlaufzeiten der Planeten –, aber die industrielle Fertigung hat die Vorstellung von einer Konstante mehr verändert als Fakten über das Sonnensystem. In alltäglichen Dingen sind relativ wenige Dinge konstant, ausser dem, was wir konstant machen. «Standards» beginnen mit dem Münzgeld und anderen Gewichten und Massen des Handels. Das US-Bureau of Standards, das heute für die Überwachung vieler grundlegender Konstanten bekannt ist, wurde erst 1901 gegründet, obwohl C.S. Peirce in meinem abschliessenden Kapitel bereits 1885 um ein solches Amt bat. Sie wurde im Ministerium für Arbeit und Handel angesiedelt und orientierte sich an der Abteilung für Standards des englischen Board of Trade. Diese wiederum ersetzte die Kämmerer im Schatzamt, eine Art von Amt, das 1826 abgeschafft wurde. Die erste Aufgabe der Kämmerer war die Münzprägung gewesen, dann folgten Einheiten wie Pfund und Fuss, Ruten und Ketten. Im Jahr 1826 wurden so viele weitere Dinge hergestellt und mussten sich aneinander messen lassen, dass ein weitaus umfassenderes System von Standards notwendig wurde. Es ging nicht darum, die napoleonische Reform nachzuahmen, die den europäischen Kontinent auf den neuen und rationalen Weg des metrischen Masses gebracht hatte, sondern lediglich darum, das englische Chaos Stück für Stück zu beseitigen.

Einzelne Ausprägungen dessen, was wir *heute* als Fundamentalkonstanten bezeichnen, waren schon lange bekannt: die Lichtgeschwindigkeit zum Beispiel. Doch bis zur Relativitätstheorie war dies nur eine Zahl ohne universelle oder grundlegende Bedeutung. Ganz abgesehen davon, dass man sich keine Gedanken über «fundamentale» Konstanten machte, gab es bis in die 1820er-Jahre auch keine Kategorie der physikalischen Konstanten oder Naturkonstanten. Babbages Brief an Brewster aus dem Jahr 1832 war nicht wichtig, weil er einflussreich war (obwohl Babbage in jenen Jahren auf dem Höhepunkt seiner Entwicklung war), sondern weil er repräsentativ war.

Atomgewichte waren bereits mit einiger Präzision bestimmt worden, insbesondere durch den schwedischen Analytiker Berzelius. Englische Chemiker, die deutlich weniger erfahren waren und von William Prouts Vermutung im Jahr 1815, dass die Gewichte ganze Zahlen sein sollten, bewegt wurden, waren mit den europäischen Messungen nicht einverstanden. 1831 war eine der ersten Amtshandlungen der neu gegründeten British *Association for the Advancement of Science*, Edward Turner zu beauftragen, die Angelegenheit zu klären. Er kam zu dem Schluss, dass Berzelius recht hatte. Es herrschte also die Überzeugung, dass es einen einzigen wahren Satz von Zahlen für die Elemente, die Naturkonstanten, geben musste. Die Fragen waren teils theoretischer, teils praktischer Natur. Pragmatischer war ein Handbuch mit Tabellen für Maschinenbau- und Bauingenieure, das im selben Jahr veröffentlicht wurde.[3] Es enthielt Zahlen für Zugfestigkeit und dergleichen und nannte sie sogar auf der Titelseite Konstanten. Die OED führt dies als die früheste Verwendung des Wortes in diesem Sinne an. Babbage besass das Buch.[4]

Babbage war nicht der Erste, der Listen von Konstanten zusammenstellen wollte. Sein unermüdlicher Zeitgenosse Johann Christian Poggendorf, Herausgeber der *Annalen der Physik und Chimie* (und später Schöpfer des massgeblichen biografischen und bibliografischen wissenschaftlichen Nachschlagewerks des 19. Jahrhunderts) hatte gerade Tabellen mit dem veröffentlicht, was Babbage als «die konstanten Grössen, die zu unserem [Sonnen-]System gehören» bezeichnete.[5] Bezeichnenderweise hatte Babbage etwas viel Grösseres im Sinn, das von der «Royal Society, dem Institut von Frankreich und der Akademie von Berlin»[6]* in Angriff genommen werden sollte.

*Der Bezug zur Preussischen Akademie ergab sich aus Babbages Kontinentalreisen nach einer Zeit der familiären Trauer. Sie prägten ihn und in gewissem Masse auch die britische Wissenschaft, denn seine Erfahrungen in Berlin motivierten seinen sensationellen Angriff auf die Royal Society. Im Jahr 1828 nahm er an der Berliner Sitzung der Deutschen Naturforscher Versammlung teil, die seit 1822 jährlich in verschiedenen Städten getagt hatte. Sein «Bericht über den grossen Philosophenkongress in Berlin am 18. September 1828» war für die Gründung der British Association for the Advancement of Science im Jahr 1831 sehr förderlich. Er, sein enger Freund John Herschel und sein Verleger Brewster entwarfen die Satzung der Gesellschaft, deren

Plan der beweglichen jährlichen Treffen sich an der deutschen Gesellschaft orientierte.

Seine Liste umfasste 19 Kategorien von Konstanten, die alle zwei Jahre aktualisiert werden sollten, wobei jede Akademie alle sechs Jahre an der Reihe war.

Die Liste begann ganz bescheiden mit (1) Konstanten des Sonnensystems (die Entfernungen der Planeten, ihre Umlaufzeit und die Schwerkraft auf der Oberfläche jedes Planeten – G, die universelle Gravitationskonstante, war nicht enthalten); (2) Atomgewichte; (3) Metalle (spezifisches Gewicht, Elastizität, spezifische Wärme, Leitfähigkeit der Elektrizität usw.); (4) Optik (Brechung, Doppelbrechungswinkel, Polarisationswinkel usw.); (5) die Anzahl der bekannten Arten von Säugetieren, Weichtieren, Insekten usw., die Anzahl dieser Arten in fossilem Zustand und der Anteil der Fossilien, die von existierenden Arten und nicht von ausgestorbenen Arten stammen. (Wenn es Ihnen seltsam vorkommt, die Anzahl der Arten als Konstante zu betrachten, sollten wir uns daran erinnern, dass genau dies das Thema des aufkommenden Sturms der Evolutionstheorie war. Babbage stand den Biologen nicht nahe, aber er war ziemlich eng mit Charles Lyell befreundet, dem Erfinder der neuen Geologie).

Dann gehen wir in (6) zu den Säugetieren über und katalogisieren die Grösse, das Gewicht des Skeletts, den Puls und die Atemfrequenz in Ruhe, die Dauer des Saugens usw. In (7) wenden wir uns den Menschen zu (Tabellen über die Sterblichkeit an verschiedenen Orten, die Proportionen der Geschlechter, die unter verschiedenen Umständen geboren wurden, die Luftmenge, die pro Stunde verbraucht wird, den Anteil der Krankheiten in den arbeitenden Klassen). In (8) geht es um die Kraft von Menschen und Tieren: «ein Mann, der zehn Stunden am Tag arbeitet, sägt ( ) Quadratfuss Holz – dito ( ) Ulme – dito ( ) Eiche – dito Portlandstein – dito Purbeck – Tage Arbeit beim Mähen, Pflügen – &c. jede Art von Arbeit – Wasser einen Fuss hoch heben – Pferd tun. – Ochse oder Kuh – do. – Kamel.» Im nächsten Satz geht es um die *Industrielle Revolution*: «Turm der Dampfmaschinen in Cornwall».

Und so weiter: (9) Pflanzenreich (natürlich und kultiviert, Pflanzenproduktion und Rentabilität); (10) geografische Verteilung von Tieren und Pflanzen (einschliesslich «das Gewicht von Kali, das aus jeder Holzart erzeugt wird, und der Anteil der Wärme, der durch die Verbrennung eines bestimmten Gewichts erzeugt wird»); (11) atmosphärische Phänomene; (12) Materialien (Stärke von, aber auch «Gewicht der Kohle, um 10 Scheffel Kalk zu verbrennen», «Talg, um Seife zu machen» und «Konstanten aller Berufe»); (13) Geschwindigkeiten (Pfeil, Musketenkugel, Schall, Licht, Vögel, Durchschnittspassage Liverpool nach New York). Die universellste aller Konstanten des 20. Jahrhunderts, die Lichtgeschwindigkeit, wurde in genau denselben Kasten gesteckt wie die Geschwindigkeiten der verschiedenen Vogelarten.

Es folgen (14) Geografie (Längen von Flüssen, Flächen von Meeren, Höhen von Bergen); (15) Bevölkerungen; (16) Gebäude (Höhe aller Tempel, Pyramiden, Kirchen, Türme, Säulen usw., Obelisken, Längen von Brücken, Breite ihrer Pfeiler); (17) Gewichte und Masse (Umrechnungstabellen in englisches Geld, Flächen, Gewichte); (18) «Tabellen über die Häufigkeit des Vorkommens der verschiedenen Buchstaben des Alphabets in verschiedenen Sprachen, – über die Häufigkeit des Vorkommens derselben Buchstaben am Anfang und am Ende von Wörtern, – als zweiter oder vorletzter Buchstabe von Wörtern»; (19) Anzahl der Bücher in grossen öffentlichen Bibliotheken zu bestimmten Daten, Anzahl der Studenten an verschiedenen Universitäten, Observatorien und ihre Ausstattung.

Das ist gar nicht so weit entfernt von unseren modernen Handbüchern, Zeitungen, Kompendien und Enzyklopädien, abgesehen von der völlig kunterbunten Ansammlung von Zahlen unterschiedlichster Dinge. Das Bunte ist kein Zeichen von Verrücktheit, sondern von exzentrischem Enthusiasmus. Abgesehen von den «respektablen» Abschnitten, die wir in unseren modernen wissenschaftlichen Handbüchern finden – Atomgewichte oder spezifische Wärmemengen –, sind viele andere gesuchte Zahlen Zeichen von Bienen in Babbages berüchtigtem Bonnet.

So finden wir zum Beispiel unter (8), dass Babbage 14 Tage vor seinem Brief an Brewster das Vorwort zu seiner wunderbaren Bestandsaufnahme der jüngsten britischen Industrieerfindungen mit sorgfältigen Studien über die Effizienz verschiedener Produktionsmethoden unterzeichnet hatte.[7] Abschnitt (18) über die Häufigkeit von Briefen stimmt mit einer Mitteilung an Quetelet überein, der sie in seiner Zeitschrift veröffentlichte und sie etwa 40 Jahre später in seiner Lobrede auf Babbage liebevoll in Erinnerung rief. Joseph Henry sah sich damals veranlasst, hinzuzufügen, dass, wenn man protestieren würde, dass «diese Frage vom Studenten der Natur nie gestellt wird», man sich daran erinnern müsse, dass «jedes Wissen in irgendeiner Weise mit allen anderen Kenntnissen verbunden ist».[8] Babbages Übung, so schlug er vor, wäre bei der Bestellung von Schriftarten nützlich. Die Buchstabenfrequenzen hatten mehr mit Babbages genialem, aber bizarrem Interesse an der Kryptografie zu tun.[9]

Das «Geschlechterverhältnis unter verschiedenen Umständen» in (7) bezog sich auf einen Brief an T.P. Courtenay, seinen Tory-Abgeordneten und Vorsitzenden des Select Committee on Friendly Societies.[10] Der Brief wurde von Brewster veröffentlicht. Babbage stützte sich vor allem auf preussische Statistiken und argumentierte, dass das Verhältnis von Frauen zu Männern bei unehelichen Geburten höher war als bei ehelichen Geburten.* [11]

* Babbage war Zeuge vor dem Sonderausschuss. Beim Studium der Sterbetafeln war er von einem Phänomen fasziniert, das schon vor langer Zeit von Laplace und anderen beobachtet worden war: Es gibt immer einen proportionalen Überschuss an männlichen gegenüber weiblichen Geburten, aber dieser Überschuss nimmt bei unehelichen Geburten ab. Laplace zeigte, dass der Überschuss signifikant ist, und bot folgende Erklärung an: Alle Kinder in Findelhäusern werden als unehelich registriert, und Eltern neigen dazu, legitime weibliche, aber nicht männliche Neugeborene auszusetzen, und insbesondere Familien vom Land setzen ihre Töchter in städtischen Waisenhäusern aus. Babbage fügte noch den differenzierten Kindermord hinzu. Während seines Aufenthalts in Berlin traf sich Babbage mit Hoffmann, dem Professor und Direktor des preussischen Statistikamtes. Er erhielt die Ergebnisse der preussischen Volkszählung von 1828 und das Verhältnis von männlichen und weiblichen Geburten für das vorangegangene Jahrzehnt, getrennt nach unehelichen und ehelichen Kindern. Bei den ehelichen Geburten übertrafen die Männer die Frauen um 10,6 Geburten zu 10, bei den unehelichen dagegen um weniger als 10,3 zu 10. Möglicherweise hatte er eugenische Gedanken, denn er erinnerte sich an ein Papier der Pariser Akademie der Wissenschaften aus dem Jahr 1823, in dem behauptet wurde, dass das Geschlechterverhältnis bei der Geburt von Schafen durch die Selektion und die Ernährung der Eltern immens beeinflusst werden kann. Er stellte auch fest, dass in Preussen die jüdische Geburtenrate die christliche übersteigt (5,35 Lebendgeburten pro jüdischem Paar gegenüber 4,78 bei den Christen). Ausserdem ist das Missverhältnis zwischen männlichen und weiblichen Geburten bei jüdischen Familien wesentlich grösser als bei christlichen (11,2 zu 10 gegenüber 10,6 zu 10). Wir werden auf die preussische Sorge um die Zahl der Juden in Kapitel 22 zurückkommen.

Der Abschnitt (6) über Säugetiere geht auf eine «Liste derjenigen Tatsachen über Säugetiere, die durch Zahlen ausgedrückt werden können [und die] erstmals 1826 gedruckt wurde» zurück. Sie war als Beispiel für ein Kapitel in einer grossen Sammlung von Fakten gedacht, die der Autor unter dem Titel «The Constants of Nature and of Art vorschlug».[12] Babbage schlug etwa 142 Zahlen zur Messung verschiedener Körperteile von Säugetieren vor, gefolgt von einer bescheideneren Anforderungen für Fische.

Der Brief über die Konstanten der Natur und der Kunst ist also ein persönlicheres Dokument, als es auf den ersten Blick scheint. Nichtsdestotrotz verkörpert dieser merkwürdige Brief den Augenblick, 1832. Die British Association druckte Babbages Brief als separates Pamphlet ab. Der erste der grossen, von Quetelet organisierten Statistikkongresse veröffentlichte ihn 1853 erneut, ebenso wie die Smithsonian Institution 1856. Joseph Henry bezog sich noch 1873 in seinem Sekretariatsbericht an die Smithsonian Institution auf Babbages Brief als Vorlage für Tabellen über das spezifische Gewicht, den Siedepunkt und den Schmelzpunkt.[13] Babbages merkwürdigere Artikel wurden übergangen. Er blieb ein Symbol für eine neue Art, über die Natur und unsere Arbeiten: numerisch.

Babbages Liste ist eine eindringliche Erinnerung daran, dass die Nummerierung der Welt in jedem Bereich der menschlichen Forschung stattfand und nicht nur in der Bevölkerungs- und Gesundheitsstatistik. Eine frühe Abhandlung von T.S. Kuhn trägt den ziemlich verblüffenden Titel «The Function of Measurement in Modern Physical Science» (Die Funktion der Messung in der modernen physikalischen Wissenschaft).[14] Ist die Messung nicht ein derart wesentlicher Bestandteil der physikalischen Wissenschaft, dass man kaum fragen kann, was ihre Funktion ist? Kuhn denkt nein, aber hier geht es mir nicht um seine Argumente, sondern um eine Beobachtung, die im Mittelpunkt des Papiers steht. Er beginnt mit

Kelvins Diktum, dass man sehr wenig über etwas weiss, wenn man es nicht messen kann.[15] Das war Ende des 19. Jahrhunderts eine Binsenweisheit, aber sie wurde erst in den letzten hundert Jahren allgemein und für alle Bereiche gültig. Und es war ebenso ein Dogma für Francis Galton, den Biometriker, ebenso wie für Kelvin, den Physiker.[16]

Kuhns Interesse gilt dem, was er die baconschen Wissenschaften nennt, also dem, was wir heute vor allem als Physik und Chemie bezeichnen, im Gegensatz zu den Lebenswissenschaften und den traditionellen mathematischen Wissenschaften (z.B. Astronomie, Mechanik, geometrische Optik, Musik). Er bringt die Sache auf den Punkt: Irgendwann zwischen 1800 und 1850 gab es eine wichtige Veränderung im Charakter der Forschung in vielen der physikalischen Wissenschaften, insbesondere in der als Physik bekannten Gruppe von Forschungsgebieten. Diese Veränderung ist es, die ich die Mathematisierung der Bacon'schen Physik als eine Facette einer zweiten wissenschaftlichen Revolution nenne.[17]

Diese Revolution gilt als die zweite nach der ersten, der wissenschaftlichen Revolution des 17. Jahrhunderts. Kuhn spricht hier von einem globalen Ereignis, das sich über eine grosse Anzahl von Disziplinen erstreckt, zumindest über diejenigen, die unter die Physik fallen, einschliesslich Thermodynamik, Elektrizität, Magnetismus, Strahlungswärme und physikalische Optik. Er verwendet den Begriff «wissenschaftliche Revolution» nicht so wie in seinem berühmten Buch *The Structure of Scientific Revolutions* (welches ein Jahr nach seinem Aufsatz über die Messung veröffentlicht wurde). In diesem Buch findet eine Revolution in einer begrenzten Arena statt, einer disziplinären Matrix, deren Forscher vielleicht weniger als 100 sind. Ich habe an anderer Stelle einige allgemeine Merkmale «grosser» Revolutionen genannt (wie der vermeintlichen zweiten wissenschaftlichen Revolution) im Gegensatz zu den kleinen Revolutionen von Kuhns *Structure*.* [18]

* Neue Institutionen sind charakteristisch für «grosse» Revolutionen. So wie in England die Royal Society und die wissenschaftliche Revolution Hand in Hand gingen, so waren in Grossbritannien die British Association und die vermeintliche zweite wissenschaftliche Revolution eng miteinander verbunden. Ich habe bereits erwähnt, dass Babbage einen grossen Anteil an der Gründung der British Association hatte. Das Establishment machte sich oft über sie lustig, und die *Times* schimpfte über den «britischen Arsch», aber sie war ein Zufluchtsort für die neue Generation industrieller Technokraten und experimenteller Wissenschaftler. Dickens' böswillige Berichte darüber sind amüsant: siehe seine Berichte über die Sitzungen der Mudfog Association for the Advancement of Everything in Sketches by Boz, komplett mit einem Abschnitt über «Umbugology and Ditchwateristics», der der 1833 von Babbage, Quetelet und anderen gegründeten Sektion F der British Association für Statistik entspricht. Babbage war auch einer der Hauptgründer der Londoner Statistischen Gesellschaft im Jahr 1834.

Die sozialen und institutionellen Determinanten solcher grossen Revolutionen sind nicht schwer aufzulisten, aber wichtiger ist das, was Herbert Butterfield das neue Gefühl nannte, das der normale Mensch, der in dieser Zeit lebt, für die Welt erwirbt.[19] Die erste Hälfte des 19. Jahrhunderts brachte eine Welt hervor, die in jedem Winkel ihres Seins numerisch und gemessen wurde. In unserem eigenen «Informationszeitalter» ist der schrullige Charles Babbage posthum dafür berühmt geworden, dass er die allgemeinen Prinzipien des digitalen Computers entwickelt hat. Ich betrachte ihn stattdessen als den selbstbewussten Sprecher für das, was zu seiner Zeit geschah.

Ich habe die fundamentalen Konstanten im Hinblick auf ihre Rolle als fixe Parameter in den grundlegenden Naturgesetzen beschrieben. Das ist ein Konzept, das jünger ist als Babbage. Seine Konstanten wurden bei der Formulierung vieler «Gesetze» verwendet. Mit Gesetz meinte er nur eine Regel, eine Regelmässigkeit, eine Einheitlichkeit, wie zum Beispiel, wenn er schrieb: «Wenn das Einkommen der Wähler einem ähnlichen Gesetz folgt [...]».[20] Nennen Sie ihn baconianisch, positivistisch, in seiner Auffassung von Gesetz. Diese Haltung teilte er mit der grossen Mehrheit der französischen und englischen Schriftsteller, die ich erwähnen werde. Wir haben sie in Karikatur mit Quetelets Studie über das Gesetz der Fliederblüte im Brüsseler Frühling. Er fand heraus, dass der belgische Flieder blüht, wenn die Summe der Quadrate der mittleren Tagestemperaturen seit dem letzten Frost (4264 °C)^2 beträgt.[21] Diese Zahl hätte Babbage fröhlich in seine Natur- und Kunstkonstanten aufnehmen können. Die Zahl 4264 und das «Gesetz», in dem sie vorkommt, sind so wenig grundlegend, wie man sich vorstellen kann, aber das schmälerte nicht ihr Interesse für den Astronomen Quetelet.

Gegen Ende seines Aufsatzes über die Messung unterstreicht Kuhn die hartnäckigste These seiner «Schrift»: «*The road from scientific law to scientific measurement can rarely be traveled in the reverse direction.* Um eine quantitative Regelmässigkeit zu entdecken, muss man in der Regel wissen, nach welcher Regelmässigkeit man sucht, und die Instrumente müssen entsprechend gestaltet sein.»[22] Das trifft hervorragend auf viele der grossen Triumphe der Physik des 19. Jahrhunderts zu: zum Beispiel Joules Bestimmung der neuen Naturkonstante, dem mechanischen Äquivalent der Wärme. Aber es fehlt der grosse Enthusiasmus für die Messung um ihrer selbst willen, der Kuhns Zeit von 1800 bis 1850 so sehr prägt. Kuhn ist ein grosser Bewunderer der Theorie und hat wenig übrig für Positivisten. Aber ich schlage vor, dass sie es waren, die diese zweite wissenschaftliche Revolution durchgeführt haben. Damit will ich keineswegs die grossartige Architektur schmälern, die zur gleichen Zeit von Theoretikern errichtet wurde. Es ist auch nicht nötig, dass wir hier darüber diskutieren. In der menschlichen und sozialen Arena und ganz allgemein im gesamten Bereich des entstehenden Konzepts des statistischen Gesetzes waren es die baconschen Verallgemeinerer, die die Arbeit leisteten. Sie waren bereit und willens, «Gesetze» zu schaffen, obwohl sie nicht mehr theoretisches Wissen hatten als Quetelet über den belgischen Flieder. Ausserdem sahen sie ihre Aufgabe in der Anhäufung numerischer Daten in Begriffen, die der einfältigsten und erniedrigendsten Lesart des ursprünglichen (und subtilen) Francis Bacon entsprachen. Je mehr Zahlen wir haben, desto mehr Schlussfolgerungen werden wir ziehen können. Babbage stellt fest, dass seine Liste von 19 Kategorien nicht nur unvollständig ist, sondern auch, dass:

> Wer das erste Werk dieser Art [nämlich «Eine Sammlung von Zahlen, den Konstanten der Natur und der Kunst»] in Angriff nehmen sollte, würde es notwendigerweise unvollkommen produzieren ... zum Teil aufgrund der vielen Tatsachen, die, obwohl sie nach Zahlen gemessen werden, noch nicht gezählt wurden. Aber gerade dieser Mangel liefert ein wichtiges Argument für diesen Versuch. Es wäre wünschenswert, die Köpfe vieler Spalten einzufügen, auch wenn keine einzige Zahl darin untergebracht werden könnte – denn so würden sie auf so manches unbestellte Feld in unserer Reichweite hinweisen, das nur noch des Arms des Arbeiters bedarf, um seine Ernte in die Kornkammer der Wissenschaft zu bringen.[23]

Was sind dann Gesetze? Alle Gleichungen mit einigen konstanten Zahlen darin. Sie sind positivistische Regelmässigkeiten, die beabsichtigte Ernte der Wissenschaft. Sammeln Sie mehr Zahlen, und es werden mehr Regelmässigkeiten auftauchen.

Jetzt ist es an der Zeit zu sehen, wie die leeren Silos des menschlichen Verhaltens mit Gesetzen der menschlichen Natur überzulaufen begannen.

KAPITEL 7 — ENDNOTEN

• 1 Charles Babbage, «On the advantage of Collection of Numbers, to be entitled the Constants of Nature and of Art […] in a letter to Dr. Brewster», *The Edinburgh Journal of Science*, new series 6 (1832), S. 334.

• 2 Eine sorgfältige Studie hierzu: H.J.M. Bos, «Introduction», in: *Christiaan Huygens' The Pendulum Clock or Geometrical Demonstrations Concerning the Motion of Pendula as Applied to Clocks*, hg. von R.J. Blackwell, Ames, Iowa, 1986, S. xxi – xxv.

• 3 William Turnbull: *A Treatise on the Strength, Flexure, and Stiffness of Cast Iron Beams and Columns, shewing their fitness to resist Transverse Strains, Torsion, Compression, Tension, and Impulsion; with Tables of Constants* [etc.], London 1831.

• 4 *The Mathematical and Scientific Library of the Late Charles Babbage*, Katalog zusammengestellt von R.T., London 1872.

• 5 *Annalen der Physik und Chimie* 21 (1824), S. 609.

• 6 Babbages Attacke auf die Royal Society ist die Schrift *Reflections on the Decline of Science in England and Reflection on Some of its Causes*, London 1830. Seine Reise nach Deutschland wurde im *Edinburgh Journal of Science* 10 (1829), S. 225 – 234, veröffentlicht.

• 7 *On the Economy of Machinery and Manufactures*, London 1832.

• 8 «Sur l'emploi plus ou moins fréquent des mêmes lettres dans les différentes langues», *Correspondance mathématique et physique* 7 (1831), S. 135 – 137. Ausschnitte von Quetelets *éloge* finden sich in *der Annuaire de l'Observatoire Royal de Bruxelles* (1873). Die von Joseph Henry übersetzte und kommentierte Version erschien im *Annual Report of the Board of Regents of the Smithsonian Institution*, Washington, D.C. 1873, S. 183 – 187.

• 9 Ole Immanuel Franksen, *Mr. Babbage's Secret: The Tale of a Cypher – APL*, o.S., o.J.; IBM, Strandberg, Denmark, 1984.

• 10 «A Letter to the Right. Hon. T.P. Courtenay, on the Proportionate Number of Births of the two Sexes under Different Circumstances», *Edinburgh Journal of Science*, new series 1 (1829), S. 85 – 104.

• 11 Babbage wurde Augenzeuge des Select Committee über die Stärke seiner Studie: *A Comparative View of the Various Institutions for the Assurance of Lives*, London 1826.

• 12 Babbage, «On Tables of the Constants of Nature and Art», *Annual Report of the Board of Regents of the Smithsonian Institution*, Washington, D.C. 1856, S. 294. Sein Vorschlag von 1826 wurde hier zusammengefasst: *Edinburgh Journal of Science*, new series 1 (1829), S. 187.

• 13 Siehe *Compte Rendu des Travaux du Congrès Général de Statistique*, Brüssel 1853; zu

Henry vgl. den Smithsonian *Annual Report* für 1873, S. 25.
• 14 T.S. Kuhn, «The Function of Measurement in Modern Physical Science», *Isis* 52 (1961), S. 161–190; Referenzen zum Nachdruck finden sich in T.S. Kuhn: *The Essential Tension*, Chicago 1977, S. 178–224.
• 15 Das Sprichwort von Kelvin wird u.a. diskutiert in R.K. Merton u.a., «The Kelvin Dictum and Social Science: An Excursion into the History of an Idea», *Journal of the History of Behavioral Sciences* 20 (1984), S. 319–331.
• 16 Siehe K. Pearson: *The Life, Letters and Labours of Francis Galton*, 4 Bde., Cambridge 1914–1930, Bd. 2, S. 347 f.
• 17 Kuhn, *Essential Tension* (wie Anm. 14), S. 220.
• 18 Zu Institutionen und «grossen» Revolutionen siehe Ian Hacking, «Was There a Probabilistic Revolution 1800–1930?», in: Krüger u.a., *The Probabilistic Revolution*, Bd. 1, S. 45–58. Für einen Einblick in die englischen Statistikvereine der Zeit siehe Michael Cullen: *The Statistical Movement in Early Victorian Britain: The Foundations of Empirical Social Research*, London 1975.
• 19 Herbert Butterfield: *The Origins of Modern Science*, Cambridge 1957, S. 1.
• 20 *Thoughts on the Principle of Taxation*, London 1848, S. 21.
• 21 Siehe A. Quetelet: *Bulletins de l'Académie Royale des Sciences et Belles-Lettres de Bruxelles* 9 (1842), S. 65–95.
• 22 Kuhn, *Essential Tension* (wie Anm. 14), S. 219.
• 23 Babbage, «Constants» (wie Anm. 1), S. 340.

SUIZID ALS EINE ART VON WAHNSINN

London, 1. Dezember 1815
Es ist offensichtlich, dass zumindest in den letzten Jahren die Selbstmordrate in Paris unermesslich höher ist als in London. Ob diese beklagenswerte Neigung nur die Folge der jüngsten politischen Ereignisse ist, die, nachdem sie die Religion vernichtet haben, die Unglücklichen ihrer Mittel und ihres Trostes in der Not beraubt und durch ihre demoralisierende Wirkung den sozialen Zusammenhalt aufgelöst haben, die allein das Leben zu einem Segen macht, ist nicht leicht zu bestimmen.* [1]

* George Burrows schreibt für das *London Medical Repository*, dessen Mitbegründer und Herausgeber er war. Im Jahr 1815 gründete er eine kleine Anstalt in Chelsea, die später zu einer Anstalt namens «The Retreat» in Clapham erweitert wurde. Er befasste sich intensiv mit den schlechten Gesetzen für Verrückte: *Cursory Remarks on the Legislative Regulation of the Insane* (London 1819).

Durkheims *Der Selbstmord* (Original: *Le suicide*) von 1897 war das Meisterwerk der statistischen Soziologie des 19. Jahrhunderts. Die Wahl des morbidesten aller Verhaltensweisen war kein Zufall: Es gab Berge von Selbstmorddaten, auf die Durkheim aufbauen konnte. Sie stammten aus der französischen Faszination für Abweichler, insbesondere für diejenigen, die degeneriert waren oder nicht zum Wachstum der französischen Bevölkerung beitragen konnten.

Durkheim erfand seine Idee der *Anomie*, des sozialen und moralischen Verfalls, der Entfremdung oder Desintegration, im Zusammenhang mit dem Selbstmord. Das war sein Massstab für die kommunale Pathologie. Auf diese Weise wurde ein medizinischer Begriff (Pathologie) auf der Grundlage von Statistiken auf den politischen Körper übertragen. Wie mein Epigraf veranschaulicht, wurde die Verbindung zwischen Selbstmord und *Anomie* schon viel früher hergestellt. Diese kleine Salve, die 1815 auf die demoralisierten Franzosen abgefeuert wurde – die Franzosen, deren Moral durch die Revolution und Napoleon zerstört worden war –, begründet die numerische Soziologie. Ich will damit nicht sagen, dass Selbstmorde vorher nicht gezählt wurden. Die aussergewöhnlichen Aufzeichnungen über Selbstmorde in Genf von 1650 bis 1798 sind sorgfältig untersucht worden, und es gibt zweifellos viele weitere, allein in der Schweiz, von vergleichbarer Präzision.[2]

Ich bezeichne den anglo-französischen Streit um den Selbstmord als den Beginn der numerischen Soziologie, denn (a) es gab Zahlen und (b) die Zahl der Selbstmorde wurde als moralischer Indikator für die Qualität des Lebens angesehen. Das

Thema wurde sofort aufgegriffen. Esquirol, der grosse Student des psychischen Ungleichgewichts, brach eine Lanze gegen den unerhörten Burrows, der es gewagt hatte zu behaupten, dass die Pariser selbstmordgefährdeter seien als die Londoner.* [3]

* Burrows' Gegenspieler in Frankreich war der weitaus berühmtere J.E.D. Esquirol. Um 1800 machte die französische Ärzteschaft den Wahnsinn zu ihrem eigenen Spezialgebiet. Drei Einrichtungen sind die wichtigsten Schauplätze dieses Wandels: die Pariser Irrenanstalten Bicêtre, La Salpêtrière und Charenton. Ein Mann ist eine geeignete Symbolfigur für die Medikalisierung des Wahnsinns: Philippe Pinel, Autor eines *Traité medico-philosophique de l'alienation mentale* (Paris 1791). Er wurde 1792 Chefarzt von Bicêtre und 1794 der Salpêtriere. Esquirol war sein Schüler und 1810 sein Nachfolger an der Salpêtrière, 1826 wurde er Chefarzt in Charenton. Seine Leistungen waren sowohl architektonisch als auch konzeptionell. Die Gebäude der neuen Generation von Provinzasylen in Rouen, Nantes und Montpellier wurden von ihm entworfen. Ihre Insassen wurden vor allem in seine Hauptkategorie eingeordnet: die Monomanie.

Mit seinem langen Artikel über Selbstmord im 60-bändigen französischen medizinischen Wörterbuch wurde er bald als französischer Experte für Selbstmord bestätigt. Er behauptete, dass das Wort *suicide* im Französischen neu sei: «der Begriff wurde im letzten Jahrhundert von dem berühmten Desfontaines kreiert».[4] (Historischen Wörterbüchern zufolge ist das erste bekannte Vorkommen des Wortes im Jahr 1734; Voltaire verwendete es 1739. Im Englischen gibt es das Wort mindestens seit 1651)

Es gibt eine berühmte antiklerikale Tradition der Verteidigung des Selbstmords: Montaigne («Leben ist Sklaverei, wenn die Freiheit zu sterben fehlt»); Donnes *Biathanatos*; Montesquieu,

Voltaire und Hume. Sie machte bestimmte Themen und Beispiele berühmt: Montaigne, Montesquieu und vor allem Voltaire sprechen im *Philosophical Dictionary* über den Selbstmord von Cato dem Jüngeren. Es gab eine offizielle Klassifizierung der Arten von Selbstmord, wie sie durch die Augen der Aufklärung gesehen wurde, am besten dargestellt durch Cromazionos *Storia critica filosofica del suicido ragionato* von 1759.[5] Esquirol war absichtlich unaufrichtig, als er behauptete, die Idee des Selbstmords sei relativ neu. Er hatte eine nicht sehr versteckte Absicht.

Er argumentierte damit, dass Selbstmord ein neues Thema sei, das noch nicht richtig untersucht wurde – und die Untersuchung werde zeigen, dass Selbstmord ein medizinisches Thema ist. Esquirol lebte in einer der grossen Perioden der imperialen Expansion seines Berufsstandes. Er wollte damit andeuten, dass Ärzte das Recht haben, Selbstmorde zu überwachen, zu behandeln, zu kontrollieren und zu beurteilen. Sie sind nicht länger die Domäne von Moralisten und Priestern, von Augustinus und Aquinas. Selbstmord sei, wie er schreibt, «eines der wichtigsten Themen der klinischen Medizin» geworden. Das war eine Behauptung, die sich rächte.

Esquirol hatte einen impliziten Syllogismus: (a) Wahnsinn ist die Aufgabe des Arztes, (b) Selbstmord ist eine Art von Wahnsinn. Daher ist (c) Selbstmord in der Zuständigkeit des Arztes. Für Esquirol war die Prämisse (a) eine feststehende Tatsache. Die Medizin kann also den Selbstmord unter ihre Fittiche nehmen, wenn nur gezeigt werden kann, dass Selbstmord eine Art von Wahnsinn ist. «Ich glaube bewiesen zu haben», schrieb Esquirol, «dass ein Mensch nicht versucht, sein Leben zu beenden, es sei denn im Delirium, und dass Selbstmörder wahnsinnig sind.»[6] Das war die Agenda von Esquirol und seinen Schülern: Und es gab eine begleitende Theorie, die besagte, dass Selbstmörder wie die meisten anderen Wahnsinnigen «Monomanen» seien. Wir werden bald feststellen, dass diese Theorie mit der Zählung der Selbstmörder Hand in Hand ging. Sehen wir uns zunächst an, wie das französische medizinische Selbstmord-Establishment auf Burrows' Behauptungen reagierte, die Engländer seien weniger anfällig für Selbstmord als die Franzosen.

Burrows war nicht besonders antifranzösisch eingestellt. Während der napoleonischen Kriege waren die wissenschaftlichen Zeitschriften bemüht, über die Arbeit ihrer Kollegen jenseits des Kanals zu berichten. Sehr oft war das Thema Bedauern. Der Krieg machte den Handel mit Wissen so schwierig. Die Zeitschriften des nationalen Feindes waren so schwer zu bekommen. Das war schlecht, denn die andere Seite schien ihre Wissenschaft besser zu organisieren, als wir es zu Hause taten. Das Beamtentum, wach auf! Wir werden von den Ausländern überholt werden, wenn die Mittel und Talente nicht besser eingesetzt werden.

Die Praxis, die wöchentliche Sterblichkeit und

die Todesursachen aufzuzeichnen, hatte ihren Ursprung in London und wurde durch Graunts 1662 erschienene *Observations on the Bills of Mortality* berühmt. Sie waren zum Vorbild für Europa geworden, hatten aber zu Hause an Bedeutung verloren. Burrows beklagte «die jährliche, barbarisch ignorante Londoner Mortalitätsliste». Die Tage von Graunt waren lange vorbei. Zu viele begnügen sich mit der Betrachtung von Effekten und suchen nicht weiter. Aus solchem Vielleicht wurde deshalb der Wert statistischer Untersuchungen unterschätzt.

Die Franzosen sind etwas anderes, sagte Burrows. Ihre Fähigkeit, Daten für die politische Ökonomie zusammenzutragen, könnte die Quelle für ihre enormen Kriegsanstrengungen sein. Burrows hatte gerade die französischen Sterbetafeln für das Jahr 1813 erhalten, die im *Journal de médecine* zusammengefasst waren. Er bewunderte sie und stellte das Phänomen fest, das Statistiker seit John Arbuthnots Beweis der göttlichen Vorsehung von 1710 kennen. In Frankreich werden jedes Jahr mehr männliche als weibliche Kinder geboren. Burrows' Vorsicht gegenüber statistischen Regelmässigkeiten wurde durch seinen Kommentar gut veranschaulicht: «Obwohl auf 18 Frauen 19 Männer geboren werden, ist der Verlust an Männern durch ihren Tod grösser als der Gewinn durch Geburten. Wie kommt es dann, dass das Gleichgewicht der Geschlechter erhalten bleibt? Das ist eine Frage, die ich nicht zu lösen vorgeben werde.» Keine

Süssmilch'sche göttliche Ordnung für Burrows.

Burrows stellte fest, dass es 1813 in Paris 141 Selbstmorde an Land gab, verglichen mit 35 in London. In der Seine gab es 243 Ertrinkungsfälle, in der Themse 101. Es ist bekannt, dass diejenigen, die in Paris als ertrunken gemeldet werden, in den meisten Fällen einen freiwilligen Tod gestorben sind.[7] Französische Selbstmorde waren also viel häufiger als englische. Esquirol wollte nichts davon wissen. Jeder weiss (so drängte er), dass die Engländer zum Selbstmord neigen, also muss die Statistik fehlerhaft sein. In der vorherigen Generation hatte Sauvages den Selbstmord als *melancolia anglica* bezeichnet. Dies war auch kein französisches Schimpfwort (obwohl es unter anderem von Montesquieu verbreitet wurde). Wahnsinn (und damit Selbstmord, in Esquirols verstecktem Syllogismus) war englisch. Er wurde in einem berühmten Buch von 1732 so charakterisiert: *The English Malady, or, a Treatise of Nervous Diseases of all Kinds, as Spleen, Vapours, Lowness of Spirits, Hypochondriacal and Hysterical Distempers.*[8] Dieses Buch war vor allem eine temperamentvolle Verteidigung der lakto-vegetarischen Ernährung als Heilmittel für Geisteskrankheiten. Die zugrundeliegende Theorie war, dass die Milz eine Quelle des Wahnsinns ist. Tumore, Schwellungen und Geschwüre sind nur eine Folge der «Grundstörung» der Milz, und «alle nervösen Fälle sind nur die verschiedenen Stufen oder Stadien derselben Staupe». Die Milz wird sich durch eine ganzheitliche Behandlung verbessern.

Die Behörden waren sich alle einig. 1765 schrieb Dr. Anne-Charles Lorry, dass «Melancholie ein Laster ist, das den Engländern angeboren und endemisch ist».[9] Wahnsinn war *morbis anglicus*. Jeder wusste, warum: die defekte englische Milz, deren Schwäche wiederum durch das schreckliche Wetter verursacht wurde. Die Vorliebe der Engländer für wissenschaftliche Beschäftigungen war eine weitere Ursache für ihren endemischen Wahnsinn. Esquirol stützte sich weitgehend auf die Tradition und die Berichte der Engländer über ihren eigenen seltsamen Zustand. Jeder wusste, dass die Engländer das selbstmörderischste aller Völker waren; dass Burrows dies leugnete, war ein weiterer Beweis für ihre insulare Exzentrik. Esquirol hatte auch ein berechtigtes Misstrauen gegenüber den englischen Selbstmordstatistiken. Nach Burrows' eigener Aussage waren die Zahlen in London wahrscheinlich nicht so gut wie in Paris. Esquirol übertrug das Problem einem seiner Studenten, J.-P. Falret. Das Ergebnis, das 1822 veröffentlicht wurde, war eine Dissertation über Hypochondrie und Selbstmord.[10]

Das unmittelbare Zerwürfnis mit Burrows betraf nur ein wenig Gezänk über Zahlen. Falret war der Meinung, dass 1813 zwar ein eher schlechtes Jahr für Pariser Selbstmorde war, aber kein typisches Jahr. Da er davon überzeugt war, dass Selbstmord mit Wahnsinn zu tun hat, vermutete er, dass die fehlerhafte englische Statistik dadurch überwunden werden kann, dass man sich nach der Zahl der in London inhaftierten Verrückten erkundigt. Wie nicht anders zu erwarten, gibt es in England weit mehr Verrückte als in Frankreich, nicht weniger als 7000 allein in der Metropole. Falrets Buch wurde sofort in Burrows' *Repository* rezensiert, wo es als «ausgezeichnet, sogar klassisch» bezeichnet wurde.[11] Unmittelbar danach ging Burrows auf die Behauptungen über die englischen Verrückten ein. Die Quelle von Falrets Zahlen können nur (so vermutete er) Bemerkungen sein, die einem Mr. Dempster, dem Superintendenten der Pfarrei St. Luke's, zugeschrieben werden. Diese Angaben beruhten auf Gerüchten. Wenn man zuverlässigen Behörden vertraut, kann man nur 4041 inhaftierte Geisteskranke in ganz England und Wales identifizieren.[12]

Diese Debatten sind nebulös, aber sie haben der Zählung der Selbstmorde den Boden bereitet und ihr eine gewisse Schärfe verliehen. Bevor wir uns den massiven Aufzählungen der 1820er- und 1830er-Jahre zuwenden, wollen wir in diesem Kapitel weiter überlegen, was genau gezählt wurde. «Selbstmord», schrieb Goethe, «ist ein Ereignis im menschlichen Leben, das … in jedem Zeitalter aufs Neue behandelt werden muss.» Vielleicht brauchen wir eine Liste wie die folgende, um die Kraft dieses Aphorismus zu verstehen:

Veranlagung
Temperament
Alter
Geschlecht
Bildung
Lesen von Romanen
Musik
Theatervorstellungen
Klima
Jahreszeiten
Selbstbefriedigung
Müssiggang

Dies ist Falrets Liste der prädisponierenden Ursachen für Selbstmord. In der Medizin gibt es seit Langem vier Arten von Ursachen für Krankheit und Tod: prädisponierende, direkte (oder auslösende), indirekte und allgemeine. Falrets auslösende Ursachen für Selbstmord waren zahlreicher als die prädisponierenden. Dazu gehörten Leidenschaft, Liebe, Gewissensbisse, häusliche Probleme, vereitelte Träume vom Glück, Stolz und Demütigung, Spielsucht, Unehre, Empörung über verlorene Tugenden, Wellen von Leidenschaften, Eifersucht und eheliche Zärtlichkeit. Zu den indirekten Ursachen gehörten Alkohol, Syphilis (und Quecksilber, ihre Behandlung), Opium, körperliche Schmerzen, Skorbut und Pellagra.[13] Zu den allgemeinen Ursachen gehörten Regierungen, Zivilisation, religiöser Glaube, Sekten und öffentliche Moral. Allgemeine Ursachen sind die Vorläufer von Durkheims *Anomie*.

Bei Arbeiten wie der von Falret sind viele verschiedene Dinge im Gange. Es ist schwer, alle gleichzeitig im Auge zu behalten. Sie scheinen nichts miteinander zu tun zu haben, haben es aber doch. Da die Geschichte komplex ist, sollte ich besser eine Liste der verschiedenen Stränge einfügen.

1 Die neue Zählung von Selbstmorden im Rahmen der Erfassung von Daten über Devianz.
2 Der von den Ärzten erhobene Anspruch. Selbstmord ist Wahnsinn und damit Krankheit.
3 Die organische Theorie der Krankheit. Jede Krankheit ist mit einem Organ verbunden. Daher wird Wahnsinn im Allgemeinen mit defekten Organen in Verbindung gebracht. Selbstmord als eine Form des Wahnsinns muss die Folge eines defekten Organs sein.
4 Die traditionelle Einteilung der medizinischen Ursachen in prädisponierende, direkte usw. Diese wurde durch den Wandel des Krankheitsbegriffs vom humoralen zum organischen beibehalten. Die Liste von Falret, einem Schüler von Esquirol, ist ein perfektes Beispiel dafür. Wir werden feststellen, dass in vielen der statistischen Aufzählungen unseres nächsten Kapitels die Selbstmorde nach genau diesen Ursachen klassifiziert wurden.
5 Die Idee, dass es gesetzesähnliche Regelmässigkeiten von probabilistischer Art gibt. Diese wurden durch Verallgemeinerung auf die Daten von (1) gewonnen.

6 Die von der Gauss'schen Fehlertheorie in der Astronomie und Geodäsie abgeleitete Theorie über die kausale Grundlage für probabilistische Gesetze. Es wurde angenommen, dass das Gauss'sche Fehlergesetz durch eine Verkettung zugrundeliegender kleiner Ursachen erklärt werden kann.
7 Das Zusammenfügen von (4) medizinischen Ursachen, (5) statistischen Gesetzen, z.B. von Selbstmord, und (6) dem Modell der Kausalität in der Astronomie.

Die Stränge (1) und (5) – (7) werden in Kapitel 13 entwickelt. Hier befassen wir uns mit (2) – (4). Ich habe bereits einen Wandel in der Behandlung von Verrückten erwähnt, der sich um 1800 vollzog, als sie in die Obhut von Ärzten gegeben wurden, die Anstalten leiteten. Ein grundlegenderer Wandel in der Praxis und den Theorien der Ärzte vollzog sich genau zur gleichen Zeit. Bis dahin hatten die Ärzte Krankheit als Ungleichgewicht im ganzen Körper betrachtet, doch um 1800 wurde Krankheit in erster Linie in einem verletzten, defekten oder gereizten Gewebe oder Organ lokalisiert. Um Esquirols oben genannten Syllogismus zu erweitern: (a) Wahnsinn ist medizinisch, (b) Selbstmord ist Wahnsinn. Also (c) ist Selbstmord medizinisch. Aber (d) alle Krankheiten sind organisch. Also (e) ist Wahnsinn mit organischen Defekten verbunden. Also (f) ist Selbstmord mit organischen Defekten verbunden.

Dieser letzte Punkt (f) klingt verrückt. Da er uns so unbekannt ist, ist er ein guter Ausgangspunkt. Die grössere Frage lautet: «Ist Selbstmord Wahnsinn?» und die kleinere: «Ist Selbstmord durch ein defektes Organ verursacht?» Beachten Sie, dass ein Student von Esquirol, der die erste Frage mit «Ja» beantwortet hat, verpflichtet war, auch die zweite Frage mit «Ja» zu beantworten.

So heisst es in der Dissertation von Georget, einem genauen Zeitgenossen Falrets und einem weiteren aufsteigenden Stern in Esquirols Kosmos: «Ich halte den Wahnsinn für eine Krankheit des Gehirns, des Organs der Intelligenz.»* [14]

* Georget wurde weithin als der brillanteste Schüler des Phrenologen Gall angesehen. Bücher von Mitgliedern der Esquirol-Schule bezeichnen den frühen Tod von Georget als Tragödie für die Phrenologie. Möglicherweise zu Werbezwecken beauftragte er, gerade als er zu praktizieren begann, den ebenfalls jungen Géricault, zehn seiner Patienten zu malen. Nach dem Tod von Georget wurde sein Nachlass versteigert. Fünf Porträts wurden von einem bretonischen Arzt gekauft und sind seitdem verschollen. Die erhaltenen fünf sind ein bleibendes Zeugnis des Wahnsinns der damaligen Zeit. Alle waren «Monomanen». Es wird vermutet, dass Géricault während der Kontroverse um sein *Floss der Medusa* von 1819 in einer psychischen Krise Hilfe bei Georget suchte; die Porträts könnten eine Entschädigung für die geleisteten Dienste gewesen sein.

Auch Falret dachte so. Der Kopf ist der Ort der Hypochondrie und des Selbstmords. So viel zur Milz, dem bevorzugten Organ der Humoral-Theorie der Krankheit. Die Doktrin, dass das Wetter für die verrückten und selbstmörderischen Neigungen der Engländer verantwortlich ist, wurde damals sofort widerlegt. Das holländische Klima, schrieb Falret, ist genauso schlecht wie das englische. Die

Bewohner der niedrigen Länder leiden nicht unter der englischen Malady. Der Unterschied zwischen den Engländern und den Franzosen muss grundlegender sein als das Klima.

Die Engländer waren weniger begeistert von der organischen Theorie der Krankheit. Nach Bichats Aufforderung, «ein paar Leichen aufzuschneiden», war das Sezieren in Paris der letzte Schrei. Burrows wunderte sich über den übermässigen «Eifer und die Arbeit», die für das Zerschneiden von Leichen aufgewendet wurden, um die unmittelbaren Ursachen des Suizid herauszufinden.[15] Esquirol und andere hatten (so Burrows) keinen Unterschied zwischen den Gehirnen von Selbstmördern und Nicht-Selbstmördern gefunden. Die Tatsache, dass es keinen Unterschied gibt, «ist fast immer der Fall, wenn die Person sich kurze Zeit, nachdem sich die Neigung erklärt hat, selbst getötet hat ... Dies ist ein zusätzliches Zeugnis, das zu der Schlussfolgerung führt, dass die krankhaften Veränderungen, die im Gehirn entdeckt werden, im Allgemeinen die Folge und nicht die Ursache einer geistigen Umnachtung sind.» Burrows verlor schliesslich die Fassung, als es darum ging, die Leichen von Selbstmördern zu sezieren und ihre Organe zu untersuchen: «Meiner Meinung nach ist es genauso wahrscheinlich, auf diese Weise herauszufinden, warum sich ein Verrückter eine Gottheit oder einen Kaiser oder einen Pilz einbildet, wie die besondere physische Ursache dafür zu entdecken, dass ein Mann sich selbst umbringt.»

Burrows verkörperte die antitheoretische englische Medizin. Im Gegensatz dazu F.-J.-V. Broussais, der grosse spekulative französische Pathologe. Wir werden zweimal auf Broussais zurückkommen: in Kapitel 10, weil er der erste Arzt war, der aus statistischen Gründen heftig kritisiert wurde, und in Kapitel 19 wegen seiner Rolle bei der Erfindung der Normalität. An dieser Stelle sei nur gesagt, dass er glaubte, dass alle Krankheiten eine lokale Ursache haben, und zwar in Form von Beeinträchtigungen bestimmter Gewebe. Er glaubte fest an einen «Überlebensinstinkt», der in einem Organ angesiedelt ist, dessen Fehlen zum Selbstmord führt: «Welche Meinung man auch immer über die Realität der Phrenologie haben mag, es ist notwendig, in der Menschheit die Existenz einer Neigung zum Überleben anzuerkennen. Ich kenne weder den Sitz dieser Neigung noch das Organ, in dem sie sitzt. Ich glaube nur, dass sie existiert. Ich glaube das, weil ich sie in mir selbst spüre und ihre Auswirkungen bei anderen sehe.»[16] Niemand hat ein defektes Organ für die Lebenserhaltung gefunden, aber die Idee hielt sich lange. «Welches Organ [erzeugt Selbstmordtendenzen]?», fragte Cazauvieilh im Jahr 1840. «Das Organ», antwortete er, «dass die intellektuellen und affektiven Fähigkeiten steuert … Es ist notwendig, diese Veranlagung oder organische Veränderung zu suchen. Sie besteht bei Menschen, die ohne plausible Motive oder aus trivialen oder eingebildeten Gründen Abscheu vor dem Leben und eine unwiderstehliche Neigung zum Selbstmord empfinden.»[17]

Der Einfluss der Schule von Esquirol wurde schwächer. 1844 war sich Etoc-Demazy in seinem Buch mit statistischen Studien über den Selbstmord sicher, dass der Selbstmord im Allgemeinen nicht auf «Verirrungen beruht, die denen ähneln, die für den Wahnsinn charakteristisch sind».[18] Der Selbstmord ist allenfalls die Folge des Wahnsinns. Er ist nicht mit ihm identisch. Innerhalb weniger Monate wurde ein Gegenangriff gestartet. Bourdin begann mit den Worten: «Selbstmord ist eine Monomanie.»[19] Wenn man «die wahren Ursachen» des Selbstmords untersucht, wird man mit einer «veritablen Pathologie» konfrontiert.

Bourdin behauptete: «Wir können beweisen, dass der Selbstmord immer von einem explizit psychischen Problem begleitet wird oder ihm vorausgeht oder folgt.» Der Kampf ging hin und her. Im Jahr 1848 stellte Leuret, der bei Bicetre arbeitete, drei Thesen auf. Erstens: «Wenn es stimmt, dass der Wahnsinn von einer Veränderung des Gehirns abhängt, dann wissen wir nicht, worin diese Veränderung besteht.»[20] Zweitens: «Die moralische Behandlung, die von der Mehrheit der Ärzte praktiziert wird, wird nur als Hilfsmittel für die physische Behandlung betrachtet.» Aber drittens ist dies im Falle des Wahnsinns ein Irrtum. Das Buch von Leuret über die «moralische Behandlung des Wahnsinns» erinnert uns daran, dass die

Couch des Analytikers und die Konsultation des Therapeuten am Horizont auftauchen.[21]

Leuret schrieb, dass «Selbstmord nicht immer ein Fall von Wahnsinn ist». Im selben Jahr zitierte sein Freund Lisle diesen Satz auf der Titelseite seines preisgekrönten Aufsatzes über Selbstmordstatistiken.[22] Ich habe beschrieben, was im damaligen Diskurs geschah, aber jetzt können wir die Debatte im Kopf einer einzelnen Person verfolgen. Lisle begann mit der Feststellung, dass «in vielen Fällen der Selbstmord die Folge einer psychischen Störung ist», während er in anderen Fällen eher eine vorsätzliche Handlung ist, ähnlich einem Verbrechen, ein Fehler, der durch unterschiedliche Ursachen und Veranlagungen hervorgerufen wird. Die Doktrin, wonach Selbstmord immer die Folge von Wahnsinn ist, ist ein wissenschaftlicher Irrtum. Aber in der Mitte des Buches – die Drucker haben es in Abschnitten gedruckt – wurde eine verzweifelte Fussnote eingefügt. Wir sollten Leurets Wort «immer» streichen und einfach schreiben: *«Suizid ist kein Fall von Wahnsinn.»*

Auf diese Autoren werde ich später in mehreren Zusammenhängen eingehen. Damit Sie nicht vergessen, wer er ist, sollten Sie beachten, dass in einigen der zitierten Titel Statistiken erwähnt werden. Als grobe Verallgemeinerung kann man sagen, dass die statistisch orientierten Ärzte nicht der Meinung waren, dass Selbstmord einheitlich mit Wahnsinn identisch oder sogar einheitlich damit verbunden ist. Diejenigen, die sich mehr der physiologischen Denkweise verschrieben hatten, hofften weiterhin auf eine organische Lösung für das Problem des Selbstmords. Dieser Unterschied blieb natürlich auch bei Themen bestehen, bei denen er von vielen Gelehrten festgestellt wurde. Der berühmte Verfechter der experimentellen Medizin, Claude Bernard, zum Beispiel verabscheute statistische Untersuchungen. Er wollte spezifische Läsionen und Verletzungen von Organen untersuchen, nicht den Durchschnitt von vielen Organen.

Warum dieser lange Exkurs über Selbstmord und die Ärzte? Zum Teil, weil die oben aufgeführten Schritte (1) – (4) zu (5) – (7) führen: Das heisst, die Menschen entdeckten nicht nur statistische Gesetze über Selbstmord, Verbrechen, Scheidung, Prostitution und anderes schlechtes Verhalten, sondern sie dachten auch, es gäbe eine Erklärung für die Natur statistischer Gesetze, die sie für den Determinismus sicher machte. Dies war eine seltsame Verbindung von astronomischen, mathematischen und medizinischen Überlieferungen. Es war eine Mythologie der Verursachung, von der ein Teil zum Beispiel die seltsame Liste von Falret ist.

In diesem Kapitel geht es um den beobachteten Selbstmord. Jetzt wenden wir uns dem gezählten Selbstmord zu. Wir haben eine unbedeutende anglo-französische Rivalität über die Zahl der Selbstmorde festgestellt. Die Protagonisten wussten sehr wohl, dass mehr statistische Fakten gesammelt werden sollten. Diese Männer befanden sich am Rande eines Kontinents der Statistik, der darauf wartete, erforscht zu werden. Burrows sagte es 1820:

> Wir berechnen kühl die Lebenswahrscheinlichkeit, um uns gegen die Unwägbarkeiten der Sterblichkeit zu schützen. Warum sollten wir also nicht auch das Risiko einer psychischen Störung untersuchen und berechnen? Es ist sicher, dass die Wahrscheinlichkeit, in welchem Masse wir dem ausgesetzt sind [das Auftreten von Geisteskrankheit], kaum beachtet wurde.[23]

Er hatte nicht lange zu warten: ein oder zwei Jahre.

KAPITEL 8 — ENDNOTEN

• 1 George M. Burrows, «Observations on the Comparative Morality of Paris and London in the Year 1813», *The London Medical Repository* 4 (1814), S. 457.

• 2 Laurent Haeberli, «Le Suicide à Genève au XVIIIe siècle», in: *Pour une histoire qualitative: études offertes à Sven Stelling-Michaud,* Genève 1975, S. 115 – 129.

• 3 Eine Detailstudie findet sich in Jan Goldstein: *Console and Classify: The French Psychiatric Profession in the Nineteenth Century,* Cambridge 1987.

• 4 J.-E.-D. Esquirol, «Suicide», *Dictionnaire des sciences médicales* 53 (1821), S. 213. Referenzen zu Burrows finden sich auf S. 276.

• 5 Agatopisto Cromaziono: *Storia critica filosofica del suicidio ragionato,* Lucca 1759.

• 6 Sowohl in Esquirols Lexikonartikel als auch in der Zusammenfassung seines Lebenswerks: *Des maladies mentales, considérées sous les rapports médical, hygiénique et médicolégal,* Paris 1838.

• 7 G.M. Burrows: *An Inquiry into Certain Errors Relative to Insanity and their Consequences, Physical, Moral and Civil,* London 1820, S. 87.

• 8 Von George Cheyne, London 1732. Die Studie ist insgesamt eine Antwort an jene, die Diäten als ein Heilmittel für mentale Krankheiten ablehnten; zu den Diäten selbst, siehe S. 163 der 2. Ausgabe, London 1734.

• 9 Anne-Charles Lorry: *De melancolia et morbis melancolicis,* Paris 1765.

• 10 J.P. Falret: *De l'hypochondrie et du suicide. Considérations sur les causes, sur le siège et le traitement de ces maladies sur les moyens d'en arrêter le progrès et d'en prévenir le développement,*

Paris 1822. Falret verfasste auch eine Eulogie auf Esquirol: *Discours sur la tombe de M. Esquirol le 14 décembre 1840*, Paris 1841.

• 11 G.M. Burrows (unsigniert): *The London Medical Repository* 18 (1822), S. 438–446.

• 12 G.M. Burrows, «A Reply to Messieurs Esquirol's and Falret's Objections to Dr. Burrows' Comparative Proportions of Suicides in Paris and London», ebd., S. 460–464.

• 13 Es wurde weithin angenommen, dass Pellagra zu Suiziden führen konnte. In seinem *Inquiry* argumentierte Burrows, dass «intellektuelle Verstörtheit mit einer Tendenz zum Suizid eine Konsequenz endemischer Zustände ist, so z.B. Pellagra in der Lombardei» (S. 84). Pellagra wurde als eine fürchterliche und mysteriöse degenerative Erkrankung wahrgenommen, die regional und jahreszeitabhängig in den maisessenden Regionen Italiens zu beobachten sei. Es sei offensichtlich eine Krankheit, die in der jüngsten Gegenwart entstanden sei. Bis 1910 wurde angenommen, dass sie durch Bakterien in gespeichertem Mais verursacht werde. In Wahrheit handelt es sich um eine Erkrankung, die durch ein Vitamin B3-Defizit ausgelöst wird.

• 14 E.-J. Georget: *Dissertation sur les causes de la folie*, Paris 1820. Die Dissertation ist auf den 3. Februar datiert. Eine erweiterte Ausgabe ist: *De la folie: considérations de cette maladie ... suivies recherches cadavériques*, Paris 1820.

• 15 G.M. Burrows: *Commentaries on the Causes, Forms, Symptoms and Treatment, Moral and Medical, of Insanity*, London 1828, S. 416.

• 16 F.-J.-V. Broussais: *De l'irritation de la folie: ouvrage dans lequel les rapports du physique et du moral sont établis sur les bases de la médecine physiologique*, Paris 1828.

• 17 J.-B. Cazauvieilh: *Du suicide, de l'aliénation mentale et des crimes contre les personnes*, Paris 1840. S. 16. Der Verfasser war zuvor an der Salpêtrière tätig, praktizierte seither jedoch auf dem Lande, wo er (im Kontrast zu Falret) beobachtete, dass Suizide dort ebenso endemisch wie in der Stadt waren.

• 18 G.F. Etoc-Demazym: *Recherches statistiques sur le suicide, appliquées à l'hygiène publique et à la médecine légale*, Paris 1844, S. 35. Etoc-Demazy bevorzugte in seiner Studienzeit eine organische Perspektive auf den «Wahnsinn». Mit Blick auf Esquirol und Georget definierte er *stupidité* als eine «regellose Abwesenheit der Manifestation von Gedanken», was eine «funktionale Erkrankung sei, deren wahrer Ursprung in der Veränderung eines Organs» läge: «*Delà stupidité considérée chez les aliénées: recherches fait à Bicêtre et à la Salpêtrière*, 21. August 1833.» Etoc-Demazys Promotion wurde am Tag nach F.H. Chaillous *Dissertation sur le délire nerveux* am 20. August 1833 vorgelegt.

• 19 C.E. Bourdin: *Du suicide considéré comme maladie*, Batignolles 1845. Bourdin war auch Anhänger der Phrenologie: *Essai sur la phrénologie considérée dans les principes généraux et son application pratique*, Paris 1847.

• 20 François Leuret: *Traitement moral de la folie*, Paris 1848, S. 4.

• 21 Leurets Herangehensweise an den «Wahnsinn» war immer

psychologischer Natur und nicht physiologisch. Siehe seine *Fragments psychologiques sur la folie*, Paris 1834.

• 22 E. Lisle: *Du suicide: statistique, médecine, histoire et législation*, Paris 1856. Diese Arbeit wurde mit dem Prix Montyon im Jahr 1848 ausgezeichnet. Die Einschübe im Korrekturexemplar zeigen möglicherweise die Transition zwischen dem preisgekrönten Essay und dem publizierten Buch.

• 23 Burrows, *Inquiry* (wie Anm. 7), S. 81 f.

KAPITEL 9

DIE EXPERIMENTELLE GRUNDLAGE DER PHILOSOPHIE DER GESETZGEBUNG

Paris, 11. September 1831
Die Kriminalstatistik wird so positiv wie die anderen Beobachtungswissenschaften. Wenn man es versteht, sich an die feststehenden Tatsachen zu halten und sie so zu gruppieren, dass man rein zufällige Umstände ausschliessen kann, dann zeigen die allgemeinen Ergebnisse eine *so grosse Regelmässigkeit*, dass es unmöglich wird, sie dem Zufall zuzuschreiben. In jedem Jahr gibt es in denselben Regionen dieselbe Anzahl von Verbrechen desselben Ausmasses; jede Klasse von Verbrechen hat ihre eigene Verteilung nach Geschlecht, nach Alter, nach Jahreszeit … Wir sind gezwungen, anzuerkennen, dass die Justizstatistik in vielerlei Hinsicht eine absolute Gewissheit darstellt.
Eingefügt 1832 Wir sind gezwungen anzuerkennen, dass die *Tatsachen der moralischen Ordnung, wie die der physischen Ordnung*, unveränderlichen Gesetzen unterliegen.*[1]

*A.-M. Guerry, schriftlich an Adolphe Quetelet. Quetelet las am 9. Juli 1831 einen Vortrag und nahm diesen Teil von Guerrys Brief in die veröffentlichte Fassung auf. Es gab einen kleinen Prioritätsstreit. Wer hat als Erster erkannt, dass die Kriminalstatistik uns «unveränderliche Gesetze» präsentiert? Wer erfand das Studium der «moralischen Statistik», wer erfand das, was später «Kriminalsoziologie« genannt wurde? Quetelet behauptete, dass dies seine Ideen waren. Guerry hat seine eigenen Verfechter gehabt.

Um 1830 schienen zahllose Regelmässigkeiten in Bezug auf Verbrechen und Selbstmord mit blossem Auge erkennbar zu sein. Es gab *unveränderliche Gesetze* über ihre relative Häufigkeit nach Monat, nach Methode, nach Geschlecht, nach Region, nach Nation. Niemand hätte sich solche statistischen Stabilitäten vorstellen können, gäbe es nicht eine Lawine von gedruckten und öffentlichen Tabellen.

Das Modell wurde durch die jährlichen *Recherches statistiques sur la ville de Paris et le département de la Seine* festgelegt.[2] Ich sage «jährlich» – es dauerte eine Weile, bis die Verwaltung reibungslos funktionierte, und die ersten Bände waren meist verspätet. Zu gegebener Zeit erweiterten die nationalen Ministerien die statistische Arbeit der Hauptstadt und machten sie grösstenteils überflüssig. Es erschienen regelmässig und effizient nationale Bände aus den Bereichen Justiz, Bildung und dergleichen. Paris und Seine dienten als ihr Modell.

Der Direktor der *Recherches* war Joseph Fourier, berühmt für seine Arbeiten über Wärme und Erfinder des grundlegenden mathematischen Werkzeugs, der Fourier-Transformation, aber im Alter mit öffentlichen Aufträgen über Versicherungen und Sozialstatistiken verbunden.[3] Er schrieb die meisten der unsignierten Einleitungen zu den Bänden. Sie bieten eine solide, informelle Darstellung der Methoden der Wahrscheinlichkeitsrechnung und Statistik. Die darin dargelegten Grundsätze fanden weite Verbreitung. Das kleine Lehrbuch der Wahrscheinlichkeiten von Adolphe Quetelet[4] aus dem Jahr 1828 war inhaltlich und organisatorisch und oft auch im Wortlaut ähnlich.* [5]

*Quetelet war kein statistischer Neuling. Er hatte sich bereits mit der traditionellen Art von statistischen Gesetzen beschäftigt, nämlich mit denen von Geburt und Tod. Eine Neuerung in dieser Arbeit war ein sinusförmiges Gesetz für die Schwankungen der Geburten- und Sterberaten im Laufe eines Jahres – eine Idee, die für spätere Diskussionen über Selbstmord wichtig war. Aber erst in Frankreich lernte er die ganze Bandbreite der Sozialstatistik kennen. Er sollte seinerseits der grösste internationale Propagandist für den Wert der Statistik werden. Es war Fourier, der Quetelet in die Pariser Akademie einführte und ihm ein Treffen mit Villerme vermittelte, dem grossen reformorientierten Arzt, der den statistischen Zusammenhang zwischen Armut, Tod und Krankheit untersuchte.

Fouriers methodische Einführungen sind interessant, aber es ist der schiere Umfang der Aufzählungen, der wichtig ist. Die traditionellen Register der Geburten, Eheschliessungen und Sterbefälle sind vorhanden und werden beispielsweise durch riesige ausziehbare Seiten ergänzt, die den grossen Pariser Irrenanstalten gewidmet sind. Einweisungen und Entlassungen wurden erfasst; die Patienten wurden nach Geschlecht, Familienstand und Alter klassifiziert; Todesfälle wurden nach Ursachen sortiert und die Aufenthaltsdauer nach Art des Leidens. Neunzehn körperliche Ursachen wurden genannt, darunter angeborene Idiotie, Trunkenheit, Schädeldeformationen, Selbstbefriedigung, Schwangerschaft, Libertinage und Parese. Zu den geistigen Ursachen des Wahnsinns, die zur Einweisung führten, gehörten übertriebene Religiosität, übertriebener Ehrgeiz, politische Ereignisse, Wut, Liebe und simulierter Wahnsinn.

Wir haben gelesen, dass Burrows 1820 die Tatsache beklagte, dass zwar die Statistiken und die Wahrscheinlichkeit von Leben und Tod gut untersucht waren, aber niemand die des Wahnsinns berücksichtigte. Bis 1823 waren die Fakten für Paris im Jahr 1821 verfügbar. In einem Jahrzehnt hätte er über einschlägige Informationen über ganz Frankreich verfügen können, während in England umständlichere und weniger zentralisierte Daten produziert wurden.

Auch an Selbstmordstatistiken mangelt es nicht mehr. Die Selbstmordtabellen für die Stadt und das Departement hatten die gleiche Struktur wie die für Geisteskrankheit. Die Selbstmorde wurden nach Geschlecht, Alter und Familienstand kategorisiert. Dann folgte die Methode des Selbstmords und seiner Ursachen. Die Kreuzkategorien lieferten den Beweis für unveränderliche Gesetze. «Jeder, der sich nur wenig mit diesen Themen beschäftigt, wird sich kaum vorstellen können, dass die Methode, mit der sich ein Mensch umbringt, fast so genau und unveränderlich durch sein Alter bestimmt wird wie die Jahreszeiten durch die Umdrehungen der Sonne.»[6] Die Mittel des Selbstmords waren Erhängen, Schusswaffen, Sprünge aus der Höhe, scharfe Waffen, Gift, Ertränken und Holzkohle. Tod durch Holzkohle bedeutet Kohlenmonoxidvergiftung: Die meisten der ärmeren Schichten kochten und heizten mit kleinen Holzkohlefeuern in ihren Mietskasernen, sodass das Kohlenbecken die Funktion eines modernen Gasofens hatte.

Diese Kategorien sind möglicherweise «natürliche» Wege, um Selbstmorde zu klassifizieren. Sie wurden in Paris schon seit einiger Zeit verwendet und sind identisch mit denen, die in einer Abhandlung über Geisteskrankheit von 1792 aufgelistet sind.[7] Ein Verwaltungs-, Gerichts- oder medizinischer Funktionär sollte die unmittelbare Todesursache melden. So wurde z.B. das Ertrinken gemeldet, aber auch die Tatsache, dass eine Person Selbstmord begangen hatte. Die zulässigen «Ursachen» waren ständigen Eingriffen lokaler, nationaler und jetzt auch internationaler Stellen ausgesetzt. So ist es zum Beispiel praktisch unmöglich, an Altersschwäche zu sterben: Das ist keine offiziell anerkannte Kategorie.

Die beiden häufigsten Methoden des Pariser Selbstmords waren die Verbrennung von Holzkohle in einem geschlossenen Raum sowie das Ertränken. Je mehr Statistiken gesammelt wurden, desto konstanter erschienen die Proportionen zwischen den verwendeten Methoden. Das Profil der Londoner Selbstmorde war völlig anders. Dort hat man sich entweder erhängt oder eine Waffe benutzt. Aber wo auch immer man hinschaute: «Man beobachtet Jahr für Jahr, innerhalb von ein oder zwei Einheiten die gleiche Anzahl von Selbstmorden durch Ertränken, durch Erhängen, durch Schusswaffen, durch Erstickung, durch scharfe Instrumente, durch Stürze oder durch Vergiftung.»[8]

Nicht nur die Methoden des Selbstmords wurden als regelmässig angesehen, sondern auch ihre jahreszeitliche Variation. Jeder hatte angenommen, dass der Winter die grausamste Zeit sei. Nationale und klimatische Folklore waren miteinander verwoben. Da die Engländer, wie jeder wusste, am meisten Selbstmord begingen und das Klima dafür mitverantwortlich war, mussten sie im Winter, wenn das Wetter am schlechtesten ist, am meisten Selbstmord begehen. Tatsächlich sind die Bürger von England und Wales damals wie heute die am wenigsten selbstmordgefährdeten in Europa (abgesehen von den Iren). Damals wie heute waren die Europäer aller Nationen im Sommer selbstmordgefährdeter als im Winter.

Die Methoden des Selbstmordes sind die Todesursachen, die bereits von der Stadt oder einer anderen Verwaltung verlangt wurden. Aber zusätzlich zu den Methoden werden in den Tabellen auch die Selbstmordursachen aufgeführt, die Gründe, warum sich Menschen selbst umbringen. Diese können nicht direkt beobachtet werden, sondern sind eine Angelegenheit des gesunden Menschenverstands, der Volkspsychologie oder der Medizin. Es war eine medizinische These, dass jeder Selbstmord verrückt ist. Die Medizin lieferte eine Tabelle mit den Ursachen des Wahnsinns. Also sollte die Medizin eine Tabelle der Ursachen für Selbstmord erstellen. Sie legte die Ursachen fest, nach denen die Selbstmorde in den Tabellen klassifiziert werden sollten.

Die Zusammenhänge zwischen den Ärzten und den Verantwortlichen der Pariser *Recherches statistiques* lassen sich genau feststellen. Der Band für das Jahr 1821, der 1823 veröffentlicht wurde, sortiert die Selbstmorde nach ihren *Motiven*. Der Band für das Jahr 1822, der 1826 veröffentlicht wurde, sortiert die Selbstmorde nach den *Ursachen*. Dies waren die Jahre, in denen Esquirols Theorie über Selbstmord und Wahnsinn entstand.

Der Wechsel von Motiven zu Ursachen macht keinen grossen Unterschied bei den Sortierungen selbst. Ein Motiv im Jahr 1821 wird zu einer Ursache im Jahr 1822. Es gibt die Liebe. Es gibt *maladies* (die hier nicht Krankheit bedeuten, sondern dem nicht mehr existierenden englischen «malady» entsprechen: verdorbener, degenerierter oder morbider Zustand des Geistes oder der Moral). Es gibt Abscheu vor dem Leben, häusliche Streitereien, Wut. Es gibt schlechtes Verhalten, wie Glücksspiel und daraus resultierende Verluste. Es herrscht extreme Armut. Angst vor Bestrafung. Ich betone, dass es sich dabei um «Ursachen» handelt, denn sie passen genau in Falrets traditionelle Struktur der prädisponierenden, direkten, indirekten und allgemeinen Ursachen. Sie lieferten eine Reihe unabhängiger, ineinandergreifender Ursachen für Selbstmord. Wir werden feststellen, dass diese Vorstellungen den Menschen halfen, zu «verstehen», wie ein statistisches Gesetz in einer Welt mit deterministischen Ursachen existieren konnte.

Die von Fourier herausgegebene Pariser Reihe wurde weitgehend von nationalen Jahrbüchern abgelöst, für die wiederum Kurzfassungen erstellt wurden. Es kam zu Abgrenzungsstreitigkeiten. Nach 1826 begann das Justizministerium, Daten über Verbrechen, Strafverfolgungen und Verurteilungen zu veröffentlichen, im Allgemeinen nach dem Vorbild der Pariser *Investigations*. Die Bände für 1827 – 1830 enthielten das Material für das, was Guerry als moralische Analyse bezeichnete, soweit es den Selbstmord betraf. Es stellte sich jedoch die Frage, ob Selbstmord vom Justizministerium veröffentlicht werden sollte – als ob Selbstmord ein Verbrechen und nicht eine Krankheit wäre! Nach einigem Zögern nahm das Justizministerium 1836 den Selbstmord endgültig unter seine Fittiche. Für die Mediziner mag das wie ein Schlag ins Gesicht erscheinen: Nicht die Medizin, sondern die Justiz war für den Selbstmord zuständig. In Wirklichkeit geschah etwas viel Komplexeres. Eine Kategorie von Problemen – so ziemlich das, was wir heute «soziale Probleme» nennen – wurde geschaffen, die von gemeinsamen Experten, Medizinern und Juristen, bearbeitet werden sollte. Sie gründeten die berühmten *Annales d'hygiène publique et de la médecine légale*, die 1829 ins Leben gerufen wurden.

Dies war das wichtigste Organ für Ärzte, die sich mit Entfremdung, Selbstmord und dementen Verbrechen befassten. Es war auch eine Fundgrube für Gesundheitsstatistiken. Sanitätsstatistiken und Rechtsmedizin waren Teil desselben Apparats, dessen Themen von krankheitsverseuchten Slums über verrückte Morde bis hin zum Gefängnisbau reichten. Als Beispiel für das Ineinandergreifen dieser Talente und Sensibilitäten gab es Auszugsillustrationen mit grafischen Zeichnungen von Gefängnisselbstmorden. Dann folgten Vorschläge dazu, wie man die Zellen verbessern kann, um diese grausamen Ereignisse zu verhindern.

Die Statistiken der Seine und die des Justizministeriums lieferten die Daten für Guerrys Essay von 1832 über die «moralische Statistik» Frankreichs. Wie viele andere französische Bücher, die ich erwähnen werde, wurde es mit dem Prix Montyon ausgezeichnet, der damals jährlich für statistische Arbeiten vergeben wurde. Es ist ein grossartiges Werk von edlem Format mit schönen Karten, die die geografische Verteilung der Kriminalität zeigen. Die hygienische Bewegung gab uns unser heutiges Konzept der grafischen Darstellung, den Vorläufer der heutigen computerisierten Tabellenkalkulationen. Die Akademie der Wissenschaften verlieh Guerry 1864 einen Sonderpreis für die Publikation, die den Höhepunkt seiner Arbeit darstellte, einen umfangreichen Vergleich zwischen den Moralstatistiken von England und Frankreich.[9] Der Preis wurde nicht für die Fakten verliehen, sondern für ihre Darstellung, ihre wunderbaren Karten von Verbrechen und Selbstmord. Guerry wusste, wie wichtig es war, diese Arbeit zu mechanisieren, und entwarf einen Rechner für die Verarbeitung seiner Daten. Passenderweise nannte er ihn *«ordonnateur statistique»*. Der heutige französische Name für den Computer, *ordinateur*, wurde als Reaktion auf eine Anfrage von IBM Frankreich neu erfunden. Es ging darum, den franko-englischen («frenglischen») Begriff *computeur* zu ersetzen.[10] Amateure liebten Guerrys Bücher.*[11]

*Die gute Gräfin Flavigny, Autorin von *L'Enfance chrétienne* und anderen verbesserten Werken, hat dieses Werk «nie ohne ein Gefühl des Respekts geöffnet». Toqueville soll gesagt haben, dass, wenn es keine Schande wäre, ins Gefängnis geworfen zu werden, er nichts lieber täte, als seine Jahre eingesperrt zu verbringen, verurteilt zum Studium von *une pareille chiffrerie*.

Die Ergebnisse überquerten den Ärmelkanal und faszinierten sowohl die statistischen als auch die regionalen Gesellschaften (z.B. zusammengefasst im *West of England Journal* für 1836). Lytton Bulwer schlug in seinem 1834 erschienenen Buch über das französische Leben vor, dass man sich eine völlig neue Art von Geschichte vorstellen könne. Ich wurde zu diesen Überlegungen durch ein neues statistisches Werk von M. Guerry veranlasst, ein in vielerlei Hinsicht bemerkenswertes Werk. Guerrys Tabellen, schrieb er, «bieten genügend Stoff für das wichtigste Werk über Geschichte und Gesetzgebung, das bisher erschienen ist».[12] Buckles gefeierte *History of Civilization in England* von 1857 erfüllte die Prophezeiung – und, wie wir in den Kapiteln 14 und 15 sehen werden, betonte es die statistischen Gesetze so sehr, dass es die Debatte über Selbstmord und Fatalismus verschärfte. Guerrys Bildmaterial wurde von der British Association for the Advancement of Science auf ihrer Tagung 1851 im Zusammenhang mit der Grossen Ausstellung im Kristallpalast mit Stolz präsentiert. Das Buch von 1864 wurde mit einer lobenden Rede von William Farr in der statistischen Sektion der British Association im Jahr 1865 präsentiert.[13]

Guerry nannte seine Arbeit vergleichende Statistik. Dass Statistiken vergleichend sein sollten, gehört zu ihrem ursprünglichen Auftrag, die Macht und den Reichtum des Staates im Vergleich zu anderen Staaten zu messen. Burrows und Esquirol führten vergleichende Statistiken über Selbstmorde in London und Paris an. Guerry war in der Lage, systematisch vorzugehen, wo andere nur lückenhaft waren. Er war ein Anwalt mit unabhängigen Mitteln, der gute Verbindungen zu den Behörden hatte. Er arbeitete mit seinem Cousin Guerry de Champneuf zusammen, um die statistische Arbeit des Justizministeriums zu organisieren. Aber er war ein Mann aus einer früheren Generation, ein Mann wie Sir John Sinclair, wenn auch nicht so reich. Er war ein öffentlicher Amateur, der die Bürokraten beriet, aber nicht einer von ihnen.

Im Jahr 1829 hatte er an einer «vergleichenden Statistik» über Bildung und Kriminalität mitgearbeitet, deren Schlussfolgerungen in seinem ersten grossen Werk, der Moralstatistik von 1832, erweitert wurden.[14] Man hatte allgemein angenommen, dass Bildung der Kriminalität entgegenwirkt. Guerry präsentierte das, was wir heute Rangordnungsstatistiken nennen, um diese Annahme zu widerlegen. Ich kann mich an keine frühere systematische und detaillierte Anwendung dieser Methode erinnern. Das Bildungsniveau jeder Verwaltungseinheit wurde aus den Aufzeichnungen der Wehrersatzämter ermittelt, in denen das Bildungsniveau jedes Wehrpflichtigen vermerkt war. Die Kriminalitätsrate für jede Einheit wurde den Tabellen des Justizministeriums für die Jahre 1827 – 1830 entnommen. Dann wurden die Einheiten auf jede dieser beiden Arten in eine Rangfolge gebracht. Es zeigte sich, dass die Kriminalitätsrate umso höher war, je höher das Bildungsniveau eines Bezirks war.

Eine solche Schlussfolgerung war sensationell. Paris sah sich von einer schrecklichen Verbrechenswelle heimgesucht. Fragen Sie einen New Yorker von heute nach Raubüberfällen, und verdoppeln Sie die Angst: So fühlten sich die Pariser. Die Polizeigazetten, die reich an Berichten über Verbrechen waren, wurden wöchentlich verschlungen und waren die fruchtbare Quelle für Bestseller-Romane wie jene von Eugène Sue.[15] Natürlich nahm man an, dass die Entartung und Unwissenheit der Arbeiterklasse die Quelle ihrer kriminellen Neigung war, der «*penchant au crime*», wie die

Statistiker es nannten. Guerry schien das Gegenteil zu beweisen. Sicherlich hat er nicht alle überzeugt. Reichtum zieht Kriminelle an, Reichtum schafft Bildung, also waren Guerrys Korrelationen vielleicht falsch.

Was glaubte Guerry selbst, was er da tat? Das hat er uns ausdrücklich gesagt. Er war der Meinung, dass der alte Begriff der *Moralwissenschaft* überholt war; er beschäftigte sich mit *moralischer Analyse*.

> Was ist der Nutzen der moralischen Analyse? Sie zielt vor allem darauf ab, genau wie die Naturwissenschaften, die Zusammenhänge zwischen den Phänomenen aufzuzeigen, Wissen über intellektuelle Realitäten zu vermitteln, die an sich ausserhalb jeder Vorstellung von praktischer Anwendung stehen. Im strengen Sinne des Wortes besteht die Wissenschaft aus Wissen und nicht aus der Entscheidung, was zu tun ist.[16]

Das war positive Wissenschaft, die zwischen Fakten und Werten unterscheidet. Die moralische Analyse bildet die experimentelle Grundlage der Philosophie der Gesetzgebung, indem sie die numerischen Tatsachen, die die Gesellschaft betreffen, rigoros darlegt. Condorcets Traum von einer Sozialmathematik erfüllte sich damit in einer positivistischen Ära der Zahlen und Messungen. Lisle, ein Medizinstudent, der Suizid beging, schrieb anschaulich über die Methodik:

> In unseren Tagen ist es nicht mehr zulässig, die Wahrheit in der reinen Theorie, in eitlen Abstraktionen oder grundlosen Hypothesen zu suchen. Die rigorose Beobachtung von Fakten ist zu Recht zum Ausgangspunkt und zur Grundlage unseres Wissens geworden. Aus diesem aufgeklärten Positivismus ist die Anwendung der Statistik in der Medizin und bei der Untersuchung moralischer und politischer Fragen hervorgegangen.[17]

«Alle Tatsachen», schrieb Lisle an anderer Stelle über das von ihm gesammelte Material, «beweisen diese bemerkenswerte Behauptung, die bereits von einer Reihe von Schriftstellern bemerkt wurde, nämlich dass moralische Tatsachen, wenn man sie in ihrer Gesamtheit betrachtet, in ihrer Reproduzierbarkeit ebenso positiven Gesetzen gehorchen wie diejenigen, die in der physischen Welt herrschen.»[18] Hier liegt eine doppelte Ironie vor: Das Wort «Positivismus» des antistatistischen Comte wurde entwendet und mit unserer modernen Bedeutung versehen. Statistiker sind seither Positivisten. Zweitens gab es bei all dem Gerede über Fakten und geduldige vortheoretische Beobachtung die von einem Guerry, einem Lytton Bulwer oder einem Lisle so bewunderten Regelmässigkeiten kaum. Viel später sollten deutsche Schriftsteller das Los anprangern und Massnahmen entwickeln, um zu zeigen, dass die Stabilitäten eher eingebildet als real waren.

Für Guerry war nach der Kriminalität der Selbstmord das wichtigste Thema für moralische Statistiken. Unter den Themen, die von der Moralstatistik erfasst werden, ist der Selbstmord eines derjenigen, die die meiste Aufmerksamkeit auf sich gezogen haben und über die am meisten diskutiert worden ist. In seinem Schreiben von 1832 ärgerte sich Guerry darüber, dass Selbstmorde ausserhalb von Paris nur unzureichend untersucht wurden. Dennoch zeigten die Aufzeichnungen des Justizministeriums für 1826 – 1830, dass «in diesen vier Jahren die proportionale Anzahl der Selbstmorde in jeder Region nicht mehr als 3 Prozent vom Mittelwert abwich. In der zentralen Region von Paris und an der Seine schwankte sie um nicht mehr als 1 Prozent». Noch auffälliger als die absolute Selbstmordrate waren die Regelmässigkeiten zwischen den verschiedenen Klassifikationen. In dieser Beschäftigung Guerrys finden wir die Wurzeln eines Bedürfnisses nach der Theorie der Korrelation und Regression. Aber 1832 konnte Guerry wenig tun, denn ausserhalb von Paris hatte er nur die groben, unsortierten Zahlen der Selbstmorde. Er benötigte Daten aus dem ganzen Land, und er tat sein Bestes, um sie zu bekommen.

Bis 1836, als das Justizministerium auf Veranlassung von Guerry begann, eine gründlichere Selbstmordstatistik zu erstellen, wurden nicht einmal die einfachsten Fakten, nämlich Alter und Geschlecht der Selbstmörder, tabellarisch erfasst. Also schlug Guerry eine Liste vor, in der die Wachtmeister an dem Ort, an dem der Selbstmörder gefunden wurde, Folgendes festhalten sollten: Geschlecht, Alter und Gesundheitszustand; Beruf oder soziale Schicht; Wohnort, Geburtsort, Familienstand, Anzahl der Kinder; Finanzen: reich, wohlhabend, arm oder elend; Bildung: gebildet, kann lesen und schreiben, Analphabet; Geisteszustand; Moral (gerichtlich verurteilt? Ehebrecher? Spieler? Prostituierte? Konkubine? Trunkenbold?); Religion.

Dann sollten Sie den Ort, die medizinischen Umstände, das Datum und die Uhrzeit sowie das Wetter festhalten. Wie wurde es gemacht? Warum wurde es getan? Wurde ein Brief hinterlassen? Frühere Versuche? Eine elterliche Vorgeschichte von Wahnsinn oder Selbstmord? Welche Gegenstände wurden am Tatort oder in den Taschen des Opfers gefunden? Einiges davon fand Eingang in die Vorgaben des Justizministeriums; andere Aspekte von Guerrys Schemata wurden nur teilweise und regional übernommen. Guerry selbst übertraf eine Phalanx von Wachtmeistern und Sachbearbeitern. «Er besorgte sich aus den Polizeiarchiven 85'564 Einzelaufzeichnungen von Selbstmorden, die zwischen 1836 und 1860 begangen worden waren, und zwar jede einzelne, soweit möglich, mit einer Angabe der Motive, die für den Selbstmord ausschlaggebend waren.»[19] In seinem Buch von 1864, in dem er englische und französische Moralstatistiken verglich, findet sich eine aussergewöhnliche Kategorisierung von 21'322 Personen, die des Mordes beschuldigt wurden. Diese werden in 4478 Gruppen von individuellen Motiven unterteilt, aus denen sich 97 Klassen von Hauptmotiven ergeben. In einer Todesanzeige hiess es, dass die Ziffern auf den Karten, auf denen Guerry seine Notizen aufbewahrte, 1160 Meter lang wären, wenn man sie in einer Zeile aufschreiben würde. Vielleicht war es das, was mich zu der Formulierung «eine Zahlenlawine» geführt hat.*

*Guerry gewann 1833 und 1864 die Montyon-Preise für Statistik. Zu den späteren Gewinnern gehörten Civiale, Lisle und Le Play. Baron Montyon, der gefeierte Philanthrop, der bereits vor der Revolution zahlreiche Preise gestiftet hatte, lebte nach 1792 hauptsächlich in London, wo er als FRS grosszügig andere Flüchtlinge unterstützte. Erst nach der Restauration kehrte er nach Paris zurück. Im Jahr 1820 vermachte er der Wissenschaft und der Wohltätigkeit ein beträchtliches Vermögen. Er veröffentlichte eine Reihe von «statistischen» Werken, keines davon kurioser als ein *Exposé statistique du Tunkin, de la Cochinchine, du Camboge, du Tsiampa, du Laos, du Lac-Tho* (London 1811), signiert M. M-N, «sur la relation de M. de La Bissachère missionnaire dans le Tunkin». Es wurde behauptet, er habe das Werk von einem mittellosen Missionar gestohlen, ihn mit höflichen Worten und ein paar Gratisexemplaren abgespeist und die Tantiemen für sich behalten. Die Wahrheit ist etwas komplizierter, aber die Geschichte mag Montyons Leidenschaft für Statistiken illustrieren. Zu den Preisen, die er dem *Institut de France* zur Verwaltung überliess, gehörten auch die Zinsen für 10'000 Francs, die für das beste Buch des Jahres, das dem Wohl der Bürger dient, vergeben werden sollten. Nach einer langen Debatte über die Art und Weise, wie dieser Preis verwaltet werden sollte, kündigte das Institut einen jährlichen Preis für Statistik an. Die aufeinanderfolgenden Wettbewerber und Gewinner veranschaulichen gut das Wachstum der statistischen Idee. Im Jahr 1822 wurden nur Abteilungsstatistiken eingereicht. Guerry war der erste, der mit einer moralischen Analyse gewann. Zu seinen Konkurrenten gehörten eine medizinische Statistik von Avignon, eine Studie über die Ursachen von Reichtum und Armut bei zivilisierten Völkern, Biografien bemerkenswerter Männer aus Seine-et-Oise, gelegentliche Ursachen des Choleraausbruchs 1832 in der Salpêtrière und im Faubourg St. Denis, eine Navigationskarte des Rheins und eine Weinstatistik der Côte d'Or. Civiale (siehe nächstes Kapitel) war der erste medizinische Preisträger. Die Geschichte des Preises finden Sie in *Procès-verbaux des séances de l'Académie tenues depuis la fondation de l'Institut* (Paris 1922), nach Bd. 7.

• 1 Guerrys Brief an A. Quetelet wurde in dessen «Recherches sur le penchant au crime aux différents âges», *Nouveaux mémoires de l'Académie Royale des Sciences et Belles-Lettres de Bruxelles* 7 (1832), S. 84, veröffentlicht. Quetelet las seinen Aufsatz am 9. Juli 1831 und integrierte diesen Teil von Guerrys Brief in die publizierte Version. Guerrys Einschub in das Eingangszitat entstammt A.-M. Guerry: *Essai sur la statistique morale de la France*, Paris 1833 (der Academy of Sciences am 2. Juli 1832 präsentiert). Die an Zitaten und Analysen reiche klassische Biografie zu Quetelet stammt von Joseph Lottin: *Quetelet, statisticien et sociologue*, Loucain 1912. Sie beinhaltet umfangreiche Vergleiche von Guerry und Quetelet sowie Quetelet und Comte.

• 2 *Recherches statistiques sur la ville de Paris et le département de la Seine*, 4 Bde., Paris 1821 – 1829.

• 3 Siehe I. Grattan-Guinness: *Joseph Fourier 1768 – 1830: A Survey of His Life and Work*, Cambridge, Mass., 1970, S. 485 f. Grattan-Guinness bezieht sich auf eine Vielzahl von Folios aus der Bibliothèque Nationale, die sich mit Versicherungen beschäftigen – beispielsweise 22515, 22517. Fourier war zu diesem Zeitpunkt bereits ein Bürokrat, und seine (nicht signierten) Einleitungen zu den *Recherches statistiques* waren seine Hauptkommentare zur Wahrscheinlichkeit. Die beiden Teile von 1826 und 1829, die sich auf die Fehlertheorie beziehen, wurden in *Œuvres de Fourier* neu aufgelegt, Paris 1890, Bd. 2, S. 523 – 545, 547 – 590. Es gab auch seine Arbeiten zu Kommissionen, z.B. Tontinenversicherungen, die von Lacroix, Laplace und Fourier signiert wurden. Siehe *Histoire de l'Académie Royale des Sciences* 5 (1826), S. 26 – 43 (für die Sitzungen von 1821 und 1822).

• 4 A. Quetelet: *Instructions populaires sur le calcul des probabilités*, Brüssel 1828. Die Lektionen 13 und 14 orientieren sich an den Seiten ix – xxxi von Fouriers Einleitung zu den *Recherches statistiques* 3 (1826). A. Quetelet, «Mémoire sur les lois des naissances et de la mortalité à Bruxelles», *Nouveaux mémoires de l'Académie Royale des Sciences et Belles-Lettres de Bruxelles* 3 (1825), S. 495 – 512. Dazu, wie Fourier Quetelet Villermé nahegebracht hat, vgl. Lottin, *Quetelet* (wie Anm. 1), S. 112.

• 5 Henry Lytton Bulwer: *France: Social, Literary, Political*, London 1834, S. 203. Er las Guerry, vgl. oben.

• 6 A. Daquin: *La Philosophie de la folie, ou essai philosophique sur le traitement des personnes attaquées de la folie*, Paris 1792; 2. Edition Chamberty, 1804.

• 7 E. Lisle: *Du suicide*, Paris 1856, S. 3.

• 8 Zu Guerrys *Statistique morale* von 1832 (1833 publiziert) siehe oben. Die zweite Arbeit war *Statistique morale de l'Angleterre comparée avec la statistique morale de la France*, Paris 1864.

• 9 Ich habe keinerlei weitere Informationen zum *ordonnateur*, bis auf eine Referenz in einem Artikel zu Guerry für das *Dictionnaire de la XIXe siècle*.

• 10 H. Diard: *Statistique morale de l'Angleterre et de la*

France, par M. A.-M. Guerry: Etude sur cet ouvrage, Tours 1866, S. 4, 10.

• 11 Lytton Bulwer, *France* (wie Anm. 5), S. 201.

• 12 Siehe hierzu die *Proceedings* der British Association für 1851 und 1865. Ein populärer Bericht zu 1851 findet sich auch in *Athenaeum* (12. Juli 1851), S. 755.

• 13 A. Balbi und A.-M. Guerry: *Statistique comparée de l'état de l'instruction et du nombre des crimes dans les divers arrondissements des cours royales et des académies universitaires de France,* Paris 1829.

• 14 Eine klassische Studie hierzu ist Louis Chevalier: *Classes laborieuses et classes dangereuses,* Paris 1950.

• 15 Guerry, *Statistique morale de l'Angleterre comparée* (wie Anm. 8), S. xliv.

• 16 Lisle, *Du suicide* (wie Anm. 7), S. 3

• 17 Ebd., S. 101.

• 18 Diard, *Statistique morale* (wie Anm. 19), S. 6.

• 19 1812 wurde das Buch in Paris veröffentlicht (wieder auf Französisch) als «Übersetzung» des Werks des französischen Priesters. Für einige Texte siehe Charles B.-Maybon (Hg.): *La Relation sur le Tonkin et la Cochinchine de Mr de La Bissachère,* Paris 1920.

FAKTEN OHNE AUTHENTIZITÄT, OHNE DETAILS, OHNE PRÜFUNG, OHNE WERT

Paris, 5. Oktober 1835

In statistischen Angelegenheiten ... muss man sich vor allem darum kümmern, den Menschen nicht isoliert, sondern nur als einen Teil der Gattung zu betrachten. Es ist notwendig, ihn seiner Individualität zu berauben, um alle zufälligen Effekte, die die Individualität in die Frage einbringen kann, zu eliminieren.* [1]

* Ein Ausschuss von vier Mathematikern, darunter S.-D. Poisson, berichtet der Akademie der Wissenschaften über einen statistischen Vergleich des Erfolgs von zwei Operationen bei Gallensteinen.

Zahlen waren ein Fetisch, Zahlen um ihrer selbst willen. Was konnte man mit ihnen anfangen? Sie sollten ein Leitfaden für die Gesetzgebung sein. Es gab die aufkeimende Idee eines statistischen Gesetzes, aber kaum statistische Schlussfolgerungen. Ja, man könnte zu dem Schluss kommen, dass die Franzosen eher zum Selbstmord neigen als die Engländer. Ja, Guerry konnte (fast ohne es zu wissen) Rangordnungsstatistiken erfinden, um zu argumentieren, dass eine verbesserte Bildung nicht gegen die Kriminalitätsrate wirkt. Aber kaum jemand ahnte, dass eine neue Art der Argumentation im Entstehen begriffen war. Die Medizin ist ein gutes Beispiel. Die Pariser Statistiken waren voll von Tabellen, die über die grossen Krankenhäuser berichteten. Würden diese Zahlenbatterien nicht sofort zu Tests von Behandlungen und Heilungen führen? Ganz und gar nicht. Wenn die Zahlen verwendet wurden, dann eher aus beruflichem Neid als auf der Suche nach objektivem Wissen.

Die erste Verwendung statistischer Daten zur Bewertung von Behandlungen war, wie es scheint, im Zusammenhang mit dem charismatischen und polemischen F.-J.-V. Broussais, dessen Glauben an ein «lebendig bleibendes» Organ ich in Kapitel 8 kurz erwähnt habe. Er wird in Kapitel 19 eine grössere Rolle spielen, weil Comte seine physiologische Vorstellung vom «Normalzustand» auf die Gesellschaft und die Politik übertrug. Seine Spekulationen und seine Philosophie riefen Kontroversen und Ressentiments hervor, aber es war seine Praxis, die Anlass zu einer statistischen Bewertung gab.

Er war ein radikaler Verfechter der neuen organischen, «physiologischen» Theorie der Krankheit. Das Gerede über Revolutionen in der Wissenschaft hat unter Historikern seine Höhen und Tiefen gehabt, aber spätestens seit 1953 – lange vor der Kuhn'schen Modeerscheinung – wird Broussais eine «medizinische Revolution» zugeschrieben; «der revolutionäre Bruch mit der Vergangenheit und die neue charakteristische Ausrichtung auf Läsionen und Lokalitäten».[2] Das ist eine Übertreibung, denn es war nicht allein seine Revolution. Die Lokalisierung von Krankheiten war bereits alltäglich geworden, aber Broussais sticht als der schamloseste populistische Wortführer der Bewegung hervor.

Alle Krankheiten, so lehrte er, haben eine lokale Ursache und sind die Folge einer *irritation* oder *asténie* des Gewebes – zu viel oder zu wenig Flüssigkeit. Das Leben ist eine Angelegenheit der Erregung von Geweben: Man kann verstehen, warum ein solcher Materialismus manche beleidigen würde. Die Aufgabe der physiologischen Medizin besteht darin, festzustellen, wie «die Erregung vom Normalzustand abweichen und einen abnormalen oder kranken Zustand» erzeugen kann.[3]

Broussais' Begeisterung für die Lokalisierung von Krankheiten in Organen kann nur durch seine Karriere als Militärarzt im aktiven Dienst während eines Grossteils der Jahre 1805 – 1814 verstärkt worden sein. Die Kriege des 19. und 20. Jahrhunderts trugen dazu bei, die Medizin zu «lokalisieren», indem sie verwundete Soldaten versorgten, deren verletzte Organe direkt mit bestimmten geistigen oder körperlichen Beeinträchtigungen in Verbindung gebracht werden konnten. Aber was Broussais sah, war nicht der Mann mit Schrapnell im Kopf, der unter relativ hygienischen Bedingungen überlebte – der Standard des Ersten Weltkriegs, der so viel für die Neurologie bedeutete –, sondern Männer mit schrecklichem Fieber und eiternden Wunden. Er hatte Reizstoffe und Entzündungen im Überfluss. Er sah Typhus und Phlebitis. Die weit verbreitete französische und britische Begeisterung für «Reizung» und «Entzündung» als Schlüsselbegriffe medizinischer Konzepte entstand in den Kriegsjahren.

1814 gab Broussais seinen Posten als Feldarzt auf und nahm eine Lehrtätigkeit im Militärhospital Val-de-Grâce auf. Dort zog er mit seinen radikalen Doktrinen Scharen von Studenten an. Seine schmähenden Angriffe auf das medizinische Establishment von Paris erregten dessen Zorn und viele Beschimpfungen.[4] Broussais wurde immer erfolgreicher.[5] Sein Thema? Vor allem die Organe und die Gewebe, ihre seltsamen Wechselbeziehungen, ihr pathologischer Zustand und ihr «Normalzustand».

Das Organ war zwar der Ort der Krankheit, aber man konnte nicht direkt an dem Organ selbst, tief im Körper, arbeiten. Stattdessen behandelte man den oberflächlichen Teil des Patienten, der dem Organ oder den mit dem Organ verbundenen Geweben am nächsten war – und Broussais war der Meinung, dass Magen und Gehirn eng miteinander verbunden waren. Die praktische Aufgabe bestand darin, die angrenzenden entzündeten oder gereizten Gewebe von überschüssigem Blut zu befreien. Leiden Sie unter Verdauungsstörungen, gefolgt von starken Kopfschmerzen? Besser das als eine Migräne. «Mässige Entzündungen des Gehirns lassen sich leicht durch Blutegel aus dem Epigastrum behandeln, vor allem, wenn der Enzephalitis eine Gastritis vorausgegangen ist. Aber heftige Blutstauungen des Gehirns erfordern Blutungen aus den Jugularvenen, Arteriotomie und Blutegel im oberen Teil des Halses …»[6] Der Aderlass ist ein altes Heilmittel, aber nie wurde er so häufig eingesetzt wie in Frankreich zwischen 1815 und 1835 – fast ausschliesslich dank Broussais. Sein Name wurde zum geflügelten Wort. So Balzac in *La Messe de l'athée*, 1830: «Dies hat mehr Blut gekostet als alle Schlachten Napoleons und alle Blutegel von Broussais.»* [7]

* Balzac machte sich in einem Dutzend verschiedener Werke über Broussais lustig. In *La Comédie du diable* von 1830 bittet ein Mann in der Hölle um eine milde Strafe mit der Begründung, dass er auf der Erde bereits von Broussais wegen einer Lungenentzündung behandelt worden sei. Broussais war das Vorbild für Dr. Brisset in *La Peau de chagrin*. Brisset war ein «Organiker», der wiederholt das Wort «Reizung» verwendete und auf ebenso vielen Seiten vier Behandlungen mit Blutegeln verschrieb. Am bemerkenswertesten ist jedoch Balzacs *Physiologie du mariage* aus den Jahren 1826 und 1829, die mit Kapiteln über «eheliche Statistiken» beginnt, auf die ich in Kapitel 16 zurückkommen werde. Diese Satire, deren Titel *Broussaisist* lautet, enthält ein Kapitel über die eheliche Hygiene, in dem dem Ehemann geraten wird: «Broussais soll Ihr Idol sein. Machen Sie bei der geringsten Unpässlichkeit Ihrer Frau und beim geringsten Vorwand ausgiebig Gebrauch von Blutegeln» – wenn möglich mehrere Dutzend auf einmal.

Auf dem Höhepunkt des Einflusses der *physiologischen* Schule waren die Anklagen gegen sie im französischen Parlament vergeblich. Der Vertreter eines südlichen Wahlkreises hielt am 19. April 1825 einen viel zitierten Appell:

> [B]ewaffnet mit ihren erbarmungslosen Blutegeln, treiben [die Ärzte] unsere Bauern im Midi ins Grab, die von ihrer Arbeit während der feurigen Monate des Jahres erschöpft sind … die Blutegel, vielleicht nützlich für Stadtbewohner, die sich nicht bewegen, erschöpfen schnell das Blut, das in ihren Adern bleibt. Man kann sagen, dass dieses ausgeklügelte System, das an sich vielleicht nützlich ist, wenn es von Unwissenden befolgt wird, mehr Blut fliessen lässt als der erbarmungsloseste Eroberer.[8]

Sowohl der Schriftsteller als auch der Abgeordnete verabscheuten die dogmatische Grausamkeit der physiologischen Schule der Medizin. Sie hatte andere Gegner, von denen einer philosophischer Natur war. Broussais war in vielerlei Hinsicht ein Erbe der *idéologues*: Er war Republikaner und vor allem ein radikaler Materialist. Alle geistigen Ereignisse waren Ereignisse im Gehirn, verursacht durch Erregungen. Victor Cousin, Neukantianer, Neoplatoniker, Neo-Royalist, Restaurator, wurde ab 1828 zum Rivalen von Broussais in den Hörsälen und zog Horden von Studenten zu seinem antimaterialistischen Psychologismus. Broussais befand sich in philosophischen Schwierigkeiten, als sich das Jahrzehnt dem Ende zuneigte.

Die eher konservative oder eklektische Medizin, die sowohl über seinen Erfolg als auch über seine Behandlungen entsetzt war, hatte es ebenfalls auf ihn abgesehen. A. Miquel schrieb in der spöttisch-pascalianischen Form von «Briefen» an einen Provinzarzt eine herausfordernde Kritik an der gesamten Lehre der 1821 erschienenen Ausgabe von Broussais' Hauptlehrbuch und dem ergänzenden *Catéchisme* von 1824.[9] Vieles davon war sehr philosophisch, aber es wurde auch die Frage gestellt, die wir heute für relevant halten würden. Funktionieren die Methoden? Nein, behaupteten Miquel und ein Kollege. Broussais wurde von einem anderen Arzt verteidigt, einem ehemaligen Schüler und Verbündeten, L.-C. Roche.[10]

Miquel stellte fest, dass die Zahl der Todesfälle in Paris mit dem Vormarsch der neuen physiologischen Medizin in den Jahren 1816 – 1823 stetig anstieg. Dies wurde durch die statistischen Berichte von Paris und der Seine bestätigt. Roche entgegnete, dass die neue Lehre bis 1818 keine Fortschritte gemacht habe, sodass die ersten Jahre nicht zählten und die steigende Sterblichkeit danach nur dem Bevölkerungswachstum entspreche. Die Antiphysiologen wandten sich von den Allgemeinheiten über Paris zu den Besonderheiten des Val-de-Grâce. Sie behaupteten, dass die Sterblichkeitsrate in Broussais' Krankenhaus und denen seiner Verbündeten weitaus höher sei als in anderen Kliniken. Roche entgegnete, dass die angebotene Vergleichsklasse für rekonvaleszente Patienten im Frühjahr und Herbst galt, während Broussais zu jeder Zeit mit Fieber zu tun hatte, auch in der Hitze des Sommers und im tiefsten Winter. Ausserdem, so drängte Roche, sollten Sie sich die Geschichte des Val-de-Grâce selbst ansehen. Nehmen Sie die vier Fünfjahreszeiträume ab 1800, wobei Broussais von 1815 bis 1820 die Leitung innehatte. Die Erfolgsquote war in den Jahren 1805 – 1814 am niedrigsten, in den Jahren 1800 – 1804 etwas besser und verdoppelte sich während der Amtszeit von Broussais. «Kein Wunder», erwiderte Miquel: 1800 – 1814 war eine Zeit des Krieges, in der man erwartet, dass Menschen in Militärkrankenhäusern sterben!

Diese nebulöse Polemik hätte einen Modus des Hinterfragens einführen müssen. P.C.A. Louis gilt gemeinhin als Begründer der «numerischen Methode», die in Frankreich einen kurzen Erfolg und weitaus nachhaltigere Folgen hatte, als sie von seinen amerikanischen Studenten nach Neuengland verpflanzt wurde. (Vielleicht war ihm seine grösste Wirkung unbekannt, denn ein bescheidener junger Mann in seinen Vorlesungen war William Farr, der später die englische Vitalstatistik begründete.) Ab 1828 führte Louis eine Reihe von statistischen Auswertungen über den Aderlass durch. Er stellte fest, dass der Aderlass völlig unwirksam war.[11] Dies stand so sehr im Gegensatz zu der aktuellen Modeerscheinung der Blutegel, dass er eine Weile brauchte, um es zu wagen, seine Ergebnisse zu veröffentlichen, zumindest sagte er das.

Broussais, der wusste, dass Angriff die beste Verteidigung ist, veröffentlichte 1832 ein vierseitiges Pamphlet unter der Überschrift «Cholera besiegt: einer unter 40 tot»![12] Aber es kursierten

Berichte, dass die Pariser Krankenhäuser 30 Prozent ihrer Cholera-Patienten lebend entliessen; Broussais «rettete» nur 19 Prozent.[13] Magendie behauptete, dass einer seiner Broussais'schen Kollegen während eines Zeitraums von zwei Tagen 80 von 86 Patienten verloren hatte, während er selbst 374 der 594 Patienten, die er zwischen dem 28. März und dem 23. April 1832 behandelte, gerettet habe.[14]

Viel Geschrei, wenig Wirkung. Ich sagte, dass Broussais vielleicht der erste Arzt war, der von Statistiken vernichtet wurde. Doch im streng medizinischen Bereich wurde er nicht durch eine Heerschar von skurrilen Zahlen vernichtet, sondern durch einen einzigen Fall, einen berühmten Freund, der an Cholera starb. Dieser Fall wurde als Beweis für die Fehlerhaftigkeit seiner Methoden angepriesen. Er war auch das Opfer des zunehmend konservativen und «spirituellen» politischen Klimas, das durch den Erfolg von Cousins eklektischem Immaterialismus deutlich wurde. Broussais wurde jedoch nicht demontiert. Seine Theorie des Gehirns als eine Ansammlung von Organen führte ihn zur Phrenologie, für die er ein neuer Verfechter wurde. In den letzten Jahren seines Lebens füllte er noch einmal die Hörsäle. Dabei ging es nicht nur um medizinische Fragen, denn die Phrenologie war ein Hort des Materialismus in einem zunehmend monarchischen und spiritualistischen philosophischen Klima. Broussais starb im wahrsten Sinne des Wortes in ihrem Dienst, als er seinen Beitrag für eine Debatte vor der Akademie der Wissenschaften 1838 im Endstadium einer Erkrankung an Magenkrebs schrieb.[15]

Damals gab es zwar jede Menge Statistiken, aber nur wenige schlüssige statistische Schlussfolgerungen. Sie waren Werkzeuge der Rhetorik, nicht der Wissenschaft. Bei aller Begeisterung für Zahlen hatten sie nicht die unmittelbare Wirkung, die man erwartet hätte. Wie William Coleman feststellte, begann trotz einiger Pioniere, die er selbst untersuchte, «der ernsthafte Einsatz statistischer Methoden in der experimentellen Physiologie und Medizin erst mit der Einführung der neuen Techniken nach 1900».[16]

Der Mangel an Technik war nicht die ganze Geschichte. Es gab ein Problem mit der Vorstellung von medizinischen Fakten. Dies wird durch die einzige gute Forschungsarbeit veranschaulicht, die sowohl statistisch als auch medizinisch war, 1835 mit dem Montyon-Preis ausgezeichnet und 1836 als Buch veröffentlicht wurde: Jean Civiale verglich zwei höchst unangenehme Steinoperationen, deren Beschreibung wir uns sparen wollen.[17] Sie hiessen *lithotomie* für eine traditionelle Methode und *lithotétrie* für eine neue, von Civiale entwickelte und befürwortete Technik. Bereits 1828 bat Civiale das Ministerium für Volksbildung um Daten über die Auswirkungen der beiden Operationen und erhielt dafür die statistischen Berichte von Paris und dem Departement Seine. Civiale blieb hartnäckig. Zu gegebener Zeit berichtete er, dass bei der traditionellen Methode 1024 von 5443 Patienten starben, während bei der neuen Technik nur sieben von 307 Patienten an der Operation starben, weitere drei offenbar aus anderen Gründen.[18]

Civiale hat seine Arbeit für den Montyon-Preis eingereicht. Die von der Akademie der Wissenschaften ernannten Gutachter waren die besten. An ihrer Spitze stand S.D. Poisson, der zu diesem Zeitpunkt das «Gesetz der grossen Zahlen» formulierte, auf das ich in Kapitel 12 eingehe. Die vier Männer, die für den Bericht über Civiale ernannt worden waren, beurteilten nicht nur die Arbeit, die ihnen vorlag; sie «nutzten die Gelegenheit, um über die Anwendung der Wahrscheinlichkeit in der Medizin zu sprechen». Wir müssen davon ausgehen, dass ihr Ziel genau die von Miquel angestossene Debatte über Broussais und die anschliessende numerische Methode von Louis war. All diese Arbeiten, so die Jury aus Mathematikern, bestünden «aus Fakten ohne Authentizität, ohne Details, ohne Kontrolle und ohne Wert».

Nun gut, aber könnte es authentische, kontrollierte Fakten geben? Der Bericht der olympischen Schiedsrichter hatte etwas Widerwilliges an sich. Sie respektierten und bewunderten die Arbeit von Civiale, aber sie kamen nicht zu dem Schluss, dass es mehr davon geben sollte. In der praktischen Medizin sind die Fakten viel zu gering, als dass sie in die Berechnung der Wahrscheinlichkeiten einfliessen könnten. Sollte die Empfehlung also nicht lauten, die Datenbank zu erweitern? Nein, sagten unsere Berichterstatter, denn in der angewandten Medizin geht es immer um das Individuum.

An dieser Stelle kommt die Aussage, die ich als Epigraf verwendet habe. Bei statistischen Überlegungen müssen wir «den Menschen aus den Augen verlieren … ihn seiner Individualität berauben». Statistik kann nur angewandt werden, wenn wir Klassen haben, die als «unendliche Massen» betrachtet werden können. Auf dem Gebiet der Medizin ist das ganz anders. In der praktischen Medizin sind die Fakten zu gering, um sie in die Berechnung der Wahrscheinlichkeiten einfliessen zu lassen, und zwar nicht, weil wir nicht mehr Daten erhalten können, sondern weil es für den speziellen Fall des Patienten, den wir behandeln wollen, irrelevant ist, mehr Daten über verschiedene Individuen zu erhalten. Es brauchte vielleicht etwas Mut, bis ein angesehener Physiker im Publikum aufstand und sagte, dass «die Medizin nur eine Wissenschaft der Beobachtung ist, wie andere auch, und dass die Statistik und die Wahrscheinlichkeitsrechnung eine Rolle dabei spielen, uns zu sagen, welche Schlussfolgerungen wir ziehen sollen und mit welchem Grad an Vertrauen».[19] Die Mathematiker waren hochmütig gleichgültig gegenüber dieser bescheidenen Bemerkung.

Es ist bekannt, dass Claude Bernard, der berühmte Begründer der experimentellen Physiologie, der Verwendung von statistischen Untersuchungen ablehnend gegenüberstand. Seine

Gründe waren jedoch nicht anders als die von Poisson, dem bedeutendsten Wahrscheinlichkeitsmathematiker der vorangegangenen Generation. Wie konnte man also die Statistik in menschlichen Angelegenheiten nutzen? In genau der Institution, die dazu bestimmt ist, die Individualität des Menschen zu beseitigen, nämlich dem Gericht.

KAPITEL 10 — ENDNOTEN

• 1 Report von S.-D- Poisson, P.-L Dulong, D.-J. Larrey und F.-J. Double, *Comptes rendus hebdomadaires des séances de l'Académie des Sciences* 1 (1835), S. 167 – 177.

• 2 E.H. Ackernecht, «Broussais, or a Forgotten Medical Revolution», *Bulletin of the History of Medicine* 27 (1953), S. 321.

• 3 F.-J.-V. Broussais, *De l'irritation et de la folie*, Paris 1828, S. 263.

• 4 F.-J.-V. Broussais, *Examen de la doctrine médicale généralement adoptée, et des système modernes de nosologie, dans lesquels on détermine, par les faits et par le raisonnement, leur influence sur le traitement et la terminaison des maladies, suivi d'un plan d'études fondé sur l'anatomie et la physiologie pour parvenir à la connaissance du siège et des symptômes des affections pathologiques et à la thérapeutique la plus rationnelle*, Paris 1816. Längere und längere Editionen dieses Werks erschienen zwischen 1821 und 1834, jedoch mit schrittweise kürzeren Titeln.

• 5 F.-J.-V. Broussais, *Traité de physiologie appliquée à la pathologie*, 2 Bde., Paris 1822 / 23. *Catéchisme de la médecine physiologique*, Paris 1824.

• 6 F.-J.-V. Broussais, *Principles of Physiological Medicine in the Form of Propositions Embracing Physiology, Pathology and Therapeutics, with Commentaries on those Relating to Pathology*, übers. von Isaac Hayes und R. Eglesfield Griffith, Philadelphia 1832, S. 515. Eine Übersetzung der *Commentaires des propositions de pathologie consignée dans l'examen des doctrines médicales*, 2 Bde., Paris 1829, Proposition CCLXX.

• 7 H. de Balzac, *La Messe de l'athée* (1830), in: ders., *La Comédie humaine*, 13 Bde., Paris 1976 – 1980, Bd. 3, S. 391. Bezüge in den Fussnoten verweisen auf: *La Comédie du diable*, ebd., Bd. 8, S. 60. *Le Peau de chagrin*, ebd., Bd. 10, S. 257 – 260. *Physiologie du mariage* (1829), ebd., Bd. 11, S. 1026; ebenso in der Version von 1826, *La Physiologie du mariage pré-originale*, hg. von M. Bardèche, Paris 1940, S. 124.

• 8 Deputy Puymaurin, zitiert in J. Léonard, *Les Médecins de l'Ouest au XIX siècle*, 3 Bde., Paris 1978, Bd. 2, S. 693.

• 9 A. Miquel, *Lettres à un médecin de province: exposition critique de la doctrine médicale de M. Broussais*, Paris 1825.

• 10 L.-C. Roche, *De la nouvelle doctrine médicale considérée dans les rapports des théories de la mortalité: Discussion entre M.M. Miquel, Bousquet et Roche,* Paris 1827. Roche verteidigte Broussais gegen die anderen beiden.

• 11 P.C.A. Louis, *Recherches sur les effets de la saignée,* Paris 1835.

• 12 F.-J.-V. Broussais, *Le Choléra-morbus vaincu, 1 mort sur 40 malades, nouveau traitement par le docteur Broussais,* Paris o.J.

• 13 Siehe Jean-François Braunstein, *Broussais et le matérialisme: médecine et philosophie au XIXe siècle,* Paris 1986, S. 81 f. Ihm verdanke ich auch die vorherige und nachfolgende Referenz.

• 14 F. Magendie, *Leçons sur le choléra morbus,* Paris 1832, S. 204 f.

• 15 Der offizielle Bericht der Akademie-Debatte ist teilweise veröffentlicht in J.-E. Belhommes *éloge* zu Broussais, «Compte rendu des travaux de la Société phrénologique pendant le cours de lannée 1839», *Escalupe* 1 (1839), S. 78.

• 16 W. Coleman, «Experimental Physiology and Statistical Inference: The Therapeutic Trial in Nineteenth-Century Germany», in: Krüger u.a., *Probabilistic Revolution* (wie Anm. 9, Kap. 1), Bd. 2, S. 201.

• 17 J. Civiale, *Parallèle des divers moyens de traiter les calculeux,* Paris 1836. *Traité de l'affection calculeuse, suivi d'un essai statistique sur cette maladie,* Paris 1838, von diesem ist der letztere Teil eine überarbeitete Fassung des ersten Buchs.

• 18 Im Essay, der von Poission im Jahr 1835 für den Montyon-Preis begutachtet wurde, waren die Daten nicht derart ausufernd: Die *lithotomie* tötete 1141 von 5715 Patienten, während die *lithotétrie* nur sechs von 257 getötet hatte.

• 19 H. Navier, «Remarques a l'occasion du rapport fait à l'Académie dans la séance du 5 octobre 1835», *Comptes rendus hebdomadaires des séances de l'Académie des Sciences* 1 (1835), S. 247–251.

MIT WELCHER MEHRHEIT?

Paris, 14. August 1835
Meine Herren, wie hoch schätzen Sie die Wahrscheinlichkeit ein, dass die Geschworenen mit einer Mehrheit von sieben gegen fünf entscheiden? Zweifellos werden Sie über das Ergebnis schockiert sein. Sie werden feststellen, dass die Wahrscheinlichkeit eines Fehlers etwa eins zu vier ist.
Oh! Oh! Gelächter von links.
Ich behaupte, dass bei einer grossen Anzahl von Geschworenenentscheidungen, die mit einer Mehrheit von acht zu vier gefällt werden, ein Achtel durch einen Fehler beeinträchtigt wird – von acht, die das Schafott besteigen, ist im Durchschnitt einer unschuldig.

Lautstarke Dementis aus der Mitte. Lange Aufregung. Das, meine Herren, sind die Ergebnisse, die die Wahrscheinlichkeitsrechnung liefert, und sie liefern die Daten, die wir brauchen, um unsere Frage zu klären. *Erneute Unruhe ... der Redner wird unterbrochen ... auf jeder Bank brechen Privatgespräche los.** [1]

* François Arago, der Physiker, aber auch linksextremistisches Mitglied der Abgeordnetenkammer. Der Gesetzesentwurf, der der Kammer vorlag, änderte die Regeln für die Geschworenen, die zu diesem Zeitpunkt eine Mehrheit von mindestens acht zu vier erforderten. Es wurden einfache Mehrheiten gefordert, und die Geschworenen durften die Anzahl der abgegebenen Stimmen nicht bekanntgeben. Dieser Teil des Gesetzes wurde am 19. August verabschiedet und trat am 13. Mai 1836 in Kraft. Arago übernahm die Fehlerquoten von Condorcet und Laplace. Er meldete sich mehrmals zu Wort, um seine Position und seine Berechnungen klarzustellen, und war über das Geschrei empört. Wenn meine Berechnung leicht zu widerlegen wäre, würde ich nicht ständig unterbrochen werden. Schreie sind keine Gründe.

Hier ist eine Art und Weise, in der die neue Statistik von Bedeutung zu sein schien. Im Jahr 1785 wandte Condorcet die Wahrscheinlichkeitstheorie auf juristische Fragen an. 1815 machte Laplace einige aussagekräftige A-priori-Schlussfolgerungen über Verurteilungsraten. Sobald die Gerichtsstatistiken verfügbar waren, nutzte sein *Protegé* Poisson statistische Schlussfolgerungen, um dessen Schlussfolgerungen zu widerlegen. Es gibt also eine einfache dreistufige Geschichte der Wahrscheinlichkeitsrechnung und der französischen Geschworenen. Zur Wiederholung:

> 1785: Keine Jury, keine Erfahrung, keine Daten. Condorcet schlussfolgerte, dass die optimale zwölfköpfige Jury eine ist, die mit einer Mehrheit von zehn oder mehr Mitgliedern verurteilen kann. Aber er bevorzugte eine 30-köpfige Jury.[2]
> 1815: Es gab französische Geschworenengerichte und einige schlechte Erfahrungen, aber keine statistischen Daten über Verurteilungsraten.

Die ersten französischen Geschworenen wendeten die Condorcet-Regel an, aber später entschieden sie mit einfacher Mehrheit mit einer komplizierten Einschränkung. Laplace folgerte daraus, dass die einfache Mehrheit gefährlich und die Qualifikation mehr als nutzlos war.[3]

1837: Geschworenengerichte waren nach mehreren verschiedenen Plänen eingerichtet worden. Mit jedem gab es einige Erfahrungen. Es gab veröffentlichte statistische Daten. Poisson schlussfolgerte, dass die Geschworenen mit einfacher Mehrheit entscheiden sollten.

Das vorliegende Kapitel, in dem Laplace im Mittelpunkt steht, und das nächste, in dem es um Poisson geht, bilden ein Paar, dass sich mit meinem Vorher-Nachher-Bericht über Selbstmordstatistiken deckt. Natürlich gibt es entscheidende Unterschiede, denn hier geht es um einen einzigen Satz von Tabellen, nämlich die Verurteilungsquoten, und um eine konkrete Frage, nämlich wie die französischen Geschworenen aussehen sollen. Das Problem wurde von Top-Mathematikern angegangen. Aber im Gegensatz zu dem Geschwafel über die Regelmässigkeiten der Verurteilungsquoten hatte diese Arbeit so gut wie keine Auswirkungen. Und warum? Weil es das letzte Aufbäumen der aufklärerischen Moralwissenschaft war. Sie nutzte zwar auf brillante Weise neue statistische

Daten, aber ihre Schlussfolgerungen waren nur für die Mentalität eines Condorcet glaubwürdig.

Zeugen, Versammlungen und Geschworene haben bei der Entwicklung von Wahrscheinlichkeitsvorstellungen eine wichtige Rolle gespielt. Wir neigen dazu zu vergessen, warum sie so wichtig waren. Sie waren Teil der von Daston so gut untersuchten Vorstellung, dass es ein «vernünftiges Kalkül» geben könnte.[4] In der Praxis denken wir, dass die Menschen Wahrscheinlichkeiten gebraucht hätten, um finanzielle Vorteile im Handel, bei Versicherungen oder beim Glücksspiel zu berechnen. Daston zeigt, dass Wissen mehr geschätzt wurde als Auswendiglernen, dass die Vertrautheit mit der Materie erfolgreicher war als abstrakte Arithmetik. Die Wahrscheinlichkeit wurde vielmehr für das Leben der Vernunft gebraucht. Man wollte nicht den Profit, sondern die Wahrheit errechnen. Zeugen, Versammlungen und Geschworene wurden zu ihrem Gegenstand.

Das empirische Problem in Bezug auf einen Zeugen ist: Kann man dieser Person trauen? Wenn ja, in welchem Masse? Vielleicht denken wir, dass seine Glaubwürdigkeit auf einer numerischen Skala eingeordnet werden kann, z.B. weil er in 80 Prozent der Fälle die Wahrheit sagt, oder weil wir 4:1 darauf wetten würden, dass er jetzt die Wahrheit sagt. Wenn diese Zahlen einen Sinn ergeben, kann man zu Fragen der Logik übergehen und Beweise kombinieren. Dabei ergeben sich drei Arten von Problemen. Wie lassen sich die Aussagen verschiedener Zeugen desselben Ereignisses kombinieren? Wie kann man dann die Aussage eines Zeugen mit einer anderen Art von Beweis kombinieren, z.B. mit einer Wahrscheinlichkeit über das Wetter, den Ausgang eines Roulettes oder einer Reise zu den Westindischen Inseln?[5] Schliesslich, wie kann man eine Reihe von Zeugen kombinieren, wobei ein Zeuge mit einer gewissen Zuverlässigkeit über die Aussage eines anderen Zeugen berichtet, der ebenfalls nur unvollkommen glaubwürdig ist?

In den frühen Annalen der Wahrscheinlichkeitsrechnung ist es die dritte Frage nach einer Reihe von Zeugen, die ins Auge sticht. Sie scheint uns am unwichtigsten zu sein, was zum Teil an der Tradition des Gewohnheitsrechts liegt, das Hörensagen ausschliesst. Warum war sie einst wichtig? Wegen der Verherrlichung der Vernunft. Aufgeklärte Bürger waren bereit, ein Minimum an Offenbarung zu dulden und nicht mehr. Aberglaube und Wunder konnten die Bevölkerung anlocken, aber vernünftige Menschen mussten sich auf die natürliche Theologie verlassen. Die Literatur über die Glaubwürdigkeit von alternativen Offenbarungsquellen war umfangreich. Humes «Of Miracles» ist nach wie vor sehr bekannt, und es wird behauptet, dass Thomas Bayes' berühmter Aufsatz, der Vorläufer der modernen «Bayes'schen» statistischen Schlussfolgerung, zum Teil eine Antwort auf Hume war. Das Problem der Wunder ist für uns eine blosse Kuriosität; einst war es eine dringende

Angelegenheit des Lebens und des Lebens nach dem Tod. Die Wahrscheinlichkeit war der Schutzschild, mit dem sich ein vernünftiger Mensch vor dem Enthusiasmus schützen konnte. Auch Fragen zu Wahlsystemen erwecken noch immer die Talente der Genies, aber sie beschäftigen nur wenige von uns im täglichen Leben. Wir denken uns unterhaltsame Rätsel und Paradoxa über die Wahl aus, aber was für ein Kontrast zu den berauschenden Tagen, als ein Volk im Begriff war, seine Regierung und seine Rechtsprechung auf selbstbewussten, rationalen Prinzipien aufzubauen.

Eine Jury ist ein kleines Gremium, das durch Abstimmung entscheidet. Wie? Es gibt drei Hauptvariablen. Erstens: Wie viele Wahlmöglichkeiten haben die Geschworenen? Im englischen System für Strafprozesse gibt es zwei Möglichkeiten: schuldig und nicht schuldig. Im schottischen System gibt es drei, nämlich schuldig, nicht schuldig und nicht bewiesen. Zweitens: Wie gross ist die Zahl der Geschworenen? Eine traditionelle englische Jury besteht aus zwölf Personen. Die Schotten haben 15 Geschworene. Drittens: Mit welcher Mehrheit sollen die Geschworenen entscheiden? Die englischen Geschworenen mussten einstimmig entscheiden (heute genügt eine Mehrheit von zehn).

Im Frankreich des 18. Jahrhunderts sahen Aktivisten die Geschworenen als Waffe gegen willkürliche Inhaftierungen. Sie kannten nur ein einziges Vorbild, nämlich England, das aber nicht durch

Traditionen oder Gefühle heilig war. Wie sollte ein vernünftiger Mensch ein Schwurgerichtssystem konzipieren, wenn er von Null anfing? Condorcet gab den Rahmen für die Diskussion vor. Es gab ein Element der moralischen Entscheidung. Wie sicher wollen wir sein, dass eine Jury richtig geurteilt hat? Wie sicher wollen wir sein, dass sie zu Recht freigesprochen hat? Die beiden Fragen sind grundverschieden. Es wurde argumentiert, dass man in unruhigen Zeiten sicher sein will, keinen Übeltäter freizusprechen, während man sich in friedlichen Zeiten moralische Skrupel erlauben und versuchen kann, sicher zu sein, dass man keinen Unschuldigen verurteilt. Aber wenn man eine moralische Entscheidung getroffen hat, in der die Wahrscheinlichkeiten für die beiden unterschiedlichen Arten von Fehlern festgelegt sind, kann man, so Condorcet, zur moralischen Mathematik übergehen und das optimale Geschworenensystem berechnen. Condorcet sah keine Absurdität darin, das Problem *a priori* anzugehen.

Die Forderung nach Geschworenen stand unter den ersten Artikeln der *Convention* von 1789 an erster Stelle, und Geschworene wurden in die Verfassung von 1791 aufgenommen. Wie in England sollte es eine *Grand Jury of Accusation* geben, in der acht Bürger darüber entschieden, ob genügend Beweise vorlagen, um einen Fall vor Gericht zu bringen. Diese Jury hat die Revolution nicht überlebt. Dann gab es noch die «petty jury» oder «jury of judgement», die aus zwölf Bürgern bestand, die die Beweise anhörten und über Schuld oder Unschuld abstimmten. Für eine Verurteilung war eine Mehrheit von zehn Stimmen erforderlich.

Dieses Gesetz verdankte Condorcet viel. Er hatte argumentiert, dass die englische Forderung nach Einstimmigkeit unter den Geschworenen unangemessen sei. Fast nie in der Geschichte des französischen Rechts hat jemand geglaubt, man könne sich darauf verlassen, dass sich zwölf Personen einig sind. Der scheinbare Erfolg des englischen Systems wurde als faktisch angesehen. Der Geschworenenvorsteher konnte zwar die einstimmige Entscheidung verkünden, aber in Wirklichkeit gab die Minderheit einfach nach. Condorcet hielt es für besser, offen über die Unmöglichkeit einer einstimmigen Entscheidung zu sprechen, als die englische Heuchelei zu übernehmen.

Er war der Meinung, dass eine Mehrheit von 10:2 für eine Verurteilung ausreicht (obwohl er 30 Geschworene bevorzugte). Aber Fehlurteile sind unvermeidlich, deshalb sollte die Todesstrafe abgeschafft werden. «Die Todesstrafe ist die einzige Strafe, die ein Unrecht absolut irreparabel macht. Daraus folgt, dass die Existenz der Todesstrafe impliziert, dass man sich der Gefahr aussetzt, ein irreparables Unrecht zu begehen, woraus folgt, dass es ungerecht ist, sie einzuführen. Diese Argumentation scheint uns die Kraft einer Demonstration zu haben.»[6] Nur wenige schenkten ihr Beachtung. Der Jury ging es in unruhigen Zeiten nicht gut. Die zwölfköpfige Jury mit einer Mehrheit von zehn

Personen wurde am 30. April 1790 eingesetzt. Sie wurde mehr als einmal im Jahr geändert. Die erforderliche Mehrheit wurde immer wieder geändert, und es gab sogar einen kurzen Versuch, die Geschworenen einstimmig zu wählen. Die Methode der Abstimmung wurde regelmässig geändert, von der völlig offenen Einzelabstimmung durch jeden Geschworenen, der öffentlich einen farbigen Ball in eine farbige Urne warf, bis hin zur geheimen Abstimmung, bei der die Grösse der Mehrheit geheim gehalten wurde. Die Methode zur Auswahl der Geschworenen wurde häufig geändert. Und dann waren da noch die Volksgerichte während der Zeit des Terrors.

Diese Veränderungen wurden durch wechselnde Ideologien ausgelöst. Es gab auch praktische Schwierigkeiten: Auf dem Lande grassierte die Räuberei, und Gangster terrorisierten die unglücklichen Geschworenen, die ihre Stimme auf so öffentliche Weise abgeben mussten. Das Problem der Banditen wurde 1798 zügig gelöst. Sie sollten von einem speziellen Gericht verurteilt werden. Es bestand aus einem Präsidenten, zwei Richtern und fünf Sonderbeauftragten, von denen drei Militäroffiziere und zwei Bürger von Rang waren; alle wurden vom Ersten Konsul ernannt. Das Problem der Geschworenen war also dringend! England war nicht mehr das liberale Vorbild der Philosophen, sondern der reaktionäre und immer perfidere Feind.* [7]

* Ein Richter aus Nîmes, der zu den Bänden mit den Zeugenaussagen beitrug, die zum Gesetzbuch von 1808 führten, sagte über

Grossbritannien: «Das wechselnde Bild der Verbrechen dieser Nation, die Mord und Pest einsetzt, um einen Feind zurückzuschlagen, den sie zum Bruch eines feierlichen Vertrages provoziert hat, sollte uns nicht dazu veranlassen, ihr System im Strafverfahren zu übernehmen. Die Geschworenen haben dieses Volk nicht besser gemacht, und wenn wir uns daran erinnern, was uns Reisende berichtet haben, gibt es kein europäisches Land, in dem Raubüberfälle, insbesondere auf den Landstrassen, häufiger und besser organisiert sind als auf dieser Insel.»

1799: «Die Ergebnisse der Geschworenen können aus dem, was unter den Engländern geschieht, beurteilt werden – es gibt kein Land mit einer schlechteren Polizei und weniger individueller Sicherheit.»[8]

Das Ergebnis der Unruhen und Reformen war der Kodex von 1808. Obwohl das Gesetzbuch langlebig war, waren die Geschworenen eines der am wenigsten stabilen Elemente der französischen Rechtsprechung (und sind es bis heute). Im Jahr 1808 wurde die Verurteilung mit einfacher Mehrheit beschlossen, mit einer Einschränkung, auf die wir gleich noch eingehen werden. Jede politische Umwälzung hatte Auswirkungen auf die Geschworenen. Das Gesetz vom 4. März 1831 verlangte eine Mehrheit von acht unter zwölf Geschworenen für eine Verurteilung. Es gab zwei weitere Geschworenengesetze, bevor das Gesetz vom Mai 1836 die einfache Mehrheit wieder einführte – nach vielen leidenschaftlichen Worten wie dem unseres Epigrafen.[9]

Laplace argumentierte, dass das System von 1808 fehlerhaft war. Wenn ein Geschworenengericht mit einfacher Mehrheit für eine Verurteilung entschied, sieben gegen fünf, lag die Wahrscheinlichkeit eines Fehlers bei fast eins zu drei: eine «erschreckende» Zahl! (Seine Berechnung ergab 2/7, nicht so schlecht wie 1/3, aber schlechter als Aragos 1/4). Der Kodex kannte das Problem, denn er hatte zwei Ebenen der Gerichtsbarkeit. Es gab ein höheres Gericht mit fünf Richtern. Die Geschworenen fällten ihr Urteil. Gemäss Artikel 351 konnte das Gericht mit fünf Richtern den Fall überprüfen, wenn die Geschworenen 7:5 geteilt hatten. Man muss die Vorschrift zweimal lesen, um sie zu verstehen: Wenn die Meinung der Minderheit der Geschworenen von der Mehrheit der Richter so geteilt wurde, dass die Stimmen für einen Freispruch von allen Richtern und Geschworenen zusammengenommen die Stimmen für eine Verurteilung überstiegen, dann wurde die Jury überstimmt.

Um 1815 veranlassten diese Bedenken Laplace zu ernsthaften Überlegungen über Geschworenengerichte.* [10]

*Nichts davon war für Laplace offensichtlich. In Abschnitt 50 der *Théorie analytique* wurden die Entscheidungen von Gerichten mit den Problemen der Zusammenführung von Zeugen gleichgesetzt. Die erste Ausgabe des populären *Philosophical Essay on Probabilities* (1814) enthielt keinen Abschnitt über Zeugen. In der zweiten Auflage desselben Jahres wurde ein solcher Abschnitt hinzugefügt, eine Zusammenfassung dessen, was in Abschnitt 50 der *Théorie* einging, dass «die Urteile von Tribunalen mit Zeugenaussagen gleichgesetzt werden können, indem jeder Richter als Zeuge betrachtet wird, der die Wahrheit seiner eigenen Meinung bezeugt». Dieser abschliessende Absatz wurde bald widerrufen, und in der dritten Ausgabe des *Essay* (1816) findet man die Ergebnisse, die ich gleich beschreiben werde. Das vollständige Argument wurde 1816 in der ersten Beilage zur *Théorie* dargelegt. Unmittelbar danach folgte eine informelle Kritik an Artikel 351, die ursprünglich in einer Broschüre vom 15. November 1816 veröffentlicht wurde. Diese Ergebnisse wurden von Silvestre Lacroix, Laplaces Schüler und Popularisierer, einer breiteren Öffentlichkeit zugänglich gemacht.

Seiner Analyse zufolge ist die Wahrscheinlichkeit einer Zeugenaussage eine Neigung des Zeugen – einige sind betrügerisch, andere sagen nur aus, wenn ihre Meinung gut begründet ist. Die Wahrscheinlichkeit ist unabhängig von der Art dessen, was bezeugt wird. Er erkannte, dass Geschworene in einem Fall zuverlässiger sein können als in einem anderen, da die Qualität der Beweise in verschiedenen Fällen unterschiedlich sein kann. So nahm Laplace die Tatsache, dass eine Jury einstimmig ist, als Beweis *für* den Fall selbst. Sie zeigt, dass der Fall eindeutig ist und dass man sich auf gut ausgewählte Geschworene verlassen kann. Die Tatsache, dass sich die Geschworenen im Verhältnis 7:5 uneinig sind, ist hingegen ein Beweis dafür, dass es sich um einen schwierigen Fall handelt, der selbst unparteiische Geschworene unzuverlässig werden lässt. Laplace ging also davon aus, dass jeder Geschworene eine gewisse A-priori-Zuverlässigkeit besitzt, die durch eine Wahrscheinlichkeit gemessen wird. Dann musste man die A-posteriori-Zuverlässigkeit des Geschworenen beurteilen, wenn die Jury einstimmig oder geteilt war, 7:5 oder wie auch immer.

Laplace ging von drei Annahmen aus. Erstens, die Wahrscheinlichkeit der Schuld eines Angeklagten ist ½. Zweitens: Die A-priori-Zuverlässigkeit eines Geschworenen liegt zwischen ½ und 1. Warum? Wenn wir glauben, dass die Wahrscheinlichkeit geringer als ½ ist, würden wir lieber eine Münze werfen als einen Geschworenen einzusetzen. Laplace postulierte dann, dass die Zuverlässigkeit der Geschworenen *a priori* gleichmässig zwischen ½ und 1 verteilt ist (jeder Wert in diesem Intervall ist genauso wahrscheinlich wie jeder andere).

Schliesslich brauchen wir die Zuverlässigkeit nicht in Bezug auf einzelne Geschworene zu analysieren, sondern können von einer durchschnittlichen Zuverlässigkeit ausgehen. Die Berechnungen, die sich aus diesen Annahmen ergeben, sind einfach.[11] Die Schlussfolgerung ist, dass eine einstimmige Jury aus *n* Geschworenen die Zuverlässigkeit $(\frac{1}{2})^{n+1}$ hat. Ein schöneres Beispiel für ein *a priori* aus dem Hut gezaubertes Kaninchen kann man sich nicht vorstellen. Hier ist die Laplace'sche Tabelle der Schlussfolgerungen:

FÜR EINE JURY, DIE SICH WIE FOLGT AUFTEILT	DIE WAHRSCHEINLICHKEIT EINES FEHLERS IST:
12:0	1/8192
9:3	etwa 1/22
8:4	etwa 1/8
7:5	2/7
5:3	etwa 1/4
9:0	1/1024
112:100	etwa 1/5
501:500	etwa 1/2

Wenn die Geschworenen mit einem Verhältnis von 7:5 verurteilen, ist die Wahrscheinlichkeit, dass die Person unschuldig ist, 2/7. Das ist zu hoch: *effrayant*. Laplace war also gegen eine Verurteilung mit einfacher Mehrheit. Eine einstimmige Jury von zwölf Personen ist sicher, vielleicht zu sicher. Laplace schlug vor, eine Fehlerquote von eins zu tausend anzustreben, sodass eine einstimmige Jury von neun Personen angemessen ist.

Er zog auch eine achtköpfige Jury in Betracht: nämlich *viz*, das von Napoleon eingerichtete Sondertribunal für Banditen. Nach der Laplace-Methode hat der Angeklagte bei einer 144-köpfigen Jury, die sich 90:54 aufteilt (Fehlerwahrscheinlichkeit 1/773), bessere Chancen als bei einem einstimmigen achtköpfigen Sondertribunal (Fehlerwahrscheinlichkeit 1/512). Eine blosse Mehrheit von fünf unter acht Geschworenen wird sich in etwa ein Viertel der Zeit irren.

Aus den Berechnungen von Laplace folgt, dass Artikel 351 schrecklich ist. Nehmen wir an, die Geschworenen entscheiden sich mit einer knappen Mehrheit von 7:5 für eine Verurteilung. Wenn es den fünf Richtern nicht gelingt, die Geschworenen zu überstimmen, stimmen drei von ihnen für Freispruch, zwei für Verurteilung. Dann wurden insgesamt neun Stimmen für Verurteilung und acht für Freispruch abgegeben, und die Verurteilung bleibt bestehen.

Nach Laplaces Analyse ist der Verurteilung durch das zweistufige System weniger zuzutrauen als der Entscheidung des ersten Gerichts. Eine Mehrheit von einer Person in einer Gruppe von 17 Personen deutet auf mehr Uneinigkeit und einen schwierigeren Fall und damit auf ein weniger zuverlässiges Urteil hin als eine Mehrheit von zwei Personen in einer Jury von zwölf Personen.[12] Das scheint die Behörden nicht interessiert zu haben. Gergonne wiederholte alle Argumente in seinem *Journal*, der wichtigsten Mathematikzeitschrift seiner Zeit. Er sagte, dass er sie schon Monate zuvor an das Justizministerium geschickt habe, aber nicht einmal eine Bestätigung erhalten hätte.[13] Das Ministerium mag aus gutem Grund ungerührt gewesen sein. Diese Schlussfolgerungen waren reine Vernunft, unbeeinflusst von der Erfahrung. Bevor ich zu Poissons Verwendung empirischer Daten komme, möchte ich eine kuriose Begebenheit einwerfen.

Während des Höhepunkts von Euler gab es kein grösseres mathematisches Zentrum als St. Petersburg, aber es war im Niedergang. Seine Wiederbelebung verdankte es vor allem M.V. Ostrogradsky, einer unbedeutenden Figur, die jedoch die Weichen für den zukünftigen Ruhm der Petersburger Schule der Wahrscheinlichkeitsrechnung stellte.[14] Er war zutiefst beunruhigt über eine Eigenschaft von Laplaces Argumentation, die uns heute völlig «intuitiv» erscheint.[15] Eine Jury, die sich 12:0 teilt, hat die gleiche absolute Mehrheit wie eine, die sich 112:100 teilt. Laplace fand Ersteres viel zuverlässiger, denn die Uneinigkeit der zweiten Gruppe von Geschworenen zeigt, dass sie mit schlechten Beweisen konfrontiert war. Ostrogradsky war anderer Meinung und behauptete, dass eine 112:100-Jury genauso zuverlässig sei wie eine 12:0-Mehrheit. Er verwies auf das englische *House of Lords*, das über Peers urteilt. In diesem Fall sind die Geschworenen etwa 600 Peers, die einen der Ihren verurteilen, und Ostrogradsky vertrat die Ansicht, dass Peers, die mit einer knappen Mehrheit von zwölf Stimmen verurteilt werden, genauso zuverlässig sind wie Bürgerliche, die 12:0 abstimmen.*

* Ostrogradsky argumentierte informell, dass eine dreiköpfige Jury, die 2:1 abstimmt, genauso gut ist wie eine «einstimmige» Ein-Personen-Jury. Betrachten Sie (a) eine dreiköpfige Jury, die 2:1 abstimmt, und (b) eine Jury, in der ein willkürlich ausgewählter Geschworener zuerst für schuldig stimmt, bevor die beiden anderen abstimmen. Bei (b) gibt es drei Möglichkeiten: (b1) die beiden anderen Geschworenen stimmen mit dem ersten Geschworenen überein; (b2) sie stimmen beide nicht mit dem ersten Geschworenen überein; (b3) sie stimmen nicht überein. Die Auswirkung von (b3) ist (a). Aber (b1) und (b2) sind gleich wahrscheinlich. Daher ist das Votum eines Geschworenen für schuldig logisch äquivalent zu einer Disjunktion: drei Geschworene, die mehrheitlich für schuldig stimmen, oder das eine oder das andere von zwei gleich wahrscheinlichen entgegengesetzten Ereignissen (die sich aufheben). Daher ist eine Verurteilung (2:1) genauso gut wie eine Verurteilung (1:0). Und analog dazu ist ein 12:0 genauso gut wie ein 112:100. Man weiss kaum, wo man anfangen soll zu antworten! Aber nach den Laplace'schen Prinzipien sind (bl) und (b2) nicht gleich wahrscheinlich, da der erste Geschworene für schuldig gestimmt hat; ausserdem gilt die Laplace'sche Theorie nicht für eine (1:0) «Jury».

Es scheint uns offensichtlich, dass Ostrogradsky falsch lag. Aber Laplace selbst hat in seinem populären *Essay* seitenlang argumentiert, dass eine Mehrheit von 212:200 viel weniger zuverlässig ist als eine von 12:0. Er kann nicht geglaubt haben, dass seine Leser dies für offensichtlich halten würden. Es handelt sich lediglich um eine «Intuition», die sich im Laufe der Jahre verfestigt hat. Ausserdem hatte Laplace ein kleines mathematisches Geheimnis. Ich habe seine unschuldige Annahme bemerkt – die wie eine blosse mathematische Bequemlichkeit klingt –, dass alle Geschworenen eine gleiche (unbekannte) A-priori-Zuverlässigkeit haben. Ostrogradsky fand heraus, dass man, wenn man diese Annahme nicht macht und ungefähr Laplaces Argumentationsgang folgt, zu dem Schluss kommt, dass eine Jury von 212:200 genauso zuverlässig ist wie eine von 12:0!

Ostrogradsky war meines Erachtens der erste Mathematiker, der eine Wahrscheinlichkeit nicht als eine Zahl zwischen 0 und 1 darstellte, sondern als «obere und untere Wahrscheinlichkeit», als ein Intervall r^*,r^* mit r^* als unterer Grenze der Wahrscheinlichkeit und r^* als oberer Grenze.[15] Anstatt dann anzunehmen, dass es eine unbekannte A-priori-Zuverlässigkeit r aller Geschworenen gibt, liess er zu, dass jeder Geschworene eine unterschiedliche unbekannte A-priori-Zuverlässigkeit haben kann, und bestand nur darauf, dass es eine gemeinsame obere und untere Zuverlässigkeit für alle Geschworenen gibt.

Zu unserem grossen Erstaunen rechtfertigt diese Annahme, die weitaus plausibler ist als die von Laplace, die Entscheidung mit einfacher Mehrheit. Wenn der Überschuss der Mehrheit über die Minderheit d ist und die Zuverlässigkeit eines einzelnen Jurors zwischen ½ und 1 liegt, ist die Wahrscheinlichkeit, dass eine Jury richtig liegt, 1/(3d+1). In Zahlen:[16]

FÜR EINE JURY, DIE SICH WIE FOLGT AUFTEILT	DIE WAHRSCHEINLICHKEIT EINES FEHLERS IST:
7:5	1/10
8:4	1/82
12:0 und 112:100	etwa 3^{-12}

Ostrogradsky schickte sein Papier 1834 an Poisson. Poisson bestätigte den Empfang des russischen Papiers, aber wir wissen nicht, was er davon hielt. Im nächsten Jahr legte er seine eigene Analyse des Geschworenensystems vor. Laplace fand ein System, das Menschen mit einer fast 30-prozentigen Fehlerwahrscheinlichkeit hinrichtete, «erschreckend». Poisson war ein alter Mann, der zu jung war, um den berauschenden ersten Atemzug der Revolution gespürt zu haben (er war 1789 acht Jahre alt), und der erst nach der Revolution von 1830 begann, über die Geschworenen nachzudenken. Ihm machte es nichts aus, wenn zwei von sieben Menschen, die per Mehrheitsbeschluss hingerichtet wurden, unschuldig waren. Wir können, so schrieb er, aus den neuen Statistiken des Justizministeriums ableiten, dass nur 7 Prozent der französischen Geschworenen mit einfacher Mehrheit entscheiden, sodass der Nettozuwachs an Fehlern im Justizsystem sehr gering, fast vernachlässigbar ist. Aber das war nur der Anfang des Arguments. Laplace hatte keine Gerichtsstatistiken, Poisson schon. Er kam zu dem Schluss, dass die Fehlerwahrscheinlichkeit nicht so gross ist, wie Laplace annahm. Die tatsächliche empirische Irrtumswahrscheinlichkeit bei einer 7:5-Entscheidung entspricht in etwa dem, was Laplace für eine 8:4-Entscheidung errechnete. Wenn Sie also mit 8:4-Jurys auf der Grundlage von Laplace zufrieden waren, sollten Sie auch mit 7:5-Jurys zufrieden sein.

So hatte Poisson Ende 1835 bewiesen, dass die Abgeordnetenkammer weise gehandelt hatte, als sie am 19. August die Entscheidung mit einfacher Mehrheit wiederherstellte. Sein Buch über die Geschworenen, das 1837 veröffentlicht wurde, war eine mathematische Rechtfertigung der konservativen Meinung. Die Eleganz der Mathematik von Poisson ist unbestritten. Es sollte jedoch ein Instrument zur Information und Kontrolle sein. Es war ebenso ein politisches wie ein mathematisches Traktat.

KAPITEL 11—ENDNOTEN

• 1 *Archives parlementaires*, 2e série 1800 à 1860, 98 (1898), S. 353 f. Die Debatte beginnt auf Seite 271 und setzt sich (mit kurzen Einschüben anderer Themen) bis Seite 432 fort. Aragos Beschwerde bezüglich Unterbrechungen ist auf Seite 347. Die zitierten Sätze sind nicht konsekutiv, entsprechen aber der Struktur von Aragos langer leidenschaftlicher Rede. Die Kommentare wurden vom offiziellen Schriftführer niedergelegt. Jedoch habe ich Korrekturen vorgenommen. In den *archives* sagt Arago im zweiten Statement, dass die Wahrscheinlichkeit eins zu acht ist, dass eine einfache Mehrheit von sieben zu fünf falsch liegt. Ich denke jedoch, dass er acht zu vier sagte, und zwar aus den folgenden Gründen.
(1) Zu vier unterschiedlichen Anlässen in drei Tagen sagte er, dass die Wahrscheinlichkeit für einen Fehler in einer 7:5-Abstimmung circa 1/4 ist.
(2) Er stellt fest, dass er auf Laplace Bezug nimmt, der die Fehlerwahrscheinlichkeit für

eine 7:5-Abstimmung für besser als 2/7 erachtete; Laplaces angenommene Wahrscheinlichkeit für eine 8:4-Abstimmung war 1/8. (3) Aragos' Anhänger auf der linken Seite lachten jovial, als er seine Aussage über die 7:5-Abstimmung machte, während das Zentrum in Aufregung geriet, als er seine Aussage über die 8:4-Abstimmung machte. Ich nehme (3) als Hinweis darauf, dass eher der Berichterstatter denn Arago einen Fehler machte. Denn wenn Arago sich versprochen hätte, dann hätte es nicht so eine derartige Aufregung gegeben.

• 2 Condorcet: *Essai sur l'application de l'analyse à la probabilité des décision rendues à la pluralité des voix*, Paris 1785, S. cxl und 267–304.

• 3 P.S. de Laplace, *Théorie analytique des probabilités*, Paris 1815, S. 520–530. Dabei handelt es sich um einen der Anhänge der Ausgabe von 1814. Siehe die *Œuvres complètes*, Paris 1878–1912, Bd. 7, S. 520–529.

• 4 L. Daston: *Classical Probability in the Enlightenment*, Princeton 1988.

• 5 Glenn Shafer hat gezeigt, dass diese Art der Kombination von Evidenzen ein integraler Teil von Bernoullis *Ars conjectandi* war; Teil IV: «Non-additive Probabilities in the Work Bernoulli and Lambert», *Archive for the History of Exact Sciences* 19 (1978), S. 309–370. Siehe auch «Bayes' Two Arguments for the Rule of Conditioning», *Annals of Statistics* 10 (1982), S. 1075–1089. Für seine eigene Lösung siehe *Probability and Evidence*, Princeton 1976. Vgl. Ian Hacking, «Combining Evidence», in: S. Stenlund (Hg.), *Logical and Semantic Analysis: Essays Dedicated to Stig Ranger on his Fiftieth Birthday*, Dordrecht 1974, S. 113–124.

• 6 Condorcet, *Essai* (wie Anm. 2), S. cxxvi und 241.

• 7 *Observations des cours d'appel sur le projet de Code Criminel*, Paris, l'an XIII, S. 7.

• 8 Im 10. Jahr (l'an X) platzierte das Institut einen preisgekrönten Essay, «What are the means of perfecting the jury in France?». Zu diesem Beitrag war dies die Antwort, zit. in A. Esmein, *A History of Continental Criminal Procedure with Special Reference to France*, übers. von J. Simpson, London 1910, S. 471.

• 9 Die Regel der einfachen Mehrheit blieb bis zum Gesetz des 6. März 1848 bestehen, welches die Mehrheit auf neun von zwölf festlegte. Ab dem 10. Juni 1853 reichte hingegen eine einfache Mehrheit erneut. Zum Zeitpunkt des Schreibens dieses Buches war das (noch immer kontroverse) französische Modell der Einsatz von neun Juroren, die zusammen mit drei Magistraten eine simple Mehrheit bei einer geheimen Abstimmung erreichen müssen.

• 10 *Essai philosophique sur les probabilités*, 2. Ausgabe, Paris 1814, S. 85. Als erste Ausgabe verstehe ich jenes Schriftstück, welches als Einleitung der 1814 Version des *Essai* veröffentlicht wurde. *Essai*, 3. Ausgabe, Paris 1816, S. 159. Laplace, «Sur une disposition du code d'instruction criminelle», Paris 1816, wurde als separate Broschüre am 15. November veröffentlicht. Siehe: Bibliothèque Nationale Fp. 1187 und die Notiz auf den Seiten 529 f. des *Œuvres*, Bd. 7. Silvestre Lacroix: *Traité élémentaire du calcul des probabilités*, Paris 1816, S. 241–245; die Anmerkungen zu

Artikel 351 werden in der Fussnote der 2. Edition, Paris 1822, diskutiert.

• 11 Details in Ian Hacking «Historical Models for Justice: What is Probably the Best Jury System?», *Epistemologia* 6 (1984), S. 191–212. Das Verfahren ist wie folgt: Erhalte zunächst die konditionale Wahrscheinlichkeit, dass eine Jury, die sich in *i:n-i* korrekt ist, gegeben, dass die durchschnittliche Glaubwürdigkeit eines Jurors *r* ist. Zweitens: Finde die Wahrscheinlichkeitsdichte für *r* in einer Jury, die sich *i:n-i* aufteilt. Multipliziere, drittens, die Mengen, die aus diesen zwei Schritten resultieren, um die Wahrscheinlichkeit für eine korrekte Entscheidung zu finden – konditional bezogen auf *i:n-i* und vor der integralen Annahme, dass *r* gleichmässig zwischen (1/2, 1). Wie es für Laplace üblich ist, was als eine plausible, aber unbedeutende Annahme beginnt, nämlich dass *r* (1/2, 1) ist, erweist sich als bedeutsam für die gesamte einfache Integration. Wir erhalten:

Probability (Correct/i:n – u) =

$$\frac{1}{2n-1} \sum_{j=0}^{j=n-1} \frac{(n-1)!}{(n-1)! \cdot (n+1-j)!}$$

• 12 Quantitativ gesehen zeigt die Laplace-Methode, dass eine Irrtumswahrscheinlichkeit von 0,28 besteht, wenn sich die Geschworenen mit 7:5 für eine Verurteilung aussprechen. Aber wenn eine Jury zuerst mit 7:5 für schuldig stimmt und dann eine Gruppe von fünf Richtern mit drei für Freispruch und zwei für Verurteilung stimmt, ist das Ergebnis (Verurteilung mit einem Gesamtstimmenverhältnis von 9:8) nur in etwa 63 Prozent der Fälle zuverlässig. Nach der obigen Formel beträgt die Wahrscheinlichkeit, dass ein 3:2-Tribunal richtig entscheidet, 0,59, und die Wahrscheinlichkeit, dass eine 7:5-Jury richtig entscheidet, 0,71. Die beiden Gremien sollen unabhängig sein. Zu einer Verurteilung kommt es, wenn der Angeklagte schuldig ist (Wahrscheinlichkeit 0,71 bei einer Entscheidung der Geschworenen) und die Minderheit von zwei Geschworenen Recht hat (Wahrscheinlichkeit 0,41) oder der Angeklagte unschuldig ist und die Mehrheit von drei Geschworenen Recht hat (Wahrscheinlichkeiten 0,29, 0,59). Der Anteil der Unschuldigen an den Verurteilungen ist also (0,29) (0,59) / [(0,29)(0,59)+(0,71)(0,41)] = 0,37, also noch schlechter als 0,28.

• 13 G. Gergonne, «Examen critique de quelques dispositions de notre code destruction criminelle», *Annales de mathématiques pures et appliquées* 9 (1816), S. 306–319.

• 14 Mikhail Vasilievich Ostrogradsky, «Extrait d'un mémoire sur la probabilité des erreurs des tribunaux», *Mémoires de l'Académie de Saint-Petersbourg*, 6e série, 3 (1838), S. xix–xxv.

• 15 Ich meine, dass er die Wahrscheinlichkeiten auf diese Weise *explizit* mit einer solchen Symbolik dargestellt hat. Wie Shafer gezeigt hat, ist diese Darstellung implizit in Jacques Bernoullis Behandlung von Zeugenaussagen enthalten.

• 16 Für Einzelheiten siehe Hacking, «Models for Justice». Ostrogradsky in Kürze: Laplace sollte weder davon ausgehen, dass alle Geschworenen gleich zuverlässig sind, noch dass ihre Zuverlässigkeit grösser ist als

1/2. Mach die Minimalannahme. Nehme an, dass die Zuverlässigkeit des Geschworenen *i* in dem Intervall (r_i^*, r_i^*) liegt, das in (0,1) enthalten ist. Nehme an, dass die obere und die untere Grenze für jeden Geschworenen gleich sind und dass die Zuverlässigkeiten für jeden Geschworenen gleich sind und dass die Wahrscheinlichkeiten für jeden Juror, ri, unabhängig verteilt sind für verschiedene *i*. Dann wird man, im Wesentlichen der Laplace-Methode folgend, eine sehr geordnete Integration erhalten. Sei *z* die Differenz zwischen der oberen und unteren Zuverlässigkeit; dann ist die Wahrscheinlichkeit einer falschen Verurteilung: $(2-z)^d/((2-z)^d+z^d)$

DAS GESETZ DER GROSSEN ZAHLEN

Paris, 16. November 1835
Die Dinge jeglicher Art unterliegen einem universellen Gesetz, das wir *das Gesetz der grossen Zahlen* nennen können. Es besteht darin, dass, wenn man eine sehr grosse Anzahl von Ereignissen der gleichen Art beobachtet, die von Ursachen abhängen, die unregelmässig variieren, d.h. ohne systematische Variation in eine Richtung, dann stellt man fest, dass die Verhältnisse zwischen den Zahlen der Ereignisse nahezu konstant sind.

Paris, 16. April 1842
Das Gesetz der grossen Zahlen gibt es nicht.*[1]

*S.-D. Poisson vor der Pariser Akademie der Wissenschaften und I.J. Bienaymé (der sich 1855 an seine Worte erinnerte) vor einem Pariser mathematischen Club. Poisson begann mit der Arbeit an diesem Thema, nachdem er festgestellt hatte, dass Laplace zwei unvereinbare Lösungen für das Problem der Jurys hatte. Dies hat mich lange Zeit mit vielen Zweifeln erfüllt. Seine Bewunderung für Laplace hielt ihn von einer Veröffentlichung ab, wie er sagte. Ähnlich Bienaymé im Jahr 1855: «Der Gesundheitszustand von Herrn Poisson erlaubte es mir nicht, meinen Bemerkungen die nötige Publizität zu verleihen», wobei er sich auf seine bereits 1839 geäusserte Überzeugung bezog, dass Poisson seinerseits im Unrecht gewesen war.

Das Justizministerium veröffentlichte jährliche Daten für die Jahre nach 1826. Darin wurden zusammenfassende Zahlen für Prozesse und Verurteilungen genannt. Sie führten Poisson zu seinem grossen Werk von 1837, in dem er ein Gesetz der grossen Zahlen bewies und uns den Begriff «Gesetz der grossen Zahlen» gab, der noch immer in jeder Wahrscheinlichkeitsfibel zu finden ist.[2]

Sein Buch unterschied deutlicher als alle seine Vorgänger zwischen den Ansätzen der *relativen Häufigkeit* und des *Grades der Überzeugung* in der Wahrscheinlichkeitsrechnung. Es wendet statistische Tests und Zuverlässigkeitsmasse in einer Weise an, die, wie Stigler gezeigt hat, deutlich macht, dass Poisson ihre Logik eindeutig verstanden hat.[3] Er lieferte die erste solide Mathematik für recht seltene Ereignisse, die heute als Poisson-Verteilung bezeichnet wird, eine Arbeit, die von O.B. Sheynin gut beschrieben wurde.[4] Die Ableitungen aus den Daten der Geschworenen wurden vor Kurzem von Gelfand und Solomon analysiert, und zwar aufgrund der Entscheidung des Obersten Gerichtshofs der Vereinigten Staaten aus dem Jahr 1967, in der es für verfassungsgemäss erklärt wurde, dass Geschworene mit der Mehrheit und nicht einstimmig entscheiden dürfen.[5] Im selben Jahr erlaubte England eine Verurteilung mit einer Mehrheit von zehn gegen zwei Stimmen. Im Jahr 1967 musste sich das Gewohnheitsrecht zum ersten Mal mit der Frage auseinandersetzen: «Mit welcher Mehrheit?», die die Franzosen seit 1785 beschäftigte.

Poissons Buch ist also in vielerlei Hinsicht gut erforscht, aber nur wenige haben bemerkt, wie zeitgemäss es 1837 war. Es befasste sich mit der brennenden Frage von 1835: Wie sollten die Geschworenen abstimmen? Es war ein Werk der Moralwissenschaft. Daher wurden fast alle seine Ergebnisse lange Zeit missverstanden oder ignoriert. Es war ein Sport, seiner Zeit voraus und ihr hinterher. Poisson, der Erbe Condorcets und das Ende der Reihe, konnte die neue Statistik in einer Weise einsetzen, die den Kenner immer noch verblüfft, aber er beschäftigte sich mit dem, was Daston als «das vernünftige Kalkül: die klassische Wahrscheinlichkeitstheorie 1650 – 1840» bezeichnet hat.[6] In diesem Jahr starb Poisson und mit ihm ein grosses gesellschaftspolitisches Projekt.

Die Identifizierung mit der Moralwissenschaft wurde von Poisson selbst am Anfang seines Buches vorgenommen. Laplace, so schrieb er, folgte Condorcet, als er die Wahrscheinlichkeit von Urteilen aufgriff, «eine der heikelsten Fragen in der Theorie der Wahrscheinlichkeiten». Laplace verwendete das ursprünglich von «Blayes» gegebene Prinzip.[7] Er nutzte dieses Prinzip auf vielfältige Weise, aber «man kann mit Fug und Recht behaupten, dass die Anwendung der Blayes'schen Regel Urteilen Condorcets zu verdanken ist». Wir betrachten das Mehrheitsvotum der Geschworenen als eine beobachtete Wirkung und die Schuld oder Unschuld des Angeklagten als eine unbekannte Ursache. Dann wenden wir die

Bayes'sche Regel an, um die Wahrscheinlichkeit von Schuld oder Unschuld zu berechnen.

Das letzte Buch der Moralwissenschaft im Stil der Aufklärung war A.A. Cournots 1843 erschienenes Werk über Zufall und Wahrscheinlichkeit.[8] Was sind diese Chancen *und* Wahrscheinlichkeiten? Zwei Dinge, denn Poisson und Cournot benutzten die französischen Wörter *chance* und *probabilité*, um zwei Konzepte zu bezeichnen. Wahrscheinlichkeit bedeutet Glaubwürdigkeit oder den Grad des vernünftigen Glaubens:

Die *Wahrscheinlichkeit* eines Ereignisses ist der Grund, den wir für die Annahme haben, dass das Ereignis stattgefunden hat oder stattfinden wird.

Der *Zufall* bezeichnet jedoch eine objektive Eigenschaft eines Ereignisses, nämlich die «Leichtigkeit», mit der es eintreten kann:

Ein *Ereignis* hat also von Natur aus eine grössere oder kleinere Chance, bekannt oder unbekannt.[9]

Es scheint fast unvermeidlich, dass solche Unterscheidungen in den 1830er-Jahren gemacht werden. Der alte Poisson schwankte zwischen einer «subjektiven» (*probabilité*) und einer «objektiven» (*chance*) Einstellung zur Wahrscheinlichkeit. In *The Emergence of Probability* habe ich behauptet, dass unsere Vorstellung von Wahrscheinlichkeit eine janusköpfige Mutation der Renaissance-Idee von Zeichen aus der Mitte des 17. Jahrhunderts ist. Sie entstand mit einem Aspekt der Häufigkeit und einem Aspekt des Glaubwürdigkeitsgrades. In den Anfängen konnte man gleichgültig gegenüber den beiden Richtungen sein, in die die Wahrscheinlichkeit einen führen könnte. Als Laplace jung war, erweiterte die Wahrscheinlichkeitsrechnung ihren Anwendungsbereich erheblich, aber es gab nur die gleichen alten Häufigkeiten bei Glücksspielen, Geburten, Eheschliessungen und Todesfällen sowie Messfehler. Wenn er von einer objektiven Häufigkeit oder Neigung sprechen musste, sprach Laplace fröhlich von der *facilité* verschiedener Ergebnisse bei zufälligen Versuchen, aber er definierte *probabilité* als einen subjektiven Begriff, relativ zu unserem Wissen und unserer Unwissenheit. In den 1830er-Jahren jedoch wimmelte es in der Welt nur so von Frequenzen, und der «objektive» Begriff sollte für den Rest des Jahrhunderts wichtiger erscheinen als der «subjektive» – einfach, weil es so viel mehr Frequenzen gab, die man kennen musste.

Es ist müssig zu diskutieren, welche der beiden Ideen richtig ist. Wir stellen nur fest, dass die eine oder die andere zu verschiedenen Zeiten dominanter sein kann. Laplace machte die Idee der subjektiven Wahrscheinlichkeit offiziell zur vorherrschenden. Wann begann die Umkehrung des Schicksals und gewann die objektive Idee an Bedeutung? Darauf gibt es eine sehr plausible Antwort. Die Lawine der gedruckten Aufzählungen der sozialen Verhältnisse begann in den 1820er-Jahren mit den *Recherches statistiques* von Paris und der Seine unter der Leitung von Joseph Fourier. Sein Biograf Grattan-Guinness hat festgestellt, dass …

> … das Büro während seiner Amtszeit vier Berichte über die Stadt Paris veröffentlichte, in denen er in zwei Papieren die Berechnung des Mittelwerts und der Standardabweichung einer grossen Anzahl von Beobachtungen und die Wahrscheinlichkeit, dass eine gemessene Funktion innerhalb bestimmter Grenzen liegt, darlegte. Das Studium der Statistik befand sich damals in einem rudimentären Entwicklungsstadium und wurde vom Laplace'schen Subjektivismus in Bezug auf die Wahrscheinlichkeit beherrscht … Fourier selbst lehrte Wahrscheinlichkeit an der Ecole Polytechnique [kurz nach Laplace im Jahr 1795] und … seine Berichte aus den 1820er-Jahren, die einen *objektiven* Bericht über statistische Studien enthielten, waren eine beträchtliche Neuheit.[10]

Fourier hat keineswegs Berechnungen der Wahrscheinlichkeit, dass eine Grösse innerhalb bestimmter Grenzen liegt, entwickelt – die Theorie stammt von Laplace. Aber seine Anwendung auf soziale Massenphänomene war weitgehend neu und veränderte in gewisser Weise das Gefühl für das, was man tat. Vielleicht hat Poisson mehr von

Fourier als von Laplace gelernt. Wie dem auch sei, er setzte auf jeden Fall den Aufschwung des Interesses an objektiven Wahrscheinlichkeiten fort. Er wollte die (objektiven) Verurteilungsquoten der Geschworenen abschätzen und wissen, ob eine Veränderung des politischen Tempos der Zeit einen objektiven Unterschied in der Verurteilungswahrscheinlichkeit machte.

Laplace hatte zwei Möglichkeiten, um solche Fragen zu beantworten. Die eine ist bernoullianisch und befasst sich mit relativen Häufigkeiten; die andere ist bayesianisch und wird heute meist in Form von Glaubensgraden interpretiert. Laplace forderte seine Leser und Leserinnen geradezu auf, den Unterschied nicht zu bemerken.[11] Poisson hingegen achtete peinlich genau auf Fragen der Argumentation. Wie Stephen Stigler berichtet,

> Poissons Aussage ist eine so klare Anwendung der Laplace'schen Methoden [Laplace im frequentistischen Modus] auf die Ungewissheit sozialer Daten, wie wir sie nur finden können. Sogar die Arithmetik ist korrekt. Es gibt kein Zögern, keine Äquivokation, keine Einschränkung. Die beabsichtigte Interpretation scheint eher den informellen treuhänderischen Argumenten aus der Theorie der Fehler in astronomischen Beobachtungen nachempfunden zu sein als eine mehrdeutige Bayes'sche Aussage über eine unbekannte Grösse.* [12]

*Ein zuverlässiges Mass für die Zuverlässigkeit einer Schätzung ist unabhängig von dem wahren, unbekannten Wert der zu schätzenden Grösse. Bei Stiglers beispielhafter Zusammenfassung habe ich eine Warnung: das Wort «astronomisch». Obwohl wir Poisson anhand von Techniken erkennen können, die in der beobachtenden Astronomie der damaligen Zeit auswendig gelernt wurden, stammen die zuverlässigen Grenzen von Poisson von Condorcet und Fourier. Noch lange nach den 1820er-Jahren hielten die Astronomen am «wahrscheinlichen Fehler» von Bessel mit seinen 50-Prozent-Grenzen fest. Poisson, der Moralapostel, berechnete alle möglichen Vertrauenswahrscheinlichkeiten mit sehr hohen Grenzwerten, die extrem nahe an 100 Prozent lagen. Der Astronom brauchte nur einen Standard, um die Zuverlässigkeit verschiedener Beobachtungen zu vergleichen, und der wahrscheinliche Fehler ist so gut wie jeder andere. Der Moralwissenschaftler wollte die Menschen beeinflussen und behaupten, er sei sich seiner Hypothesen «moralisch sicher». Wir sind diesem Beispiel gefolgt und haben den wahrscheinlichen Fehler in praktischen Angelegenheiten aufgegeben. Wir verwenden jetzt Vertrauensgrenzen und Konfidenzintervalle als Ansporn zum Handeln, die wir in der Astronomie nicht in Erwägung ziehen konnten (wir können die Sterne nicht ändern, aber wir können die Pflanzenerträge verändern). Also verwenden wir «95 Prozent Konfidenzgrenzen» und dergleichen. Entgegen dem, was in den Lehrbüchern steht, bedeuten die Zahlen «95 Prozent» oder «99 Prozent» in der Praxis nicht viel, sondern sind Teil der Rhetorik der Standardisierung, Legitimation und Überzeugung.

In Kapitel 23 schlage ich vor, dass C.S. Peirce der erste war, der diese Logik eindeutig *erklärt* hat. Warum diese seltsame Zeitverzögerung? Weil die Argumentation in einem Werk der Moralwissenschaft erfolgte. Nach 1843 schenkte ihr niemand mehr Beachtung. Poissons Logik musste in anderen Zusammenhängen wiederentdeckt werden, und Cournot verstand die Logik und nutzte sie mindestens ebenso gut wie Poisson, aber er musste wiederentdeckt werden, weil er sich mit Wirtschaft und nicht mit Wahrscheinlichkeiten beschäftigte.[13] In den 1840er-Jahren glaubte fast niemand mehr daran, dass es eine mathematische Lösung für das Jury-Problem gab, und so blieben alle Techniken von Poisson auf der Strecke. Niemand interessierte sich für seine exakten Berechnungen oder für seine Methoden der Beweisführung. Wenn man sich nicht kümmert, ist es das Beste, zu leugnen. Die Westler, besessen von phänomenalen Durchschnittswerten, leugneten. Es wurde St. Petersburg und Berlin überlassen, die Scherben aufzusammeln. Die heutigen Lehrbücher lehren die Poisson-Verteilung, den Grenzfall der Binomialverteilung für Ereignisse, die sehr selten sind (eine Münze, die fast immer Kopf zeigt). Viele dieser Lehrbücher tragen noch immer die unbemerkte historische Lektion auf ihrem Gesicht. Sie zitieren das komische (?) Beispiel, das die Poisson-Verteilung berühmt gemacht hat: die Rate, mit der preussische Offiziere in den 1890er-Jahren durch Tritte von ihren Pferden verletzt wurden.

Um noch einmal auf *chance* und *probabilité* zurückzukommen: Die grundlegende Unterscheidung zwischen «objektiv» und «subjektiv» in der Wahrscheinlichkeitsrechnung – die so oft in Form von Häufigkeit versus Überzeugung ausgedrückt wird – ist die zwischen Modellierung und Schlussfolgerung. Wenn wir Prozesse im Sinne der Wahrscheinlichkeit modellieren, nehmen wir an, dass es eine objektive Eigenschaft der Dinge gibt, die sich beispielsweise wie eine Urne verhält, aus der farbige Kugeln mit stabiler relativer Häufigkeit gezogen werden. Wenn wir mithilfe von Wahrscheinlichkeiten schlussfolgern, ziehen wir Schlussfolgerungen, deren Wahrheit wir nicht ganz sicher sind. Das wird oft als subjektiv oder zumindest als epistemisch, wissensbezogen angesehen. Poisson *modellierte* erstmals das Verhalten von Geschworenen anhand von Wahrscheinlichkeiten. Er ging davon aus, dass die Zuverlässigkeit eines Geschworenen eine objektive Tatsache über den Geschworenen ist; er gibt in einem bestimmten Anteil der Fälle das richtige Urteil ab. Als Nächstes wollte er die Zuverlässigkeit der Geschworenen abschätzen. Dies war eine Schlussfolgerung, die aus den Daten des Justizministeriums gezogen werden musste. Diese Schlussfolgerung konnte nur mit einem gewissen Mass an Vertrauen gezogen werden, und Poisson setzte seinen Schlussfolgerungen treuhänderische Grenzen. Das könnte wie die Wahrscheinlichkeit einer Wahrscheinlichkeit aussehen. Poisson hat zu Recht unterschieden: Es ist die («subjektive») Wahrscheinlichkeit einer («objektiven») Wahrscheinlichkeit, oder besser gesagt, die *probabilité* einer *chance*.[14]

Poisson wollte wissen, was besser ist: eine Jury, die mit einfacher Mehrheit entscheidet, oder eine Jury, die mit einer Mehrheit von mindestens 8:4 entscheidet? Laplace war der Meinung, dass einfache Mehrheitsentscheidungen mit grosser Wahrscheinlichkeit falsch sind. Im Jahr 1831 wurde das Gesetz von einer 7:5-Mehrheit auf eine 8:4-Mehrheit geändert, was 1835 wieder rückgängig gemacht wurde. Poisson wollte zeigen, dass die konservative Entscheidung von 1835 richtig war.[15] Das Ministerium stellte Daten über die Verurteilung von Angeklagten in verschiedenen Verfahren nach 1826 zur Verfügung. Zwischen 1826 und 1830 konnten Verurteilungen mit einfacher Mehrheit erfolgen. Nach 1831 und sofern die Daten von Poisson verfügbar waren, erfolgten die Verurteilungen mit einem Minimum von 8:4. Das Ministerium unterteilte die Fälle in Zivil- und Strafsachen, in Verbrechen gegen die Person und Verbrechen gegen das Eigentum, und gab die Verurteilungsraten für jedes Jahr an. Verurteilungsquoten sind keine vielversprechende Grundlage für Rückschlüsse auf die Zuverlässigkeit von Geschworenen. Nun, Laplace hatte die Zuverlässigkeit aus überhaupt keinerlei Daten abgeleitet. Das statistische Modell von Poisson begann damit, Laplace zu folgen. Das Verhalten der Geschworenen wird durch zwei unbekannte Parameter bestimmt:

r die durchschnittliche Zuverlässigkeit der Geschworenen.

k die Vorwahrscheinlichkeit der Schuld des Angeklagten.

Diese Zahlen stellen objektive Neigungen von Angeklagten und Geschworenen zu einem bestimmten Zeitpunkt dar und können sich im Laufe der Jahre ändern. Sie können auch für verschiedene Arten von Prozessen unterschiedlich sein: Straf- und Zivilprozesse sowie Verbrechen gegen Eigentum und Straftaten gegen die Person.

Poisson wollte nicht *r* und *k*, sondern die Wahrscheinlichkeit, dass der Angeklagte schuldig ist, da er für schuldig befunden wurde. Er wollte insbesondere die Zuverlässigkeit von Geschworenen, die mit einfacher Mehrheit entscheiden können, im Gegensatz zu denen, die mit mindestens 8:4 verurteilen müssen.

pg,i Die Wahrscheinlichkeit, dass der Angeklagte schuldig ist, bei einer Verurteilung durch genau *g* bis *i*.

Pg,i Die Wahrscheinlichkeit, dass der Angeklagte schuldig ist, bei einer Verurteilung von mindestens *g* zu *i*.

Die Daten des Ministeriums zeigen nur, Jahr für Jahr, verschiedene Arten von Verbrechen:

Cg,i Der Anteil der Angeklagten, die mit einer Mehrheit von mindestens *g* zu *i* verurteilt werden.

Wir haben diese Menge für 7:5 in den Jahren 1826 – 1831 und für 8:4 in den Jahren 1832 und danach. Wie um alles in der Welt könnte man daraus die *p*s und *P*s ableiten? Da das tatsächliche Verhältnis der Teilung einer Jury geheim war, kannte das Ministerium nicht einmal den Wert von …

c,g,i Der Anteil der Angeklagten, die mit einer Mehrheit von genau *g* zu *i* verurteilt werden.

Es stimmt zwar, dass im Falle einer 7:5-Abstimmung die Entscheidung zur Überprüfung geschickt wurde, aber die Daten geben nur die Anzahl der zur Überprüfung geschickten Verfahren an. Da Prozesse gegen Gruppen und Verschwörungen zu dieser Zeit üblich waren, reichen die Daten bei weitem nicht aus, um Poisson die Anzahl der Personen zu nennen, die mit 7:5 Stimmen für schuldig befunden wurden.

Selbst wenn man den Anteil der Geschworenen wüsste, die genau 7:5 verurteilen, wären wir weit von den *p*s und den *r*s entfernt. Hier kommt Condorcets Magie ins Spiel, denn er war in der Lage, eine Gleichung aufzuschreiben, die all diese Grössen miteinander verbindet.[16] Das hatte zur Folge, dass wir, wenn wir den Anteil der Verurteilungen mit genau 7:5 erhalten und k, die Wahrscheinlichkeit der Schuld, durch die tatsächliche Verurteilungsrate abschätzen, die Gleichung tatsächlich lösen können, um r, die Zuverlässigkeit der Geschworenen, zu finden und damit (durch mehr Condorcet'sche Vorüberlegungen) die Wahrscheinlichkeit, dass eine Person, die mit 7:5 verurteilt wurde, tatsächlich schuldig ist.*

*Laplace setzte $k = 1/2$. Das mag unschuldig klingen, ist aber sehr praktisch, um eine bestimmte Integration bei der Lösung des Laplace-Problems vorzunehmen. Poisson war vernichtend. Sind wir nicht der Meinung, dass die Wahrscheinlichkeit, dass ein Angeklagter schuldig ist, grösser als 1/2 ist? Haben wir nicht mehr Vertrauen in unsere Justiz, als uns vorzustellen, dass es ein reines Glücksspiel ist, ob der Angeklagte zu Recht angeklagt ist? Tatsächlich stimmt Laplace mit den modernen Erfahrungen gut überein. In der jüngsten Gerichtspraxis in England und Wales, wo die Geschworenen seit 1967 mit einer Mehrheit von 10:2 entscheiden können, liegt die Verurteilungsquote in Verfahren, die von den Geschworenen entschieden werden, fast genau bei 0,5. Tatsächlich passt Laplaces Modell *a priori* erstaunlich gut auf die englische Situation, wie ich meine.

Wir können auch die relativen Fehlerwahrscheinlichkeiten für Geschworene bestimmen, die mit einfacher Mehrheit verurteilen können, und für solche, die eine Mehrheit von 8:4 erfordern.

Die Unbekannte $c_{7,5}$ ist also der Schlüssel zur Lösung des Poisson'schen Problems. Nehmen wir nun an, dass Folgendes zutrifft: Die Zuverlässigkeit der Geschworenen ist von Jahr zu Jahr gleich. Dann können wir die Ergebnisse nach 1832 verwenden, um $C_{8,4}$ zu schätzen, und die Ergebnisse davor, um $C_{7,5}$ zu schätzen; und natürlich:

$$c_{7,5} = C_{8,4} - C_{7,5}.$$

Es stellt sich also die Frage, ob die Verurteilungsraten für die verschiedenen Arten von Straftaten konstant waren. In dem verwendeten Modell geht es um die Frage, ob die Zuverlässigkeit der Geschworenen konstant war. Selbst bei konstanter durchschnittlicher Zuverlässigkeit wird es eine gewisse zufällige Variation geben. Sind die Unterschiede zwischen aufeinanderfolgenden Jahren signifikant? Poisson konnte berechnen, dass die Abweichungen in den Jahren 1826 – 1829 mit hoher (subjektiver) Wahrscheinlichkeit auf den Zufall zurückzuführen waren. Aber die Abweichung für 1830 war signifikant. Die Verurteilungsrate in diesem Jahr ist deutlich geringer als in den vorangegangenen Jahren. Poisson lieferte ein numerisches Mass für die Signifikanz des Unterschieds. Er war der Meinung, dass er eine echte Veränderung im Verhalten der Gerichte festgestellt hatte. 1830 war ein Jahr der Revolution. Entweder brachte das Gericht in einem drakonischen Versuch, die Ordnung aufrechtzuerhalten, zu viele Verbrecher vor Gericht, oder die Geschworenen weigerten sich in revolutionärem Geist, Verurteilungen auszusprechen. Auf jeden Fall sind die Zahlen von 1830 bei der Berechnung von c7,5 zu vernachlässigen. Die Konsequenz? Im Falle einer Jury, die genau durch 7 zu 5 teilt, ist die Wahrscheinlichkeit eines Fehlers wie folgt:

für Verbrechen gegen Eigentum: 0,0382
für Straftaten gegen Personen: 0,1627.

Die zweite Zahl ist nicht viel grösser als 1/8. Erinnern Sie sich daran, dass Laplace abgeleitet hatte, dass eine Jury, die 7:5 teilte, in etwa 2/7 der Fälle falsch lag, während eine Jury, die 8:4 teilte, in einem von acht Fällen falsch lag. Wer also nach Laplaces Argumentation dafür plädierte, das Gesetz von 1831 (8:4 Minimum) wiederherzustellen, sollte sich mit dem Gesetz von 1835 (einfache Mehrheit) zufriedengeben. Und wen hat Poisson hier angesprochen, wenn nicht Arago und seinesgleichen?

Ich habe mich mit der zweiten Hälfte der Forschungen von Poisson beschäftigt. Wenden wir uns nun der ersten zu, und zwar dem berühmten

Gesetz der grossen Zahlen. Die Verbindung ist das «*r*», die «durchschnittliche» Zuverlässigkeit eines Geschworenen. Poissons mathematisches Problem wurde für Situationen gut verstanden, die so modelliert werden konnten, dass jeder Geschworene die gleiche Zuverlässigkeit wie jeder andere hatte. Aber das ist, wie Ostrogradsky festgestellt hatte, absurd. Einige Geschworene sind zuverlässiger als andere. *Das Poisson'sche Gesetz der grossen Zahlen wurde entwickelt, um genau dieses Problem zu lösen.* Er untersuchte als Modell die Situation, in der die Zuverlässigkeit von Geschworenen zu Geschworenen variiert, in der es aber ein Gesetz (Poissons Wort) oder eine Wahrscheinlichkeitsverteilung (unsere Formulierung) für die Zuverlässigkeit unter den französischen Geschworenen gibt.

Abstrakt betrachtet, war die Situation wie folgt. Das berühmte Theorem von Jacques Bernoulli, das 1713 posthum veröffentlicht wurde, galt für wiederholte Ziehungen von Kugeln aus einer Urne mit schwarzen und weissen Kugeln, die durch andere ersetzt wurden. Der Anteil der schwarzen Kugeln in der Urne sei p. Wir nehmen dies als die Wahrscheinlichkeit, eine schwarze Kugel zu ziehen. Ziehen Sie eine Kugel, notieren Sie ihre Farbe, ersetzen Sie sie und schütteln Sie den Inhalt. Wir können eine Folge vieler solcher Ziehungen betrachten und die relative Häufigkeit, mit der Schwarz in einer solchen Folge gezogen wird. Wir können fragen: Wie gross ist die Wahrscheinlichkeit, dass die relative Häufigkeit innerhalb eines kleinen «Fehlers» *e* von *p* liegt? Bernoulli konnte diese Frage beantworten, und die Antwort ist allgemein bekannt. Aber nehmen wir an, es handelt sich um eine Urnenpopulation, in der der Anteil der schwarzen Kugeln von Urne zu Urne variiert. Wir wählen eine Urne nach dem Zufallsprinzip aus und ziehen dann eine Kugel nach dem Zufallsprinzip. Bei wiederholten Ziehungen von Urnen und Kugeln wird es eine relative Häufigkeit geben, mit der Schwarz gezogen wird. Nehmen wir an, *q* sei der Gesamtanteil der schwarzen Kugeln in den Urnen. Können wir eine Aussage über die Wahrscheinlichkeit machen, dass die relative Häufigkeit des Ziehens bei der Auswahl von Urnen / Kugeln innerhalb eines kleinen «Fehlers» von *q* liegt? Ja. Die genaue Aussage ist das, was Poisson das Gesetz der grossen Zahlen nannte.

Heutzutage würde ein Philosoph, der Poisson liest, sagen, dass er mit seiner eingängigen Formulierung «Gesetz der grossen Zahlen» zwei verschiedene Dinge im Sinn hatte: ein empirisches Phänomen und ein mathematisches Theorem. Aber seine Haltung war die des mathematischen Physikers – weniger des Physikers von 1835 als des Studenten der «rationalen Mechanik» von 1785. Auf der einen Seite würde die Erfahrung die Tatsachen bestätigen, auf der anderen Seite würde die Mathematik genau diese Tatsachen beweisen. Poisson störte sich nicht an der Unterscheidung zwischen dem Analytischen und dem

Synthetischen, zwischen dem *a priori* und dem *a posteriori*, zwischen dem Notwendigen und dem Kontingenten. Fakten sind Fakten.

So war er der Meinung, dass das Gesetz der grossen Zahlen «eine Erfahrungstatsache ist, die niemals falsch ist».[17] Es wurde in moralischen Angelegenheiten und in der Naturwissenschaft verifiziert. Im Jahr 1835 führte er als Beispiele die Stabilität von Schiffbruch- und Sterblichkeitsraten sowie von Verurteilungen bei verschiedenen Versuchen an. Wie wir in Kapitel 10 gesehen haben, lehnte er jedoch die Verwendung von Heilungsraten bei Ärzten und Chirurgen ab. Diese Beispiele jeder Art können keinen Zweifel an der Allgemeinheit und Exaktheit (des Gesetzes) lassen, aber es war wünschenswert, dass es *a priori* bewiesen wird, denn es ist die Grundlage für die Anwendungen der Wahrscheinlichkeitsrechnung, die für uns von grösstem Interesse sind.[18]

Man kann sehen, wie er sich in seinen gelegentlichen Vorträgen vor der Akademie auf diese Idee zubewegt. So erinnerte er am 11. April 1836 daran, dass er zuvor «das Gesetz der grossen Zahlen für eine Tatsache hielt, die wir in allen Dingen beobachten».[19] Aber, so fuhr er fort, wir müssten eine Unterscheidung treffen. Nehmen wir an, wir werfen ein Fünf-Franc-Stück und stellen fest, dass es bei 2000 Würfen 1100-mal auf Kopf fällt. Wir schliessen daraus, dass es eine einzige Konstante, unbekannte Chance gibt, Kopf zu bekommen, nämlich 11/20. Diese Chance ist die Folge einer gemeinsamen Ursache, nämlich der Art und Weise, wie die Münze und das Wurfgerät hergestellt werden. Nehmen wir nun aber an, wir werfen 2000 verschiedene Münzen und erhalten 1100-mal Kopf. Wir können uns nicht vorstellen, dass die Münzen die gleiche Beschaffenheit haben. Die Ursachen und damit die Chance auf Kopf variieren von Fall zu Fall.

Die meisten Angelegenheiten der Jurisprudenz, der praktischen Angelegenheiten, der Moral und sogar der Naturwissenschaften sind wie der Fall der vielen Münzen und nicht wie der bernoullianische Fall der einen Münze und der vielen Male. Ebenso ist jede Reise zum Malaiischen Archipel anders. Eine wird von einem Taifun heimgesucht, eine hat einen unfähigen Kapitän und eine andere wird von Piraten in der Meerenge von Malakka heimgesucht. Es gibt keine konstante Ursache, die auf die Seeleute einwirkt, aber es gibt (wie Poisson fälschlicherweise behauptet) eine konstante Wirkung, einen konstanten Anteil von Schiffbrüchen. Das Gleiche gilt für Geschworenengerichte, deren Geschworene zwar in ihrer Weisheit und Voreingenommenheit variieren, aber in den Tabellen des Justizministeriums eine stabile Gesamtwirkung zeigen.

Nachdem er sich *a posteriori* überzeugt hatte, stellte Poisson *a priori* fest, dass man statistische Stabilität erwarten kann, wenn man eine Folge von Ereignissen betrachtet. Jedes Ereignis kann durch seine eigenen Ursachen bestimmt werden, solange es ein Gesetz für die Verteilung der Ursachen gibt.

Eine Folge davon überrascht den Neuling. Nennen wir Ziehungen mit Ersatz aus einer einzigen Urne Bernoulli-Versuche und Ziehungen mit Ersatz aus einer Vielzahl von Urnen Poisson-Versuche. Wie schnell stabilisieren sich die relativen Häufigkeiten in Bernoulli-Versuchen? Bei Poisson-Versuchen? Bei Poisson-Versuchen gibt es mehr Variabilität und daher weniger schnelle Konvergenz, nicht wahr? Nein. In gewissem Sinne konvergieren Poisson-Versuche schneller als Bernoulli-Versuche.[20]

Nach einer alten Tradition, die mit Newton-Schülern wie De Moivre in Verbindung gebracht wird, war die Stabilität der relativen Frequenzen ein Zeichen der göttlichen Vorsehung. Poisson war der Meinung, dass sein Theorem dem ein Ende setzen würde:

> Man könnte versucht sein, [die statistische Stabilität] dem Eingreifen einer okkulten Macht zuzuschreiben, die sich von den physischen oder moralischen Ursachen der Ereignisse unterscheidet und in irgendeiner Weise für Ordnung sorgt; aber die Theorie zeigt uns, dass diese Beständigkeit notwendigerweise eintritt, solange sich das Gesetz der Wahrscheinlichkeit der Ursachen, bezogen auf jede Klasse der Ereignisse, nicht ändert.[21]

Sein Gesetz der grossen Zahlen kam jedoch nicht gut an. Im April 1836 – ich möchte daran erinnern, dass die Änderung der Jury-Regeln erst im Mai desselben Jahres in Kraft trat – tobte wöchentlich ein anspruchsvoller Kampf in den Sitzungen der Akademie.* [22]

* Ein Kritiker erinnerte daran, dass zur Zeit des Terrors die Revolutionstribunale nur 5 Prozent der Angeklagten freisprachen. Poisson konnte sich daraufhin einen mathematischen Scherz erlauben. Seine Analyse liefert zwei Lösungen für die Zuverlässigkeit der Geschworenen (es handelt sich um eine quadratische Gleichung), eine grösser als und eine kleiner als 1/2. Wir leiten daraus ab, dass in revolutionären Zeiten die Zuverlässigkeit der Geschworenen durch eine Zahl kleiner als 1/2 dargestellt wurde. Geschworene waren weniger zuverlässig als das Werfen von Münzen.

Doch das Interesse war nur kurz und, hinter Poissons Rücken; äusserst kritisch. Ein junger Mathematiker, I.J. Bienaymé, war äusserst skeptisch, wie mein Epigraf zeigt. Heyde und Seneta haben beschrieben, wie Bienaymé von der mathematischen Seite her bestritt, dass Poisson zu Bernoulli etwas hinzugefügt hatte.[23] Bereits 1839 hatte er argumentiert, dass man Poissons Schlussfolgerungen mithilfe eines Theorems von Laplace erhalten könne, eine Meinung, der man nicht ganz zustimmen kann.[24] Auf der Erfahrungsseite bedeutet dies:

> (W)enn man wirklich ernsthafte wissenschaftliche Forschung betreibt, die sich nicht auf eine kleine Anzahl von Beobachtungen beschränkt und bei der man Fakten über mehrere Jahre hinweg vergleicht, ist es schwer, nicht zu bemerken, dass die Schwankungen die Grenzen überschreiten, die durch das Theorem von Bernoulli gegeben sind.[25]

«Ich hoffe, dass der Begriff, von dem ich spreche» – das Gesetz der grossen Zahlen – «im wissenschaftlichen Sprachgebrauch nicht beibehalten wird.»[26] Bienaymés Hoffnung hat sich nicht erfüllt. Aber in gewisser Weise hätte er sich freuen sollen, denn Poissons Art von Moralwissenschaft starb aus. Es gab eine kleine Industrie von Studien über das Problem der Geschworenen, die alternative Modelle von Geschworenen verwendeten. Cournot nahm sich der Sache mit grosser Klarheit und wenig Inspiration an.[27] Er war nicht allein, aber das ganze Programm war nur von kurzer Dauer.[28] Es wurde zu einem Vergnügen für mathematische Dilettanten, und wenn wir es weiterverfolgen wollen, müssen wir uns z.B. an die würdige, aber kaum zentrale Devonshire *Association for the Advancement of Science* wenden.[29] Kurzum, was von der Moralwissenschaft übrigblieb, wurde vornehm. Leute wie Guerry und sogar Quetelet beherrschten nicht annähernd die Justizstatistiken wie Poisson. Aber sie waren die Stimme der Zukunft, denn die Moralwissenschaft wurde durch die moralische Analyse und dann durch die quantitative Soziologie ersetzt.

Poissons Buch wurde ins Deutsche übersetzt, aber unter einem neuen Titel – als *Lehrbuch der Wahrscheinlichkeitsrechnung und deren wichtigste Anwendungen* (1841) – das heisst, durch die Änderung des Titels wurde es zu einer anderen Art von Buch. Schon 1838 erwähnte der Astronom Bessel das Gesetz der grossen Zahlen mit mehr Respekt, als es in Frankreich noch viele Jahrzehnte lang erhalten sollte. Aber es war P.L. Tschebyschow überlassen, ein richtiges Verständnis zu schaffen. In einem Jugendwerk machte er deutlich, worum es bei dem Theorem geht.[30] Das Gesetz der grossen Zahlen, oder besser gesagt der zentrale Grenzwertsatz, wurde Teil des Standardlehrplans in St. Petersburg.[31]

Was Frankreich anbelangt: Trotz Bienaymé setzte sich der Begriff «Gesetz der grossen Zahlen» durch und wurde als Ausdruck einer tiefgreifenden Tatsache über die Welt verstanden. Gegen den Rat der Skeptiker wurde das statistische Gesetz inthronisiert. Wenn es genug Ereignisse gibt, zeigen sie Regelmässigkeiten. Dieses Gesetz ging über eine blosse Erfahrungstatsache hinaus. Es war nicht etwas, das anhand von Erfahrungen überprüft werden musste; es war die Art und Weise, wie die Dinge sein mussten. Nicht weil es eine mathematische Demonstration des Gesetzes gab – niemand schenkte dem, was Poisson bewiesen hatte, grosse Beachtung. Das Gesetz der grossen Zahlen wurde zu einer metaphysischen Wahrheit. Dabei spielt es keine Rolle, dass kaum jemand in Frankreich Poissons Mathematik verstand und dass die empirischen Phänomene (in unseren Augen) viel unregelmässiger sind, als allgemein angenommen wurde. Dank des Aberglaubens, der Faulheit, der Mehrdeutigkeit, der Verwirrung durch Zahlentabellen, der Träume von sozialer Kontrolle und der Propaganda der Utilitaristen wurde das Gesetz der grossen Zahlen – nicht das Theorem von Poisson, sondern ein Satz über die Stabilität von Massenphänomenen – für die nächsten ein oder zwei Generationen zu einer synthetischen A-priori-Wahrheit.

KAPITEL 12 — ENDNOTEN

• 1 S.-D. Poisson, «Recherches sur la probabilité des jugements principalement en matière criminelle», *Comptes rendus hebdomadaires des séances de l'Académie des Sciences* 1 (1835), S. 478. I.J. Bienaymé, «Sur un principe que M. Poisson avait cru découvrir et qu'il avait appelé Loi des grands nombres», *Comptes rendus des séances et travaux de l'Académie des Sciences Morales et Politiques* 11 (1855), S. 386. Er bezog sich auf einen Vortrag, der am 16. April gehalten wurde und in den *Procès verbaux de la Société Philomathique* berichtet wurde. Seine Zweifel wurden zuerst geäussert in I.J. Bienaymé, «Théorème sur la probabilité des résultats moyens des observations. Sur la probabilité des résultats moyens lorsque les causes sont variables durant les observations», *Société Philomathique de Paris*, Extraits 5 (1839), S. 42–49.

• 2 S.-D. Poisson: *Recherches sur la probabilité des jugements en matière criminelle et en matière civile, précédées des règles générales du calcul des probabilités*, Paris 1837.

• 3 S. Stigler: *The History of Statistics*, Cambridge, Mass., 1986, S. 188–191.

• 4 Siehe O.B. Sheynin, «S.-D. Poisson's work in Probability», *Archive for History of Exact Science* 18 (1978), S. 245–300. Siehe auch sein «On the Early History of the Law of Large Numbers», *Biometrika* 55 (1968), S. 459–467.

• 5 A.E. Gelfand und H. Solomon, «A Study of Poisson's Models for Jury Verdicts in Criminal and Civil Trials», *Journal of the American Statistical Association* 68 (1973), S. 271–278. Siehe auch «Modeling Jury Verdicts in the American Jury System», ebd., 69 (1974), S. 32–37.

• 6 L. Daston: *Classical Probability in the Enlightenment*, Princeton 1988, geht auf eine Dissertation für die Princeton University mit dem informativeren Titel «The Reasonable Calculus: Classical Probability Theory 1650–1840» zurück. Im Jahr 1840 – vielleicht 1843, mit der Veröffentlichung von Cournots Buch – erlosch die klassische Theorie, lange nachdem die «Aufklärung» durch die «Romantik» ersetzt worden war. Und die klassische Theorie war nicht nur eine «Wahrscheinlichkeitsrechnung»; sie war ein Kalkül der Vernunft selbst.

• 7 Die falsche Schreibweise von «Blayes» für «Bayes» findet sich in Poissons Papieren während der gesamten 1830er-Jahre und wird in den *Recherches* erst im Probedruck auf Seite i korrigiert. Dies bestätigt die Vermutung, dass das ursprüngliche Werk von Thomas Bayes in Poissons Kreisen nicht aus erster Hand bekannt war.

• 8 A.A. Cournot: *Exposition de la théorie des chances et des probabilités*, Paris 1843. Cournot behauptete, dass er die Unterscheidung zwischen *chance* und *probabilité* unabhängig von Poisson, etwa zur gleichen Zeit, getroffen hatte und 1837 in diesem Punkt korrespondierte. Er zitiert die Korrespondenz mit Poisson, um dies zu belegen, S. vii.

• 9 Poisson, *Recherches* (wie Anm. 2), S. 30 f. Poisson definierte die Wahrscheinlichkeit auf die altmodische Art und Weise als ein Verhältnis von günstigen Fällen zu gleich möglichen Fällen. Aber er stellte fest, dass «aus dieser Definition hervorzugehen scheint, dass eine Wahrscheinlichkeit immer eine rationale Zahl ist». Er gab sogleich ein geometrisches Beispiel und sagte, dass Wahrscheinlichkeiten keine rationalen Brüche sein müssen; ebd., S. 33.

• 10 Laplace, *Traité*, 3. Aufl. von 1820, Paginierung wie in *Œuvres complètes de Laplace* 7, Paris 1886. Laplaces Zweideutigkeit zwischen den beiden Methoden der Argumentation wird am besten durch seine Ableitung von Intervallschätzungen veranschaulicht, die formal mit Konfidenzintervallen verwandt sind. Für eine bernoullianische Herleitung siehe S. 287. Für eine Bayes'sche Ableitung der «im Wesentlichen» gleichen Formel, siehe S. 377.

• 11 I. Grattan-Guinness: *Joseph Fourier 1768–1830*, Cambridge, Mass., 1972, S. 486. Ich finde den Objektivismus von Poisson ambivalenter als Grattan-Guinness.

• 12 Stigler, *History of Statistics* (wie Anm. 3), S. 190. Poisson wiederholte Laplaces «bernoullianische» Ableitung auf S. 211 der *Recherches*, wo er eine treuhänderische Verteilung für eine Schätzung der objektiven Wahrscheinlichkeit (oder des Zufalls) ableitete. Das Wort «fiducial» stammt von R.A. Fisher. Sein «treuhänderisches Argument» ist eine Möglichkeit, die bernoullianische Argumentation anzuwenden. Meine Version davon findet sich in *Logic of Statistical Inference*, Cambridge 1965, Kap. 11. Eine andere Möglichkeit ist die von Peirce, Neyman und Pearson, die in Kapitel 23 unten besprochen wird.

• 13 A.A. Cournot: *Recherches sur les principes mathématiques de la théorie des richesses*, Paris 1838.

• 14 Ein Anhänger von R.A. Fisher würde sagen, dass Poisson eine treuhänderische Wahrscheinlichkeit für die Zuverlässigkeit des Geschworenen berechnet hat. Ein Anhänger von J. Neyman und E.S. Pearson würde sagen, dass Poisson ein Konfidenzintervall errechnet. Beide anachronistischen Behauptungen sind richtig, denn Poissons Intervalle gehören zu denjenigen, die auf beide Arten interpretiert werden können. Diese Autoren des 20. Jahrhunderts würden darauf bestehen, dass es sich bei den fraglichen Wahrscheinlichkeiten um objektive und tatsächlich um Häufigkeiten oder auf Häufigkeiten basierende Werte handelt. Aber für Poisson waren die Grenzwerte der Referenzwerte Wahrscheinlichkeiten, d.h. subjektiv oder, besser gesagt, epistemisch.

• 15 Poissons Studie über die Jury kam erst in der zweiten Hälfte seines Buches, aber aus den Vorlesungen, die er zwischen 1835 und 1837 an der Akademie hielt, geht hervor, dass dies sein wichtigstes

Forschungsprojekt in seinen späteren Jahren war. Er lehrte weiterhin die traditionelle Wahrscheinlichkeitstheorie, ergänzt durch seine eigenen Theoreme, und befasste sich nicht mit der Jurisprudenz. Siehe Sheynin, «Poisson», S. 269 f., für das Jahresprogramm von Poisson an der Polytechnique.

• 16

$$\mathrm{C}_{g,1} = \sum_{1}^{g+i} (kr^{e}(1-r)^{i+(1-k)r^{i}}(1-r)^{e})$$

• 17 Poisson, *Recherches* (wie Anm. 2), S. 1.

• 18 Ebd., S. 27.

• 19 S.D. Poisson, «Note sur la loi des grands nombres», *Comptes rendus hebdomadaires des séances de l'Académie des Sciences* 2 (1836), S. 377.

• 20 D.h. die Varianz im Poisson-Fall ist geringer als im Bernoulli-Fall. Siehe C.C. Heyde und E. Seneta, *I.J. Bienaymé: Statistical Theory Anticipated,* New York 1977, S. 41. Dieses Buch ist ein hervorragender historischer Überblick mit Erklärungen zur Mathematik.

• 21 Poisson, *Recherches* (wie Anm. 2), S. 144.

• 22 Poisson, «Note» (11. April 1836), S. 382. Die Debatte setzte sich am 18. April fort. Gefolgt von den «Formules relatives aux probabilités qui dependent de très grands nombres».

• 23 Heyde und Seneta, *Bienaymé* (wie Anm. 19), S. 46–49.

• 24 Siehe Stigler, *History* (wie Anm. 3).

• 25 Bienaymé, «Sur un principe» (wie Anm. 1), S. 383.

• 26 Ebd., S. 389.

• 27 Stigler diskutiert Cournots Kritik in *History of Statistics.* A.A. Cournot, «Mémoire sur les applications du calcul des chances à la statistique judicaire», *Journal de Mathématiques Pures et Appliquées* 3 (1838), S. 257–334.

• 28 A. Guibert, «Solution d'une question relative à la probability des jugements rendus à une majorité quelconque», ebd., S. 25–30. «Mémoires sur les probabilités des arrêts de deux sortes de cours d'appel», *Comptes rendus hebdomadaires des séances de l'Académie des Sciences* 7 (1838), S. 650–652.

• 29 James Jerwood, «On the Application of the Calculus of Probabilities to Legal and Judicial Subjects», *Transactions of the Devonshire Association for the Advancement of Science, Literature and Art* 2 (1867 / 68), S. 578–598. Dies ist ein recht gründlicher Überblick, der Turgot, Condorcet, Laplace, Lacroix, Poisson, Cournot, De Morgan (aus der *Encyclopaedia Metropolitanica*), Galloway (aus der *Encyclopaedia Britannica*), Tozer (von der Cambridge Philosophical Society) usw. zitiert.

• 30 P.L. Tschebyschow, «Démonstration élémentaire d'une proposition générale de la théorie des probabilites», *Journal für die reine und angewandte Mathematik*, 33 (1859), S. 259–267.

• 31 Sheynin, «Poisson» (wie Anm. 4).

KAPITEL 13

REGIMENTSBRUSTKÖRBE

Brüssel, 21. Februar 1844

Hier stellt sich eine weitere Frage von höchster Wichtigkeit. Man kann sich fragen, ob es in einem Volk einen *homme type* gibt, einen Mann, der dieses Volk von der Grösse her repräsentiert und in Bezug auf den alle anderen Männer desselben Volkes als mehr oder weniger grosse Abweichung betrachtet werden müssen. Die Zahlen, die man bei der Messung des letzteren erhalten würde, würden sich um den Mittelwert gruppieren, genauso wie die Zahlen, die man erhalten würde, wenn man denselben typischen Mann viele Male mit mehr oder weniger ungenauen Methoden gemessen hätte.* [1]

* Adolphe Quetelet, aus einem langen Essay für die belgische Statistikkommission, den er auch separat herausgab und seinen angesehenen Studenten widmete. Der Anlass war eine Feier am 10. März anlässlich seines 30-jährigen Dienstjubiläums als Professor. An seinem 19. Geburtstag, dem 22. Februar 1815, war er zum Professor an der neu gegründeten königlichen Hochschule in Gent ernannt worden (die das napoleonische kaiserliche Lyzeum ersetzte). Diese umgekehrte *Festschrift* für seine Studenten war ein Geburtstagsgeschenk an ihn selbst.

Die treibende Kraft der statistischen Bewegung war Adolphe Quetelet, der grösste Vertreter der Regelmässigkeit im 19. Jahrhundert. Sobald die Pariser Justizstatistiken veröffentlicht wurden, bemerkte er «die erschreckende Genauigkeit, mit der sich Verbrechen reproduzieren».[2] Die Zahl der Verbrecher ist konstant, die relativen Anteile der verschiedenen Arten von Verbrechen bleiben gleich. «Wir wissen im Voraus, wie viele Individuen ihre Hände mit dem Blut anderer beschmutzen werden, wie viele Fälscher, wie viele Giftmörder, fast so gut, wie man im Voraus die Geburten und Todesfälle aufzählen kann, die stattfinden müssen.»[3] Er beschrieb das Phänomen als «eine Art Budget für das Schafott, die Galeeren und die Gefängnisse, das von der französischen Nation, ohne Zweifel, mit grösserer Regelmässigkeit als der Finanzhaushalt erreicht wird».[4]

Offensichtlich empfand Quetelet angesichts der statistischen Stabilität die gleiche Ehrfurcht wie Guerry. Aber wo Guerry ein Mann der akribischen Fakten war, war Quetelet ein Mann der Vision, ein Astronom, der im Verhalten seiner Myriaden von Mitbürgern Regelmässigkeiten sah, die der Sterne würdig waren. Himmelskörper werden von bestimmten und bekannten Gesetzen bestimmt. Welche besonderen Gesetze gelten für die Menschen? Das Poisson'sche Gesetz der grossen Zahlen liefert keine Antwort. Als mathematisches Theorem verstanden, ist es kein Gesetz des Verhaltens. Fälschlicherweise als universelle empirische Verallgemeinerung verstanden, dass Serien zur Stabilisierung neigen, mag es zeigen, dass sich soziale Gesetze in der Statistik offenbaren, aber es ist selbst kein soziales Gesetz.

Was könnte dann in der Moralwissenschaft mit den Differentialgleichungen der Physik verglichen werden? 63,5 Prozent der Geschworenenprozesse mögen zu Verurteilungen führen, aber das ist eine blosse Konstante, nicht vergleichbar mit einem Gesetz der Astronomie.[5] Was ist das? Für Guerry, der als Anwalt ausgebildet war, stellte sich diese Frage nicht, aber für Quetelet, den königlichen Astronomen von Belgien, war sie unvermeidlich. Er war genau der richtige Mann, um soziologische Gesetze zu finden, die diesen Namen verdienen. Er liebte die Zahlen und zog gerne voreilige Schlüsse. Es ist erstaunlich, wie tiefgreifend Quetelets voreilige Schlüsse das konzeptionelle Schema der Wahrheiten und Möglichkeiten des 20. Jahrhunderts beeinflusst haben, das wir immer noch unterschreiben.

Zu Beginn des 19. Jahrhunderts war ein «Fehlergesetz» für die beobachtende Astronomie und andere Wissenschaften der Messung wie Fotometrie und Geodäsie entwickelt worden. Der grosszügige, erstaunte und, wie ich wage, leichtgläubige Quetelet verkündete 1844, dass viele menschliche Eigenschaften eine Kurve oder Verteilung aufweisen, die derjenigen ähnelt, die lange Zeit mit dem Münzwurf in Verbindung gebracht wurde und die für Mathematiker als «Fehlerkurve» ausgearbeitet worden war. Stephen Stigler hat eine meisterhafte

Beschreibung dessen gegeben, was er die «Gauss-Laplace-Synthese» nennt, die 1827, dem Jahr, in dem Laplace starb, erreicht worden war.

> Es brachte zwei gut entwickelte Linien zusammen – die eine die Kombination von Beobachtungen durch die Aggregation von linearisierten Zustandsgleichungen, die andere die Verwendung mathematischer Wahrscheinlichkeiten, um Unsicherheiten zu bewerten und Schlussfolgerungen zu ziehen – zu einem kohärenten Ganzen. In vielerlei Hinsicht war dies eine der grössten Erfolgsgeschichten in der Geschichte der Wissenschaft.[6]

Die vertraute grafische Darstellung dieser Idee ist die «glockenförmige Kurve», die Normalverteilung oder Gauss'sche Verteilung, die um den Mittelwert herum ihren Höhepunkt erreicht. Es gab zwei Wege zu dieser Kurve. Der älteste, der bereits 1708 von De Moivre niedergeschrieben wurde, ergab sie als Grenzwert einer Münzwurf- oder Binomialverteilung. Wir stellen uns vor, dass eine Münze n-mal geworfen wird, und notieren den Anteil k der Köpfe. Nach vielen k-fachen Versuchen erhalten wir ein Diagramm, das die Anzahl der Fälle anzeigt, in denen wir 0 Köpfe, 1 Kopf, 2 Köpfe … n Köpfe erhielten. Die Kurve hat ihren Höhepunkt bei der Wahrscheinlichkeit, mit der Münze Kopf zu erhalten. Wenn n unbegrenzt wächst, ergibt sich eine Normalverteilung. Der zweite Weg war der der beobachtenden Astronomen. Unter plausiblen Annahmen folgt die Verteilung der Fehler der gleichen Kurve.[7] Nun wird die Kurve durch zwei Grössen definiert: den Mittelwert und ein gewisses Mass an Streuung. Die Streuung ist für den Messenden wichtig: Wenn sich alle Messungen um den Mittelwert gruppieren, halten wir den Durchschnitt für zuverlässig. Wenn sie verstreut sind, halten wir ihn nicht für zuverlässig.

Eine Normalverteilung wird durch ihren Mittelwert und ihre Standardabweichung definiert. Jedes Mass für die Streuung würde ausreichen. Im gesamten 19. Jahrhundert wurde der «wahrscheinliche Fehler» verwendet.[8] Dieser Begriff wurde von dem grossen Beobachtungsastronomen F.W. Bessel um 1815 eingeführt und war lange Zeit das einzige Mass für die Streuung, das weithin verwendet wurde.[9] Der Kerngedanke ist, dass der wahrscheinliche Fehler die Messungen in zwei gleich wahrscheinliche Klassen unterteilt: Langfristig wird die Hälfte der Messungen über den wahrscheinlichen Fehler hinausgehen und die andere Hälfte wird genauer sein.

Unabhängig davon, ob wir die Normalverteilung als Fehlerkurve oder als Grenzwert eines binomischen Münzwurfspiels betrachten, geht es uns um reale Grössen. Die Münze hat eine reale objektive Neigung (so nehmen wir an), bei einem bestimmten Anteil der Würfe Kopf zu fallen. Die gemessene Himmelsposition ist ein realer Punkt im Raum, und die Fehlerverteilung ist, so nehmen wir an, eine objektive Eigenschaft des Messgeräts und des Messenden. Quetelet änderte das Spiel. Er wandte dieselbe Kurve auf biologische und soziale Phänomene an, bei denen der Mittelwert überhaupt keine reale Grösse ist, oder besser gesagt: *Er verwandelte den Mittelwert in eine reale Grösse.*

Es begann ganz unschuldig. In einer Reihe von Werken aus den frühen 1830er-Jahren gab er uns «den Durchschnittsmenschen». Damit wurden Durchschnittswerte – blosse arithmetische Konstruktionen – nicht zu realen Grössen wie die Position eines Sterns. Aber es war ein erster Schritt. Eine viel gelesene Seite des «Durchschnittsmenschen» war sein *Treatise of Man* von 1835.[10] In England betrachtete das *Athenaeum* «das Erscheinen dieser Bände als eine Epoche in der literarischen Geschichte der Zivilisation».[11] Es wurde argumentiert, dass diese Abhandlung eine wichtige Etappe auf Darwins Weg zur Evolutionstheorie war, so wie auch behauptet wurde, dass ein Essay von John Herschel über Quetelet aus dem Jahr 1850 Maxwell auf den Weg zur statistischen Mechanik brachte.[12] Wie geringfügig oder tiefgreifend diese Einflüsse und Beeinflussungen auch immer gewesen sein mögen, es besteht kein Zweifel daran, dass «der Durchschnittsmensch» hängen blieb, auch wenn fast niemand etwas Positives über das Konzept sagte, wenn man es wörtlich nahm.

Es gibt einen ständigen Refrain: Aber es gibt nicht wirklich einen Durchschnittsmann! Darauf gibt es eine vernünftige Antwort: Niemand sagt, dass es einen Durchschnittsmann gibt, der

0,17-mal geschieden ist und 2,2 Kinder hat. Der Begriff «Durchschnittsmann» ist nur eine praktische Kurzform. Aber für Quetelet war der *homme type* wesentlich mehr als eine Kurzschrift. Er war eine frühe Kodifizierung von zwei grundlegenden Übergängen des 19. Jahrhunderts.

Erstens sehen wir aus dem Epigraf, dass Quetelet nicht von einem Durchschnitt der menschlichen Spezies sprach. Er sprach von den Merkmalen eines Volkes oder einer Nation als rassischer Typus. Wo man früher an ein Volk in Bezug auf seine Kultur oder seine Geografie oder seine Sprache oder seine Herrscher oder seine Religion dachte, führte Quetelet eine neue objektiv messbare Vorstellung von einem Volk ein. Eine Rasse wird durch ihre körperlichen und moralischen Eigenschaften charakterisiert, die im Durchschnittsmenschen dieser Rasse zusammengefasst werden. Dies ist die eine Hälfte des Beginns der Eugenik, die andere Hälfte ist die Überlegung, dass man eine Sozialpolitik einführen kann, die die durchschnittlichen Eigenschaften einer Rasse entweder bewahrt oder verändert. Kurz gesagt, der Durchschnittsmensch führte sowohl zu einer neuen Art von Informationen über Bevölkerungen als auch zu einer neuen Vorstellung davon, wie man sie kontrollieren kann.

Es gibt einen zweiten, eher akademischen Aspekt von Quetelets *homme type*, der aussergewöhnliche konzeptionelle Konsequenzen hatte. Wir können uns die durchschnittliche Körpergrösse als etwas Abstraktes vorstellen – das bequeme

Ergebnis einer arithmetischen Operation –, aber wir können auch anfangen, sie als ein «reales» Merkmal einer Bevölkerung zu betrachten. Im Jahr 1988 wurde festgestellt, dass die Langlebigkeit der Japaner von Jahr zu Jahr zunimmt, sodass die Japaner heute die am längsten lebende Nation der Welt sind. Es fällt uns schwer, dies nicht als ein reales Merkmal des japanischen Lebens und der japanischen Kultur zu betrachten, genauso *real* wie die Tatsache, dass japanische Unternehmen über die weltweit grösste Ansammlung von verfügbarem Kapital für Investitionen verfügen.

Es war Quetelets weniger beachteter nächster Schritt von 1844, der weit mehr zählte als der durchschnittliche Mann. Er verwandelte die Theorie der Messung unbekannter physikalischer Grössen mit einer bestimmten Fehlerwahrscheinlichkeit in die Theorie der Messung idealer oder abstrakter Eigenschaften einer Bevölkerung. Da diese denselben formalen Techniken unterworfen werden konnten, wurden sie zu realen Grössen. Dies ist ein entscheidender Schritt bei der Zähmung des Zufalls. Es begann, statistische Gesetze, die lediglich grossräumige Regelmässigkeiten beschrieben, in Gesetze der Natur und Gesellschaft zu verwandeln, die sich mit den zugrundeliegenden Wahrheiten und Ursachen befassen.

Seine Monografie von 1844 ging in vier schnellen Schritten weit:

Schritt 1: «Nehmen wir an, ich messe die Körpergrösse einer Person mehrmals und mit grosser

Sorgfalt. Die Messungen werden nicht identisch sein. Wenn die Fehlerursachen gleichermassen dazu führen, dass hoch und niedrig gemessen wird, wird es eine Verteilung geben, bei der sich die Werte um die Durchschnittshöhe herum gruppieren. Es wird auch eine Streuung geben, die durch den wahrscheinlichen Fehler gemessen wird.»

Schritt 2: Quetelet verglich diese Situation mit wiederholten Beobachtungen einer einzigen astronomischen Grösse, die über vier Jahre hinweg am Greenwich-Observatorium gemacht wurden. Hier haben wir den Mittelwert, den wahrscheinlichen Fehler und die gesamte Gauss'sche Analyse. Diese gängige Praxis sei genau so, als würde man die Grösse eines Mannes immer wieder messen.

Schritt 3: «In den vorangegangenen Beispielen wussten wir trotz der Schwankungen der Zahlen, dass es tatsächlich eine Zahl gab, nach der wir suchten, sei es die Körpergrösse einer Person oder die *North Polar Ascension*.» Was ist, wenn wir nicht wissen, ob es eine echte Grösse gibt, die gemessen wird? Handelt es sich bei einer Vielzahl von Höhenmessungen um die Messungen ein und desselben Individuums? Oder sind es die Messungen verschiedener Personen? Wenn und nur wenn sie der Verteilung von Zahlen, die aus Messungen an einer einzigen Person stammen, hinreichend ähnlich sind. Daran lässt sich erkennen, ob eine Sammlung von Statistiken von einer einzigen homogenen Population abgeleitet ist, die durch eine reale Grösse definiert ist, oder von mehreren unterschiedlichen, aber gemischten Populationen stammt.[13]

Schritt 4: Genau an diesem Punkt[14] kam es zu einem der grundlegenden Übergänge im Denken, der die gesamte Zukunft der Statistik bestimmen sollte. Bis hierhin betrachtete die Monografie Grössen, die in der Natur existieren. Hier gehen wir von einer realen physikalischen Unbekannten, der Körpergrösse einer Person, zu einer postulierten Realität über, einer objektiven Eigenschaft einer Bevölkerung zu einem bestimmten Zeitpunkt, ihrer durchschnittlichen Körpergrösse oder Langlebigkeit oder was auch immer. Dieser postulierte, der Wahrheit unbekannte Wert des Mittelwerts wurde nicht als arithmetische Abstraktion von realen Höhen gedacht, sondern als eine Zahl, die die Bevölkerung objektiv beschreibt.

Was könnte diesen Schritt rechtfertigen? Wir würden sagen, dass es die Bevölkerung selbst dann objektiv beschreibt, wenn im Fall der Körpergrösse ein einzelnes Individuum ungenau gemessen wird. In Schritt 3 haben wir uns eine Reihe von Messungen angeschaut und gefragt, ob es einen spezifischen Mann gibt. Jetzt wenden wir dieselbe Technik an, wenn wir wissen, dass es sich um verschiedene Männer handelt, und wenn es eine zufriedenstellende Normalkurve gibt, sagen wir, dass es einen wahren Wert gibt, eine Eigenschaft nicht einer Person, sondern eines Kollektivs.

Quetelet hatte nur wenige Beispiele für Gauss'sche Verteilungen. «Die männliche

Körpergrösse ist selbst in den zivilisiertesten Ländern Europas immer noch fast unbekannt.»[15] Und *warum* sollte man solche Informationen sammeln? Sie ist nur dann interessant, wenn man wie Quetelet glaubt, dass sie auf ein zugrundeliegendes reales Merkmal einer Bevölkerung hinweist. Er fand eine unwahrscheinliche Quelle für ein Beispiel: 1817 hatte das *Edinburgh Medical Journal* die Grössen- und Brustmasse von über 5000 Soldaten in elf schottischen Regimentern veröffentlicht.[16]

Was Quetelet las, war eine Klassifizierung der Soldaten nach Regiment, nach Grösse und nach Brustumfang in Zoll.*

*Oder hat er nur eine von einem Assistenten vorbereitete Zusammenfassung gelesen? Das *Journal* veröffentlichte eine Tabelle für jedes der elf Regimenter der Miliz, die auf den Daten eines Auftragnehmers beruhte, eines «Gentleman von grosser Beobachtungsgabe und einzigartiger Genauigkeit». Der Sinn der Tabellen bestand *nicht* darin, die Uniformität der Milizionäre zu zeigen, sondern vielmehr darin, die regionalen Unterschiede «in den verschiedenen Grafschaften Schottlands zu veranschaulichen, woraus sich Rückschlüsse auf den Einfluss der Beschaffenheit der Grafschaft und des Klimas, der Ernährung und der Beschäftigung auf das Wachstum des Menschen ziehen lassen». Es gab einen Unterschied von 1,3 Zoll im Brustumfang zwischen den stämmigen Burschen von Kirkcudbrightshire und den hohlbrüstigen Jugendlichen von Lanark. Letztere waren ausserdem im Durchschnitt 1,2 Zoll kleiner. Wenn Quetelet diese Seiten tatsächlich gesehen hätte, wie hätte er dann den gesamten Inhalt der Daten verdrängen können? Es wurde auch «durch tatsächliche Messungen auf einer umfangreichen Skala in Hutgeschäften in London und Edinburgh festgestellt», dass schottische Köpfe im Durchschnitt eine Nummer grösser sind als englische (21 3/4 Zoll im Vergleich zu 21 3/8 Zoll). Der Median war derselbe, aber in Edinburgh gab es viel mehr grosse Köpfe als in London, wie man angesichts des relativen kulturellen Niveaus der beiden Städte zu dieser Zeit erwarten konnte. Die Verteilungen waren im Übrigen definitiv nicht normal.

Er ignorierte die Körpergrösse, kombinierte die Verteilungen des Brustumfangs für die verschiedenen Regimenter,[17] machte einige kleine Fehler bei den Summen und erhielt eine Verteilung für 5738 Brustweiten, mit Maximalwerten bei 1073 Soldaten mit 39 Zoll und 1079 mit 40 Zoll.

Er kam zu dem Schluss, dass dies genau so ist, als wenn Sie einen einzelnen Schotten mit einem Brustumfang von fast 40 Zoll messen würden. In metrischen Massstäben lag der wahrscheinliche Fehler bei 33,34 Millimetern. Wie er es im nächsten Jahr in einem populären Werk formulierte, würden, wenn «eine Person, die in der Messung des menschlichen Körpers wenig geübt ist», wiederholt einen typischen Soldaten messen würde, «5738 Messungen, die an einem Individuum vorgenommen wurden, sich sicherlich nicht mit grösserer Regelmässigkeit gruppieren … als die 5738 Messungen, die an den schottischen Soldaten vorgenommen wurden; und wenn man uns die beiden Serien ohne besondere Kennzeichnung überliesse, wären wir sehr verlegen, wenn wir angeben müssten, welche Serie von 5738 verschiedenen Soldaten stammt und welche von einem Individuum mit weniger Geschick und gröberen Mitteln der Einschätzung gewonnen wurde».[18] Das war die Rhetorik, mit der Quetelet uns den Mittelwert und die Glockenkurve als grundlegende Indizes für den menschlichen Zustand gab.

Das Gesetz des Irrtums gilt in der Tat für dieses menschliche Attribut, den Brustumfang, wie

Quetelet behauptete. Und für fast alle anderen: Quetelet hatte seine Verteilung sofort auf die Körpergrösse der französischen Wehrpflichtigen angewandt. Sie passte nicht ganz, was er auf Betrug zurückführte, d.h. auf Wehrdienstverweigerung durch Vortäuschen von Kleinwuchs. Viel später nahm Quetelet an, dass seine Doktrin während des amerikanischen Bürgerkriegs durch die Daten von 25'878 Freiwilligen bewiesen worden sei.[19]

Heutzutage lautet unsere erste Frage: Wie gut passen die Daten von Quetelet zur Fehlerkurve? Es gab keinen Standardtest für die Anpassungsgüte. Die Poisson-Grenzwerte gehörten nicht zum Repertoire von Quetelet. Er nahm eine theoretische Binomialkurve für die Ergebnisse von 1000 Münzwürfen, teilte sie in Segmente und verglich sie mit entsprechenden Segmenten der Kurve für schottische Brustkörbe. Er fand sie ausreichend ähnlich.

Innerhalb weniger Wochen (so scheint es) waren die Schleusen geöffnet worden. Jede Art von physischem Attribut des Menschen und dann des gesamten Tier- und Pflanzenreichs wurde untersucht und wie nach dem Gesetz des Irrtums aufgezeichnet. Als Nächstes kamen die moralischen Eigenschaften, zum Beispiel die Fähigkeit, Gedichte zu schreiben. Man hätte erwarten können, dass Quetelet, der von Beruf Astronom war, für seine glockenförmige Kurve den Gauss'schen «Beobachtungsfehler»-Ansatz gewählt hätte. Es ist bezeichnend, dass er stattdessen den binomischen Weg wählte. Dadurch konnte er verstehen oder glaubte zu verstehen, warum Naturphänomene normal verteilt sein sollten. Denn wie sollte man die erstaunliche (angebliche) Tatsache verstehen, dass menschliche Eigenschaften normalverteilt sind? Die Metapher des Schneiders ist anschaulich, dient aber nur dazu, das Problem zu verschlimmern. Die Brust eines Mannes wird nicht von einem inkompetenten Schneider ausgewählt. Wie kann dann die Gesamtheit der Brustkörbe so sein, als ob sie von einem einzigen Schneider hergestellt worden wäre?

Es gab nie eine Antwort, aber ein sanfter schmerzlindernder Balsam konnte aufgetragen werden, um konzeptionelle Unannehmlichkeiten zu lindern. Die schottischen Brustkörbe könnten Teil einer Geschichte über statistische Stabilität werden. Wie sollte man statistische Stabilität in einem Laplace'schen Universum verstehen, einem Universum, in dem ein angemessen informierter Verstand in der Lage wäre, jedes einzelne zukünftige Ereignis aus einer vollständigen momentanen Darstellung des Zustands des Universums zu berechnen? Laplace hatte gesagt, dass die Wahrscheinlichkeit zum Teil das Ergebnis unseres Wissens und zum Teil unseres Unwissens sei. Aber es gab noch eine strukturiertere Antwort als diese, die sich auf winzige Ursachen bezog, die zum Entstehen eines Ereignisses führten. Diese Antwort erscheint vielen von uns heute inkohärent, aber sie hat ihre Schwierigkeiten nicht im Gesicht getragen. Ich werde die Antwort sehr schematisch darstellen, indem ich eine Folge von fünf Schritten verwende: die Münze; die Binomialverteilung für wiederholtes Münzwerfen; Messfehler; Selbstmord und Verbrechen; Brustkörbe. In den folgenden fünf Absätzen sollen nicht Ideen vorgestellt werden, die ich für schlüssig halte, sondern Ideen, die von vielen Menschen als ausreichend befriedigend empfunden wurden.

1. Eine Münze fällt entweder Kopf oder Zahl. Wie sie fällt, wird durch die Anfangsbedingungen des Werfens und durch die Newton'sche Mechanik bestimmt. Es gibt eine sehr grosse Anzahl von Variablen innerhalb der Anfangsbedingungen. Diese kann man sich als eine grosse Anzahl möglicher «Ursachen» vorstellen, von denen einige Kopf und andere Zahl bevorzugen. Bei jedem Wurf bestimmen die Ursachen, die zu diesem Wurf gehören, das Ergebnis des Wurfs. Die Wahrscheinlichkeit, Kopf zu erhalten, kann als das Verhältnis zwischen den günstigen Ursachen und der Gesamtzahl der Ursachen dargestellt werden. Da wir die zugrundeliegenden Ursachen nicht kennen, sind wir gezwungen, von Wahrscheinlichkeit zu sprechen und durch Beobachtung das Verhältnis zwischen den günstigen und den gesamten Ursachen zu bestimmen.

2. Bei wiederholtem Werfen erhalten wir die Binomialverteilung, deren Grenze die Form der Fehlerkurve hat. Wir können die statistische Stabilität einer Münze und die Tatsache, dass in einer Folge

von Würfen die relative Häufigkeit meist gleich der Wahrscheinlichkeit ist, durch unsere Geschichte der Chancen eines einzelnen Wurfs und eine mathematische Ableitung «erklären». Quetelet sagte, er habe herausgefunden, dass die Brustkurve für Soldaten binomisch sei und damit in seinem Kopf die Vorstellung einer grossen Anzahl unabhängiger Versuche mit sich bringe. Diese Gleichsetzung der Brustkörbe mit dem Münzwurf bedeutete, dass jeder Brustkorb das Produkt einer grossen Anzahl von winzigen unabhängigen Ursachen ist.

3. Wenn wir versuchen, die Position eines Objekts oder den Grad der Lichtintensität zu messen, werfen wir keineswegs eine Münze. Aber die Fehler, die bei jeder Messung gemacht werden, sind selbst das Produkt winziger Ursachen, die auf das Instrument, den Beobachter, das Signal, das vom Objekt zum Instrument gelangt, und dergleichen einwirken. Dies hilft uns zu verstehen, warum die Fehlerkurve und die Binomialverteilung die gleiche Form haben. Eine solche «Argumentation» war nicht Teil der Arbeit von Gauss oder seinen berühmten Vorgängern. Es war ein Weg für die nachdenklichen, aber weniger begabten Menschen, etwas begrifflich Peinliches zu verstehen.

4. Wir wenden uns der statistischen Stabilität der Moralwissenschaften zu. Auch hier können wir uns ein Bild von vielen kleinen und unterschiedlichen Ursachen machen, die eine einzelne menschliche

Handlung bestimmen. Die Ursachen sind von Mensch zu Mensch verschieden, manche Menschen neigen zum Mord, andere überhaupt nicht. Wie kann in einer solchen Situation statistische Stabilität entstehen? Poisson wusste die Antwort, wenn es eine Wahrscheinlichkeitsverteilung oder ein Gesetz der «Ursachen» gibt. Aber was genau sind die unzähligen winzigen Ursachen, die unsere Entscheidungen zum Guten oder zum Schlechten bestimmen? Zur Beantwortung dieser Frage war das medizinische Modell aus Kapitel 8 von unschätzbarem Wert. Die Medizin verfügte bereits über eine umfangreiche Kategorisierung der Ursachen unter den verschiedenen Begriffen prädisponierend, auslösend, indirekt oder allgemein. Das waren die Ursachen von Krankheiten. Der Selbstmord war die perfekte Brücke zwischen Medizin und Kriminalität. Auf der einen Seite hatten wir die Schlussfolgerung des Syllogismus mit den beiden Prämissen «Selbstmord ist eine Art von Wahnsinn» und «Wahnsinn ist eine Krankheit». Selbstmord wurde, wenn auch nur für kurze Zeit, als Krankheit angesehen und unterlag daher der ganzen Palette medizinischer Ursachen. Dennoch war Selbstmord das abscheulichste aller Verbrechen, die tödlichste aller Sünden. Wir könnten uns also vorstellen, dass so etwas wie diese Liste von Ursachen auch für andere bösartige Handlungen gilt. Guerrys Spätwerk war besonders zuvorkommend. Erinnern Sie sich an seine Kreuzklassifizierung von 21'322 Morden in 97 Hauptmotive und 4478 Nebenmotive. Eine schöne Reihe von kleinen unabhängigen Ursachen! Es war also Poisson, der die Mathematik der Bernoulli'schen statistischen Stabilität auf das Verbrechen übertrug, aber es war die Medizin, die die zugrundeliegende Metaphysik der Wahrscheinlichkeit, nämlich das Bild der kleinen Ursachen, von der Medizin übernommen hatte.

5. Schliesslich kommen wir zu Quetelets genialer Vermutung, dass die menschlichen Eigenschaften, geistige und körperliche, genauso verteilt sind wie das Gesetz der Fehler. Wir sind weit entfernt von (1), dem Wurf einer einzigen Münze. Doch die Rhetorik von (1) – (4) macht Quetelets Vorschlag, der eigentlich unverständlich sein sollte, zu einer verblüffenden empirischen Tatsache. Zweifellos gibt es Ursachen, die den Brustumfang eines jeden Soldaten bestimmen. Die Grösse der Eltern hat etwas damit zu tun, aber natürlich gibt es noch viele andere Faktoren. Wir *wissen*, dass eine Vielzahl von interagierenden, unabhängigen Ursachen in vielen Fällen dazu neigt, eine Gauss'sche Kurve zu erzeugen. Die Mathematik der Wahrscheinlichkeit und die Metaphysik der zugrundeliegenden Ursache wurden mit losen Argumenten zusammengeschustert, um ein «Verständnis» für die statistische Stabilität aller Phänomene zu schaffen.

Francis Galton war, glaube ich, der erste, der erkannte, dass die Geschichte von den «unabhängigen, kleinen Einflüssen», wie er sie nannte, für die Vererbung überhaupt nicht ausreicht.[20] Aber, wie ich in Kapitel 21 argumentieren werde, erforderte dies eine neue Denkweise über statistische Gesetze. Galton wandte sich auch gegen den Begriff «wahrscheinlicher Irrtum»: «Der Begriff wahrscheinlicher Irrtum ist absurd, wenn man ihn auf die hier behandelten Themen wie Statur, Augenfarbe, künstlerische Fähigkeiten oder Krankheiten anwendet.»[21] Der Punkt ist, dass «Irrtum» keinen Sinn macht, wenn man von der durchschnittlichen Augenfarbe oder was auch immer spricht. Quetelet hatte die mittlere Statur, die Augenfarbe, die künstlerische Fähigkeit und die Krankheit zu realen Grössen *gemacht*. Sobald er dies getan hatte (und es ist nicht überliefert, dass er 1844 diese völlig neue Art von Realität konstruiert hatte), war die Abweichung vom Mittelwert nur noch eine natürliche Abweichung, eine Abweichung, die von der Natur verursacht wurde und die nicht als Fehler angesehen werden konnte.

Oder hat die Natur solche Verteilungen doch geschaffen? Passten die Phänomene wirklich zu den Quetelet-Kurven? Viele Jahre lang war jede empirische Verteilung, die in einem Buckel auftauchte, gaussförmig, *weil das alles war, was sie sein konnte.* Das war alles, was sie sein konnte, aufgrund der Geschichte von den kleinen unabhängigen Ursachen, die eine Zeit lang eine weitere synthetische A-priori-Wahrheit geschaffen hatte. Niemand entwickelte Routinetests zur Überprüfung der Passgenauigkeit, weil sich die Frage nicht stellte. Die ersten Tests wurden erst nach weiteren 30 Jahren vorgeschlagen, und zwar von deutschen Autoren wie Lexis, die dem, was sie *Queteletismus* nannten, und sogar der Idee des statistischen Gesetzes an sich skeptisch gegenüberstanden.[22] Porter hat in bewundernswerter Weise über Lexis' Kämpfe mit Tests der Streuung berichtet.[23] Lexis testete nicht explizit die Hypothese, dass Verteilungen gaussförmig sind, aber er kam zu dem Schluss, dass das Einzige, was auf diese Weise verteilt war, die Verteilung von Geburten war – eine glücklicherweise binomische Art von Ereignis.

Das Gesetz des Irrtums war vor allem für die Astronomen von Bedeutung. Quetelet exportierte es in die Geisteswissenschaften und verpackte es in eine obskure Metaphysik der kleinsten Ursachen. Er fügte dem Paket ein respektableres Element der astronomischen Kausalität hinzu. Die Bewegungen der Planeten gehorchen strengen Gesetzen, können aber durch die Anwesenheit eines Körpers, der zu nahe vorbeizieht, gestört werden. Wenn sich der Körper entfernt, wird das alte stabile Muster wiederhergestellt. Quetelet nutzte diese Idee gerne, um die Abweichung statistischer Daten von Regelmässigkeiten zu erklären. Wie Poisson stellte er fest, dass die französischen Verurteilungsraten im Jahr 1832 ungewöhnlich waren. In seinem eigenen Land waren sie 1830 – 1833 noch unregelmässiger, eine traumatische Zeit für die Niederlande und für den belgischen *Astronom-Royal*. (Unter anderem war Quetelets neues Observatorium, das sich damals im Bau befand, ein Schlachtfeld.) Bei diesen Störungen handelte es sich um Perturbationen – im Sinne eines Astronomen –, die auf den Ablauf schwerer politischer Ereignisse zurückzuführen waren. Sie waren das, was Quetelet als variable Ursachen bezeichnete, die in die Kriminalitätsrate eingreifen. Er war der Meinung, dass das «Mass für die Zivilisation einer Nation in der Art und Weise zu finden ist, wie sie Revolutionen durchführt» – je weniger brüsk der Übergang, desto geringer die Verschiebung der statistischen Konstanten und desto zivilisierter das Ereignis.* [24]

* Nach den Unruhen von 1848 sagte Quetelet zu Albert, Victorias Gemahl, dass die Instabilitäten des Augenblicks durch eine Rückkehr zur Normalität ersetzt werden würden, sobald die Unruhen vorüber seien. Die Revolutionen und Rebellionen von 1848 waren «eine wahre moralische Cholera», aber «es ist zumindest tröstlich zu denken, dass sie die äusseren Gesetze, die uns leiten, in keiner Weise ändern können. Ihre Wirkung ist vergänglich ... Quetelet, der 1830 die Statistik als Mittel zur Reform nutzen wollte, fand 1848 Trost in der Statistik als Präventivmassnahme gegen die Revolution.

Was ich hier beschrieben habe, ist meiner Meinung nach nicht sehr kohärent. Man kann die Anziehungskraft von Quetelets Analogie zwischen der Fehlerkurve und der Verteilung der Körperumfänge erkennen. Aber die Erklärung in Form von kleinen unabhängigen Ursachen passt nicht zusammen. Es ist eine historiografische Maxime, dass wir die Ideen nicht verstehen, wenn sie uns inkohärent erscheinen. Ich schlage vor, dass die Ereignisse in diesem Kapitel ein Gegenbeispiel liefern. Diese Ideen über Kausalität machten damals genauso wenig Sinn wie heute. Es gibt eine einfache Erklärung für die unverwüstliche Inkohärenz. Ein deterministisches Weltbild wurde an vielen Fronten durch die von den neuen Statistiken nahegelegten Phänomene bedroht, und es *gab* keinen kohärenten Weg, die aufkeimenden Phänomene zu verstehen. Das Gerede über die zugrundeliegenden Ursachen war nur ein Element, um die konzeptionellen Risse zu überdecken. Es gab viele Anzeichen für ein Unwohlsein, die wir in Kapitel 18 erörtern werden, aber lassen Sie uns zunächst den seltsamen Fall des statistischen Fatalismus untersuchen. Lange bevor Quetelet seine Aufmerksamkeit auf die schottischen Brustkörbe richtete, schrieb er 1832 an Villermé:

> Es ist die Gesellschaft, die das Verbrechen vorbereitet; die schuldige Person ist nur das Instrument, das es ausführt. Das Opfer auf dem Schafott ist in gewisser Weise das sühnende Opfer der Gesellschaft. Sein Verbrechen ist die Frucht der Umstände, in denen er sich befindet.[25]

Wenn uns die Statistik etwas über das Budget des Verbrechens lehrt und diese Lehre zur Folge hat, dass der Verbrecher lediglich ein Instrument ist, wo ist dann sein freier Wille? Warum ist er verantwortlich für das, was er getan hat? Welche Zukunft hat die Moral?

• 1 Adolphe Quetelet, «Sur l'appréciation des documents statistiques, et en particulier sur l'application des moyens», *Bulletin de la Commission Centrale de la Statistique* (von Belgien) 2 (1845), S. 258, vorgestellt im Februar 1844, und auch separat als *Recherches statistiques*, Brüssel 1844, S. 54, herausgegeben.

• 2 «Recherches statistiques sur le royaume des Pays-Bas», *Nouveaux mémoires de l'Académie Royale des Sciences et Belles-Lettres de Bruxelles* 5 (1829), S. 28.

• 3 Ebd., S. 35. Quetelet sagte dies immer wieder, zum Beispiel in seinem eigenen Journal, den *Correspondances mathématiques et physiques* 5 (1829), S. 117–187, oder ebd., 6 (1830), S. 273.

• 4 «Recherches sur le penchant au crime aux différents âges», *Nouveaux mémoires de l'Académie Royale des Sciences et Belles-Lettres de Bruxelles* 7 (1832), S. 20.

• 5 Ich möchte nicht den Eindruck erwecken, dass Quetelet die Verurteilungsquoten für absolut konstant hielt. 63,5 Prozent ist seine Zahl für die französischen Verurteilungen im Jahr 1825; er war der Meinung, dass die Rate sehr leicht rückläufig war, was auf eine gewisse Verbesserung in der Gesellschaft hinweist. Poisson war der Meinung, dass die Quoten konstant waren. Zu den Unterschieden zwischen den beiden in diesem Punkt siehe S.M. Stigler: *The History of Statistics*, Cambridge, Mass., 1986, S. 190 f.

• 6 Ebd., S. 158.

• 7 Als wertvolle Ergänzung zu Stigler über das Fehlergesetz siehe O.B. Sheynin, «On the Mathematical Treatment of Astronomical Observations», *Archives for the History of Exact Sciences* 11, S. 97–126; «Laplace's Theory of Error», ebd., 17 (1977), S. 1–61; «C.F. Gauss und die Fehlertheorie», ebd., 20 (1979), S. 21–69.

• 8 Die Standardabweichung einer Reihe von Beobachtungen ist die Quadratwurzel aus dem arithmetischen Mittel der Quadrate der Abweichungen vom Mittelwert. Die Standardabweichung einer theoretischen Fehlerverteilung ist die kontinuierliche Version dieses Wertes. Der wahrscheinliche Fehler ist 0,6745-mal die Standardabweichung.

• 9 Die Datierung geht auf Mansfield Merriman zurück, «A List of Writings Related to the Method of Least Squares, with Historical and Critical Notes», *Transactions of the Connecticut Academy of Arts and Sciences* 4 (1877–1882), S. 141–232. Für weitere Informationen siehe H.M. Walker: *Studies in the History of Statistical Method*, Baltimore 1931, S. 24 f., 49–55. Walker beschreibt eine Vielzahl anderer Streuungsmasse, die verwendet wurden, zusammen mit ihrer bizarren Terminologie. Der Name «Standardabweichung» wurde von Karl Pearson im Jahr 1894 eingeführt; siehe Walker, S. 54n.

• 10 A. Quetelet: *Sur l'homme et le développement de ses facultés ou essai de physique sociale*, 2 Bde., Paris 1835, übersetzt ins Englische als *A Treatise on Man and the Development of his Faculties*, London 1842. Eine erweiterte Version kehrte den Titel um: *Physique sociale ou essai sur le développement des facultés de l'homme*, 2 Bde., Brüssel 1869.

• 11 *Athenaeum*, 29. August 1835, S. 661. Die Rezension erschien in drei Teilen im Laufe des August: S. 593–595, 611–613, 658–661.

• 12 S.S. Schweber, «The Origin of the Origin revisited», *Journal of the History of Biology* 10 (1977), S. 232. Vergleichen Sie die Wirkung von John Herschels Rezension von *Lettres à S.A.R. le due régnant de Saxe-Cobourg et Gotha, sur la théorie des probabilités, appliquée aux sciences morales et politiques*, Brüssel 1846, auf James Clerk Maxwell: John Herschel (unsigniert), «Quetelet on Probabilities», *Edinburgh Review* 92 (1850). S. 1–57. Für eine Diskussion über Maxwell, Herschel und Quetelet und die Zitierung früherer historischer Bemerkungen siehe T.M. Porter: *The Rise of Statistical Thinking*, Princeton 1986, S. 118, und «A Statistical Survey of Gases: Maxwell's Social Physics», *Historical Studies in the Physical Sciences* 12 (1981), S. 77–116.

• 13 Stigler ist der Meinung, dass diese Phase für Quetelet von zentraler Bedeutung war, *History of Statistics*, Kapitel 5. Er schlägt vor, dass sich Quetelet in dieser Zeit intensiv mit dem Problem der Erkennung homogener Gruppen beschäftigte, ein Problem, das ihm 1827 von Baron de Keverberg in den «Notes», *Nouveaux mémoires de l'Académie Royale des Sciences et Belles-Lettres de Bruxelles* 4 (1827), S. 175–192, im Anhang zu einem Artikel von Quetelet über die belgische Bevölkerungsstatistik mit Nachdruck gestellt wurde.

• 14 Viz. Nämlich kurz vor dem Zitat, das ich als Epigraf verwendet habe. Der Zwischenraum zwischen dem zweiten und dritten Absatz von S. 54 der Monografie ist *genau* die Stelle, an der der Sprung stattfindet.

• 15 *Appréciation*, S. 54. Eine seltene Quelle für Höhen, die Quetelet zur Verfügung stand, war F. Lelut: *Annales d'hygiène publique et de médecine légale* 31 (1844), S. 97–316.

• 16 *The Edinburgh Medical and Surgical Journal* 13 (1817), S. 260–264.

• 17 Stigler reproduziert die Version dieser Tabelle von 1846 (etwas weniger deutlich als die Version von 1844) und gibt die korrekten Zahlen aus dem *Journal* von 1817 an (das, wie ich weiter oben andeute, Quetelet möglicherweise nie gesehen hat). Stigler, *History of Statistics* (wie Anm. 5), S. 206–269.

• 18 *Lettres*, vgl. oben, übers. von O.G. Downes, *Letters … on the Theory of Probabilities*, London 1859, S. 92.

• 19 A. Quetelet, «De l'homme considéré dans le système social, ou comme unité, ou comme fragment de l'espèce humaine», ebd., 2, 35 (1873), S. 201. Die Daten waren auf dem Internationalen Statistischen Kongress in Berlin 1863 vorgestellt worden, aber die Moral war damals noch nicht gezogen worden.

• 20 F. Galton, «Typical Laws of Heredity», *Nature* 15 (1877), S. 512.

• 21 F. Galton: *Natural Inheritance*, London 1889, S. 58.

• 22 Beginnend ab 1875: W. Lexis: *Einleitung in die Theorie der Bevölkerungsstatistik*, Strasbourg 1875.

• 23 T.M. Porter, «The Mathematics of Society: Variation and Error in Quetelet's Statistics 3, *British Journal for the History of Science* 18 (1985), S. 51–69, und *The Rise of*

Statistical Thinking 1820–1900, Princeton 1986, S. 240–255.

• 24 Über Revolution und Zivilisation siehe A. Quetelet, «Sur la possibilité de mesurer l'influence des causes qui modifient les éléments sociaux, Lettre à M. Villermé», *Correspondances mathematiques et physiques* 7 (1832), S. 326. Der Brief an Albert ist zitiert in H.H. Schoen, «Prince Albert and the Application of Statistics to Problems of Government», *Osiris* 5 (1938), S. 286 f.

• 25 Quetelet, «Sur la possibilité», ebd., S. 346.

DIE GESELLSCHAFT BEREITET DIE VERBRECHEN VOR

London, 16. Juli 1860
Die statistischen Entdeckungen einer Nation sind die Lichter aller Nationen. Trotz der Unfälle bei Feuersbrünsten, der Unbeständigkeit der Winde, der Unwägbarkeiten des Lebens und der Schwankungen in den Gemütern und den Lebensumständen der Menschen, von denen Brände, Wracks und Todesfälle abhängen, unterliegen sie Gesetzen, die so unveränderlich sind wie die Gravitation, und sie schwanken innerhalb bestimmter Grenzen, die das Kalkül der Wahrscheinlichkeiten im Voraus bestimmen kann.
Dies gilt auch für die Verbrechen und andere Willensakte, sodass die Verletzung selbst einem Gesetz unterliegt. Soll etwa auf dieser Grundlage ein System des Fatalismus aufgebaut werden?
Nein, denn die Statistik hat auch ein Gesetz der Variation offenbart. Führen Sie ein Belüftungssystem in nicht belüfteten Minen ein, und Sie ersetzen ein Gesetz der Unfälle durch ein anderes. Diese Ereignisse sind unter Kontrolle. Einige

Rassen begehen jedoch in höherem Masse Gewaltverbrechen als andere Rassen.
Einige Klassen sind gefährlicher.
[Aber] so wie die Menschen die Macht haben, ihre Rasse zu verändern, haben sie auch die Macht, den Strom menschlicher Handlungen innerhalb bestimmter Grenzen zu verändern, die die Statistik bestimmen kann.*[1]

*William Farr, der amtierende Leiter des Büros des Registrar-General für England und Wales, in seiner Begrüssungsrede zum vierten Internationalen Statistikkongress. Die Präsidentschaftsrede wurde von Albert, dem Prinzgemahl, gehalten, der auch einen grossen Teil seiner Rede dem Fatalismus widmete.

Worte wie diese signalisieren die Verbindung zwischen Information und Kontrolle. Statistische Informationen führen zur Entdeckung von statistischen Gesetzen. Wir, die wir die Informationen sammeln, verändern die Randbedingungen und damit die Gesetze der Gesellschaft. Eine solche Kontrolle der menschlichen Bevölkerung scheint ihre Freiheit einzuschränken. Dieser Gedanke hat keine Fragen über die moralischen Dimensionen des politischen Handelns aufgeworfen. Das waren die selbstbewussten Tage jener Hymne auf die Industrie und das Imperium, die Great Exhibition im Crystal Palace. Statt politische Selbstzweifel zu wecken, schufen die Zusammenhänge zwischen Information, Kontrolle und statistischen Gesetzen ein metaphysisches Dilemma, das als statistischer Fatalismus bezeichnet wurde.

Die Gesellschaft bereitet die Verbrechen vor, und der Schuldige ist nur das Instrument. So lautete Quetelets erregter Brief an Villermé, der 1832 veröffentlicht wurde. Die Idee löste eine Krise aus. Bis 1836: «Die moralische Ordnung fällt in den Bereich der Statistik … eine entmutigende Tatsache für diejenigen, die an die Perfektionierbarkeit der menschlichen Natur glauben. *Es scheint, als ob der freie Wille nur in der Theorie existiert.*» Aber: «Durch eine Änderung der Institutionen oder der Verwaltungspraktiken kann man die Kriminalität eines Landes verringern.» Diese Worte von d'Angeville sind repräsentativ.[2]

Wir sind eher mit einer ganz anderen Verbindung zwischen freiem Willen und statistischen Wahrscheinlichkeiten vertraut. Die zweite Welle der Quantenmechanik, die 1926 begann, stellte fest, dass die grundlegenden Gesetze der Mikrophysik irreduzibel probabilistisch sind. Im Jahr 1936 bewies John von Neumann das erste Theorem über «keine verborgenen Variablen»: Der Quantenphysik können keine notwendigen, rein deterministischen Gesetze zugrunde liegen. Einige Physiker und viele Kiebitze schlossen daraus, dass die Physik die Realität der menschlichen Freiheit beweist. Auch heute noch behaupten einige, dass damit das Problem des freien Willens gelöst sei.

Der Kontrast zwischen der Sensibilität der 1830er- und der 1930er-Jahre erscheint paradox. In den 1930er-Jahren dachte man, die Überzeugung, dass die Naturgesetze probabilistisch sind, mache die Welt sicher für die Freiheit. In den 1830er-Jahren ging die Inkohärenz in die entgegengesetzte Richtung: Wenn es statistische Gesetze für Verbrechen und Selbstmord gab, dann konnten die Verbrecher nicht anders. 1930 machte die Wahrscheinlichkeit Platz für den freien Willen, 1830 schloss sie ihn aus.

Dieser Gegensatz erscheint nur paradox. In den 1930er-Jahren wurden die Gesetze der Physik, die lange Zeit das Modell der unpersönlichen und unumstösslichen Notwendigkeit gewesen waren, ihrer magistralen Macht beraubt. Einst hatten sie die kleinste Bewegung des leichtesten Atoms und damit den Fall eines jeden Spatzen, vielleicht sogar den Sündenfall selbst, vorherbestimmt. Im Jahr 1936 beschrieben sie nur noch die Wahrscheinlichkeiten für den zukünftigen Weg eines einzelnen Teilchens. Höchstens das kollektive Verhalten einer riesigen Ansammlung von Wesen oder Ereignissen wurde bestimmt. Daher konnten die Individuen innerhalb des Ensembles frei handeln. In den 1830er-Jahren dagegen wurde das menschliche Verhalten unter neue probabilistische Gesetze gestellt, die ständig mit dem Gesetz der Schwerkraft verglichen wurden. Die Physik war immer noch unerbittlich. Die Gesetze der Gesellschaft waren wie die Gesetze der Physik und konnten daher nicht verletzt werden. In den 1930er-Jahren entfernte sich die Physik, und damit auch das Recht, vom Determinismus. Die 1830er-Jahre zogen die Gesetze der Gesellschaft zur Physik und damit zum Determinismus hin. Deshalb schien die Wahrscheinlichkeit im Jahr 1936 Raum für Freiheit zu schaffen, und 1836 schien sie diese auszuschliessen.

Aber das ist nicht die ganze Geschichte. Warum wurde in den 1930er-Jahren der freie Wille durch die statistische Wahrscheinlichkeit unterstützt? Man war wohl der Meinung, dass ein Ereignis, das unter ein (rein) probabilistisches Gesetz fällt, durchaus eine freie Handlung sein könnte. Aber in den 1830er-Jahren waren viele (wie der oben zitierte d'Angeville) der Meinung, dass eine menschliche Handlung nicht frei sein kann, wenn sie unter ein probabilistisches Gesetz fällt. Die meisten analytischen Philosophen würden ohne zu zögern sagen, dass die d'Angevilles von damals schlichtweg falsch lagen. Vielleicht ist es das, was die Vernunft lehrt, aber unheimliche Gefühle, die das Gegenteil behaupten, sind nicht unbekannt. In einer fremden Stadt bin ich leicht entnervt, wenn ich die Morgenzeitung kaufen gehe. Der Verkäufer oder der Automat hat eine Zeitung für mich parat. Als ich nach Hause komme, frage ich am Kiosk, ob es vor ein paar Tagen noch eine unverkaufte Zeitung gab. Die gab es nie. Jemand anderes war dort und hat meine gekauft.

Wir brauchen keine offiziellen Kriminalitätsstatistiken, um in diese Richtung zu denken, aber wir brauchen eine Technologie der Verteilung. Die ersten zaghaften Diskussionen über den statistischen Fatalismus drehten sich um die fast konstante Anzahl von Briefen an die Einwohner von Paris, die im Büro für tote Briefe landeten. Das von Laplace bemerkte Phänomen wurde 1819 von dem Universalgelehrten Thomas Young erörtert. Er versicherte seinen Lesern, dass es sich nicht um ein «mysteriöses Verhängnis» handele, aber das Beispiel wurde jahrzehntelang verwendet.[3]

Die kühle analytische Sichtweise besagt, dass ein statistisches Gesetz zwar für eine Population gelten kann, die Mitglieder der Population aber frei bleiben, zu tun, was sie wollen. Das Gesetz gilt nur für die Gesamtheit der Individuen. Kein Gesetz zwingt *mich* dazu, eine Zeitung zu kaufen, selbst wenn es ein Gesetz für meine Nachbarschaft gibt. Trotz dieser oberflächlichen und bequemen Meinung haben wir uns noch nicht mit statistischen Gesetzen über Menschen versöhnt. Sie kollidieren viel zu stark mit unseren Vorstellungen von persönlicher Verantwortung.

Wir sind uns zum Beispiel nicht im Klaren darüber, was mildernde Umstände sind. Der gelegentliche Leser von Gerichtsverhandlungen kennt das Problem, mit dem Richter und Geschworene konfrontiert sind. Während ich schreibe, wird ein 23-jähriger Mann des Mordes an der dreijährigen Tochter seiner Geliebten für schuldig befunden. Vor dem Mord hatte er das Kind sodomisiert und dann in einem Müllsack aus dem Autofenster geworfen. Der Richter, der nicht für Milde bekannt ist, entschuldigt sich fast: «Ich weiss, dass die Umstände Ihres Lebens absolut entsetzlich waren, aber trotzdem werden Sie zu lebenslanger Haft ohne

Möglichkeit einer Anhörung zur Haftaussetzung für acht Jahre verurteilt.» Die Verteidigung hatte unter Hinweis auf die Vergangenheit des Mannes ein starkes Gnadengesuch eingereicht, als ob er gar nicht anders könnte, als etwas Abscheuliches zu tun. Behauptete statistische Gesetze («Eine Person, die als Kind von beiden Elternteilen körperlich und sexuell missbraucht wurde, wird mit 87-prozentiger Wahrscheinlichkeit zum Täter» usw.) sind als Teil des Plädoyers angegeben. Die Person war nicht wirklich verantwortlich. Selbst Richter, die ihr Leben solchen Angelegenheiten widmen, sind sich bei weitem nicht sicher über mildernde Umstände statistischer Art.

Die grausamste Parodie haben wir Dickens zu verdanken. *Hard Times* ist ein bemerkenswertes anti-utilitaristisches und antistatistisches Traktat. Cissy konnte nicht einmal das Wort «Statistik» aussprechen. Das Beste, was ihr in Mr. Gradgrinds Klasse einfiel, war «S-s-s-s-tutterers». Gradgrind lehrte mit Nachdruck die Unantastbarkeit des statistischen Gesetzes. Am Ende des Romans wird sein abscheulicher Sohn Tom als Dieb entlarvt.

> «Wenn ein Blitz auf mich gefallen wäre», sagte der Vater, «hätte mich das weniger erschüttert als das hier.»
> «Ich verstehe nicht, warum», brummte der Sohn. «So viele Menschen sind in vertrauenswürdigen Positionen beschäftigt; so viele

von ihnen werden unehrlich sein. Ich habe Sie schon hundertmal davon reden hören, dass es ein Gesetz ist. Wie kann *ich* Gesetzen helfen? Sie haben andere zu solchen Dingen verurteilt, Vater. Trösten Sie sich.»[4]

Dickens war zutiefst misstrauisch gegenüber utilitaristischen Statistiken. Er glaubte ganz eindeutig nicht an die Gültigkeit statistischer Verallgemeinerungen. Heute sind sie unausweichlich, aber wir haben noch nicht herausgefunden, wie wir mit statistischen Abschwächungen und ihren Auswirkungen auf die Verantwortung umgehen sollen. Wir sollten daher mit einer gewissen Nächstenliebe auf Leute wie d'Angeville blicken, die sich zum ersten Mal mit diesem Problem auseinandersetzten.

Eine Sache ist klar. Hätte es in den Jahren 1820 – 1840 nicht diese Zahlenlawine und die damit einhergehende Konzeption des statistischen Rechts gegeben, hätten wir dieses Problem nicht. Der Richter hätte sich nicht bei dem Mörder entschuldigen müssen; er hätte ihn mit Freuden ein Monster genannt und ihn lebenslang weggesperrt. Eine weitere Verbindung zwischen statistischem Recht und Freiheit ist noch vorhanden. Die Rede von Farr legt den Gedanken nahe. Die Menschen sind nicht dazu verdammt, ein statistisches Gesetz zu befolgen, denn die Bedingungen für die Anwendung des Gesetzes können geändert werden. Es gibt Gesetze über Brände in der Stadt, aber Feuerwehrmänner, Bauvorschriften und Stadtplanung können die Risiken verändern. Das Gleiche gilt für bestimmte Bevölkerungsgruppen. Wir, die Verwalter, verändern das Stadtbild und damit auch die Brandgefahren. Ebenso können *wir*, die regierenden Klassen, die Gesetze ändern, die für *sie*, die Regierten, gelten.

Das ist eine bemerkenswerte Antwort auf die Behauptung, dass Statistik Fatalismus bedeutet. Sie scheint das Argument zu bestätigen! Farr sagte, er lehne Fatalismus ab, aber er hielt an einem strikten sozialen Determinismus fest. Die Mitglieder der regierten Klasse blieben an ein statistisches Gesetz gebunden, auch wenn es von einer wohlmeinenden Bürokratie gewählt wurde.

Sowohl Quetelet als auch Farr repräsentieren den philanthropischen und utilitaristischen Aspekt der Statistik des 19. Jahrhunderts. Das ist ihre dominante Seite. Beide Männer scheinen die besten Instinkte gehabt zu haben. Sie wollten das Los der arbeitenden Klassen verbessern und glaubten, dass sie dies durch eine neue Art der Kontrolle erreichen könnten. Finden Sie heraus, welches die statistischen Gesetze sind, die Verbrechen, Krankheiten, Laster und Unruhen bestimmen. Dann finden Sie Wege, um die Bedingungen zu ändern, unter denen diese Gesetze gelten. Guerry war Positivist: Die moralische Analyse muss die Daten beschaffen, auf deren Grundlage der Gesetzgeber entscheiden sollte, aber sie kann dem Gesetzgeber keine Vorschläge machen. Die Unterscheidung zwischen Tatsache und Wert blieb heilig. Quetelet war, zumindest in seiner Jugend, ein Reformist. Die jährlichen Kriminalitätsraten sind ein «notwendiges Ergebnis» unserer Gesellschaftsordnung, also muss der Gesetzgeber Änderungen einführen, um sie zu modifizieren. Farr sah sich nicht nur in der Lage, statistische Fakten zusammenzutragen, sondern auch in der Pflicht, Empfehlungen auszusprechen.* [5]

* Farrs jährlicher *Letter to the Registrar-General*, der am Ende des *Annual Report of the Registrar-General of England and Wales* veröffentlicht wurde, war immer faszinierend. Zum Beispiel war das Kindbett- oder Wochenbettfieber eine der Hauptursachen für den Tod von Säuglingen. Die endgültige Lösung – dass Hebammen und Ärzte sich die Hände waschen und ihre Instrumente sterilisieren sollten – wird gewöhnlich Semmelweis zugeschrieben. Viele Jahre zuvor hatte Farr in seinem Jahresbrief die Untersuchungen und identischen Empfehlungen von Robert Storrs aufgenommen. Farr fuhr fort mit der Ausbildung von Frauen in hygienischer Hebammenarbeit. Dies würde auch der Tatsache Abhilfe schaffen, dass Frauen «jetzt so wenige Bereiche einer profitablen Beschäftigung haben». Indem er zwei so unterschiedliche soziale Fragen miteinander verband, war Farr die Verkörperung des rationalen Utilitarismus. Das Fortbestehen des Kindbettfiebers in England zeigt die Grenzen seines Einflusses.

Leser, die mit den grossen Reformbewegungen sympathisieren, werden nur die grosszügigen Instinkte eines Farr loben wollen, aber sie sollten nicht die Art und Weise ignorieren, in der Funktionäre wie er die Infrastruktur einer der Arten von Macht geschaffen haben, durch die unsere Gesellschaft funktioniert. Wir beschaffen uns Daten über eine regierte Klasse, deren Verhalten anstössig ist, und versuchen dann, die vermeintlich relevanten Bedingungen dieser Klasse zu verändern, um die Gesetze der Statistik zu ändern, denen die Klasse gehorcht. Das ist die Essenz des Regierungsstils, der in den Vereinigten Staaten als «liberal» bezeichnet wird. Dafür gibt es anschauliche Beispiele. Die Zwangsintegration der amerikanischen Schulen durch Busse ist ein berühmtes Beispiel. Wie im 19. Jahrhundert sind die Absichten einer solchen Gesetzgebung wohlwollend. *Wir*, die wir am besten Bescheid wissen, ändern die statistischen Gesetze, die *sie* beeinflussen. Das ist eine der Pointen von Dickens' Satire.

Ich will die aussergewöhnlichen Veränderungen in der Lebensqualität, die von den utilitaristischen Aktivisten bewirkt wurden, nicht in Abrede stellen. Keiner war erfolgreicher als die Sanitärreformer, die die Lebenserwartung aller Menschen auf der Erde radikal verändert haben. Sauberes Wasser und Waschen wirkten Wunder, lange bevor es eine weit verbreitete oder gut begründete Keimtheorie für Krankheiten gab. Die Mehrheit der Aktivisten vertrat die Theorie der «verdorbenen Luft» (Malaria) oder des Miasmas als Ursache der Ansteckung. Anfangs wollten sie das faulige Wasser reinigen, nicht weil es selbst die Quelle der Ansteckung war, sondern weil es schlecht roch und die schlechte Luft erzeugte, die Krankheiten verbreitete. Obwohl sie die falsche Grundlage für ihre Massnahmen hatten, leiteten ihre Reformen das ein, was wir heute als Bevölkerungsexplosion bezeichnen. Die sanitären Einrichtungen zogen mit dem Imperium um die Welt und erhöhten die Lebenserwartung radikal.* [6]

*Für Farr und seine Mitstreiter gingen Gesundheit und Wohlstand Hand in Hand. «Man kann ohne grosse Gefahr der Übertreibung behaupten, dass es möglich ist, die Zahl der jährlichen Todesfälle in England und Wales um 30'000 zu verringern und die Vitalität (darf ich nicht hinzufügen: die Industrie und den Wohlstand?) der Bevölkerung in gleichem Masse zu steigern; denn Krankheiten sind der eiserne Index des Elends, das in dem Masse zurückgeht vor Kraft, Gesundheit und Glück, wenn die Sterblichkeit abnimmt.»

Das Ziel war die Verbesserung der Gesundheit, aber vergessen wir nicht die Moral. Ende des Jahrhunderts wurden Vermieter und Arbeitgeber dazu angehalten, in ihren Mietshäusern oder Fabriken Toiletten mit fliessendem Wasser zu installieren. Das Verkaufsargument zielte weniger auf die Gesundheit der arbeitenden Klassen als auf die Moral. Das Wasserklosett war unter anderem als architektonisches Bauwerk gedacht, das die Privatsphäre der Körperfunktionen gewährleisten sollte, als natürliche Erweiterung der Wände, die die Schlafräume von Eltern und Kindern trennten, als letzte materielle Kodifizierung der Regeln der Kernfamilie. In Verbindung mit einer sicheren Wasserentsorgung war es jedoch auch eine bedeutende Gesundheitsmassnahme. Es ist kaum eine Übertreibung zu sagen, dass Moral und Gesundheit im utilitaristischen Denken in den Köpfen der Utilitaristen immer verbunden waren.

Meine Worte mögen andeuten, dass die Kombination von Gesundheit und Moral ein strukturelles Mittel ist, mit dem die Reichen das Verhalten der Armen regulieren konnten. Wie sehr sich die Reformen auch in philanthropischen Eifer hüllten, ihre eigentliche Funktion war es, die bestehende

Ordnung zu bewahren, so werden manche sagen. Vielleicht, aber auch für die Wohlhabenden gelten Regelungen, die kaum zwischen Gesundheit und Moral unterscheiden: «Moralische Ursachen und die Regulierung des Geistes haben vielleicht einen grösseren Einfluss auf die gebildeten Klassen, aber alle müssen von der Bewegung im Freien profitieren.» Hier waren es Wahnsinn und Selbstmord, die durch gute Luft und sportliche Betätigung verhindert werden sollten.[7]

Dennoch gelten für Klassen statistische Gesetze. Es sind die Gesetze über «sie», über die anderen, die es zu bestimmen gilt, die analysiert werden müssen und die die Grundlage für die Gesetzgebung bilden. Bei den fraglichen Klassen handelt es sich nicht um abstrakte Gebilde, sondern um soziale Realitäten. Zwangsläufig sind es vor allem die arbeitenden, kriminellen oder kolonialen Klassen, die zu ihrem eigenen Wohl verändert werden müssen. Wir kennen *Les Misérables* als Victor Hugos grossartigen Roman, auch wenn er nur in ein Musical verwandelt wurde. Sein Titel, der uns fern und vage romantisch vorkommt, war eine technische Standardterminologie der damaligen Zeit, die von Statistikern häufig verwendet wurde.[8] In *Les Misérables* gab es Räuber, Bettler, Vagabunden, verlassene Kinder, Prostituierte.

> Es liegt auf der Hand, dass die Statistiken dieser Klasse (der Prostituierten), wenn sie verfolgt und nach Alter, familiären Verhältnissen

> und Bewegung genau aufgeschlüsselt werden, für den Staatsmann sehr nützlich sein werden, um die ersten Motive für schlechte Sitten, den Lebensstil, die Wahrscheinlichkeit der Schuldfähigkeit und die Organisation der Überwachung zu bestimmen.[9]

Die Prostituierte und der Staatsmann: Ich brauche nicht weiter zu betonen, dass *sie* überwacht werden und dass *wir* uns an der notwendigen Überwachung beteiligen. Neben den Klassen innerhalb einer Gesellschaft gibt es auch die grösseren Klassen, die wir Rassen nennen. Die primäre Konnotation von Rasse ist für uns die Hautfarbe. Als Farr in seiner Rede von Rasse sprach, meinte er jede nationale, stammesbezogene oder sogar familiäre Gruppe, die durch Vererbung verbunden ist und eine Gemeinsamkeit aufweist, die in der Tradition verankert ist. «Die Menschen haben die Macht, ihre Rasse zu verändern», schrieb er. So begann die Eugenik.

In den letzten Jahren haben uns Daniel Kevles und andere die Eugenik-Bewegung, die von Francis Galton begründet und von seinem Schützling Karl Pearson weitergeführt wurde, sehr bewusst gemacht.[10] Ich möchte dieses Thema nicht weiter vertiefen, sondern nur zwei Bemerkungen machen. Erstens hat die Bewegung zu Recht eine schlechte Presse. Dabei wird allzu oft vergessen, dass sie von denselben philanthropischen, utilitaristischen Überlegungen motiviert war, die allen «liberalen» Versuchen zur Veränderung der Bevölkerung zugrunde liegen. Zweitens sind die Wurzeln der Eugenik früher zu finden, als gemeinhin angenommen wird. Sie liegen in der Quetelet'schen Idee, dass statistische Gesetze die Merkmale einer Bevölkerung bestimmen. Farrs Rede vor den Statistikern der Welt zeugt davon. In wenigen Augenblicken ging er von der Verwaltung von Bränden über die Verwaltung von Klassen zur Verwaltung von Rassen.

Sein ausdrückliches Thema war keines davon. Es war statistischer Fatalismus. Wenn ein statistisches Gesetz auf eine Gruppe von Menschen anwendbar ist, dann ist die Freiheit der Individuen in dieser Gruppe eingeschränkt, so die Lehre. Es ist leicht, dies als ein Epiphänomen zu betrachten, eine Kuriosität aus der Frühzeit des statistischen Denkens. In Wirklichkeit verrät es die anfängliche Ratlosigkeit über die Kontrolle von Bevölkerungen auf der Grundlage statistischer Informationen. Der statistische Fatalismus war das Symptom eines kollektiven Unwohlseins. Wir lesen eine metaphysische Sorge um die menschliche Freiheit, die zuweilen fast hysterisch wirkt. Wir können das kaum als Musterbeispiel für rationales Denken ansehen. Eben. Der Knoten war nicht metaphysisch, sondern politisch. Das Problem, das sich dahinter verbarg, war nicht die Macht der Seele zu wählen, sondern die Macht des Staates zu kontrollieren, was für ein Mensch man ist.

Dennoch gab es sowohl metaphysische als auch politische Unruhen. Dieser Fatalismus war nur eines von vielen Anzeichen für einen Übergang in den Vorstellungen von Kausalität, Notwendigkeit und Determinismus im Allgemeinen. Diese Behauptung gewinnt in Kapitel 18 an Kraft, wo ich die seltsamen Diskussionen über den Determinismus in dieser Zeit untersuche. Hier kann ich mich kurz über den statistischen Fatalismus auslassen, denn Porter hat den Verlauf der Ereignisse gut beschrieben, und Lottin hat eine hervorragende Analyse von Quetelets eigenen Ansichten zu diesem Thema.[11]

Freier Wille und Determinismus waren schon immer umstritten, aber nicht der statistische Fatalismus. Das war neu, denn statistische Gesetze hatte es noch nie gegeben. Nehmen wir an, es sei ein statistisches Gesetz, dass ein bestimmter Anteil der Menschen in einem bestimmten Bezirk im nächsten Jahr Selbstmord begehen wird. Dann (so schien es zu folgen) gilt nicht für jeden Einwohner, dass es ihm freisteht, keinen Selbstmord zu begehen. Denn wenn es jeder Person freistünde, dies zu tun, dann könnte es passieren, dass keiner es tut, und somit wäre es schliesslich kein statistisches Gesetz über die Bevölkerung.

Dieses Problem kann kaum vor 1820 entstanden sein. Doch es ist etwas dran an dem Sprichwort, dass es nichts Neues unter der Sonne gibt. Die Phrenologie hatte sich bereits mit vielen der logischen Probleme auseinandergesetzt. «Diese neue Art der Forschung hat nicht nur Wissenschaftler und einige Literaten interessiert; sie ist von den philosophischen Exerzitien und der Akademie in die Salons, ja in das Milieu der frivolsten Menschen gelangt; sie war und ist Gegenstand aller Gespräche, Gegenstand einer regen Neugierde.»[12] Heute denken wir bei der Phrenologie an ein albernes Spiel, bei dem es darum geht, den Charakter eines Menschen anhand der Beulen auf dem Kopf zu bestimmen. In der Tat sind Karten des Kopfes, auf denen die «Fähigkeiten» eingezeichnet sind, komisch, mit ihren Beulen für Charaktereigenschaften wie «Verliebtheit oder Philoprogenität».[13] Wir können uns von dem Modell unterhalten lassen, nach dem benachbarte Organe und die ihnen zugeordneten Fähigkeiten sich gegenseitig beeinflussen.*[14]

*Ein Phrenologe im Jahr 1815:
Herr Hume hat behauptet, dass wir nichts über Ursache und Wirkung wissen, ausser durch die Beobachtung der gleichmässigen Verbindung von Phänomenen. Wir geben zu, dass die regelmässige Aufeinanderfolge von Phänomenen die Vorstellung nahelegt, dass sie durch eine Kumulation [sic] von Ursachen miteinander verbunden sind, indem ein bestimmtes Vermögen erregt wird, aber die so erregte Vorstellung von Kausalität ist das Ergebnis eines bestimmten Organs; wir haben einigen Grund zu der Annahme, dass dies bei Tieren fehlt. Es ist auf jeder Seite durch das Organ des Vergleichs gekennzeichnet. Dieses Organ, sagt Dr. Spurzheim, fragt nach dem Warum? Es erzeugt die Neugier auf die Ursachen und ist ein notwendiger Bestandteil des Charakters eines Philosophen. Einige Jahre später versuchte Georget, die Kategorien von Kants transzendentaler Analytik – Ursache, Substanz und dergleichen – mit Organen im Gehirn zu identifizieren, aber auf dem Sterbebett widerrief er.

Aber Robert Young und andere haben überzeugend gezeigt, dass die Phrenologie, die wir für einen reinen Irrtum halten, Teil einer grösseren Reform war, die Krankheiten ihren Sitz in bestimmten Organen haben.[15]

«Der wesentliche Punkt ist, ob es wirklich eine solche einheitliche Entsprechung zwischen bestimmten Formen des Kopfes, des Schädels oder des Gehirns und bestimmten Charakteren des Geistes gibt.»[16] Gall und auch Spurzheim behaupteten, es gäbe sie. Sie haben sich geirrt. Aber abgesehen von den medizinischen und psychologischen Fragen zur Phrenologie gab es auch eine moralische Frage. Nehmen wir an, dass die Charaktereigenschaften von den Organen im Gehirn bestimmt werden. Nehmen wir weiter an, dass einige dieser Eigenschaften bösartig sind. Dann könnte ein Mensch gar nicht anders, als lüstern, stolz, durchtrieben und geizig zu sein, oder? War er dann frei? War er für das Chaos verantwortlich, wenn er so veranlagt war?

Die Organe sollten mit «Neigungen» zu Verbrechen oder Kreativität in Verbindung gebracht werden. Das ist der englische Begriff, der von Karl Popper wiederbelebt wurde, der in den 1950er-Jahren eine «Propensity»-Theorie der Wahrscheinlichkeit erfand. «Propensity» war ein Kunstbegriff aus der Phrenologie, aber die Verbindung zum statistischen Fatalismus war enger als das. Das französische Wort war *penchant*. Der statistische Ausdruck von Quetelet war identisch: *penchant au crime*. Spurzheim verwendete Neigungen, um den Vorwurf des Fatalismus zu entkräften. «Erstens sind einige unserer Eigenschaften von Geburt an festgelegt. Man kann sich nicht aussuchen, ob man das älteste oder das jüngste Geschwisterchen ist. Ausserdem werden uns bestimmte geistige und moralische Eigenschaften mitgegeben, so wie wir auch andere körperliche Merkmale bei der Geburt erhalten. Warum sollten wir denken, dass dies Fatalismus bedeutet? Die Fähigkeiten des Willens und die Beweggründe, die den Willen bestimmen, sind gegeben und angeboren, aber was soll's?»[17]

Einige von Spurzheims Überlegungen stellen unsere Erwartungen sinnvollerweise auf den Kopf. «Die materialistische Weisheit besagt, dass die Gesetze der Physik alles regeln; für Spurzheim war das Gegenteil der Fall. Physikalische Gesetze sind chemischen Gesetzen unterworfen: Die Schwerkraft zum Beispiel ist ein physikalisches Gesetz, und sie wird durch chemische Affinität modifiziert.»[18] Physikalische und chemische Gesetze sind organischen Gesetzen untergeordnet, die letztlich den Gesetzen des menschlichen Vermögens untergeordnet sind. Die Freiheit besteht in der Möglichkeit, etwas zu tun oder nicht zu tun, und in der Fähigkeit, die Motive zu kennen und sich nach ihnen zu richten. Der freie Mensch kennt also seine Neigungen, kennt seine Motive, denkt über sie nach und entscheidet sich für sein Handeln. Der Wille beginnt mit der Fähigkeit zu wissen und zu reflektieren. Die Moral beginnt mit dem Vermögen der Pflicht und der Gerechtigkeit.

Moralische Freiheit ist die Anwendung des Willens auf das absolute Gewissen.[19]
Die guten Ärzte waren sich nicht in allem einig. Gall räumte böse Neigungen ein, Spurzheim leugnete sie. Er vertrat die Ansicht, dass das moralische Übel «in Handlungen besteht, die nicht mit der Gesamtheit der dem Menschen eigenen Fähigkeiten vereinbar sind». Das erinnert an die alten Debatten über Fatalismus und Freiheit. Das Element in der phrenologischen Theorie, das für die Statistik von Bedeutung war, bestand darin, dass sie ein Argument lieferte, um eine Neigung (*penchant*) von einem determinierenden Faktor zu trennen. Der alte Slogan von Leibniz, einer «Neigung ohne Notwendigkeit», erhielt so eine neue Anwendung.

Die Statistiker haben in ähnlicher Weise geschrieben. Es gibt eine *penchant au crime*, ja, aber jeder einzelne Mensch hat eine *force morale*, die ihm hilft. Das erinnert an die Hierarchie von Spurzheim. Aber es gab zusätzliche, statistische Elemente, wie es sich für die Verschiebung des Problems gehört. Freie Entscheidungen wurden als kleine individuelle Ursachen betrachtet (wie in Kapitel 13 beschrieben), die sich im Gesamtbild ausgleichen. Je grösser die Zahl der Individuen ist, desto mehr tritt der individuelle Wille in den Hintergrund und lässt die Reihe der allgemeinen Fakten überwiegen, die Fakten, die von allgemeinen Ursachen abhängen und aufgrund derer die Gesellschaft existiert und erhalten bleibt.[20]

Für Quetelet sind freie Handlungen also winzige Ursachen, die die grösseren Regelmässigkeiten aufheben und ermöglichen. Umgekehrt schliessen diese grösseren Regelmässigkeiten den freien Willen des Einzelnen nicht aus. Aber implizieren sie nicht einen grossen Fatalismus, was die Menschheit selbst betrifft? Quetelet vertrat das Thema der utilitaristischen Verbesserung der Rasse. Um einen globalen Fatalismus zu vermeiden, müssen wir an die Vervollkommnungsfähigkeit des Menschen glauben. Der zivilisatorische Fortschritt resultiert aus der Veränderung der Bedingungen der Sterblichkeit, und dasselbe gilt für unseren moralischen Zustand.[21]

Die intensivsten und am weitesten verbreiteten Debatten über den statistischen Determinismus haben wir jedoch nicht den Statistikern oder ihren Gegnern zu verdanken. James Clerk Maxwell bemerkte: «Die statistische Methode zur Untersuchung sozialer Fragen hat in Laplace ihren wissenschaftlichsten und in Buckle ihren populärsten Befürworter.»[22] Mit der Veröffentlichung seiner *History of Civilization in England* im Jahr 1857 wurde T.H. Buckle zum Löwen der Londoner Saison. Konnte eine Zivilisationsgeschichte des 19. Jahrhunderts auf statistischem Fatalismus beruhen? Ja, und zwar eine, deren Fatalismus bestätigt wurde durch unsere alten Freunde, die Selbstmordstatistiken:

> In einem bestimmten Zustand der Gesellschaft muss eine bestimmte Anzahl von Personen

ihrem eigenen Leben ein Ende setzen. Dies ist das allgemeine Gesetz. Die spezielle Frage, wer das Verbrechen begehen soll, hängt natürlich von besonderen Gesetzen ab, die jedoch in ihrer Gesamtheit dem grossen sozialen Gesetz gehorchen müssen, dem sie alle untergeordnet sind. Und die Macht des grossen Gesetzes ist so unwiderstehlich, dass weder die Liebe zum Leben noch die Furcht vor einer anderen Welt irgendetwas dazu beitragen kann, seine Wirkung auch nur zu bremsen.[23]

KAPITEL 14 — ENDNOTEN

• 1 Diese Sätze sind Auszüge, in der Reihenfolge, in der sie vorgelesen wurden, aus der Rede von William Farr: *Fourth Session of the* International *Statistical Congress,* London 1860, S. 4 f. Für Farrs Biografie siehe J.M. Eyler: *Victorian Social Medicine: The Ideas and Methods of William Farr,* Baltimore 1979.

• 2 A. d'Angeville, «Influence de l'âge sur l'alienation mentale et sur le penchant au crime», *Bulletins de l'Académie Royale des Sciences et Belles-Lettres de Bruxelles* 3 (1836), S. 184 f. Die gleiche Sorge wird in seinem *Essai de la statistique de la population française, considérée sous quelques uns de ses rapports physiques et moraux,* Bourg 1836, geäussert. Letzterer drückt positivistische Gefühle aus: «Die Statistik ist die beste Fackel der Vernunft, wenn sie in gutem Glauben, ohne Bindung an ein bestimmtes Meinungssystem und mit zahlenmässig und zeitlich ausreichend grossen Grundlagen eingesetzt wird. Er spricht viele der Probleme an, die ich in verschiedenen Kapiteln erwähnt habe, zum Beispiel die Korrelation zwischen Bildung und Kriminalität. Guerry und Balbi hatten Informationen des Kriegsministeriums über die Rekrutierung in den verschiedenen Departements verwendet, um das Bildungsniveau der einzelnen Departements zu beurteilen. D'Angeville forderte die Ministerien für Justiz, Bildung und Krieg auf, die gleichen Massstäbe für das Bildungsniveau zu verwenden, damit aus den unterschiedlichen Erfahrungen aussagekräftige Vergleiche gezogen werden können.

• 3 T. Young, «Remarks on the probabilities of error in physical observations, and on the density of the earth, considered especially with regard to the reduction of experiments on the pendulums», *Philosophical Transactions of the Royal Society of London* 109 (1819), S. 71.

• 4 *Hard Times,* London 1854, Buch III, Kap. 7.

• 5 «Observations on

puerperal fever; containing a series of evidence respecting its Origin, Causes and Mode of Propagation», von Robert Storrs, in: Farrs Brief, *Annual Report of the Registrar-General of England and Wales* 4 (1842), S. 384–393, Zitation aus: *The Provincial Journal* Nr. 166.

• 6 Farrs Brief, *Annual Report* 1 (1839), S. 89.

• 7 Farrs Brief, *Annual Report* 3 (1841), S. 84.

• 8 *Congrès international de statistique: programme de la sixième session*, Florenz 1867, S. 89.

• 9 Ebd., S. 93. Es handelte sich um eine Bewegung vom Land in die Stadt oder von Bezirk zu Bezirk. Die Daten, die über *les misérables* gesammelt werden mussten, waren von einer Art, die 1867 als relevant standardisiert worden war: Geschlecht, Zivilstand, rechtmässige Vaterschaft? Bildung, Herkunftsort, fester Wohnsitz? Hauptursachen der *misère*? Gebrechen (blind, taub, stumm, verstümmelt, geisteskrank, Idiot)? Dann geht man zum Zustand der Familie über, zum moralischen Zustand der väterlichen Familie, usw.

• 10 Daniel Kevles: *In the Name of Eugenics: Genetics and the Uses of Human Heredity*, New York 1985.

• 11 T.M. Porter: *The Rise of Statistical Thinking* (wie Anm. 12, Kap. 13), S. 151–192; Lottin, *Quetelet* (wie Anm. 9, Kap. 5).

• 12 M. Moreau, «Idée générale du système du docteur Gall» in: *L'Art de connaître les hommes par la physiognomie de M. Lavater, augmentée des recherches ou des opinions de la Chambre, de Porta, de Campay de Gall sur la physiognomie*, 10 Bde., Paris 1806, Bd. 2, S. 47.

• 13 Siehe z.B. George Cruikshank: *Phrenological Illustrations, or the Artist's View of the Craniological System of Drs Gall and Spurzheim*, London 1826.

• 14 Thomas Forster: *Sketch of the New Anatomy and Physiology of the Brain and Nervous System of Drs. Gall and Spurzheim Considered as Comprehending a Complete System of Zoonomy, with Observations on its Tendency to the Improvement of Education, of Punishment and of the Treatment of Insanity*, London 1815. E.-J. Georget: *De la physiologie du système nerveux et spécialement du cerveau*, 2 Bde., Paris 1821, Bd. 1, S. 104–111; für die Neufassung in 1828 siehe Jan Goldstein: *Console and Classify*, Cambridge 1987, S. 256, n. 60.

• 15 R. Young: *Mind, Brain and Adaptation in the Nineteenth Century: Cerebral Localization and its Biological Context from Gall to Ferrier*, Oxford 1970. Roger Cooter: *The Cultural Meaning of Popular Science: Phrenology and the Organization of Consent in Nineteenth Century Britain*, Cambridge 1984.

• 16 P.M. Roget: *Essays on Phrenology, or an Inquiry into the Principles and Utility of the System of Drs Gall and Spurzheim, and into the Objections made Against it*, Edinburgh 1819.

• 17 J.G. Spurzheim: *The Physiognomical System of Drs. Gall and Spurzheim*, London 1815, S. 499.

• 18 Ebd., S. 502.

• 19 Ebd., S. 506.

• 20 A. Quetelet, «Recherches sur le penchant au crime aux différents âges», *Nouveaux mémoires de l'Académie Royale des Sciences et Belles-Lettres de Bruxelles* 7 (1832), S. 81.

• 21 A. Quetelet: *Sur l’homme et le développment de ses facultés ou essai de physique sociale,* 2 Bde., Paris 1835, Bd. 1, S. 16.

• 22 «Does the Progress of Physical Science tend to give any advantage to the opinion of Necessity (or Determinism) over that of the Contingency of Events and the Freedom of the Will?», in: L. Campbell und W. Garnett, *The Life of James Clerk Maxwell,* London 1882, S. 481.

• 23 H.T. Buckle: *History of Civilization in England* 1, London 1857, S. 20.

KAPITEL 15

DIE ASTRONOMISCHE KONZEPTION DER GESELLSCHAFT

Leipzig, 29. April 1871
Die französische Schule, die stets in den astronomischen Überlegungen ihres Gründers aufgeht, sieht im Menschen, dem es an Willensfreiheit mangelt, nur ein Wesen, das einer Art äusserer und unabhängiger Kraft unterworfen ist, die die bemerkenswerte Fähigkeit besitzt, den Menschen, der sich dieser Kraft nicht bewusst ist, dazu zu bringen, sich für seine Handlungen verantwortlich zu fühlen.

Die deutsche Schule … findet diese französische Interpretation pervers und unhaltbar, denn sie stellt eine an sich vernünftige These auf den Kopf. Man muss nicht leugnen, dass sich Verbrechen, Eheschliessungen, Selbstmorde usw. regelmässig wiederholen würden, wenn ein solches mächtiges äusseres Gesetz am Werk wäre. Aber es ist ein Fehler zu sagen, dass bestehende Regelmässigkeiten nur durch solche äusseren Gesetze erklärt werden können. Für den aufmerksamen Denker beweisen die Regelmässigkeiten nur die

Existenz einiger mächtiger Ursachen, ob sie nun ausserhalb des Akteurs sind oder intern.* [1]

*G.F. Knapp, Vorlesung kurz nach der Niederlage Frankreichs und während der Pariser Kommune (18. März bis 28. Mai 1871). Knapp gründete 1867 das statistische Amt in Leipzig und wurde 1869 Professor an der Universität Leipzig. In seinen Erinnerungen zeigt er, dass er dem französischen Denken immer ambivalent gegenüberstand. Diese Ambivalenz zeigt sich ironischerweise auch in seiner eigenen Karriere. Er wurde 1874 an die neue deutsche Universität in Strassburg berufen und verliess sie, als sie 1918 wieder französisch wurde. Am Ende seiner Vorlesung vom 29. April 1871 deutete er an, dass ein schlimmes Ergebnis von Buckles *Queteletismus* die Reaktion war, die er hervorrief, «die nihilistische Ablehnung des Staates und seiner Pflichten und die Befreiung des Individuums von allen Bindungen der Gesellschaft ..., die gegenwärtig auf französischem Boden zur grössten Katastrophe unserer Zeit [der Kommune] führt».

Buckle veröffentlichte den ersten Band seiner *History of Civilization in England* im Jahr 1857. Er war 36 Jahre alt, eine vertraute viktorianische Figur – der schüchterne Junggeselle, neurasthenisch, ständig von Nerven- und Magenbeschwerden geplagt, obsessiv arbeitend, ungeheuer gelehrt, erfüllt von einer Vision unausgesprochener Grösse und in einem kurzen Moment des totalen Erfolges verherrlicht. Sein Buch erlangte sofortigen Ruhm in ganz Europa. Er war mit 40 Jahren tot. Eine Zeile in Dostojewskis *St. Petersburger Aufzeichnungen*, geschrieben um 1862: «Lesen Sie immer wieder Buckle und Moleschott!»[2] Aber er wurde nicht in allen Teilen Europas auf die gleiche Weise aufgenommen. So spiegelt der Kontrast zwischen den deutschen und englischen Reaktionen auf Buckle und seine Schriften nicht nur unterschiedliche Vorstellungen von Wahrscheinlichkeit und

Determinismus wider, sondern auch grundlegend entgegengesetzte Auffassungen von Recht, Gesellschaft und dem Wesen des Menschen.

Buckle wollte mit seinem Buch einen Prolog zu einer Weltgeschichte der Zivilisation schreiben. Vom statistischen Fatalismus, den der Selbstmord so anschaulich illustriert, ging er zu einem rigiden historischen Determinismus über, in dem Klima und Landmassen den Lauf der Geschichte mehr bestimmen als die scheinbar freien Entscheidungen der politischen Akteure. Seine grösseren Themen wurden zu ihrer Zeit diskutiert, aber es ist bemerkenswert, wie seine Verwendung der Statistiken von Selbstmord und Verbrechen die Leserschaft faszinierte. Die grossen Zeitschriften und Literaturmagazine wurden von Diskussionen über den Fatalismus überschwemmt.[3] Buckle gründete seine Doktrin auf Quetelet, der sich revanchierte und ihn in *Physique sociale*, seiner 1869 erschienenen Neufassung von *Sur l'homme* aus dem Jahr 1835, ausführlich zitierte.[4] Wenn John Herschel sich darüber beschwerte, dass Buckles verrückter Fatalismus der Statistik einen schlechten Ruf einbrachte, dann muss Quetelet als selbstzufrieden betrachtet werden.[5]

Die Debatte tobte in England mehr als ein Jahrzehnt lang. Kein Thema wurde intensiver diskutiert, bevor es in Vergessenheit geriet. Ein philosophischer Logiker wie ich findet das «letzte Wort» vielleicht in John Venns *The Logic of Chance*, das erstmals 1866 veröffentlicht wurde.

Er zitiert die Worte von Buckle, mit dem ich das letzte Kapitel beendet habe: «Die obige Passage erscheint in ihrer jetzigen Form sehr absurd und würde meiner Meinung nach, für sich genommen, einen äusserst unfairen Eindruck von den Fähigkeiten des Autors vermitteln. Aber die Ansichten, die darin zum Ausdruck kommen, sind sehr weit verbreitet, und werden wahrscheinlich mit der Verbreitung von statistischen Informationen und Studien noch zunehmen.»[6]

Venn hatte eine Diagnose über die Anziehungskraft des statistischen Fatalismus, aber jemand, der vom statistischen Fatalismus gebissen wurde, würde von Dr. Venn nicht geheilt werden. Er ging nach dem Prinzip des *logic chopping* (exzessiv pedantisch) vor. Analysen und Unterscheidungen sollten die philosophische Verwirrung beseitigen. Er konnte eine ganze Reihe von gut formulierten Unterscheidungen zwischen Wahrscheinlichkeitsvorstellungen anwenden. Ihm wird oft nachgesagt, er habe eine der beiden grundlegenden Theorien über die Wahrscheinlichkeit erfunden, nämlich die Häufigkeitsrechnung. Die «grundlegende Vorstellung», so schrieb er, ist die einer Reihe, die «individuelle Unregelmässigkeit mit aggregierter Regelmässigkeit verbindet».[7] Die Wahrscheinlichkeit hat nur im Zusammenhang mit einer solchen Reihe eine Bedeutung. Jede Wahrscheinlichkeit muss sich auf eine Serie beziehen. Die Wahrscheinlichkeit eines Ereignisses ist seine relative Häufigkeit in der Serie.

Die wichtigste konkurrierende Ansicht war eine Generation zuvor von Augustus de Morgan dargelegt worden: «Wahrscheinlichkeit ist das Gefühl des Geistes, nicht die inhärente Eigenschaft einer Reihe von Umständen.»[8] De Morgan vertrat die Ansicht, dass «die Wahrscheinlichkeit eine Art Schwesterwissenschaft der formalen Logik ist». Sie «untersucht die Regeln, nach denen der Grad unseres Glaubens an eine Aussage mit dem Grad unseres Glaubens an andere Aussagen, mit denen sie verbunden ist, variiert».[9] Dies wurde von Laplaces Begriff abgeleitet, machte aber deutlich, dass es nicht um subjektive oder persönliche Grade der Überzeugung ging, sondern um eine logische Beziehung zwischen Beweisen und vernünftigen Überzeugungsgraden.

Weder Venn noch De Morgan haben ihre gegensätzlichen Ideen entwickelt.* [10]

* Wie bereits in Kapitel 12 erwähnt, könnte die erklärte Vorliebe für objektive gegenüber subjektiven Wahrscheinlichkeiten mit Fourier in den 1820er-Jahren beginnen. Ein beliebter Vorgänger von Venn als «Begründer» der Frequenztheorie ist Leslie Ellis, ein fast exakter Zeitgenosse von Buckle, der eine ebenso kurze Lebenserwartung hatte und sogar noch stärker von Nervenleiden geplagt war. Er war ein Universalgelehrter, der die Übersetzung von Francis Bacon in Angriff nahm, über die Form der Zellen im Bienenstock schrieb und versuchte, ein chinesisches Wörterbuch zu entwerfen. In Cambridge, wo er Senior Wrangler gewesen war, wurde er als Mathematiker sehr bewundert, wollte aber den Lehrstuhl für Rechtswissenschaften. Er war in eine wichtige britische Kontroverse über die Methode der kleinsten Quadrate verwickelt, an der Herschel (auf der Grundlage von dessen Bericht über Quetelet) und andere beteiligt waren. Am 14. Februar 1842: «Nachdem ich mich intensiv mit dem Thema beschäftigt habe, war ich nicht in der Lage, das Urteil, dass ein Ereignis wahrscheinlicher ist als ein anderes, oder dass es eher zu erwarten ist, von der Überzeugung zu trennen, dass es auf lange Sicht häufiger eintreten wird.»

Jeder von ihnen war ein sorgfältiger Analytiker, der eine ausgefeilte Reihe von begrifflichen Unterscheidungen über die Wahrscheinlichkeit verwendete. In Deutschland gab es zur Zeit von Buckle keine vergleichbar ausgefeilten Wahrscheinlichkeitsbegriffe. Natürlich ist eine solche pauschale Verallgemeinerung nicht ganz zutreffend. Im Jahr 1842 äusserte Fries, ein Kantianer, heftige Kritik an den «subjektiven» und «französischen» Ideen von Laplace und seinesgleichen.[11]

Die Tatsache, dass vor Venn Ellis in England (1842) und in gewissem Masse, wenn auch auf unterschiedliche Weise, Cournot in Frankreich (1843) und sogar Fries in Deutschland (1842) den Weg zu einem Häufigkeitsansatz eingeschlagen haben, bedarf keiner Erklärung. Es war eine Ära, in der statistische Regelmässigkeiten weit verbreitet waren. Trotz dieser Tendenz bleibt es wahr, dass die deutschen Denker noch keinen konzeptionellen Rahmen ausgearbeitet hatten, wie er in Frankreich und England zur Verfügung stand, was zum Teil auf den grossen Widerstand gegen die Idee des statistischen Gesetzes selbst zurückzuführen war. Ich habe in Kapitel 3 die grosse Anzahl von Definitionen der Wissenschaft der Statistik beschrieben, Rumelin konnte insgesamt 62 Definitionen aufzählen und dann selbst noch eine weitere hinzufügen. Im Gegensatz dazu haben sich die konkurrierenden Unterscheidungen zwischen den Konzepten der Wahrscheinlichkeit bei den meisten deutschen Schriftstellern kaum durchgesetzt. Dies ist eine teilweise Erklärung für den Kontrast zwischen der deutschen und englischen Rezeption von Buckle.

Im Jahr 1860 wurde Buckle von einem jungen Hegelianer ins Deutsche übersetzt, der bemerkte, dass es falsch wäre, seinen Autor als Materialisten zu lesen: denn er sei lediglich ein Engländer.[12] Das Buch löste eine erstaunliche Flut von Angriffen auf den statistischen Fatalismus und den *Queteletismus* aus. Bis 1901 hatte es sieben deutsche Ausgaben erlebt, und es gab auch eine endgültige Ausgabe in fünf Bänden in englischer Sprache, die vom deutschen Brockhaus Verlag im Jahr 1865.

Die Übersetzung wurde mit allen möglichen Reaktionen begrüsst. Innerhalb eines Jahres verdammte der quantitative Psychologe Wilhelm Wundt im Zuge eines übertriebenen Lobes des statistischen Denkens Buckle. Der Mann hatte die Naturgeschichte der Menschheit und ihre (soziale) Geschichte miteinander vermengt.[13] Es gab noch eine ganze Reihe weiterer solcher lahmer Schüsse aus der Hüfte, aber durch die Reaktionen gab es auch einen Standardeinwand.

Gesetzmässigkeiten, so wurde angemahnt, sind keine Gesetze oder gar Regeln. Ja, es gibt statistische Regelmässigkeiten, aber es ist ein Fauxpas, von statistischen Gesetzen zu sprechen. Naturgesetze werden durch reale Ursachen bestimmt, die auf einzelne Ereignisse einwirken und notwendigerweise deren Auswirkungen hervorrufen. Die unzähligen kleinen französischen Ursachen von Laplace oder Quetelet, die die statistischen Verteilungen erzeugen, verursachen diese Verteilungen nicht; also sind die Verteilungen keine Gesetze. Aber nur ein Gesetz kann die menschliche Freiheit einschränken.

So haben Kants Erben Quetelet die Stirn geboten. Im Westen stellte der Geist des Positivismus fest, dass alle Gesetze blosse Regelmässigkeiten waren. Der Glaube an Ursachen, die über Regelmässigkeiten hinausgehen, war ein unzulässiges Überbleibsel des metaphysischen Zeitalters. Daher war es völlig in Ordnung, von statistischen Gesetzen zu sprechen. Im Osten lieferte der Schatten von Königsberg eine Philosophie, die gut zu dem kommunitaristischen Ansatz in der Statistik passte, auf den ich so oft hingewiesen habe.

Der vermeintliche Fatalismus von Quetelet war in Deutschland vor Buckle nicht völlig unbekannt. Ernst Engel hatte ihn einige Jahre vor der *History of Civilization in England* angesprochen und den Einwand vorgebracht, der zur Routine werden sollte: Statistische Regelmässigkeiten sind kein Gesetz. In der Geschichte der amtlichen Statistik war Engel in gewissem Sinne der Nachfolger von Farr. Jahrzehntelang hatte Farr an der Spitze des Registrar-General-Office eine Organisation und Methoden geschaffen, die als Vorlage für alle Nationen dienten. Engel, dessen Karriere ich an anderer Stelle ausführlich beschrieben habe, leitete von 1860 bis 1882 das Preussische Statistische Amt und gab der Welt ein Modell für eine zentralisierte statistische Bürokratie.[14]

Er begann seine statistische Karriere in seiner Heimat Sachsen, wo er 1854 Leiter des sächsischen Amtes und Gründer der statistischen Zeitschriften wurde. Als typischer Mandarin-Bürokrat beschränkte er sich nur selten auf Zahlen. Er hatte Quetelet während seines Wanderjahres 1847 besucht und dann 1851 über den statistischen Determinismus geschrieben. Er wiederholte die Schlussfolgerungen in einer Monografie über die sächsische Bevölkerungsentwicklung von 1852.[15] Menschen heiraten, pflanzen sich fort und ziehen aus freien Stücken um. Warum gibt es dann Regelmässigkeiten? Quetelet hatte die Heiratsraten als Beweis für ein statistisches Gesetz auf dem Gebiet der Moral herangezogen. Also begann Engel mit einer Diskussion über die freie Wahl. Ein Jahrzehnt später, nachdem er den Ruf nach Berlin angenommen hatte, kehrte er zu diesem Thema zurück. Buckle war gerade in Deutschland erschienen; Engel hatte an der Konferenz in London teilgenommen, auf der Farr und Albert den Fatalismus diskutiert hatten. In seiner eigenen offiziellen Zeitschrift, der Monatsschrift des Preussischen Büros, gab er die Sichtweise eines Statistikers auf die Debatte über den freien Willen wieder.[16]

Dank Buckle war sein Fokus auf Selbstmord gerichtet. Das versteht sich nicht von selbst, denn Selbstmord wurde nicht als *deutsches Problem* wahrgenommen, obwohl keine Nation selbstmordgefährdeter war als Engels Heimat Sachsen.[17] Die erste umfassende deutsche Untersuchung der europäischen Selbstmordraten wurde erst 1864 veröffentlicht, und zwar als zweite Hälfte eines Werks, das den statistischen Fatalismus ausarbeitete. Der Autor war Quetelets Bewunderer Adolph Wagner, auf den ich bald zurückkomme.[18] Die erste gründliche offizielle Studie über den preussischen Selbstmord, die veröffentlicht wurde, musste bis 1871 warten. Sie muss durch die Kontroverse über den statistischen Fatalismus angeregt worden sein.[19]

Ja, schrieb Engel, es ist wahr, dass «in einer bestimmten Bevölkerung jedes Jahr fast die gleiche Anzahl von Menschen Selbstmord begeht». Aber das ist eine blosse Regel, denn wir können keine Ursache für genau diesen Effekt benennen. Es handelt sich also nicht um ein Gesetz. Aber wenn es kein Natur- oder Gesellschaftsgesetz ist, dann kann es auch nicht in die Willensfreiheit eingreifen. Für Engel ist die Frage damit beendet. Sie sind niemals berechtigt, etwas als Gesetz zu bezeichnen, wenn keine Ursache bekannt ist, also sind Sie auch nicht berechtigt, von Gesetzen des Selbstmords zu sprechen. Engel war immer ein Bewunderer von Quetelet, aber für ihn war Quetelet ein Mann, der, wie auch immer er sich ausdrückte, «im Grunde ein Determinist» war, ein Mann, der die Ansicht vertrat, dass in einer grossen Anzahl von Beobachtungen individueller Handlungen «das Gesetz, das die Freiheit einschränkt, sich in aller Deutlichkeit manifestiert».[20]

Warum sollte sich ein Verwalter Sorgen über Fatalismus machen? Um diese Frage zu beantworten, muss man Engels Philosophie verstehen, die sich kaum von seiner Karriere unterscheiden lässt. Wie viele seiner Zeitgenossen war er tief beunruhigt über das Elend der Armen, das der neue deutsche Kapitalismus hervorgebracht hatte. Er schrieb über die Schrecken der wachsenden Scharen von Obdachlosen, über die Explosionen von Dampfkesseln, die Verstümmelung von Arbeitern. Seine Lösung war die traditionelle Lösung für das östliche Europa, ob sächsisch oder preussisch, ob in Pest oder in Petersburg. Es war das Gegenteil der unsichtbaren Hand, des Laissez-faire-*Manchesterthum*. Die wohlhabenden Teile der Gesellschaft müssen paternalistische Einrichtungen zur Selbsthilfe für die Arbeiter schaffen. Das würde die Spannungen zwischen Arbeit und Kapital auflösen. Engel trug seinen Teil dazu bei und erfand Sparkassen, Hypothekenversicherungen und andere Institutionen, die Teil des Standard-Stabilisierungsapparats der industriellen Demokratien wurden.

Ab 1871 gehörte er zu den Gründungsmitgliedern des *Vereins für Sozialpolitik*, einer Gruppe von Wirtschaftsaktivisten. Seine Mitglieder wurden *Kathedersozialisten*, Professor-Sozialisten, genannt. Jeder deutsche Statistiker, der in diesem Kapitel erwähnt wird, war Mitglied oder Mitarbeiter (ebenso wie die meisten der einflussreichen Männer auf diesem Gebiet, die ich nicht erwähne). In einer späteren Parlamentsdebatte nutzte der Kultusminister die Gelegenheit, den schlechten Scherz fortzusetzen, indem er diese Männer *Kathederunsozialisten* nannte – ein Gefühl, das der grosse Sozialistenführer Franz Mehring aufgriff.[21] Sie waren keine Sozialisten, sondern Bewahrer der traditionellen Ordnung unter neuen wirtschaftlichen Bedingungen. Engel und seine Kollegen schufen das Wissen und die bürokratischen Systeme, die es Preussen ermöglichten, die Arbeiterentschädigung, die Altersrente und die anderen Markenzeichen des «sozialen Netzes» einzuführen. Mehring bemerkte, dass Reaktionäre, die sich über ihre Arbeit beschwerten, einem krebskranken Patienten ähnelten, der Angst vor dem Messer hat und seine Chirurgen anprangert. Mehring war nicht unzufrieden, denn er hoffte, dass die Krankheit tödlich war. Je weniger die sozial-professoralen Eingriffe, desto eher würde der Patient sterben.

Die Politik der *Kathedersozialisten* unterschied sich von der der Sozialisten von Mehring, aber sie teilten eine Voraussetzung, eine Vision der Gesellschaft. Der Staat, so argumentierten sie, wird nicht von Individuen gebildet, die gemeinsam entscheiden, wie sie sich selbst regieren wollen. Der Staat ist vorrangig. Ohne ihn kann es keine Person geben. Es liegt daher in der Verantwortung des Staates, sich selbst und seine Institutionen so zu gestalten, dass der Einzelne sich zu einem guten Menschen entwickeln kann. Das preussische statistische Amt unter Engels Leitung wurde zu einem selbstbewussten Vertreter dieser ganzheitlichen politischen Philosophie.

Sie wurde nicht von allen deutschen Gelehrten geteilt. Es ist aufschlussreich, dass der einzige Autor, der dem *Queteletismus* zustimmte, d.h. den statistischen Fatalismus akzeptierte, ausgerechnet ein Laissez-faire-atomistischer Anhänger der Manchester-Schule war. Es handelte sich um den Ökonomen Adolph Wagner, dessen Buch aus dem Jahr 1864 einige Berühmtheit erlangte.[22] Doch Wagner erlebte um 1870 eine radikale wirtschaftspolitische Bekehrung und wurde zusammen mit Engel Gründungsmitglied des *Vereins für Sozialpolitik*, der Professorensozialisten. Bis 1880 hatte er seinen Fatalismus widerrufen oder war zumindest zu dem Schluss gekommen, dass seine frühere Befürwortung grob übertrieben war.[23] Wagner ist also ein wertvolles Beispiel. Als er noch eine «westliche» atomistische und individualistische Vision der Gesellschaft vertrat, glaubte er an statistische Gesetze und befürwortete sogar den Fatalismus. Als seine Vorstellungen immer kollektivistischer wurden, nahm seine Begeisterung für den statistischen Fatalismus ab.

1862 hatte Engel argumentiert: Wir haben eine statistische Regelmässigkeit, aber kein Gesetz, also keine Ursachen, die auf Individuen einwirken, um Selbstmorde zu bestimmen, also keine Einschränkung des freien Willens. 1864 argumentierte

Wagner: Wir haben eine statistische Regelmässigkeit, und obwohl dies an sich kein «Gesetz» ist, zeigt es, dass deterministische Gesetze am Werk sind. Es sind also Ursachen im Spiel, und daher gibt es Beschränkungen der Freiheit.

Aber warum, so können wir uns fragen, war Wagner so sicher, dass Regelmässigkeiten die Freiheit einschränken? Reicht nicht das Gesetz der grossen Zahlen aus, um die Regelmässigkeit in grossem Massstab zu erhalten, ohne dass die Freiheit eingeschränkt wird? Wagner wich dieser Frage nicht aus. Er vertrat die Ansicht, dass das Gesetz der grossen Zahlen eine Täuschung sei. Statistische Homogenität kann nicht durch einen mathematischen Trick hergeleitet werden; sie kann nur durch Kausalität entstehen. Kein Gesetz kann für ein Ensemble gelten, wenn es nicht eine Reihe von (deterministischen) Gesetzen gibt, die für die Individuen gelten. Daher bricht «die Idee eines absoluten und willkürlichen Willens, der weder durch Regeln noch durch Gesetze bestimmt wird» angesichts der von der moralischen Statistik gelieferten Daten in sich zusammen.[24]

Der grösste Teil von Wagners Buch klassifiziert die Selbstmorde in Europa nach jedem verfügbaren Massstab: Geschlecht, Einkommen, aktueller Getreidepreis, Jahreszeit, Methode, Zivilstand usw. Das Ergebnis war eine Tabelle oder ein Zeitplan der Selbstzerstörung, der eines Guerry würdig war. Er forderte seine Leser auf, sich ein Land vorzustellen, in dem die Verfassung die Anzahl der

Personen vorschreibt, die sich gemäss der Tabelle umbringen. Kein Diktator könne solche Gesetze durchsetzen, schrieb er, sondern die Gesellschaft selbst tue dies durch eine Kausalität, die wir noch nicht begreifen. Die deutschen Reaktionen auf Wagner waren fast durchweg feindselig. Die Menschen zogen unterschiedliche Schlussfolgerungen. Wilhelm Drobisch, der bereits 1848 auf den statistischen Determinismus aufmerksam gemacht worden war,[25] schlussfolgerte, dass es Gesetze geben müsse, die dem Verstand von Selbstmördern und Kriminellen eigen seien.[26] Es gab jedoch einen zentralen Kern der Opposition, der vor allem von Ökonomen ausging, die Mitglieder des *Vereins für Sozialpolitik* waren oder mit diesem in Verbindung standen. «Recht» war das Wort, auf das man achten musste. Gustav Rumelin, der das statistische Amt in Württemberg leitete, stellte die Semantik von Begriffen wie «statistisches Gesetz» und «Gesetz der grossen Zahlen» infrage. Diese Propositionen sind sicherlich keine *Gesetze*.[27] Was die angeblichen Regelmässigkeiten im Zusammenhang mit Selbstmord betrifft, so war Rumelin, wie seine Kollegen in der offiziellen Bürokratie, z.B. Engel, mehr daran interessiert, Veränderungen in der relativen Häufigkeit sozialer Abweichung aufzuzeichnen, als Zahlen als Zeichen der Stabilität zu verkleiden.[28]

G.F. Knapp, der Autor meines Epigrafs, lieferte die befriedigendste «östliche» Analyse von Quetelet.[29] Er drückte sich zu Recht in nationalen

Begriffen aus, indem er von der «deutschen Schule» (in der er freundlicherweise Drobisch einen Ehrenplatz einräumte) gegen die «französische Schule» (zu der Buckle gehörte) schrieb. Er hatte eine Diagnose und ein Heilmittel, das zum «wahren *Queteletismus*» führte.

Die Diagnose bestand aus zwei Teilen. Einer war offensichtlich: Quetelet war ein Opfer seiner Erziehung und dachte, dass soziale Gesetze, wenn es sie denn gab, wie physikalische Gesetze sein mussten. Das führte zu einer «astronomischen Auffassung der Gesellschaft», in der die auf die Menschen wirkenden Kräfte wie kosmische Kräfte oder die Schwerkraft waren. Aber es musste eine Diagnose der Krankheit geben, die tiefer ging. Immerhin, Quetelet war der einzige Astronom in der Menge.

Knapp kam dann zum Kern der Sache. Quetelet verwechselte die Sozialwissenschaft mit der *Anthropologie* (nicht das, was wir heute Anthropologie oder Ethnografie nennen, sondern die Wissenschaft vom Menschen). Das war eine Wissenschaft der Individuen. Sie war atomistisch. Sie hatte ihren Platz. Aber die Sozialwissenschaft war eine Wissenschaft der Kultur, einer Kultur, in der die Individuen ihr Wesen haben und ihre Natur finden. Wahrer *Queteletismus* war die Verwendung von statistischen Regelmässigkeiten als Leitfaden für den Zustand einer Kultur. Es war nicht so, dass die einzelnen Menschen durch ihre Zugehörigkeit zu einer Kultur in ihrer Freiheit eingeschränkt waren. Denn sie hatten kein Wesen, sie hatten kein atomares, individualistisches Selbst, das eingeschränkt werden konnte, solange sie keine Menschen innerhalb einer Kultur waren. Diese historisierende, ganzheitliche Vision eines Volkes, deren Anwendung auf die Statistik am besten von Knapp zum Ausdruck gebracht wurde, ist der Grund dafür, dass die westliche Konzeption des statistischen Gesetzes im Deutschland des 19. Jahrhunderts kaum Fuss fassen konnte.

Knapps Charakterisierung von Quetelets «astronomischen Vorstellungen von der Gesellschaft» liest sich seltsam wie Passagen aus Durkheims *Der Selbstmord*, wo «kosmische Kräfte» beschworen werden, die auf eine Bevölkerung einwirken. Es ist ein Gemeinplatz, dass die beiden grossen Schulen der Sozialwissenschaft auf Durkheim und Weber zurückgehen. Weber ist, gerade weil seine Methodik nicht statistisch war, nicht mein Thema; Durkheim schon. Als konservativer Utopist, der er war, konnte er sich dem Eintauchen in die westliche, atomistische und individualistische Auffassung von Mensch und Welt nicht entziehen. Angesichts des Charakters mehrerer Generationen französischer Statistiker wurde die Saat, die er dem Rest der Welt gab, fast zwangsläufig in Form von Selbstmordstatistiken ausgedrückt. Knapps Diagnose von Quetelet lässt sich auf Durkheim, den Begründer der statistischen Soziologie, übertragen, dessen *Selbstmord*, wie wir sehen werden, die astronomische Konzeption der Gesellschaft verkörpert.

Durkheim und Weber erinnern uns an eine statistische / antistatistische Polarität. In den nächsten beiden Kapiteln untersuchen wir die antistatistische Gegenreaktion, die radikaler ist als alle anderen, die wir bisher gesehen haben. Im Falle der Soziologie sind sowohl die Statistiker als auch die Antistatistiker, die Erben von Durkheim bzw. Weber, heute noch sehr lebendig. Die Philosophie von Buckle hingegen ist tot. Aber im Fall des historischen Determinismus sind die Pole, die genau parallel zu denen von Durkheim und Weber verlaufen, die von Buckle und Marx. Buckle las die Statistiken und vertrat einen rein statistischen Fatalismus. Marx las die Statistiken von Engel, Quetelet oder Farr mit Gleichgültigkeit und erahnte mit ihrer Hilfe die der Gesellschaft zugrundeliegenden Gesetze, die sie in einer völlig unstatistischen Notwendigkeit festhielten.

KAPITEL15 — ENDNOTEN

• 1 G.F. Knapp, «Die neueren Ansichten über Moralstatistik», *Jahrbücher für Nationalökonomie und Statistik* 17 (1871), S. 239 f.; einige Sätze aus dem ersten Absatz wurden weggelassen. Zu seiner Ambivalenz gegenüber Frankreich vgl. G.F. Knapp: *Aus der Jugend eines deutschen Gelehrten,* Stuttgart 1927.

• 2 C.R. Proffer (Hg.): *The Unpublished Dostoevsky 1860 – 1881: Diaries and Notebooks,* 3 Bde., Ann Arbor, Mich., 1973, Bd. 1, S. 32. Die russische Übersetzung von Buckle erschien drei Jahre später, 1865, aber eine deutsche Ausgabe war bereits 1861 erhältlich.

• 3 Männer wie Lord Acton und James Fitzjames Stephen begannen den Ansturm. Eine Bibliografie mit mehreren hundert Erwiderungen auf Buckle finden Sie in John MacKinnon Robertson: *Buckle and his Critics: A Study in Sociology,* London 1895.

• 4 *Physique Sociale,* Brüssel 1869. Auf Herschel wird in Bd. 1, S. 1, 32, 89, 108, 267, und Bd. 2, S. 38, 208, Bezug genommen; das volle Lob für Herschel ist S. 445 vorbehalten.

• 5 A. Quetelet, «Notice sur Sir John Fréderic William Herschel», *Annuaire de l'Observatoire Royal de Bruxelles* 39 (1872), S. 153 – 197.

• 6 J. Venn, *The Logic of Chance,* London 1866, S. 355.

• 7 Ebd., S. 4.

• 8 A. De Morgan: *An Essay on Probabilities and on their application to Life Contingencies*, London 1838, S. 7.

• 9 Venn, *Logic* (wie Anm. 6), S. 61. Er bezog sich auf A. de Morgan: *Formal Logic*, London 1847.

• 10 Robert Leslie Ellis, «On the Foundation of the Theory of Probabilities», *Transactions of the Cambridge Philosophical Society* 8 (1842–1845), S. 3. Wiederabdruck in W. Walton (Hg.): *The Mathematical and Other Writings of Robert Leslie Ellis*, Cambridge 1863, S. 3.

• 11 J.F. Fries: *Versuch einer Kritik der Principien der Wahrscheinlichkeitsrechnung*, Braunschweig 1842. Das philosophisch interessanteste deutsche Werk über Wahrscheinlichkeit im 19. Jahrhundert war Johannes von Kries: *Die Principien der Wahrscheinlichkeitsrechnung: eine logische Untersuchung*, Freiburg 1886. Es hatte einen tiefgreifenden Einfluss auf J.M. Keynes und auf Wittgensteins Bemerkungen zur Wahrscheinlichkeitsrechnung im *Tractatus* und damit auf Rudolf Carnap. Die Theorie war subjektiv, nahm aber die Schätzung «echter» objektiver Wahrscheinlichkeiten durch die Statistik ernst. Aber wieder einmal war es der angewandte Statistiker, der sich mit tatsächlich beobachteten Häufigkeiten auseinandersetzte, der die schärfste Einsicht hatte, wie in Wilhelm Lexis' Rezension, «Über die Wahrscheinlichkeitsrechnung und deren Anwendung auf die Statistik», *Jahrbücher für Nationalökonomie und Statistik*, neue Folge 13 (1886), S. 433–450.

• 12 Porter, *Rise of Statistical Thinking* (wie Anm. 12, Kap. 13), S. 168.

• 13 W. Wundt, *Beiträge zur Theorie der Sinneswahrnehmung*, Leipzig und Heidelberg 1862, S. xxvi.

• 14 Ian Hacking, «Prussian Numbers 1860–1882», in: Krüger u.a., *Probabilistic Revolution* (wie Anm. 9, Kap. 1) Bd. 1, S. 377–394.

• 15 E. Engel, in: «Mein Standpunkt der Frage gegenüber ob die Statistik eine selbständige Wissenschaft oder nur eine Methode sei» (1851), Nachdruck in *Zeitschrift des königlichen preussischen statistischen Büreaus* 11 (1871), S. 189. *Die Bewegung der Bevölkerung im Königreich Sachsen*, Dresden 1852.

• 16 E. Engel, «Die Volkzählung, ihre Stellung zur Wissenschaft und ihre Aufgabe in der Geschichte», *Zeitschrift des königlichen preussischen statistischen Büreaus* 2 (1862), S. 25–31.

• 17 Bereits im Jahr 1860 – nach Buckle – schrieb Engel eine Notiz zu Suiziden in Sachsen: «Verunglückungen und Selbstmorde im königreich Sachsen», *Zeitschrift des statistischen Büreaus des königlich sächsischen Ministeriums des Innern* 6 (1860).

• 18 A. Wagner: *Vergleichende Selbstmordstatistik Europas, nebst einem Abriss der Statistik der Trauung*, publiziert sowohl separat als auch in: *Die Gesetzmässigkeit in den scheinbar willkürlichen Handlungen vom Standpunkt der Statistik*, Hamburg 1864.

• 19 C.H., «Selbstmord in Preussen», *Zeitschrift des königlichen preussischen statistischen Büreaus* 9 (1871), S. 1–76. Der Aufsatz stellte fest, dass es in Preussen keine offizielle und fortlaufende Studie über Selbstmord gegeben hatte. Er berichtete über Engels Arbeit in Sachsen, stellte aber fest, dass es nirgendwo in Deutschland regelmässige Studien über Selbstmord gab.

• 20 E. Engel, «L.A.J. Quetelet. Eine Gedächtnisrede», ebd., 16 (1876): S. 207–220; auch als «Eloge de Quetelet», *Congrès international de statistique: Programme de la huitième session*, Budapest 1876, S. 6.

• 21 F. Mehring, «Die Hetze gegen den Kathedersozialismus», *Die neue Zeit* 15 (1897), S. 225–228.

• 22 A. Wagner: *Statistische-anthropologische Untersuchung der Gesetzmässigkeit in den scheinbar menschlichen Handlungen*, im Jahr 1864 veröffentlicht. Später auch als Einleitung in sein Buch *Gesetzmässigkeit*.

• 23 A. Wagner, in einer Besprechung von E. Morselli: *Il suicido: saggio di statistiche morale comparata*, Mailand 1879, *Zeitschrift fur die gesammte Staatswissenschaft* 36 (1880), S. 192.

• 24 «Die Idee einer ganz regel- und-gesetzlosen, absoluten *Willkühr* des Menschen», *Gesetzmässigkeit*, S. 47.

• 25 W. Drobisch, «Moralische Statistik», *Leipziger Repertorium der deutschen und ausländischen Literatur*, 2 (1849), S. 28–39; eine Übersicht zweier flämischer Autoren, die ausgehend von Quetelets Ergebnissen die alte «Newton'sche» Meinung vertraten, dass ein göttliches Eingreifen notwendig sei, um die statistische Stabilität zu erklären. P. De Decker und M. Van Meenen, «De l'influence du libre arbitre de l'homme sur les faits sociaux», *Nouveaux mémoires de l'Académie Royale des Sciences, des Lettres et des Beaux-Arts de Belgique* 21 (1848), S. 69–112.

• 26 W. Drobisch: *Die moralische Statistik und die menschliche Freiheit*, Leipzig 1867.

• 27 G. Rumelin, «Ueber den Begriff eines sozialen Gesetzes» (1867), in: *Reden und Aufsätze*, Freiburg 1875, S. 1–31.

• 28 G. Rumelin, «Moralstatistik und Willensfreiheit», ebd., S. 370–377.

• 29 G.F. Knapp, «Die neueren Ansichten uber Moralstatistik», *Jahrbücher fur Nationalökonomie und Statistik* 16 (1871), S. 237–250; «Bericht uber die Schriften Quetelet's zur Sozialstatistik und Anthropologie», ebd., 17 (1871), S. 167–174, 342–358, 427–445; «Quetelet als Theoretiker», ebd., 18 (1872), S. 89–124; und eine Besprechung eines der letzten Werke von Quetelet: *Anthropométrie*, in ebd., 17 (1871), S. 160–167.

DIE MINERALOGISCHE KONZEPTION DER GESELLSCHAFT

Ich wandte bei der Beobachtung menschlicher Gesellschaften ähnliche Regeln an wie bei der Untersuchung von Pflanzen und Mineralien. Mit anderen Worten: Ich entwickelte eine Methode, die es mir ermöglichte, alle Nuancen von Frieden und Zwietracht, von Wohlstand und Leid, die in der heutigen europäischen Gesellschaft anzutreffen sind, persönlich kennenzulernen.* [1]

* Frédéric Le Play fasst sein Lebenswerk von 1829 bis 1879 in eine Reihe von Monografien über «das häusliche Leben und den moralischen Zustand der arbeitenden Bevölkerung Europas».

Die staubige Zahlensammlung lud zur Parodie ein, sobald die öffentliche Statistik in den 1820er-Jahren in Gang kam. Die Witze waren schwach und sind am besten vergessen, mit einer Ausnahme. Balzacs *Physiology of Marriage* begann mit Meditationen unter der Überschrift «Ehestatistik».[2] Der erste Druck von 1826 enthielt 20 Seiten im Oktavformat zu diesem wenig verheissungsvollen

Thema. Die zweite und Standardversion von 1829 umfasste 62. Was als Parodie begann, endete damit, dass es Balzac zum Nachdenken anregte. «1826 war der Begriff der Ehestatistik für Balzac nur eine amüsante Idee», schreibt Bardèche, der erste moderne Herausgeber des obskuren Drucks von 1826; «die Ergänzungen von 1829 zeigen uns, dass sich Balzacs Geist auf ganz andere Überlegungen eingestellt hatte. Was 1826 eine einfache Berechnung gewesen war, wurde 1829 zu einer allgemeinen Sicht der Gesellschaft, zu einer Art Panorama des französischen Bürgertums.»[3] Die Statistik lenkte ihn auf die menschliche Komödie.

Die *Physiology* hatte viele andere Ziele als die Statistik. Schon der Titel und ein Kapitel über Hygiene machten sich über die «physiologische» Schule der Medizin von Broussais lustig. Balzac hatte vielleicht einen anderen Titel im Sinn (er ist in seinen Notizen vermerkt): «Der Ehekodex oder die Kunst, seine Frau treu zu halten». Letztendlich erhielt das Stück den Untertitel «Eklektische philosophische Meditationen über eheliches Glück und Unglück».[4] In der «Meditation» mit der Überschrift «Ehestatistiken» wird darauf hingewiesen, dass die Ämter in den letzten 20 Jahren die Anzahl der Hektar Wald und Wiesen auf dem Land sowie die Anzahl der Kilos Rindfleisch, der Liter Wein, der Eier und der Äpfel, die in Paris konsumiert werden, ermittelt haben. Es kann uns sagen, «wie viele bewaffnete Männer, wie viele Spione, wie viele Angestellte, wie viele

Studenten; aber was die tugendhaften Frauen betrifft? – Nichts.»

Balzac wollte die Zahl der tugendhaften Frauen ermitteln. Der Ton dieser sophomorischen und, wie wir heute sagen würden, chauvinistischen Parodie änderte sich im Laufe der nächsten Jahre. Als Einkommen, Vermögen und Besitztümer «in die Statistik aufgenommen wurden, lieferte sie neue Klassifizierungen … die ‹ehrliche Frau› und der Mann, *comme il faut*, die 1826 nur Abstraktionen sind, werden [1829] mit ganz klaren Merkmalen bezeichnet». Im Jahr 1826 hat die ehrliche Frau «eine Kutsche, das ist alles. Im Jahr 1829 gibt man das Einkommen ihres Mannes an, den Grad seiner Bildung, die Lage seiner Wohnung, seinen Stand und seinen Lebensstil».[5]

Diese immer präzisere Klassifizierung der Menschen spiegelt die offiziellen Statistiken der Zeit wider. Die Jahre 1826 – 1829 sind ein Beispiel dafür, wie sich der Enthusiasmus in dieser Ära vom blossen Zählen hin zu immer genaueren Klassifizierungen der gezählten Personen verlagerte. Balzac war damit vertraut. Sein Vater war von der Malthusianischen Debatte fasziniert und machte seinen Sohn mit statistischen Reformern wie Benoiston de Châteauneuf bekannt, der sie seinerseits in die *Physiology* von 1829 integrierte.

Bardèche unterstellt, dass die Beachtung der veröffentlichten Statistiken Balzac auf den Weg zur *Comédie humaine* brachte. Das ist übertrieben, aber es stimmt, dass Balzac bei allem Spott die einfache Satire verliess und zu der Überzeugung gelangte, die sein Genie beherrschte: Die Gesellschaft ist in so unterschiedliche Gattungen von Menschen unterteilt wie die Arten der Zoologie. Es gibt ein ordentliches Vorher-Nachher-Bild, das heisst, bevor sein Lebenswerk richtig begonnen hatte, und nachdem es fast vollendet war. Es lässt sich gut mit zwei Sätzen umreissen.

1829, in einer Passage, die der Meditation über die «eheliche Statistik» hinzugefügt wurde: «Die Naturforscher betrachten den Menschen nur als eine einzige Art in der von Duméril in seiner analytischen Zoologie aufgestellten Ordnung *Biman*; wenn es für die Naturforscher keine anderen Arten gibt als die, die durch den Einfluss des Klimas eingeführt werden, die die Nomenklatur von 15 Arten geliefert haben … muss der Physiologe auch das Recht haben, die Gattungen und Untergattungen nach bestimmten Intelligenzgraden und bestimmten moralischen und pekuniären Existenzbedingungen festzulegen.»[6]

Noch prägnanter 1842 im Vorwort zur *Comédie humaine*: «Es gibt zu allen Zeiten bestimmte soziale Arten, genauso wie es zoologische Arten gibt.» Und warum kann der Student der Humanität nicht alle Arten in einem Band zusammenfassen, wie es Buffon für die Zoologie getan hat? Die Antwort ist, mit einem Wort, die Besonderheit, eine Antwort, die Balzac 20 Bände lang beschäftigte.

Der Vergleich zur Zoologie wurde der *Physiology* zwischen 1826 und 1829 hinzugefügt. Man kann also eine These über einen überraschenden Einfluss des Zahlenfetischismus der späten 1820er-Jahre aufstellen, mit seinen immer feineren Klassifizierungen, die in den aufkeimenden Tabellen der verschiedenen Bürokratien veröffentlicht wurden. Er regte Balzac konkret zu einer Reihe von Monografien an, die in Romanform jeden Typus der französischen Bourgeoisie nach Region, Status, Reichtum und Beruf klassifizierten und eine ambivalente Kombination aus Satire, Beobachtung und Erzählung darstellten.

Wie sehr trifft diese These auf Balzac zu? Wir brauchen nicht auf eine Antwort zu warten. Wahr ist, dass die Idee vielen seiner Zeitgenossen und Jünger nahegelegt wurde. Der panoramatische Roman der Menschentypen wurde, wenn nicht erfunden, so doch bestätigt. Und es gibt mehr als einen Typus von Autor: zum Beispiel Frédéric Le Play, den Bergbauingenieur, dem ich mein Epigraf entnehme. Er war nicht weniger ehrgeizig als Balzac, und seine Vision von seinem Lebenswerk entstand genau zu der Zeit, als Balzacs Vision entstand. Er datierte es auf 1829. Wie Balzacs *Comédie humaine* begann es mit der Idee, die verschiedenen Menschentypen zu klassifizieren, zunächst nach ihrer ehelichen Situation, ihren Familien und dann nach ihrem Wohnort, ihrer Arbeit und vor allem dem häuslichen Haushalt geordnet. Es richtete sich nicht an die wohlhabenden Klassen in Frankreich, sondern an die Werktätigen in Europa. Sie wurde nicht in Form einer Novelle verfasst, sondern in

Form von quantitativen Studien über die individuellen Haushaltsausgaben. Sie war numerisch, aber, wie Balzacs Meisterwerk, antistatistisch. Es untersuchte nicht die Durchschnittswerte von Quetelet, sondern nutzte repräsentative Individuen, um die wichtigsten Merkmale ihres Typs darzustellen, so wie ein Felsen oder eine Pflanze dem Naturhistoriker als Beispiel dienen kann.

Le Play porträtierte Nomaden im Ural und Messerschmiede in Sheffield, schwedische Schmiede und Pächter in Kastilien – und dazu marokkanische Zimmerleute und Dorfbewohner im (heutigen) Syrien.[7] Die Familie, so Le Play, ist die Grundlage jeder Gesellschaft und damit der eigentliche Fokus der Sozialwissenschaft. Wir dürfen keine Durchschnittswerte von Familien bilden, sondern müssen die Familie dieses Schriftsetzers (Brüssel) oder dieses Webers (Godesberg) untersuchen.

Le Play veröffentlichte seine Ergebnisse erst 1855 systematisch, als er 36 Familien vorstellte (er hatte noch viele weitere auf Lager). Er bezeichnete die gesamte Methode als das Verfassen von *Monografien*. Diese Studien unterscheiden sich in ihrer Art von allen statistischen Arbeiten, die ich bisher beschrieben habe. Dennoch waren sie numerisch. Wie das? Der Kern jeder Monografie war ein Haushaltsbudget, sei es das eines baskischen Fischers oder eines Bleichmeisters im Pariser Vorort Clichy. Jeder Posten des Jahreseinkommens in Form von Bargeld und Naturalien wurde genauestens aufgezeichnet. Ebenso wurde jede Art von jährlichen

Ausgaben aufgelistet, nicht nur Miete und Lebensmittel, sondern auch Kerzen und Kohlköpfe.

Wie viele andere Bücher, auf die ich bereits hingewiesen habe, wurde auch Le Plays *Ouvriers européens* mit dem Montyon-Preis ausgezeichnet. Die Berichterstatter, zu denen auch Bienaymé gehörte, ermutigten den Autor, weitere Monografien zu veröffentlichen, da er nach eigenen Angaben Daten über etwa 300 weitere Familien in Reserve hatte. Der grosse, elegante und teure Band war bald erschöpft. «Wir empfehlen eine neue populäre Ausgabe [*à petit format et sans luxe*], die allen Käufern ein statistisches Werk zur Verfügung stellen würde, das so zahlreiche und breite Interessen berührt.»[8] Erst 1878 stellte Le Play eine erweiterte Version fertig, die die ursprünglichen 36 Monografien und 21 neue enthielt. Der Preis wurde 1856 verliehen, dem Jahr der Veröffentlichung von Lisles *Suicide*, der 1848 den Montyon-Preis gewonnen hatte. Heute halten wir inne, bevor wir beide Bücher als Werke der «Statistik» anerkennen, aber die Reporter von damals hatten keine solchen Schwierigkeiten. Ich werde jedoch anachronistisch sein und die numerische Arbeit von Lisle oder Quetelet oder wem auch immer als statistisch bezeichnen und sie mit der Methode der repräsentativen Monografien von Le Play vergleichen.

Le Play war ein Bergbauingenieur. Die Bergbauschule in Paris verlangte eine ausgedehnte Exkursion, die Le Play und ein Kamerad der Schule in den Minen des Harz unternahmen.* [9]

* Energiegeladene junge Männer. Sie hatten fünf Aufgaben: (1) Studium der Minen und des Arbeitsumfelds mit Berichten über die Behörden und die Familien der Bergleute; (2) Exkursionen in die unmittelbare Umgebung der Minen; (3) geologische Erkundung; (4) allgemeineres Studium bestimmter Orte; (5) Kurzreisen, um sich einen Überblick über die Region zu verschaffen. Ausser wenn sie mit einem Einheimischen reisten, wurden alle Reisen zu Fuss, mit Karte und Kompass durchgeführt. In den 200 Tagen legten die beiden jungen Männer 6800 km zurück. An den 20 Tagen, die für Kurztrips vorgesehen waren, legten sie 60 km pro Tag zurück. Ist es möglich, 60 km am Tag querfeldein im Harzgebirge zu wandern?

Die Silberminen des Harz haben mehr Philosophie hervorgebracht als alle anderen: Leibniz fungierte dort als technischer Berater, und Montesquieu nutzte sie als Modell für die Organisation der Arbeit.[10] Ebenso entwickelte Le Play dort das Projekt, die Familie eines Arbeiters zu interviewen. Der Harz diente als Vorlage für seine erste und am besten in Erinnerung gebliebene Monografie. Das war im Jahr 1829. Im Jahr 1830 wurde er bei einer Explosion schwer verletzt und konnte seine Hände ein Jahr lang nicht benutzen. Es war ein Jahr der Revolution, das Le Play in einen Traditionalisten verwandelte. Viel später sagte er, dass es ihn mit dem patriotischen Wunsch erfüllte, sich für Reformen und Stabilität einzusetzen, aber seine unmittelbare Reaktion, während er immer noch nicht in der Lage war, viel körperliche Arbeit zu verrichten, war die Wiederaufnahme der Veröffentlichung der *Annales des mines*, die 1830 eingestellt worden war, und die Gründung einer neuen Zeitschrift, *Statistique de l'industrie minérale*. Er übernahm die Leitung der statistischen Abteilung der Zentralverwaltung für Bergbau. Le

Play war also kein «Antistatist»; er war ein weiterer Felsbrocken in der kaskadenartigen Lawine der gedruckten Zahlen.[11]

Im Jahr 1840 verfasste er eine kleine Broschüre über den Nutzen von Statistiken. Statistik ist «die Beobachtung und Koordinierung von Fakten, die den sozialen Körper unter dem Gesichtspunkt der Regierung interessieren … Die Politik muss sich unablässig der Statistik als Mittel zur Regelung ihrer Verwaltungstätigkeit bedienen».[12] Le Play war ein guter Funktionär. Das Pamphlet war vor allem ein Plädoyer für ein zentrales französisches Statistikamt (das erst 1885 eingerichtet wurde). Quetelet hatte darauf gedrängt, dass jede Nation ein solches Zentralamt einrichten sollte, aber Le Play bezog sich weder auf Quetelet noch auf einen anderen Statistiker. Die Erfahrung im Harz war unauslöschlich gewesen. Statistiken liefern Daten für die routinemässige Verwaltung, aber um die Gesellschaft zu verstehen, muss man sich mit repräsentativen Individuen befassen, nicht mit Durchschnittsmenschen, die nur ein Abbild der Realität sind.

Er schrieb nie über eine Abkehr von den statistischen Praktiken seiner Zeitgenossen. Er hat sie verlassen. Das Wort «Statistik» findet sich nicht in einer sorgfältigen Liste von Definitionen der «300 Wörter, die die Sprache der Wissenschaft der Gesellschaft bilden».[13] Was die «Wissenschaft der Gesellschaft» selbst betrifft: «Der Name *Sozialwissenschaft* ist neu, aber die

Sache selbst ist uralt ... sie lehrt die Menschen die Kunst, glücklich zu sein.»[14] Auf eine merkwürdige Weise stand Le Play in der Tradition von Sir John Sinclair, dessen Minister die Nuancen jeder Gemeinde beschrieben hatten, um das Quantum des Glücks zu bestimmen. Le Play sah sich als der wahre Erbe von Comte. Aber Comte, so fügte er hinzu, habe einen ungeheuerlichen Fehler begangen, eine Folge davon, dass er unter der Herrschaft von Condorcet und damit der Revolution stand. Comte hatte vorausgesehen, dass Wissen und Zivilisation in eine Phase der positiven Wissenschaft übergehen würden, in der die metaphysischen und theologischen Ideen verschwinden würden. Comte war dem grundlegenden Irrtum der Moderne erlegen. Zweifellos hatten die neue Physik und Chemie die des Aristoteles ersetzt. Daraus folgt aber nicht, dass die neumodische Moralwissenschaft die Zehn Gebote ersetzen sollte: Die Moral mit der Naturwissenschaft gleichzusetzen «ist der erste unter den Fehlern unserer Epoche».[15] Wir leiden, so schrieb er, unter zwei Verirrungen, «den falschen Dogmen der Wissenschaft und der Arbeit». Gemäss dem ersten dieser Irrtümer sind «die experimentellen Wissenschaften ... dazu aufgerufen», die «Grundlagen der moralischen Ordnung zu zerstören». «Diese angeblichen Gelehrten ... stellen den Menschen methodisch in eine Reihe mit den Tieren ... verwenden Anatomie und Physiologie ... aber ignorieren die Moral.»[16]

Le Play hatte eine viel radikalere Vision der französischen Entartung als die utilitaristischen Statistiker. Wir haben gesehen, wie die französischen Schriftsteller von der sinkenden Geburtenrate besessen waren und diese mit Devianz in Verbindung brachten, sei es Wahnsinn, Landstreicherei, Kriminalität, Trunkenheit, Prostitution oder Selbstmord. Le Play legte den Finger auf das Laster, nicht auf die Devianz: die Verruchtheit und Korruption der herrschenden Klassen. Der Verfall Frankreichs hatte mit dem Luxus des Sonnenkönigs begonnen. Der Hof Ludwigs XIV., der die Zehn Gebote verachtete, hatte einen Zyklus des Zynismus in Gang gesetzt, dessen unvermeidliches Ergebnis die Abfolge von Revolutionen und Rebellionen war, die die Fasern der Nation zerstört hatten. Eine parallele und mitwirkende Ursache war (seiner Meinung nach) das französische Erbschaftssystem, bei dem der Besitz unter allen männlichen Kindern aufgeteilt wurde. Dies schwächte die Familien und förderte eine niedrige Geburtenrate, sagte er. Frankreich war einst fruchtbar und in der Lage, Emigranten nach Kanada zu schicken, aber «die obligatorische Erbteilung hat die Stammfamilie zerstört, die unsere alten Emigranten ausgesandt hat, während sie unsere Rasse zur Sterilität verdammt hat».[17] Le Play respektierte das, was er die patriarchalische Familie nannte, in der der gesamte Besitz dem männlichen Anführer des Clans gehörte und an den nächsten männlichen Anführer weitergegeben wurde. Aber er erkannte, dass dies nur für frühere Formen der sozialen Organisation geeignet war, wie er sie in Bulgarien oder am Ural vorfand. Seine Berichte über aussereuropäische Familien in Nordafrika und dem Nahen Osten wurden von seiner Neugier auf das Patriarchat angetrieben.

Was er in Europa bewunderte, war die Stammfamilie, die *famille-souche* (ein Wort, das dem deutschen *Stammfamilie* nachempfunden ist). Der Besitz blieb erhalten und wurde vom ältesten Sohn oder dem auserwählten Kind an den ältesten Sohn oder das auserwählte Kind weitergegeben, während die anderen Kinder, unterstützt durch ein bestimmtes finanzielles Erbe oder eine Mitgift, in die Welt hinausgingen, um zu versuchen, ein neues Glück zu machen. Alle anderen Arten von Familien wurden als instabil bezeichnet, was bedeutet, dass jede Generation von Kindern neue Familien gründete. Instabile Familien wurden in wackelige (*ébranlées*) und desorganisierte (*désorganisées*) unterteilt. Jede berichtete Familie am Rhein, in Belgien oder England war instabil, ebenso wie alle Familien in Frankreich, ausser in der Bretagne oder im Midi, wo die Stammfamilie noch beibehalten wurde.

Le Play sah seine Arbeit als eindeutig politisch an. Er gründete nicht nur eine Gesellschaft zur Ausarbeitung seiner Methode, die bis 1878 zehn Bände mit kollektiven Monografien herausbrachte, sondern veröffentlichte auch selbst zahlreiche Traktate.[18] Die ersten dieser Traktate fanden

Anklang bei Napoleon III. in seiner autokratischsten Zeit. Die Titel zeigen, warum.[19] Deutschland und England wurden als Vorbilder angepriesen. Das Harzgebirge war für seine Jugend-Exkursion ausgewählt worden, weil er 1814 ein Buch eines Engländers gelesen hatte, der sagte, dass die Zukunft in Norddeutschland liege. Die Verzweiflung über die Revolutionen in Frankreich verstärkte die Bewunderung für das britische System, und dann, aus der Ferne, für das amerikanische.* [20]

* Aber er befürchtete, dass in England und Amerika ein Geist der Skepsis und des mangelnden Respekts für den Dekalog zunahm. Die zivilisierte Welt hatte eine letzte Hoffnung: Britisch-Nordamerika, und insbesondere Niederkanada. Québec hatte die beste aller Welten: Es hatte eine britische Verfassung und die Traditionen Frankreichs, bevor sie von Ludwig XIV. besudelt worden waren, und es war von der Revolution unbefleckt. Das alte System der Vererbung war erhalten geblieben. Dank der Strenge des Klimas, des Fehlens von grossem Reichtum und der Entfernung von den grossen Handelsstrassen, die dazu beigetragen haben, den Glauben und den öffentlichen Frieden besser zu bewahren, als dies jemals zuvor unter den Zwangsregimen der Antike oder des Mittelalters der Fall war, gab es auf der Erde eine Gesellschaft, die Le Plays Standards entsprach.

Er war nicht scharf darauf, eine Reihe von expliziten Regeln für seine Methode festzulegen. Tun Sie es! Folgen Sie Beispielen.[21] Er hatte Kapitel über die Methode, aber diese wechselten immer sofort von praktischen Anweisungen zu Verallgemeinerung und Moralisierung. Wir befassen uns mit «Plätzen, Menschen, Lebensgrundlagen und Gesellschaften. Diese grossartigen Phänomene der Natur und des sozialen Lebens, die ohne vorgefasste Meinungen beobachtet und unvoreingenommen interpretiert werden, sind für mich die wahren Ursprünge der Methode».[22] Anthony Oberschall sagt, dass Le Plays Monografien «auf teilnehmender Beobachtung beruhen».[23] Die Interviews wurden in der Tat geführt, nachdem Le Play einige Zeit in einer Gemeinde verbracht hatte, in der Regel im Auftrag der Regierung, aber seine Beobachtungen waren eher eine Frage der Teilnahme an der Machtstruktur. Le Play ermittelte unter den Vorarbeitern, Fabrikanten, Lehrern, Geistlichen oder Bezirksvorstehern die repräsentativste Familie, die mit ihm zusammenarbeiten würde. Das bedeutet nicht, dass er seine Methode verunglimpft, sondern nur, dass er einen Anachronismus vermeiden will.

Die Monografien waren in drei Teile gegliedert, wobei die Haushaltsbudgets den Kern bildeten. Der erste Teil war ein ausführlicher Bericht über die Lage und die Praktiken der Familie an ihrem Standort (Geschichte, Rang, Religion, Gesundheitsgewohnheiten, Kleidung, Wohnung, Freizeit, sowie der Stand der Manufaktur und der Landwirtschaft in der Region). Der dritte Teil enthielt soziale und moralische Überlegungen zu den unmittelbaren Ursachen für den Zustand der Familie, über den berichtet wurde. In der Mitte befand sich die eigentliche *monographie*, d.h. die Beschreibung der Familie, zusammengefasst in ihrem Haushaltsbudget.[24] Diese Budgets bleiben aussergewöhnliche Dokumente, voller Überraschungen für den Stöberer und reich an Fakten für den interessierten Historiker, Demografen oder Studenten der Klassen und Bevölkerungen. Aber sind sie auch Wissenschaft? Sind sie nicht nur Anekdoten, die von Le Plays eigenartigen politischen Obsessionen und utopischen Fantasien beherrscht werden? Das dachte er nicht. Nach 1856, als seine Arbeit bekannt wurde, als Napoleon III. für einige Jahre in gewisser Weise sein Mäzen war und als er eine Gesellschaft gegründet hatte, um seine Methode zu verbreiten, «wurde die Gefahr von Irrtümern, die von vorgefassten Meinungen ausgingen, mehr denn je durch das Eingreifen und die Kontrolle zahlreicher Mitarbeiter abgewehrt».[25] Der wichtigste Erbe der monografischen Methode war Emile Cheysson, der sie bis zum Ende des Jahrhunderts weiterführte.[26] Es ist möglich, Le Play als herausragende Figur einer einflussreichen antistatistischen Bewegung zu sehen.[27] In Wirklichkeit wird er als ein Mann dargestellt, den Napoleon III. zum *conseiller d'état* machte, kurz gesagt, als ein bequemes Spielzeug für die Kräfte der Reaktion, das bald in die verblasste Spielzeugkiste des Kinderzimmers der Geschichte verbannt werden sollte. Oder sollten wir, wie Lorraine Daston mir vorsichtig vorgeschlagen hat, Webers Theorie der Idealtypen als den wahren Nachfolger von Le Plays Methode der Monografien betrachten?

Le Play hat uns ein Vermächtnis hinterlassen, das weniger spekulativ ist als das. Die Idee, das Haushaltsbudget zu nutzen, war an sich schon stark. Wie immer bei der antistatistischen

Tradition der Komturei, deren Erbe Le Play war, waren es die Statistiker, die ihr zuvorkamen. Das Budget ist die Quelle der heutigen Technologie der Lebenshaltungskostenindizes und Ähnlichem. Die Abstammungslinie zu Le Play ist eindeutig. Sie führt über Ernst Engel. Ich habe den Direktor des preussischen Statistikamtes als Gegenspieler der französischen Statistiker benutzt, um einen Ost / West-Kontrast zu erzeugen. Aber hier hat er eine andere Rolle. Le Play war kein «westlicher» Statistiker im Sinne von Quetelet. Engel bewunderte wie Le Play das autoritäre zweite Kaiserreich und die kuriosen Pläne für den industriellen Frieden, die von Napoleon III. gefördert wurden.[28] Von Le Play übernahm er die Idee, Haushaltsbudgets zu verwenden. Und zeitgleich mit Le Plays erster Sammlung von Monografien über europäische Arbeiter hatte Ducpetiaux einige Haushaltsbudgets erstellt, die er auf dem Internationalen Statistischen Kongress in Paris im Jahr 1855 diskutierte. Engel war dort.

Le Play war der Ansicht, dass die jährliche Aufstellung der Einnahmen und Ausgaben einen zusammenfassenden Überblick über das Leben einer Familie bot, der repräsentativ für die Art und Weise und die Qualität des Lebens in einer Region war. Engel vertrat 1857 die Ansicht, dass ein statistischer Durchschnitt der Haushaltsbudgets ein grundlegendes Instrument der Wirtschaftswissenschaften sein würde, da er als objektives Mass für den Wohlstand einer Klasse oder einer Nation verwendet werden könnte. Dies würde eine strenge Klassifizierung der Arten von Ausgaben erfordern, die für einen kulturübergreifenden Vergleich verwendet werden kann: Die impressionistischen Monografien von Le Play eignen sich nicht für die richtige Art der quantitativen Analyse (wie Engel impliziert).

Was ist Konsum? Was ist Produktion? Engel machte sich über diejenigen lustig, die sagen, dass nur die Produktion von materiellen Gütern als Produktion zählt. Denn das würde bedeuten, dass der Friseur kein Produzent ist, sondern einer wird, wenn er aus Ihrem Haar eine Perücke macht. Engel hatte das Konzept der Dienstleistungsindustrie erkannt. Alle Kulturschaffenden, Lehrer und Prediger müssen als Produzenten gelten. Ebenso muss der Konsum sowohl geistige als auch materielle Güter umfassen. Ein Fussballspiel ist eine materielle Produktion, denn es zählt für die Spieler wie ein Spa zur Gesundheitsvorsorge. Ein Abend in der Oper ist kultureller Konsum, und ein Morgen in der Kirche ist ethischer Konsum.[29]

Engel schlug vor, dass der Anteil der Ausgaben, der für Nahrungsmittel ausgegeben wird, unter sonst gleichen Bedingungen das beste Mass für den materiellen Lebensstandard einer Bevölkerung ist. Für den interkulturellen Vergleich des Lebensunterhalts brauchen wir eine Standardeinheit für den «Konsumbedarf». Sie wäre wie das Ohm, der Ampère oder das Volt der Elektrizität. So wie diese Einheiten nach grossen Männern benannt wurden, sollten wir die Standardeinheit für den Lebensunterhalt das «Quet» nennen.*

*Annahmen: Männer, die älter als 25 Jahre sind, haben den gleichen Lebensunterhaltsbedarf wie Frauen, die älter als 20 Jahre sind. Definiere den Lebensunterhalt eines Säuglings als 1 Quet. Bei unreifen Menschen im Alter von *n* beträgt der Bedarf (1 + *n*/10). Der Bedarf eines erwachsenen Mannes liegt also bei 3,5 Quets und der einer Frau bei 3 Quets. (Farr, so Engel, hatte eine geringere Diskrepanz zwischen dem Bedarf von Männern und Frauen, 13/12, vorgeschlagen.)

Es ging darum, eine Möglichkeit zu schaffen, den Anteil der Ausgaben für den Lebensunterhalt zu vergleichen. Engel ging zu seinem letzten Werk über, einem Vergleich des belgischen Wohlstands über 40 Jahre hinweg. Wir haben die Quets vergessen, aber unsere zeitgenössische Terminologie war angekommen: Die Lebenskosten (*cost of living*) zum Beispiel nehmen einen zentralen Platz in Engels Text ein.

In Anlehnung an dieses Werk wurde ein Gesetz nach Engel benannt. Engels Gesetz besagt, dass «je ärmer der Einzelne, die Familie oder ein Volk ist, desto grösser muss der Prozentsatz des Einkommens sein, der für die Aufrechterhaltung des physischen Lebensunterhalts benötigt wird, und davon muss ein grösserer Anteil für Nahrungsmittel vorgesehen werden». Es ist seltsam, dies als Gesetz zu finden, denn Engel hatte den Anteil der Ausgaben für Nahrungsmittel als *Mass* für den materiellen Lebensstandard verwendet. Für den Unschuldigen sieht Engels Gesetz wie eine Tautologie aus. Vielleicht ist das auch gut so, wenn man Engels eigene Skepsis gegenüber dem Konzept

statistischer Gesetze bedenkt. Alles, was als Gesetz bezeichnet würde, wäre die Folge einer Definition, nicht einer induktiven Regelmässigkeit.
Engels Gesetz wurde in den Vereinigten Staaten bereits 1875 aufgegriffen und mit einem kleinen Inhalt versehen: «Ein steigendes Einkommen der Arbeiter geht mit folgenden Arten der Ausgabenverteilung einher: (a) Der Anteil der Ausgaben für Nahrungsmittel wird geringer, (b) der Anteil der Ausgaben für Kleidung bleibt gleich, (c) der Anteil der Ausgaben für Miete, Brennstoff und Licht bleibt gleich, (d) der Anteil der Ausgaben für Verbrauchsgüter steigt.»[30] Das Engel'sche Gesetz ist Teil der amerikanischen statistischen Technologie geblieben, ein Werkzeug, über das man nicht nachdenkt. Man sollte.[31]

Die Haushaltspläne von Le Play waren Beschreibungen einzelner Familien, die für die Arbeiter einer Region repräsentativ waren. Sie sagen viel darüber aus, wie die Familie lebte, ihre Bedürfnisse, ihre Vergnügungen, ihre Möglichkeiten. Le Play glaubte, aus dem Haushalt den Zustand der Familie und ihre Perspektiven ableiten zu können. Engels Budgets waren etwas ganz anderes. Sie waren Massstäbe für Bevölkerungen, nicht für «soziale Arten» im Stil von Balzac oder Le Play.

Die Zähmung des Zufalls scheint unwiderstehlich zu sein. Wenn ein Mann eine antistatistische Idee vorschlägt, um die Individualität widerzuspiegeln und sich der Wahrscheinlichkeitsrechnung des Universums zu widersetzen, wird sie von der nächsten Generation mühelos in die statistische Standardmaschinerie der Information und Kontrolle übernommen. Aber könnte nicht eine artikuliertere, wildere, euphorischere Gegenreaktion einige der alten Freiheiten des Zufalls bewahren?

KAPITEL 16 — ENDNOTEN

• 1 Frédéric Le Play: *Les Ouvriers européens: Etudes sur les travaux, la vie domestique et la condition morale des populations ouvrières de l'Europe d'après les faits observés de 1829 à 1879*, 6 Bde., Paris 1879, Bd. 1, S. 157. Seine erste Sammlung von 36 Studien ist *Les Ouvriers européens*, Paris 1855. Zusammen mit Koautoren veröffentlichte er viele weitere Studien in *Ouvriers des deux mondes*, 4 Bde., Paris 1857 – 1862.

• 2 H. de Balzac: *La Physiologie du mariage préoriginale* (1826), hg. von M. Bardèche (Paris, 1940). *Physiologie du mariage, ou méditations de philosophie éclectique sur le bonheur et le malheur conjugal*, hg. von A. Michel und R. Guise, in: *La Comédie humaine*, Paris 1980, S. 11. Die Notizen zum Späteren lassen eine Datierung der «1826» Version zu: S. 1 (1733) f.; siehe auch Moïse Le Yaouanc, «Notes sur la première Physiologie du marriage», *Revue d'histoire littéraire de la France* (1953), S. 525 – 532.

• 3 M. Bardèche, Einführung des Herausgebers zu *Physiologie*, S. 43.

• 4 Die Titel stehen beispielhaft für ein unattraktives Genre der Satire, das in den 1820er-Jahren blühte. Dazu gehörten Spottversionen des Strafgesetzbuches (*Code du littérateur et du journaliste, Code gourmand, Code galant*), Parodien von Anleitungen (*Die Kunst, eine Krawatte zu binden; Die Kunst, in der Stadt zu essen und nicht zu Hause*) und zahlreiche abgedroschene Traktate über eine gute Ehe, Treue, die Liebe Ihrer Frau und so weiter. Bardèche, «Einleitung» zu *Physiologie*, S. 13 – 17. Balzac selbst lieferte einen *Code pénal des honnêtes gens, contenant les lois, règles, applications et exemples de Van de mettre sa fortune, sa bourse et sa réputation à l'abri de toutes les tentatives*.

• 5 Bardèche, Einführung des Herausgebers zu *Physiologie*, S. 45.

• 6 *Physiologie*, *Œuvres* 11, S. 922. *Biman*, die Spezies der beidhändigen Säugetiere, ist natürlich das aufschlussreichere Äquivalent für den «federlosen Zweibeiner», den die traditionelle Logik vorsieht. Der Hinweis bezieht sich auf A.-M. C. Dumeril, *Zoologie analytique ou méthode naturelle de classification des animaux rendue plus facile à l'aide de tableaux synthétiques*, Paris 1802, S. 8. Die 15 Arten der menschlichen Rasse gehen auf J.-B. Bory de Saint Vincent, *Dictionnaire classique d'histoire naturelle*, Paris 1804, zurück; vgl. Yaouanc, «Notes» (wie Anm. 2).

• 7 Die marokkanischen und syrischen Familien stammen

aus der Ausgabe von 1879. Der Grossteil der nördlichen (einschliesslich der englischen) und östlichen (einschliesslich der östlich des Urals) Beispiele stammt aus der ersten Ausgabe und wurde in die Ausgabe von 1879 in Band 3 bzw. 2 aufgenommen. Band 1 war einleitend; die Bände 4, 5 und 6 waren Westeuropa gewidmet (Rheinland, Österreich, Schweiz, Frankreich, Spanien, Italien). Die Familien in diesen drei Bänden wurden in drei Typen eingeteilt: Stables, Ebranlées und Desorganisées, ein weiteres Beispiel für die Art und Weise, in der Le Play bewusst die Taxonomie der Naturgeschichte widerspiegelte.

• 8 Zitiert in Le Play, *Ouvriers* (1879) (wie Anm. 1), Bd. 1, S. 436, n. 1.

• 9 Ebd., Bd. 1, S. 38. Für eine Autobiografie siehe S. 17–49, 393–443.

• 10 Siehe ebd., S. 431, und Montesquieu, *Esprit des lois*, xv., S. 8.

• 11 Ebd., S. 406. Seine geradlinigen statistischen Arbeiten erstreckten sich auch auf andere Bereiche, z.B. *Recherches statistiques sur la production et l'élaboration de la soie en France*, Paris 1839.

• 12 Die wichtigsten Passagen sind nachgedruckt in F. Le Play, «Vue générale sur la statistique», *Journal de la Société de Statistique de Paris* 26 (1885), S. 6–11. Vgl. C.B. Silver: *Frédéric Le Play*, Chicago 1982, S. 45.

• 13 Le Play, *Ouvriers*, Bd. 1, S. 444–479. Das Wort «Statistik» taucht weder im anschliessenden *précis alphabétique* noch in irgendeiner anderen späteren Schrift, die ich untersucht habe, auf, es sei denn auf zufällige Weise.

• 14 Le Play, *Ouvriers* (1879), Bd. 1, S. 157.

• 15 Le Play, *La Réforme sociale en France, déduite de l'observation comparée des peuples européens*, 2 Bde., Paris 1864, 4. Aufl., Paris 1878, Bd. 2, S. 17.

• 16 *La Constitution de l'Angleterre considérée dans ses rapports avec la loi de Dieu et les coutumes de la paix sociale*, 2 Bde., Paris 1875, Bd. 2, S. 247 f.

• 17 *L'organisation du travail selon la coutume des ateliers et la loi du décalogue*, Tours 1870, S. 474.

• 18 *La Société d'Economie Sociale*, 1856.

• 19 Vgl. Anm. 15–17 sowie *L'Organisation de la famille selon le vrai modèle signalé par l'histoire de toutes les races et de tous les temps*, Paris 1870; *La Réforme en Europe et le salut en France*, Paris 1876; *La Constitution essentielle de l'humanité: exposé des principes et des coutumes qui créent la prosperité ou la souffrance des nations*, Tours 1881.

• 20 *L'Organisation du travail*, Sec. 70, n.17. Das Dominion of Canada war 1867 durch den British North America Act gegründet worden. In der ersten Ausgabe von 1870 hatte sich Le Play bei den Begriffen der Konföderation vertan, was er jedoch in der zweiten Ausgabe, die später im Jahr erschien, korrigierte. Das Zitat stammt von S. 469 der ersten Ausgabe.

• 21 *Réforme sociale*, S. 64.

• 22 *Ouvriers* (1878), Bd. 1, S. 48.

• 23 Anthony Oberschall, «The Two Empirical Roots of Social Theory and the Probability Revolution», in: Krüger u.a., *Probabilistic Revolution* (wie Anm. 9, Kap. 1) Bd. 2, S. 114.

• 24 *Ouvriers* (1878), Bd. 1, S. 228.

• 25 Ebd., S. 43

• 26 Emile Cheysson: *Œuvres choisies,* Paris 1911. Siehe A. Desrosières, «L'Ingénieur d'état et le père de famille», *Annales des mines: gérer et comprendre* (1986), S. 66–81.

• 27 So auch Oberschall, «The Two Empirical Roots» (wie Anm. 23), S. 113–115.

• 28 E. Engel, «Der Arbeitsvertrage und die Arbeitsgesellschaft: Industrial Partnerships», *Der Arbeiterfreund* (1867), S. 371–394. Siehe Hacking, «Prussian Numbers» (wie Anm. 4, Kap. 15), S. 385.

• 29 E. Engel, «Das Gesetz der Dichtigkeit», *Zeitschrift des statistischen Büreaus des königlich sächsischen Ministeriums des Innern,* 2 (1857), S. 153–182, nachgedruckt in E. Engel: *Die Lebenskosten belgischer Arbeiterfamilien früher und jetzt,* Dresden 1895.

• 30 Carroll D. Wright: *Sixth Annual Report of the Massachussets Bureau of Statistics of Labour* 4 (1875), S. 438.

• 31 Christopher Jencks, «The Politics of Income Measurement», in: W. Alonso und P. Starr (Hg.), *The Politics of Numbers,* New York 1987, S. 100 f.

DIE URÄLTESTE ALLER NOBILITÄT

Paris, 16. Mai 1861
Magis: Die Statistik, Madame, ist eine moderne und positive Wissenschaft. Sie bringt Licht in die obskursten Tatsachen. So haben wir vor Kurzem dank mühsamer Nachforschungen die genaue Zahl der Witwen erfahren, die im Laufe des Jahres 1860 die Pont Neuf überquert haben.
Horaz (erhebt sich): Ah, bah.
Désambois: Das ist ungeheuerlich. Und wie viele?
Magis: Dreizehntausendvierhundertachtundneunzig … und eine zweifelhaft.* [1]

* *Les Vivacités du Capitaine Tic*, von Eugène Labiche und Edouard Martin, Premiere im Vaudeville Theatre. Horaz sagt über den Statistiker: «Das ist kein Mann, das ist eine Tirade.» Desambois zu Lucille, der Tochter von Mme de Guy: «Er hat ein Werk veröffentlicht … gedruckt.» Magis: «Ich würde es nicht wagen, mir die Freiheit zu nehmen, aber da Sie es mir erlauben, bringe ich Ihnen gerne meinen schmalen Band *Monographie de statistique comparée*.» Bei einer anderen Gelegenheit informiert Magis sein Publikum: «In sieben Minuten erzeugen zwölf Rüsselkäfer in einem Hektoliter Weizen 75'000 Individuen, von denen jedes drei Körner pro Jahr verschlingen kann, also insgesamt 225'000 Körner.» Horaz: «Und haben Sie herausgefunden, wie Sie Ihre Rüsselkäfer vernichten können?» Magis: «Oh, das geht mich nichts an.»

Die selbstgefälligen Statistiker mit ihren schwerfälligen Tabellen waren Witzfiguren. So Célestine Magis, Sekretär der Statistischen Gesellschaft von Vierzon. Wenig später versuchte ein Statistiker in einem Stück, das im Palais Royal aufgeführt wurde, die Anzahl der Verheirateten pro Kilometer in seinem *département* zu ermitteln. Ergebnis: 16 ½ verheiratete Männer und 17 ¾ verheiratete Frauen.[2] Schlechte Witze gab es zuhauf. Wir haben gesehen, dass Balzac in der Ära der Begeisterung für Statistiken dazu überging, diese ernst zu nehmen. Was als Parodie begann, die «Ehestatistik» im Buch *Physiology of Marriage*, wurde zu einer Reflexion über das Wesen der Klassifizierung menschlicher Wesen. Das war 1829. Eine Ära des Optimismus über die Einsatzmöglichkeiten der Statistik endete 1848 und löste viele Gegenreaktionen aus.

Eine war politisch. Die Statistiker waren in der Regel Verfechter einer liberalen utilitaristischen Reform. Menschen, die mit ihrer Philosophie oder ihren Ansprüchen auf die Lösung aktueller sozialer Probleme nichts anfangen konnten, verachteten sie mit einer leichten Mischung aus Verachtung und Angst. Die Zahlen, um es mit den vorausschauenden Worten von Poisson zu sagen, haben den Menschen ihre Individualität genommen. Die Utilitaristen, die scheinbar so sehr um das Wohlergehen der Menschheit besorgt waren, wurden, wie Dickens' Gradgrind, gleichgültig gegenüber den Menschen. Ephemera wie Captain

Tic sprachen für eine weniger reflektierte Version dieses Ressentiments.

Die konservativen Kreise in London, Paris und den Provinzen lehnten Argumente ab, die allein auf statistischen Daten beruhten. Das hinderte sie jedoch nicht daran, zähneknirschend die Notwendigkeit von Bürokratien wie dem Board of Trade oder dem Büro des Registrar-Generals von England und Wales anzuerkennen. Viele der britischen «Blue Books» (Parlamentsdokumente) waren Zusammenstellungen von statistischen Daten. Im französischen System waren die statistischen Abteilungen von Ministerien wie Justiz, Bergbau und Bildung unersättlich. Nationaler Eigendünkel half. Wenn Schweden bessere Gesundheitsstatistiken oder das österreichisch-ungarische Reich bessere Eisenbahnstatistiken hatte, dann mussten alle anderen nachziehen. Die Verwalter waren stolz auf ihre öffentlichen Zahlen. Ihre unzähligen Tabellen zeigten, dass eine Arbeit geleistet wurde, die einen grösseren Mitarbeiterstab erforderte.

Statistiken wurden zu einem festen Bestandteil der politischen Debatte, aber es gab eine ganze Reihe einflussreicher potenzieller Konsumenten von Zahlen, die sie selten wirklich als Grundlage für ihr Handeln wollten. Unabhängig davon, ob Disraeli tatsächlich sagte: «Es gibt drei Arten von Lügen: Lügen, verdammte Lügen und Statistiken», vermittelt die Geschichte, dass er dies tat, eine echte Wahrheit.[3] Ich spreche hier bewusst von den Statistikern in oder unter dem Einfluss von Paris und London, wo die Neigung der Zähler darin bestand, den Zahlen zugrundeliegende Gesetze zu finden, soziale Gesetze, die dann als Grundlage für die Gesetzgebung dienen sollten. Die preussischen Statistiker machten sich keine Illusionen darüber, dass sie Gesetze aufdeckten, und die Beziehung des preussischen Statistikamtes zu den Machtzentren war anders als im Westen. Man findet für Bismarck keinen Aphorismus wie den, der Disraeli zugeschrieben wird.

Eine zweite Art der Gegenreaktion war eher philosophischer Natur. Wir wissen, dass Comte über die Wahrscheinlichkeitstheorie verbittert war. Die Menschen waren nur deshalb begeistert, weil es ihnen an «philosophischer Disziplin» mangelte:

> Die irrationale Zustimmung zur so genannten Wahrscheinlichkeitsrechnung reicht aus, um alle vernünftigen Menschen davon zu überzeugen, wie schädlich diese fehlende Kontrolle für die Wissenschaft ist. *Es wäre in der Tat seltsam, wenn die Wissenschaft der Kalkulation, das Gebiet, auf dem das fundamentale Dogma der Unveränderlichkeit des Gesetzes seinen Anfang nahm, ihren langen Weg des Fortschritts mit Spekulationen beenden würde, welche die Hypothese der völligen Abwesenheit des Gesetzes beinhaltet.*[4]

In der Tat seltsam! Ich habe Comtes Aussage hervorgehoben, denn genau das ist das Wunder der

Zähmung des Zufalls, dass der Indeterminismus auf dem Rücken der Berechnung in die Welt gebracht wird, die ursprünglich geschaffen wurde, um das Deterministische zu handhaben. Comte war fast völlig im Bilde über das, was vor sich ging. Der Indeterminismus war kaum erdacht, als er schrieb, aber er, der den Gedanken selbst verabscheute, sah sein zukünftiges Reich voraus. Er erkannte auch, dass der neue Indeterminismus nicht, wie er es ausdrückte, «zur alten Hypothese des willkürlichen Willens zurückkehren würde». Es war etwas Neues, und Schlimmeres. Comte war unsagbar verbittert. Die müssigsten Diskussionen der «mittelalterlichen Schulmänner», fuhr er fort, «enthalten wahrscheinlich nichts, was so hohl oder in der Tat so absurd ist wie die akzeptierten Vorstellungen der modernen Algebraisten über die Messung von Wahrscheinlichkeiten, ja sogar von Erwartungen». Doch ein Satz seines prophetischen Schreis entschlüsselt das Rätsel: «die Hypothese der völligen Abwesenheit eines Gesetzes». Denn das war am Ende nicht die Hypothese, die er aufstellte. Stattdessen gab es die Hypothese einer neuen Art von Gesetz. Es waren statistische Gesetze, die den Indeterminismus einführten, aber Comte war genauso gegen die statistische Konzeption der Gesellschaft wie gegenüber dem Kalkül des Zufalls.

Comte ist die ironischste Figur in meiner ganzen Geschichte, denn er verstand besser als jeder andere, was geschah, und verabscheute es. Er warf Namen wie «Sozialphysik» und dann

«Soziologie» in den Raum. Sie wurden von seinen statistischen Feinden aufgegriffen und zu ihren eigenen gemacht, so wie «Positivismus» auf bizarre Weise zum Namen für den Antihistorismus in der Philosophie wurde. Hier war der Mann, der seine Schule positivistisch nannte und das Wort erfand, der Mann, der jede metaphysische Untermauerung für unsere Vorstellung von Naturgesetzen leugnete, weil es nur universelle Regelmässigkeiten gibt. Dennoch war er (wie schon Hume vor ihm) völlig unbegründet davon überzeugt, dass die Unterstruktur der Welt in Form von universell gültigen Gesetzen beschrieben werden müsse. Statistische Regelmässigkeiten, die von den Zahlenfetischisten gesammelt wurden, waren verachtenswert. Die Mathematik der Wahrscheinlichkeitstheoretiker waren «kindische Spekulationen und fehlerhafte Prinzipien». Ach, arme «Soziologie»! Vor dem Ende des Jahrhunderts, jedenfalls in Frankreich, begann ein Standardkurs in Soziologie mit Worten wie diesen:

> Wir werden vor allem versuchen, unsere Studien mit Statistiken zu untermauern. Die wahre Beredsamkeit der Soziologie ist die Beredsamkeit der Zahlen. Mithilfe der Statistik kann die Soziologie vorhersehen und prognostizieren: Das Gesetz der grossen Zahlen verleiht ihr einen nahezu unfehlbaren Charakter. Fürchten Sie nicht, dass ein solches Vertrauen in die Ergebnisse der Statistik eine implizite Verneinung des freien Willens ist, denn wer

> Freiheit sagt, sagt auch Vernunft, genau das Gegenteil von Kapriolen und Willkür.[5]

Das wurde in einer Zeitschrift veröffentlicht, die der «kriminellen Anthropologie» und der «normalen und pathologischen Psychologie» gewidmet ist. Die kriminelle Anthropologie wird in Kapitel 20 wiederkehren, und in Kapitel 19 werden wir die Comte'sche Ironie mit dem «Normalen» fortsetzen. Wir verdanken Comte die Übertragung der Ideen des Normalen und des Pathologischen von der Physiologie auf die Gesellschaft. Doch seine Absicht war immer die der Physiologen, vom normalen Individuum und den Abweichungen von der Norm zu sprechen, die wir als Krankheit bezeichnen. Durch die Übertragung schrieb er über die individuelle Gesellschaft als normal oder gestört. Er dachte nie daran, dass das Normale ein statistisches Konzept ist, und doch wurde es zur wichtigsten statistischen Idee des späten 19. Jahrhunderts.

Die Physiologie selbst hat eine dritte Art von statistischer Gegenreaktion ausgelöst, die von Georges Canguilhem, William Coleman und anderen gut beschrieben wurde.[6] Ihr bedeutendster Vertreter war Claude Bernard, der Begründer der experimentellen Physiologie. Die Aufgabe des Arztes, so sagte er, besteht darin, genau zu bestimmen, was Krankheiten verursacht und was sie heilt. Der Statistiker mag berichten, dass 80 Prozent der Opfer, die auf eine bestimmte Weise behandelt werden, wieder gesund werden, aber der Patient will wissen: «Werde *ich* überleben?» Nur eine vollständig deterministische Wissenschaft der Medizin kann diese Frage beantworten. Bernards Experimente waren auf die Gewebe, Organe oder Sekrete dieses oder jenes Individuums gerichtet. Das sollte eine Verallgemeinerung nicht ausschliessen, denn wenn wir die Bedingungen, die das Versagen einer bestimmten Bauchspeicheldrüse verursachten, vollständig verstanden hätten, würden wir sehen, wie sie jede andere Bauchspeicheldrüse zerstören würden. Wir würden wissen, warum sie tödlich sind, und wir würden Schritte zur Intervention, Vorbeugung und Heilung ins Auge fassen. Was könnten wir dagegen von einem blossen Durchschnittswert lernen? Der Fall wurde zu einer Zeit anschaulich dargestellt, als die chemische Analyse des Urins ein wichtiges Hilfsmittel für den Physiologen und sogar für den Arzt war. Wenn der Statistiker etwas über den europäischen Durchschnittsurin wissen will, spotteten die Physiologen, dann soll er auf die Toiletten eines Pariser Bahnhofs gehen.

Bernard stand ganz in der Tradition von Bichat; er war ein kultivierterer (und angenehmerer) Broussais; er war ein Mann, der seinen Comte gut kannte, wenn auch nicht frei von Ambivalenzen. Er war antistatistisch, weil er an die Möglichkeit glaubte, die deterministischen Ursachen von Krankheiten herauszufinden. Er untersuchte Individuen in den Kliniken und im Labor und nicht

Populationen in Krankenhäusern oder Provinzen, denn nur im materiellen Fleisch und Blut und Eiter und Urin konnte er die Kausalität untersuchen. Sicherlich waren die einzelnen Patienten und Ausscheidungen, die er untersuchte und behandelte, repräsentativ für die Rasse und ihre Krankheiten, aber das war eine einfache Folge der Einheitlichkeit der Natur.

Der Physiologe und der Mineraloge, der zum Soziologen wurde – Bernard und Le Play – sind zwei Vertreter desselben Antagonismus zur Statistik. Beide beklagten, dass sie von der Realität abstrahiert und bedeutungslose Durchschnittswerte hinterlässt. Wir wollen keine Durchschnittswerte, wir wollen Individuen, repräsentative Individuen. Aus der eingehenden und umfassenden Untersuchung eines sorgfältig ausgewählten Einzelfalls können wir weit mehr über die Klasse erfahren, die er repräsentiert, als wir aus mechanischen Aufstellungen von Fakten über die Masse ableiten können. Nieder mit den Zahlenjongleuren! Aber dieser Slogan bedeutete nicht «Nieder mit den Zahlen». Die Budgets von Le Play waren reine Zahlen, Bernards Experimente waren reine Messung.

Dickens und Disraeli, Comte und Bernard, Labiche und Le Play: Jeder war auf seine Weise wütend auf die Statistiker. Eine vierte und weitaus radikalere Art von Gegenreaktion prangerte den Statistiker als jemanden an, der eine Wissenschaft vom Menschen betreibt, die seine Menschlichkeit auslöscht. Dostojewskis «Mensch des

Untergrunds» spottete über die Utilitaristen: «Denn Sie, meine Herrschaften, leiten doch, soweit ich weiß, Ihr gesamtes Register menschlicher Vorteile aus dem statistischen Durchschnitt und den Formeln der Wirtschaftswissenschaft her.»[7] Er spottete über das «Bauwerk aus Kristall, auf ewig unzerstörbar», welches das 19. Jahrhundert nicht nur auf der Weltausstellung von 1851, sondern metaphorisch über allem errichten würde.[8] «Nehmen Sie doch unser neunzehntes Jahrhundert, in dem auch Buckle lebte.»[9] Zwei Jahre vor der Veröffentlichung der *Aufzeichnungen aus dem Untergrund*, so erinnern wir uns, hatte Dostojewski sich selbst befohlen, Buckle zu lesen und wieder zu lesen. Dostojewskis Notizbuch für das Jahr 1864 (das Jahr, in dem die *Aufzeichnungen* veröffentlicht wurden) zeigt, dass er Buckles Behauptung, der Verlauf des menschlichen Lebens werde durch übergreifende Ursachen wie das Klima zu statistischer Stabilität bestimmt, ernst nahm, wenn er auch skeptisch blieb.[10] Er wollte wissen, was den Gesamtzustand seiner Mitmenschen und damit ihr kollektives Verhalten verändern würde. Aber es ist der nächste Schritt seines Gesprächspartners, der ihn abstiess: «dass mithin alles, was auch immer er [der Mensch] tut, keineswegs aus eigenem Antrieb, sondern von selbst geschieht, aufgrund der Naturgesetze. Folglich müssten diese Naturgesetze lediglich entdeckt werden, und schon hätte der Mensch sein Handeln nicht mehr zu verantworten und das Leben wäre außerordentlich leicht für ihn.

Jegliches menschliche Handeln wird, selbstredend, dann nach diesen Gesetzen zu berechnen sein, mathematisch, entsprechend der Logarithmentafel, ...»[11] Die Antwort:

> Aber es gibt eine sehr rätselhafte Sache: Wie kommt es, dass alle Statistiker und Experten und Menschenfreunde, wenn sie die guten Dinge des Lebens aufzählen, immer ein bestimmtes auslassen?
> Die eigenen, ungezügelten und inneren Regungen, die eigene Laune, sei sie auch noch so absonderlich, die eigene Fantasie, sei sie auch bisweilen verstiegen bis hin zum Wahnsinn – all dies ist ebenjener unberücksichtigte vorteilhafteste Vorteil, der sich keiner Klassifikation unterziehen lässt und durch den alle Systeme und Theorien immer wieder zum Teufel gehen.[12]

Dieser Schrei nach ungehemmter Freiheit war keine Forderung nach absoluter Gesetzlosigkeit. Dostojewskis Abscheu gegen die Utilitaristen war Teil einer grösseren Angst als jene, die Dickens' Abscheu auslöste. Er war standhaft und predigte nicht nur Freiheit, sondern auch Willkür. Es war, als hätten die Utilitaristen und Statistiker Wörter wie «Freiheit» und «Zufall» für ihre müssigen Debatten über statistischen Fatalismus gestohlen. Dostojewski sagte praktisch: Lasst sie mit diesen grossen Ideen verschwinden, wir werden immer die Launenhaftigkeit haben. Sie werden es nicht wagen, sie zu stehlen!

Das führt zu einer fünften Art von Rückschlag: die Erfindung oder zumindest die Wiederherstellung des reinen Zufalls. Ich habe meinen Titel *Die Zähmung des Zufalls* wegen der Art und Weise gewählt, in der das 19. Jahrhundert den Zufall in einer Struktur statistischer Gesetze gefangen hielt. Dieses Ergebnis war bis 1860 noch nicht vollständig erreicht worden. Quetelets aussergewöhnliche Hypothese über das Gesetz des Irrtums – dass es die Standardkurve für die physischen und moralischen Eigenschaften der Menschen ist – war ein Aufzwingen des Gesetzes auf die Menschheit und die freie Wahl. Aber sie wurde konzeptionell gestützt durch die Fiktion unzähliger zugrundeliegender deterministischer Ursachen, die zu einer Normalverteilung führen.

So waren die statistischen Gesetze in den Händen von Quetelet auf dem Weg zur Autonomie, aber sie waren noch nicht angekommen. Erst später würden sie als eigenständige Gesetze behandelt werden, die sich nicht mehr den winzigen, notwendigen Ursachen unterordnen müssen. Ich beschreibe diese weitere Aushöhlung des Determinismus in den Kapiteln 21 und 23. Die Menschen und die Welt wurden nicht weniger regiert, sondern mehr kontrolliert, denn eine neue Art von Gesetz kam ins Spiel. Deshalb spreche ich davon, dass der Zufall gebändigt oder gezähmt wurde.

Lange bevor diese Ereignisse abgeschlossen waren, kam eine gegenteilige Vorstellung vom

Zufall in Umlauf. Das war die ultimative Gegenreaktion, eine Art statistischer Nihilismus. Die alten und göttlichen Vorrechte des reinen Zufalls müssen wiederhergestellt werden! Der gut organisierte und rationale Gott der Aufklärung war von den Newtonianern des 18. Jahrhunderts in England beschworen worden, um die statistische Stabilität zu erklären, aber es gab noch den Funken älterer und unbeständigerer Götter, die sich am reinen Zufall erfreuten, an dem Stoff, von dem der aufgeklärte Hume gesagt hatte, er sei ein Wort, das nichts bedeutet. Dieser Funke wurde von der Romantik wieder entfacht und von Nietzsche weiter angefacht.

Der Dichter Novalis hatte 1797 geschrieben, dass der Zufall das Wunderbare manifestiert. Das Individuum wird «allein durch ein einziges zufälliges Ereignis individualisiert, nämlich seine Geburt».[13] In *Also sprach Zarathustra* flammte diese Idee in einem berühmten Segenswunsch auf:

> Über jedem einzelnen Ding als sein eigenes rundes Dach zu stehen, seine azurblaue Glocke … Über allen Dingen steht der Himmel Zufall, die himmlische Unschuld, der himmlische Zufall, die himmlische Schalkhaftigkeit. «Zufällig» – das ist der älteste Adel der Welt, und den habe ich wiederhergestellt allen Dingen: Ich befreite sie aus ihrer Knechtschaft unter dem Vorsatz der Bestimmung.[14]

Der Himmel verwandelt sich in einen «Tanzboden für göttliche Unfälle», «einen göttlichen Tisch für göttliche Würfel und Würfelspieler». Wie kam dann die Rationalität in die Welt? Irrational, wie zu erwarten war: «durch einen zufälligen Zufall».[15] Es gibt eine Reihe wichtiger Aspekte, in denen Nietzsche und Peirce die beiden grossen komplementären Philosophen des ausgehenden 19. Jahrhunderts waren. Ihre Auffassung von Zufall, Schöpfung und Notwendigkeit war auffallend ähnlich. Beide glaubten, dass unsere Welt, die andere für geordnet halten, ein Produkt des Zufalls ist. Keiner von beiden war der Meinung, dass das Vorhandensein von Gesetzen im Universum dieses weniger chaotisch macht.

Gilles Deleuze fasst hier einen der Gedanken Nietzsches prägnant zusammen. Die Würfel der Schöpfung «die einmal geworfen werden, sind die Bejahung des *Zufalls*, die Kombination, die sie beim Fallen bilden, ist die Bejahung der *Notwendigkeit* … Was Nietzsche *Notwendigkeit* (Schicksal) nennt, ist also niemals die Aufhebung, sondern vielmehr die Kombination des Zufalls selbst». Hier gibt es alle möglichen Spielarten. Der Zufall, so Nietzsche, macht nur Sinn, wenn wir eine Vorstellung von einem Zweck haben. Aber diese Vorstellung von Zweck und Vernunft erhalten wir zum Teil dadurch, dass wir uns in einer Welt befinden, die wie eine geordnete Welt aussieht. Diejenigen, die wissen, dass das Universum eine Angelegenheit des blinden Zufalls ist, werden nicht von Zweck-Simulakren beunruhigt. Die eisernen Hände der Notwendigkeit, die den Würfelkasten des Zufalls schütteln, spielen dieses Spiel unendlich lange, sodass es Würfe *geben muss*, die in jedem Grad der Zweckmässigkeit und Vernunft genau gleichen.[16]

Nietzsche hat die schwierigste philosophische Lektion über den Zufall begriffen, der wir bisher ausgesetzt waren. Notwendigkeit und Zufall sind Zwillinge, und keines kann ohne das andere existieren. Keiner erklärt den anderen das andere, genauso wenig wie Kopf und Zahl sich gegenseitig erklären.

Der schlechte Spieler ist derjenige, der versucht, die Chancen zu berechnen und mit ihnen zu spielen, als ob sein Spiel, sein Leben, eines von vielen Spielen wäre. Das bedeutet bestenfalls, einer anderen Notwendigkeit zu erliegen, der Notwendigkeit des Gesetzes der grossen Zahlen. Der gute Spieler macht sich nichts vor und akzeptiert, dass es genau eine Chance gibt, die zufällig die Notwendigkeit und sogar den Zweck erzeugt, den er erlebt. Nicht einmal eine lange Reihe von Universen würde den Zufall aufheben, der unsere Welt ins Leben gerufen hat, und nur das falsche Bewusstsein eines schlechten Spielers könnte es anders erscheinen lassen.

Wenn Nietzsche schreibt, dass es «Würfe geben *muss*, die in jedem Grad der Zweckmässigkeit und Rationalität genau gleichen», dann klingt er vielleicht wie einige, die das Argument des Designs für die Existenz Gottes ablehnen. Sie sagen: Wenn das Universum hinreichend alt ist, dann hätten sich die Teilchen, aus denen es besteht, zufällig in der geordneten Weise angeordnet, die wir gegenwärtig sehen. Es gäbe keine Notwendigkeit für einen Schöpfer, die Dinge auf diese Weise zu planen. Die beste Erklärung für das, was Hume «die Feinabstimmung der Mittel mit dem Zweck» nannte, oder für das, was moderne Kosmologen als «Feinabstimmung» des Universums bezeichnen, ist daher, dass wir in einem sehr alten Universum leben – oder in einem Glied einer langen Reihe aufeinanderfolgender Universen. Wir sollten auf die beste Erklärung schliessen: Unser Universum ist uralt oder eines von vielen. In diesem Fall sind die in unserer Welt gefundenen Regelmässigkeiten gar nicht so überraschend. Ich glaube, dass diese Schlussfolgerung ein Trugschluss ist. Alles, was wir sagen können, ist, dass entweder ein extrem unwahrscheinliches Ereignis stattgefunden hat (unser fein abgestimmtes Universum ist entstanden) oder unser Universum ein konstruiertes Universum ist. Wenn Ihnen die Hypothese eines göttlichen Entwurfs nicht gefällt, dann entscheiden Sie sich für den reinen, unerklärlichen Zufall. Wenn Sie anders argumentieren, begehen Sie das, was ich den «umgekehrten Spielertrick» genannt habe.[17] Es ist auch das, was Nietzsche als falsches Bewusstsein in Sachen Zufall und Notwendigkeit abgetan hätte. Nietzsche hat *nicht gefolgert*, dass wir in einem alten, chaotischen Universum leben. Er hat es erlebt. Es war für ihn eine Selbstverständlichkeit, genau wie für Peirce, wie ich in meinem Epigraf zu Kapitel 23 schreibe, «der Zufall strömte durch alle Sinneskanäle».

Nietzsches Überlegungen zum Zufall waren von einer Ambivalenz, die dem Thema angemessen war. Er genoss das, was er «das Reich des Zufalls» nannte, eines der beiden Reiche, in denen wir leben, das andere ist das des Zwecks.[18] Er nannte den Zufall auch grob dumm. Er war besessen von zwei Feinden, der Vernunft und dem Wahnsinn. «Nicht nur die Vernunft der Jahrtausende, sondern auch ihr Wahnsinn bricht in uns aus.»[19] Es ist gefährlich, ein Erbe zu sein. «Dennoch kämpfen wir Schritt für Schritt mit dem Riesen, dem Zufall, und über die gesamte Menschheit hat bisher nur der Unsinn geherrscht.»[20] Aber genau dieser Zufall ist auch das Auseinanderdrängen der Kreativität.[21] Ich sehe Nietzsche nicht als einen, der sich von der Notwendigkeit entfernt, sondern als einen, der immer sieht, dass Zufall und Notwendigkeit untrennbar sind: die tiefste Lehre der Zähmung des Zufalls.

Die Lektion wurde immer wieder von unwissenden Schauspielern vorgeführt. Denken Sie an Paul Eluard, den König des Dadaismus, der Gedichte komponierte und veröffentlichte, die nur aus Worten bestanden, die er zunächst auf Zettel schrieb und dann aus einem Hut zog. Wir sind hier aus der Not herausgekommen, indem wir rein zufällige Wörter veröffentlichen! Doch im selben Jahrzehnt sammelte L.J.C. Tippett unter der Schirmherrschaft von Karl Pearsons Zeitschrift

Biometrika erstmals Tabellen mit Zufallszahlen und veröffentlichte sie schliesslich.[22] Dabei handelte es sich um systematische Zufallszahlen, die aus den Ziffern der Geburts- und Sterbedaten in den Kirchenbüchern gezogen wurden. Diese reinen Zufallszahlen aus der Wiege und dem Grabstein sollten die Effizienz der Datenanalyse erhöhen, Ordnung in das Chaos bringen und feste Grenzen für Fehler ableiten, die durch zufällige Schwankungen entstehen könnten. Dada und *Biometrika*: zwei Seiten derselben Medaille, so könnte man sagen.

KAPITEL 17 — ENDNOTEN

• 1 E. Labiche und E. Martin. *Les Vivacités du Capitaine Tic: comédie en trois actes,* Paris 1861, S. 19; das Stück wurde am 16. Mai uraufgeführt.

• 2 Edmond Gondinet: *Le Panache*, am Palais Royal, 12. Oktober 1875.

• 3 Die Quelle der Geschichte ist uneindeutig. Es könnte aber Mark Twain gewesen sein.

• 4 Auguste Comte *Système de politique positive,* Paris 1851–1853, Bd. 1, S. 381 (die Kursivstellung stammt von mir).

• 5 Alexis Bertrand, in Lyon, «Cours municipal de sociologie: leçon d'ouverture (9 mars 1892)», *Archives d'anthropologie criminelle de médecine légale et de psychologie normale et pathologique* 7 (1892), S. 677.

• 6 Georges Canguilhem: *On the Normal and the Pathological* (1943, 1966), übers. von C.R. Fawcett, Dordrecht / Boston 1978, S. 29–45 und Index; William Coleman, «Neither Empiricism nor Probability: The Experimental Approach», in: M. Heidelberger u.a. (Hg.), *Probability since 1800: Interdisciplinary Studies of Scientific Development* (*Report Wissenschaftsforschung* 25), Bielefeld 1983, S. 275–286; T.M. Porter, *The Rise of Statistical Thinking,* Princeton 1986, S 160–162.

• 7 F.M. Dostojewski, *Aufzeichnungen aus dem Untergrund* (1864), übers. von Ursula Keller, München 2021, S. 46 f.

• 8 Ebd., S. 76.

• 9 Ebd., S. 50. In den *Aufzeichnungen* ist der Hauptpunkt gegen Buckle seine lächerliche Behauptung, dass die menschliche Rasse immer weniger grausam werde. «Haben Sie denn nicht bemerkt, dass es fast ausnahmslos überaus zivilisierte Herren waren, die auf feinsinnige Weise das Blut der anderen vergossen haben, verglichen mit denen ein Attila und ein Stenka Rasin reine Waisenknaben waren, ...» Ebd., S. 51.

• 10 C.R. Proffer (Hg.), *The Unpublished Dostoevsky*

1860–1881: Diaries and Notebooks, Ann Arbor, Mich., 1973, Bd. 1, S. 106.

• 11 Ebd., S. 35; *Aufzeichnungen*, S. 53.

• 12 Proffer, *Unpublished Dostoevsky* (wie Anm. 10), S. 30–32. Hier gibt es viel aussagekräftiges Material zwischen den Sätzen, die ich zitiert habe. Vgl. Dostojewski, *Aufzeichnungen* (wie Anm. 7), S. 55 f.

• 13 Novalis: *Werke*, XXX 3 441 Nr. 901.1 Ich verdanke diesen Hinweis Michael Murray.

• 14 F. Nietzsche: *Also sprach Zarathustra, Werke in drei Bänden*, München 1976, Bd. 2, S. 416. Im Deutschen wird «by chance» oder «by accident», wie etwa in «it happened by accident» mitunter als «(nicht) von ungefähr (oder ohnegefähr)» ausgedrückt. Ich nehme dabei auch einen satirischen etymologischen Bezug zum Adel an.

• 15 F. Nietzsche: *Morgenröte: Gedanken über die moralischen Vorurteile* (no. 123), übers. von R.J. Hollingdale, *Daybreak Thoughts on the Origins of Morality*, Cambridge 1982, S. 125.

• 16 Gilles Deleuze: *Nietzsche and Philosophy*, New York 1983, Sek. 11, «The Dicethrow». Wenn Deleuze von der Abschaffung des Zufalls spricht, spielt er offensichtlich auch auf Mallarmé an, dessen Gedicht ich am Ende von Kapitel 1 erwähnt habe.

• 17 F. Nietzsche: *Morgenröte* (no. 130), «Tagesanbruch», S. 131.

• 18 Ian Hacking, «The Inverse Gambler's Fallacy: The Argument from Design. The Anthropic Principle Applied to Wheeler Universes», *Mind* 96 (1987), S. 331–340.

• 19 «Tagesanbruch», S. 130. Die Formulierung lautet «das Reich der Zufälle», was im Kontext zweifellos besser mit «the realm of chances», wie in Hollingdales Übersetzung, oder «realm of chances» wiedergegeben wird. Ich beziehe mich dabei auf G. Gigerenzer u.a.: *The Empire of Chance: How Probability Changed Science and Everyday Life*, Cambridge 1989.

• 20 Nietzsche, *Zarathustra*, *Werke* 2, S. 338.

• 21 Nietzsche, *Nachlass*, *Werke* 3, S. 912.

• 22 L.J.C. Tippett: *Random Sampling Numbers*, Cambridge 1927.

CASSIRERS THESE

Leipzig, 14. August 1872
Ein Geist, der für einen bestimmten, sehr kleinen Zeitraum die Position, die Richtung und die Geschwindigkeit aller Atome im Universum kennen würde, wäre in der Lage … durch eine geeignete Behandlung seiner Weltformel zu sagen, wer die Eiserne Maske war oder wie der «Präsident» zu Fall kam. So wie der Astronom den Tag vorhersagt, an dem nach vielen Jahren wieder ein Komet aus den Tiefen des Weltalls im Himmelsgewölbe auftaucht, so würde dieser «Geist» in seinen Gleichungen den Tag vorhersagen, an dem das griechische Kreuz von der Moschee von Sofia glänzen wird, oder wenn England seinen letzten Klumpen Kohle verbrennen wird.* [1]

*Aus einer Rede von Emil Du Bois-Reymond vor der Jahresversammlung der Versammlung Deutscher Naturforscher und Ärzte. Bis 1872 wurde er als Physiker, Chemiker und vor allem als Neurophysiologe von Format gefeiert. 1847 hatte er zusammen mit Brücke, Ludwig und Helmholtz eine Berliner Forschergruppe gegründet, deren Ziel es war zu beweisen, dass die Funktionsweise des Gehirns mithilfe der Elektrizität zu verstehen ist. Fünfundzwanzig Jahre später war er ein *elder statesman* der Wissenschaft, der berechtigt war, die tiefen

Fragen der Metaphysik anzusprechen. Eine Rede von Du Bois-Reymond war etwas Besonderes. In einer Rede sorgte er für Aufsehen, indem er behauptete, dass Goethe nicht der literarische Riese war, für den er gemeinhin gehalten wird, und dass er bei seinen berühmten Beiträgen zur Theorie der Farben und des Sehens einfach nur wirr im Kopf gewesen war.

Können wir angesichts einer so pointierten Erklärung der Lehre von der Notwendigkeit ernsthaft von einer Erosion des Determinismus bis 1872 sprechen? Ernst Cassirer warf eine noch unerwartetere Frage auf. Er nahm die obige Passage als Beweis für die Erfindung des Determinismus! Er erkannte die nur allzu bekannten deterministischen Aphorismen von Laplace an, sagte aber, dass zu ihrer Zeit solche Worte «kaum mehr als eine geniale Metapher» waren:

> Die Idee, dass die Metapher mit einer breiteren Bedeutung und Gültigkeit ausgestattet werden sollte, dass sie der Ausdruck eines allgemeinen erkenntnistheoretischen Prinzips sein sollte, entstand in einer viel späteren Zeit, und ihr Datum lässt sich ziemlich sicher bestimmen.[2]

Nämlich 1872, dem Anlass der Rede von Du Bois-Reymond. Warum sollte Cassirer sagen, dass der Determinismus zu diesem Zeitpunkt begann? Eine schwache Antwort: Es gibt viele Arten von Determinismus, und Cassirer machte auf eine Neuerung aufmerksam, die der Idee des Determinismus um 1870 hinzugefügt wurde. Das ist plausibel genug. Ich respektiere eine Bemerkung, die dem verstorbenen J.L. Austin zugeschrieben wird. Er wurde gefragt: «Es gibt mehr als eine unterschiedliche Idee des Determinismus, nicht wahr, Professor Austin?» «Nein», antwortete er, «weniger als eine.» Cassirer wollte damit vielleicht sagen, dass sich um 1870 eine klar definierte Version des Determinismus aus zuvor obskuren Vorstellungen herauskristallisierte. Er selbst dachte 1936 vor allem über die Mikrophysik nach und behauptete vielleicht, dass ein Determinismus, der klar genug formuliert war, um mit der neuen Quantenmechanik unvereinbar zu sein, selbst erst vor relativ kurzer Zeit entstanden war. Aber ich nehme Cassirer beim Wort und behaupte, dass der Determinismus als ernsthafte Idee erst um 1870 aufkam.

Das steht im Widerspruch zu jeder konventionellen Geschichtsschreibung. Der Schock über Cassirers Paradoxon bringt uns dazu, Binsenweisheiten über den Determinismus zu hinterfragen, die wir in der Regel unkritisch akzeptieren. Ich glaube, dass Cassirer sich geirrt hat, aber dass er auf überraschende Wahrheiten hinweist. Um 1870 geschah etwas Dramatisches mit der Lehre von der Notwendigkeit. Ich führe es auf ein grundlegendes Unbehagen am Determinismus zurück. Einer der Nebeneffekte war, dass die Philosophien der Freiheit und der Notwendigkeit eine Blütezeit erlebten. Die intensiven Sorgen über den statistischen Fatalismus waren nur ein Teil eines grösseren Kampfes.

Wir sollten zunächst das Wort «Determinismus» selbst überprüfen. Cassirer unternahm keinen philologischen Ausflug, aber er hätte vorhersagen können, dass das Wort seine heutige philosophische Bedeutung erst in den 1870er-Jahren oder so erhalten hat. Er hätte Recht gehabt. Das beweist nicht, dass unsere heutige *Vorstellung* von Determinismus nicht schon vorher unter einem anderen Namen existierte – zum Beispiel unter dem Begriff der «Notwendigkeit». Aber das Vorhandensein oder Nichtvorhandensein eines Wortes oder einer Bedeutung ist lehrreich. Also werde ich zunächst eine kleine Geschichte unseres Wortes «Determinismus» erzählen.

Der *Dictionary of the History of Ideas* beginnt mit der Feststellung, dass «das englische Wort *Determinismus*, wie seine französischen, deutschen und italienischen Gegenstücke, aus dem 17. und 18. Jahrhundert stammt».[3] Das ist ein Fehler, wenn auch ein überraschender, denn die meisten Menschen gehen instinktiv davon aus, dass «Determinismus» ein altes Wort ist. Der Autor unterscheidet «zwei verschiedene, aber miteinander verbundene Lehren. Die eine ist die Lehre, dass die Wahl zwischen verschiedenen Handlungsoptionen in allen Fällen vollständig durch psychologische und andere Bedingungen erklärt werden kann. ... Die andere ... ist die Doktrin, dass alles, was geschieht, eine Kette von Ursachen darstellt».

Die erste Doktrin wurde erst Ende des 18. Jahrhunderts als «Determinismus» bezeichnet, und dann auch nur auf Deutsch. Die zweite wurde erst in den 1850er- bis 1870er-Jahren als «determinism» (im Englischen) bezeichnet. Es war diese zweite Doktrin, die Du Bois-Reymond so pointiert zum Ausdruck brachte. Cassirer hatte insofern also Recht: Die Art von Determinismus, die er meinte, wurde erst um die Zeit der berühmten Rede herum auch so bezeichnet.

Unser Wort erscheint – wie gesagt – im Deutschen zuerst. Es war hinreichend bekannt, um 1789 als Titel eines Buches mit der Formulierung «Determinismus und moralische Freiheit» zu dienen.[4] Kant verwendete das Wort erstmals 1793 in seinem Buch über Religion. Dort spottete er über diese neue Wortschöpfung als blosses Blendwerk, d.h. als Augenwischerei, als Täuschung, als Hochstapelei, als intellektuelle Gaukelei.[5] Wenn die (ungenannten) Benutzer dieses Wortes ein Etikett wollen, schrieb Kant, dann sollen sie *Praedeterminismus* nehmen. Dieser Name macht deutlich, worum es geht: Unsere Entscheidungen sind durch unsere Motive, Wünsche und Überzeugungen vorbestimmt. Prädeterminismus wäre heute ein passender Name für die meisten philosophischen Versionen der Entscheidungstheorie und der Rational-Choice-Theorie, der Vorstellung, nach der eine Nutzen- oder Präferenzfunktion sowie eine Wahrscheinlichkeitsfunktion über Überzeugungen bestimmen, was eine Person tun wird. Dieses Konzept hat nichts zu tun mit dem, was Du Bois-Reymond – oder Laplace – im Sinn hatten.

Für «*determinism*» im Englischen zitiert das *OED* den schottischen Metaphysiker Sir William Hamilton aus dem Jahr 1846. Er stellte den Determinismus, der, wie er sagte, mit Motiven und Absichten zu tun hat, ausdrücklich der Notwendigkeit durch effiziente Ursachen gegenüber, die er als blindes Schicksal bezeichnete.[6] Er verwendete also «Determinismus», um etwas zu meinen, das ausdrücklich im Gegensatz zur Idee von Du Bois-Reymond / Laplace / Cassirer steht. Hamilton war Kantianer und pro-deutsch. Sein Sprachgebrauch spiegelte getreu die deutschen Praktiken wider, wie sie von H.C.W. Sigwart illustriert oder in einem deutschen philosophischen Wörterbuch der damaligen Zeit angegeben wurden.[7]

Das *OED* ist nicht ganz korrekt, wenn es die erste Verwendung Hamilton zuschreibt. Hier ist eine Darstellung Kants für englische Leser aus dem Jahr 1798: «Determinismus ist das Prinzip der Bestimmung des Willens aus hinreichenden inneren (subjektiven) Gründen. Dieses Prinzip mit dem der Freiheit, d.h. der absoluten Spontaneität, in Einklang zu bringen, bereitet keine Schwierigkeiten.»[8] Was das Französische betrifft, so tauchen die aus dem Deutschen importierten Worte in einer französischen Version von Gall und Spurzheims Phrenologie von 1811 auf.[9] 1836 veröffentlichte die Académie Française dieses bissige Paar Einträge in einem Anhang zu ihrem Wörterbuch der französischen Sprache:

> *Determinist:* Name einer wenig bekannten deutschen Sekte, die hierzulande wenig Einfluss hat.
> *Determinismus:* System, Prinzipien, Doktrin der Deterministen.[10]

Französische Leser werden das Wort *déterminisme* sofort mit Claude Bernard in Verbindung bringen. In seiner immens erfolgreichen *Introduction* in die experimentelle Medizin gab es eine laufende Diskussion über das, was er «Determinismus» nennt. Sein Sprachgebrauch unterscheidet sich ein wenig vom Englischen und weist Parallelen zu unserem Wort «Mechanismus» auf. Der Mechanismus einer Uhr ist das, was tatsächlich die Bewegung der Zeiger bewirkt. In ähnlicher Weise bedeutete Bernards *déterminisme* das, was tatsächlich die Bestimmung vornimmt. Der experimentelle Arzt nimmt sukzessive Einfluss auf die Krankheiten, wenn er ihren experimentellen Determinismus, d.h. ihre unmittelbare Ursache, kennt.[11] Er verwendete das Wort *déterminisme* auch für seine Lehre, dass etwas Materielles jedes physiologische Ereignis bestimmt. «Die experimentelle Kritik stellt alles infrage, ausser dem Prinzip des wissenschaftlichen Determinismus.»[12] Eines jedoch war ganz offensichtlich: Der Determinismus schloss das statistische Gesetz aus. Der Einfluss von Comte auf Bernard war unterschiedlich, aber manchmal schimmerte er durch: «Ich weiss nicht, warum man die Ergebnisse, die man mithilfe der Statistik erhält, *Gesetz* nennt. Meiner Meinung nach kann ein wissenschaftliches Gesetz nur auf Gewissheit beruhen und auf einem absoluten Determinismus – nicht auf einer Wahrscheinlichkeit.»[13]

Das Wort *déterminisme* wurde von einem Philosophen verwendet, als Bernard gerade über experimentelle Medizin schrieb. Der energische Neukantianer Charles Renouvier benutzte es häufig in einem Werk von 1859, dessen Titel den Menschen, die Vernunft, die Leidenschaft, die Freiheit, die Gewissheit und die moralische Wahrscheinlichkeit erwähnt.[14] Das Wort kommt in einem früheren Band von 1854 weniger häufig vor, aber dort finden wir eine Erwähnung des «berühmten Problems des freien Willens und des Determinismus».[15] Renouvier hat Laplace ausdrücklich zitiert und zitiert; wir müssen daher Cassirers Behauptung relativieren, dass Laplace bis 1870 allenfalls «metaphorisch» verstanden wurde.[16]

Wir müssen also der philologischen Version von Cassirers These zuvorkommen. Das Wort «Determinismus» wurde nicht 1872 in Deutschland, sondern in den 1850er-Jahren in Frankreich zur Bezeichnung der Lehre von der Notwendigkeit verwendet. Wir können Renouvier nicht mit der Begründung abtun, er sei nicht einflussreich gewesen, oder mit der Begründung, seine Leserschaft sei auf Frankreich beschränkt. William James begann seine berühmte Vorlesung «*The Dilemma of Determinism*» mit den Worten: «Wir sehen in den Schriften von Renouvier, Fouillée und Delboeuf, wie völlig verändert die Form all der alten Streitigkeiten über die Freiheit ist.»[17] In seiner Präsidentenrede vor der American Psychological Association im Jahr 1904 erklärte er offen und mit einer gewissen Rührung, was er Renouvier zu verdanken hat: «Ich verdanke meine gesamte Lehre zu diesem Thema [Anstrengung und Wille] Renouvier.»[18] James' letztes und noch nicht ganz vollendetes Buch, *Some Problems of Philosophy*, ist dem französischen Philosophen gewidmet, «in unendlicher Dankbarkeit, wie ich es tue».[19] Eine von James' ersten Veröffentlichungen war 1876 eine Rezension von Renouviers Philosophie.[20] Dort verwendete er das Wort Determinismus im Sinne von Kausalität.*

* Renouvier favorisierte einen von Noumina bereinigten Kant. Seine *Critique philosophique* erschien nach 1871 ein Jahrzehnt lang fast wöchentlich, bevor er sich auf ein ruhigeres Tempo einstellte. Zu Beginn wurde sie weitgehend von ihm selbst verfasst. Die überschwängliche Zuneigung, die der sterbende James für den 1903 verstorbenen Renouvier empfand, muss James' Erinnerungen an seine Jugendkrise widerspiegeln. Als Student in Deutschland lebte er in einer Pension und litt unter furchtbaren Depressionen, Gefühlen der Abgeschlagenheit und Gleichgültigkeit, die er als Willensverlust bezeichnete. Er erinnerte sich selbst daran, das durch die Lektüre von Renouvier überstanden zu haben.

Das *OED* gibt 1876 – aber nicht William James – als ersten Anlass für die moderne (Doktrin der Notwendigkeit) Verwendung des Wortes «Determinismus» im Englischen an. Die Definition lautet «die Lehre, dass alles, was geschieht, durch eine notwendige Kette von Ursachen bestimmt ist». Aber das Wort war bereits mit dieser Bedeutung im Umlauf. So hielt James Clerk Maxwell 1873 einen

Vortrag vor dem Eranus Club, einem exklusiven Verein, der sich aus ehemaligen Mitgliedern der bekannteren Cambridge-Geheimgesellschaft, den Aposteln, zusammensetzte. Der Titel lautete: «Does the progress of Physical Science tend to give any advantage to the opinion of Necessity (or determinism) over that of the Contingency of events and the Freedom of the Will?»[21]

So viel zu diesem Wort. Wir sollten seine Neuartigkeit nicht überbewerten. Das Verb «bestimmen» steht in einem mehr als zufälligen Zusammenhang mit der Lehre von der Notwendigkeit. In Kapitel 2 habe ich Hume zitiert: «Jedes Objekt ist durch ein absolutes Schicksal zu einem bestimmten Grad und einer bestimmten Richtung seiner Bewegung bestimmt ...» Er sprach nicht von Schicksal, sondern von kausaler Bestimmung. Leibniz' eigener Index zur *Theodizee* enthielt einen Eintrag für das französische Wort *détermination* mit zahlreichen Verweisen.[22] Er verwendete auch Ausdrücke wie *inevitabilem determinationem supralapsorium*.[23] Pierre Bayles *Dictionary* verwendete im Artikel über den Jansenismus das Verb «bestimmen», und Leibniz wies in seiner Theodizee genau auf diese Stelle hin. *Determinare* und *determinatus* kommen bei Spinoza häufig vor.[24] Schliesslich wurde die Unterscheidung zwischen der *Idee* des Determinismus in der ausgedehnten Substanz und der *Idee* des Determinismus oder Prädeterminismus im Geist schon früh im 19. Jahrhundert gut diskutiert, als ein Unterschied zwischen «der Beziehung zwischen Motiv und Handlung und der Beziehung zwischen Ursache und Wirkung».[25]

Wenden wir uns also vom Wort der Idee zu. Hatte Cassirer recht, wenn er sagte, dass der Determinismus der effizienten Ursache – die Lehre von der Notwendigkeit – erst 1872 zu einer ernstzunehmenden universellen These wurde? Das glaube ich nicht. Die allgemeine Weisheit ist richtig. Laplace hat keine Metaphern geschrieben. Hume und Kant haben die phänomenale Welt der Objekte als notwendig betrachtet. Manchmal wurden Deterministen als Mechanisten bezeichnet, so wie Lamettrie, nachdem er in seinem Buch über die Seele beobachtet hatte, wie eine Krankheit und hohes Fieber die Funktionsweise seines eigenen Geistes beeinflussten. Seine Pariser Kollegen waren so schockiert, dass er nach Leiden zog und 1747 das noch kühnere *L'Homme machine* veröffentlichte.[26] Häufiger wurde ein Mann als Materialist bezeichnet, wie Baron d'Holbach. Wir müssen akzeptieren, dass es zwar nicht die eine kanonische, zeitlose Version des Determinismus im Sinne der Lehre von der Notwendigkeit gibt, aber es gibt einen durchgehenden Determinismus, der sich durch die gesamte nachkartesianische europäische Geschichte zieht.

Worin besteht nun das Interesse an Cassirers These? Erstens hat sich das Wort «Determinismus» zwischen den späten 1850er- und den frühen 1870er-Jahren mit der kausalen Notwendigkeit verbunden. Zweitens geschah dies in einem besonderen Zusammenhang. Bernard in Frankreich und Du Bois-Reymond in Deutschland waren Physiologen. Sie lehnten den Vitalismus ab und vertraten die Ansicht, dass alle lebenden Prozesse dem Wirken von Chemie und Elektrizität (oder Ähnlichem) unterworfen sind. Die Berliner Arbeiter dehnten diese physikalischen Wissenschaften auf das Gehirn selbst aus. Laplace, Kant und Hume waren bei allem, was mit dem Gehirn zu tun hatte, bemerkenswert zurückhaltend. Sie können Laplace (aber nicht Lamettrie!) so lesen, dass er von Notwendigkeit nur im Bereich der ausgedehnten, räumlichen, materiellen Substanz spricht. In seinen öffentlichen Äusserungen lesen wir nichts über geistige Ereignisse. Du Bois-Reymond widmete sein Leben den Ereignissen im Gehirn und vertrat eine Korrespondenztheorie, die an die Identitätstheorie grenzt: Ereignisse im Gehirn entsprechen geistigen Ereignissen und können sogar mit diesen identisch sein. Das war das Projekt seiner Vorlesung von 1872, das Bewusstsein und den freien Willen in einer solchen Metaphysik zu verstehen. Er erklärte, dass wir das nie verstehen werden. Wir befinden uns an der Grenze der möglichen wissenschaftlichen Erkenntnis, eine Grenze, die die Wissenschaft nicht überschreiten kann. Cassirer hat also nicht nur verbal recht. Der neue Determinismus war imperialer als Laplace. Er sollte die Herrschaft über das Gehirn, den Ort der geistigen Ereignisse, übernehmen.

Das war jedoch nicht das Einzige, was dem Determinismus in jenen Tagen widerfuhr. Es gab eine enorme Bandbreite an verrückten Diskussionen. Das Problem des freien Willens selbst ist universell und kann leicht in Kulturen eingeführt werden, die nichts mit unseren westlichen Ansichten über Kausalität gemein haben. Es ist nie bemerkenswert, dass Menschen über Freiheit diskutieren. Das Aussergewöhnliche am Europa der Mitte des 19. Jahrhunderts ist die hektische Konstruktion neuer und sicherlich sehr merkwürdiger Argumente über die Freiheit. Unser viel diskutierter statistischer Fatalismus ist ein Beispiel dafür; ein anderes, dass wir in Kapitel 20 weiter unten entwickeln werden, stammt aus Cesare Lombrosos Kriminalanthropologie von 1876. Die gesamte Tradition der europäischen Jurisprudenz muss abgelehnt werden, denn Verbrecher werden geboren, nicht gemacht; sie sind atavistische Auswüchse. Bestrafung als Vergeltung ist eine Torheit; die Todesstrafe ist unmoralisch, weil Mörder, die zum Töten geboren wurden, für ihre Taten nicht verantwortlich sind. Das war jedenfalls das grosse Thema des ersten grossen Kongresses für Kriminalanthropologie, der im Herbst 1885 in Rom stattfand.[27]

Sehr viel bescheidener, aber nicht offensichtlich kohärenter, konzentrierte sich James Clerk Maxwells Diskussion über den freien Willen auf die Arbeit zweier französischer Mathematiker. Das Anliegen war von Dauer. Karl Pearson schrieb: «Ich besitze einen Brief von Clerk Maxwell, in dem er feststellt, dass die Arbeit von Saint-Venant und Boussinesq über singuläre Lösungen epochemachend ist … die grosse Lösung für das Problem des freien Willens.»[28] Was war das für eine Arbeit, die das Problem des freien Willens löste? Es war ein Beitrag zur mathematischen Theorie der Elastizität. Die Elastizität spielt heute keine grosse Rolle mehr, aber in der zweiten Hälfte des 19. Jahrhunderts war sie *das* Problem der Kosmologie. Alle Standardmodelle des Äthers wiesen innere Widersprüche auf oder verletzten hoffnungslos die Erfahrung, doch eine elektromagnetische Übertragung ohne einen elastischen Äther schien undenkbar. Viele glaubten, dass Saint-Venants Durchbrüche zur Elastizität die richtige Lösung bringen würden.

Eine seiner Untersuchungen, die von Boussinesq fortgesetzt wurde, betraf «singuläre Lösungen». Die beiden Männer waren fasziniert von Gleichungen mit singulären Punkten *a*, bei denen man durch das Einsetzen von Werten, die beliebig nahe bei und kleiner als *a* sind, Lösungen erhält, die sich stark von denen unterscheiden, deren Werte beliebig nahe bei, aber grösser als *a* sind. Diese Forschung hat mehr als nur einen Hauch von moderner Katastrophentheorie und Chaostheorie. Damals (wie heute) dachten die Autoren, dass ihre Arbeit eine tiefgreifende aussermathematische Bedeutung hat. Sie würde den freien Willen in einer mechanistischen Welt erklären. Die meiste Zeit über ist das, was wir tun, routinemässig vorherbestimmt. Aber gelegentlich befinden wir uns in der Gegenwart eines physikalischen Einzelpunkts, an dem wir durch die Wahl einer von zwei Handlungen, die willkürlich nahe beieinander liegen, völlig unterschiedliche Wirkungen erzielen können. Der freie Wille wirkt sozusagen durch die infinitesimalen Zwischenräume der singulären Lösungen. Maxwell verglich die Situation mit dem Weichensteller einer englischen Eisenbahn des 19. Jahrhunderts, der die meiste Zeit des Tages nichts tat, aber an bestimmten Kreuzungen den Zug auf eine von zwei abweichenden Linien lenken konnte. Maxwell schrieb: «Singuläre Punkte sind von Natur aus sehr isoliert und bilden keinen nennenswerten Anteil an der kontinuierlichen Quelle der Existenz.»[29] Möglicherweise dachte er dabei an einen singulären Punkt in seinem eigenen Leben. Es war lange Zeit unklar, welche von zwei Frauen er heiraten würde, und diese Entscheidung war unbestimmt. Sobald sie jedoch getroffen war, löste sich einer der möglichen Lebenswege routinemässig auf, der andere war dauerhaft verschlossen. Es ist ein Symptom für den Zustand des Determinismus in den 1860er- und 1870er-Jahren, dass diese Idee von so einflussreichen Köpfen wie dem von Saint-Venant oder so tiefgründig wie dem von Maxwell aufgenommen wurde.

Maxwells Enthusiasmus mag eine gewisse philosophische Sensibilität verletzen. Die Themen ändern sich, wenn wir uns den Philosophen seiner

Zeit zuwenden, aber sie werden nicht besser. Renouvier benutzte das Gesetz der grossen Zahlen als Teil einer bizarren Strategie.[30] Der Plan war, postkantianische Antinomien zu schaffen. Zum Beispiel kann jedes Argument für den Determinismus in eines für den freien Willen umgewandelt werden und umgekehrt. Renouvier gab viele Beispiele, aber ich werde nur eines diskutieren. Der Determinist behauptet, dass die Welt nach festen kausalen Naturgesetzen funktioniert. Der Indeterminist entgegnet, dass diese vielleicht nur die Folgen des Gesetzes der grossen Zahlen sind, das auf eine Vielzahl von Ereignissen angewandt wird. Von aussen betrachtet ist eine freie Handlung nicht von einem Los in einer Lotterie zu unterscheiden. Das Gesetz der grossen Zahlen besagt, dass sich in einer langen Reihe von Ziehungen eine absolute Regelmässigkeit einstellt, sodass die deterministische Regelmässigkeit durch die Freiheit erklärt werden kann. Der Determinist von Renouvier erwidert, dass jeder angeblich freien Handlung eine deterministische Erklärung zugrunde liegen muss. Unter Bezugnahme auf Laplaces Diktum, dass alle Wahrscheinlichkeit subjektiv ist, schrieb Renouvier:

> Laplaces Darstellung der Prinzipien entspricht ganz dem Geist der Wissenschaft, oder besser gesagt, dem Geist der Wissenschaftler, die alle oder fast alle bereit sind, dieses Prinzip zu bekennen oder zu reproduzieren. Auch

> hier finden Sie einen klaren und präzisen Begriff der Wahrscheinlichkeit (denselben, den ich in meinen Kapiteln über die Kategorien entwickle), der jedoch durch ein Bekenntnis zum Glauben an die Notwendigkeit entstellt ist, das mir zumindest nutzlos und folglich willkürlich erscheint.[31]

Der Neukantianer Renouvier machte daraufhin einen positivistischen Schritt, indem er erklärte, dass wir, so wie die letzten Ursachen aus der Wissenschaft eliminiert wurden, nun die Stufe der Eliminierung der effizienten Ursachen erreicht haben und mit ihnen die Idee des universellen Determinismus.

Bis jetzt scheint Renouvier ein Akteur bei der Erosion des Determinismus zu sein. Er war ein Vorläufer von Peirce, aber Peirce kam zu dem Schluss, dass die Doktrin der Notwendigkeit schlichtweg falsch ist. Sie unterscheiden sich also in zweierlei Hinsicht. Erstens verbindet Renouvier seine Leugnung des Determinismus mit einer Leugnung der Freiheit und hinterlässt eine Antinomie, die durch transzendentale Analyse gelöst werden muss. Peirce hatte eine feste einseitige These. Zweitens war Peirce (im Gegensatz zu James) zu Recht sehr vorsichtig, seinen Antideterminismus mit dem «freien Willen» in Verbindung zu bringen, während Renouviers Argumente überhaupt nur im Zusammenhang mit der menschlichen Freiheit auftauchten.

Wir dürfen die Bedeutung von Renouvier für Peirce nicht ausser Acht lassen. Wir haben die Verbindungen und Verpflichtungen von Peirces zeitweiligem Freund und Förderer, William James, zu Renouvier bemerkt. Renouvier ist auch nicht der einzige relevante französische Schriftsteller. Im Jahr 1874 veröffentlichte Emile Boutroux seine bemerkenswerte Dissertation über die Kontingenz der Naturgesetze. Der Grundgedanke ist der Emergentismus und eine Hierarchie der Strukturen. Was die Entwicklungsstufen der Welt betrifft, so können wir mit den elementaren Atomen beginnen. Dann gibt es eine Struktur von Molekülen, aber, so vermutet Boutroux, die Gesetze der Atome bestimmen nicht unbedingt die Gesetze der Verbindungen. Die Gesetze dieser Verbindungen, selbst der organischen, können nicht die Gesetze des pflanzlichen und tierischen Lebens bestimmen. Die biologischen Gesetze können nicht die psychologischen Gesetze der denkenden Lebewesen bestimmen. Die biologischen und psychologischen Gesetze können nicht die Gesetze der Gesellschaft bestimmen. Auf jeder Stufe der Hierarchie gibt es also Kontingenz und die Entwicklung neuer Gesetze, die nicht durch einfachere Strukturen bestimmt sind.

> Im Universum lassen sich mehrere Welten unterscheiden, die sozusagen übereinander liegende Stufen bilden. Diese sind – oberhalb der Welt der reinen Notwendigkeit, der

> Quantität ohne Qualität, die mit der Nichtigkeit identisch ist – die Welt der Ursachen, die Welt der Begriffe, die mathematische Welt, die Welt des Lebens und schliesslich die Welt des Denkens.
> Jede dieser Welten scheint auf den ersten Blick strikt von den unteren Welten abzuhängen, wie von einer äusseren Fatalität, und von ihnen ihre Existenz und Gesetze zu erhalten … Wenn wir jedoch die Konzepte der wichtigsten Seinsformen untersuchen und vergleichen, sehen wir, dass es unmöglich ist, die höheren Formen mit den niedrigeren durch eine Verbindung der Notwendigkeit zu verbinden.[32]

Es gibt einen düsteren Ausspruch von Boutroux: «Der Determinismus wird in dem Masse, wie er sich zusammenzieht, immer undurchdringlicher für die Notwendigkeit.»[33] Er verwendete das Wort «Determinismus» in dem von Bernard festgelegten Sinne – er meint die Fähigkeit einer Sache, eine andere Sache herbeizuführen. Einerseits sprach Boutroux von Kontraktion: Immer weniger sollte als determiniert angesehen werden. Andererseits sprach er von Notwendigkeit: Innerhalb der modifizierten Ideen des Determinismus hat der Begriff der Notwendigkeit immer weniger Platz. Das Endprodukt dieser Kontraktion ist Peirces Welt des absoluten Zufalls: eine Welt, in der Gesetze in einem evolutionären Prozess entstehen, der völlig kontingent ist. Ich weiss nicht, ob Peirce einen engen Kontakt zu Boutroux hatte. James hatte ihn sicherlich, und es soll einen umfangreichen unveröffentlichten Briefwechsel zwischen James und Boutroux geben. Peirce hatte zumindest berufliche Kontakte zu Renouvier, der die französischen Versionen von zwei der berühmtesten Essays von Peirce veröffentlichte.

Es stellt sich die Frage, ob die Beziehung zwischen Boutroux und Renouvier in Frankreich und James und Peirce in Cambridge eine Beziehung des Einflusses oder der parallelen Entwicklung war. Bei einer anderen Figur in der Zähmung des Zufalls ist die Abstammung offensichtlich. Der berühmteste Schüler von Boutroux war Emile Durkheim. Er ist für unsere Analyse aus mehreren Gründen wichtig. Seine Studie *Der Selbstmord* von 1897 war der Höhepunkt eines Jahrhunderts französischer Faszination für Selbstmordstatistiken. Er lehnte die Vorstellung ab, dass stabile Verteilungen von Verbrechen oder Selbstmord durch unzählige kleinliche, zugrundeliegende, unabhängige Ursachen zu erklären seien. Stattdessen trage «jedes Volk … kollektiv in sich eine ihm eigene Neigung zum Selbstmord».[34] «Kollektive Tendenzen oder Leidenschaften» sind «Kräfte *sui generis*», die das Bewusstsein eines einzelnen Individuums beherrschen. Dies «ist es, was wir ganz deutlich aus der Statistik der Selbstmorde ersehen können». «Übrigens nicht nur da», wie es in einer Fussnote heisst: «Alle Daten der Moralstatistik lassen … diesen Schluß zu.»[35] «Die Kollektivströmungen führen ein Eigenleben. Sie sind als Kräfte genau so wirklich wie kosmische Kräfte, ….»[36]

Durkheim schwebte eine neue Art von Gesetz vor, das von Statistikern untersucht und durch statistische Daten belegt werden sollte. Es wäre völlig unabhängig von den zugrunde liegenden kleinen unabhängigen Ursachen. Dies war eine keineswegs kohärente Strategie zur Zähmung des Zufalls. Der Zufall sollte einer neuen Art von Gesetz unterworfen werden, das denen der Elektrizität und der Gravitationstheorie ähnlich sein sollte.

Dieser Schritt war für einen Schüler von Boutroux nicht ungewöhnlich. *Der Selbstmord* drängte darauf, dass die Gesellschaft als Ganzes nicht einfach die Summe der Individuen ist. Das Ganze ist grösser als die Teile. Von Renouvier stammt das Axiom: «Ein Ganzes ist nicht gleich der Summe seiner Teile.»[37] Die Gesetze der Gesellschaft, analog zu den kosmischen oder elektrischen Kräften, entstanden aus Prinzipien, die grösser sind als die, die sich aus den Eigenschaften der individuellen Psychologie ableiten lassen. Der Emergentismus war eine Möglichkeit, statistische Gesetze zu übernehmen, ohne eine Konfrontation zwischen den Gesetzen der Gesellschaft und den deterministischen Grundlagen der rein physischen Welt zu schaffen. Im Jahr 1907, als Durkheim eine etablierte Persönlichkeit war, schrieb er, «mein Lehrer M. Boutroux … an der Ecole Normale Supérieure wiederholte uns oft, dass sich jede Wissenschaft durch ‹ihre eigenen Prinzipien› erklären muss … Ich war von dieser Idee sehr beeindruckt und wandte sie auf die Soziologie an. Ich wurde in dieser Methode durch die Lektüre von Comte bestätigt …»[38] Zweiundzwanzig Jahre zuvor, als junger Mann auf der Suche nach einer festen akademischen Stelle, hatte er bereits die Lehren von Boutroux bekräftigt. Die Soziologie «ist eine Wissenschaft, die unabhängig und *sui generis* ist. Es gibt drei Welten in der Natur: über den physischen Phänomenen, über den psychischen Phänomenen gibt es soziologische Phänomene.»[39] Das war 1885. In seiner Antrittsvorlesung für seinen Soziologiekurs von 1888 behauptete er, dass «für Comte die Gesellschaft ein Wesen *sui generis* sei».[40] 1897 wurden die kollektiven Kräfte, die für die (statistische) Stabilität von Suiziden sorgen, ebenfalls als *sui generis* bezeichnet.

Wir scheinen die Epoche der verrückten Ideen über Determinismus und freien Willen hinter uns gelassen zu haben. Wir befinden uns jetzt an der Schwelle zur Soziologie, und das ist (wie wir gerne glauben) echtes Wissen. Wir können uns von diesen alten Holisten verabschieden und mit den Dingen weitermachen; wir können den freien Willen ignorieren, nicht wahr? Nein, nicht Durkheim. Seine Idee von den grossen kosmischen Kräften, die von «aussen» auf die Individuen einwirken, löste das Problem des freien Willens! Sein Absatz, der dies erklärt, ist nicht weniger seltsam als die seiner Vorgänger, die ich bereits zitiert habe.

Ohne eine metaphysische Frage aufwerfen zu wollen, die wir nicht zu behandeln haben, möchten wir doch bemerken, dass diese statistische Theorie nicht ein Leugnen jeder Freiheit für den Menschen bedeutet. Sie lässt im Gegenteil die Frage des freien Willens mehr intakt, als wenn man im Individuum die Quelle der sozialen Erscheinungen sucht. Denn ohne Rücksicht auf die Art der Ursachen, die hinter der Regelmässigkeit kollektiven Geschehens stehen, sie können an anderer Stelle, als da, wo sie auftreten, ihre Wirkungen nicht zeitigen. Denn sonst würden diese Wirkungen launisch variieren, während sie doch in Wirklichkeit einheitlich sind. Wenn sie also dem Individuum inhärent wären, müssten sie naturnotwendig auch auf ihren «Gastgeber» wirken. Folglich muss diese Hypothese zur schärfsten Art von Determinismus führen. Aber das ist nicht mehr der Fall, wenn diese Konstanz der demographischen Daten von einer Kraft stammt, die ausserhalb des Individuums liegt. Denn eine solche Kraft determiniert ein Einzelwesen nicht mehr als ein anderes. Sie erhebt Anspruch darauf, dass eine bestimmte Handlung eine bestimmte Anzahl von Malen vor sich geht, aber nicht, dass diese Handlungen von diesem oder jenem Menschen begangen werden. Man kann sagen, dass einige Menschen ihr Widerstand leisten, und dass sie sich bei anderen dafür entschädigt.

Im Endeffekt besagt unsere Aussage nichts anderes, als dass den physischen, chemischen, biologischen, psychologischen Kräften soziale Kräfte zur Seite gestellt werden, die wie die vorgenannten von aussen her einwirken. Wenn die einen aber die menschliche Willensfreiheit nicht ausschliessen, dann ist nicht einzusehen, warum es mit den anderen anders sein soll. Die Frage stellt sich für beide in der gleichen Formulierung. Wenn sich irgendwo ein Epidemieherd bildet, dann wird die Sterblichkeitsziffer im voraus durch seine Intensität bestimmt. Aber diejenigen, die der Epidemie zum Opfer fallen werden, sind darum nicht vorbestimmt. Die Dinge liegen nicht anders bei den Selbstmördern in bezug auf die Strömungen, die zum Selbstmord treiben.[41]

KAPITEL 18 — ENDNOTEN

• 1 Emil Du Bois-Reymond, «Ueber die Grenzen der Naturerkennens», in: *Reden von Emil Du Bois-Reymond*, Leipzig 1886, 2 Bde., Bd. 1, S. 107. Ich habe im zitierten Material ein langes Zitat aus Laplaces' *Philosophical Essay* ausgelassen.
• 2 Ernst Cassirer: *Determinism and Modern Physics* (1936), übers. von O.T. Benfey, New Haven 1956, S. 3.
• 3 Alan Donagan, «Determinism», *Dictionary of the History of Ideas*, New York 1972, Bd. 2, S. 18.
• 4 Christian Wilhelm Snell: *Ueber Determinismus und moralische Freiheit*, Offenbach 1789. Die erste Zitation im Neuen Grimm ist Georg Forster: *Geschichte der Englischen Literatur vom Jahre 1789*, Nachdruck in: *Georg Forsters Werke*, Berlin 1967, Bd. 7, S. 87. Grimm hat im Jahr 1788 einen Eintrag für Determinist.
• 5 I. Kant: *Die Religion innerhalb der Grenzen der Blossen Vernunft*, Königsberg 1793; 2. erweiterte Ausgabe, Königsberg 1794, S. 58.
• 6 *The Works of Thomas Reid*, hg. von William Hamilton, London 1846, S. 87 n.
• 7 C.W. Sigwart: *Das Problem von der Freiheit und der Unfreiheit*, Tübingen 1839, S. 21. W.T. Krug: *Allgemeines Handwörterbuch der philosophischen Wissenschaften*, Leipzig 1832.
• 8 A.F.M. Willich: *Elements of the Critical Philosophy*, London 1798, S. 154. Auf S. 159 ist «Fatalismus» für eine Idee von

Spinoza reserviert. Dieses Beispiel verdanke ich Roland Hall, der viele andere Neologismen aus diesem Text entnommen hat: siehe *Notes and Queries* 212 (1967), S. 190–192. Selbst er hatte nicht bemerkt, dass der «Determinismus» neu ist, so tief sitzt unsere Überzeugung, dass es ein «altes» Wort sein muss.

• 9 F.J. Gall und J.G. Spurzheim: *Des Dispositions innées de l'âme et de l'esprit du matérialisme, du fatalisme et de la liberté morale, avec des réflections sur l'éducation et sur la législation criminelle,* Paris 1811, S. 55.

• 10 *Dictionnaire de l'Académie Française,* Supplement, 1836.

• 11 Claude Bernard: *Introduction à l'étude de la médecine expérimental,* 1865; Paris 1903, S. 376.

• 12 Ebd., S. 303.

• 13 Ebd., S. 217. Bernard deutete an, dass das Wort *déterminisme* seine eigene Schöpfung war, was ihm einen bissigen Kommentar in A. Dechambres *Dictionnaire encyclopédique des sciences médicales* 28 (1883), S. 455, einbrachte. Er erwähnte eine frühere deutsche Verwendung mit Bezug auf Kant und behauptete, dass das Wort Determinismus in einer Leipziger Enzyklopädie von 1832 zu finden sei. Er erwähnte auch mehrere französische Verwendungen vor Bernard, darunter eine von Proudhon.

• 14 Charles Renouvier: *Essais de critique générale. Deuxième essai. L'Homme: la raison, la passion, la liberté, la certitude, la probabilite morale,* Paris 1859, S. 190 f., 335 ff., 347 ff., 397, 461 etc.

• 15 Ebd., *Premier essai,* Paris 1854, S. 247.

• 16 Ebd., S. 589.

• 17 William James, «The Dilemma of Determinism», *The Unitarian Review* 22 (1884), S. 193–224; Nachdruck mit Revisionen: *The Will to Believe and Other Essays in Popular Philosophy,* New York 1897, S. 145.

• 18 William James, «The Experience of Activity», *The Psychological Review* 12 (1905), S. 1–17; Nachdruck mit Revisionen: *Essays in Radical Empiricism,* New York 1912, S. 155–188.

• 19 William James: *Some Problems of Philosophy,* New York 1911, S. 164 f.

• 20 William James, in: *The Nation* 22 (1876), S. 367–369; Nachdruck in: *Collected Essays and Reviews,* New York 1920, S. 26–35.

• 21 L. Campbell und W. Garnett: *The Life and Letters of James Clerk Maxwell,* London 1882, S. 483–489.

• 22 Diese Beobachtung verdanke ich Graeme Hunter. Thomas Baldwin erinnerte mich an das Zitat von Hume.

• 23 G.W. Leibniz: *Textes inédits,* hg. von G. Grua, Paris 1948, Bd. 1, S. 412.

• 24 Siehe Giancotti Boscherini: *Lexicon Spinozarum,* Paris 1970.

• 25 James Gregory: *Letters from Dr James Gregory in defence of his essay on the difference of the relation between motive and action and that of cause and effect in physics, with replies by Rev. Alexander Crombie,* London 1819.

• 26 Julien Offray de Lamettrie *Histoire naturelle de l'âme,* Paris 1745; *L'Homme machine,* Leiden 1747.

• 27 *Actes du premier congrès international d'anthropologie criminelle,* Rom 1885.

• 28 Karl Pearson: *The History of Statistics in the 17th and 18th Centuries against the Changing*

Background of Intellectual, Scientific and Religious Beliefs, London 1978, S. 360.

• 29 Campbell und Garnett, *Maxwell* (wie Anm. 21), S. 444.

• 30 Renouvier, *Premier essai* (wie Anm. 14), S. 246; *Deuxième essai*, S. 344.

• 31 Renouvier, *Premier essai* (wie Anm. 14), S. 489.

• 32 E. Boutroux: *De la contingence des lois de la nature*, Paris 1875, S. 194.

• 33 E. Boutroux: *De l'idée de loi naturelle dans la science et la philosophie*, Paris 1895, S. 82.

• 34 E. Durkheim: *Der Selbstmord*, übers. von Sebastian und Hanne Herkomer, Frankfurt am Main 1983, S. 353.

• 35 Ebd., S. 356.

• 36 Ebd., S. 359.

• 37 Rezension von Simon Deplogie, *Le Conflit de la morale et de la sociologie*, in: *L'Année sociologique*, 15 (1913), S. 327.

• 38 «Lettres au directeur», *Revue neo-scolastique* 14 (1907), S. 613.

• 39 E. Durkheim, Rezension von L. Gumplowicz, *Grundriss der Sociologie*, in: *Revue philosophique de la France de l'étranger* 20 (1885), S. 629.

• 40 Emile Durkheim, «Cours de science sociale: leçon d'ouverture», *Revue internationale de l'enseignement* 15 (1888), S. 33.

• 41 Durkheim, *Selbstmord* (wie Anm. 34), S. 380, Anm. 20.

KAPITEL 19

DER NORMALZUSTAND

Vor Broussais gehorchte der pathologische Zustand völlig anderen Gesetzen als der normale Zustand, sodass die Beobachtung des einen nichts über den anderen aussagen konnte. Broussais stellte fest, dass die Phänomene der Krankheit im Wesentlichen die gleichen sind wie die der Gesundheit, von denen sie sich nur in der Intensität unterscheiden.
Der kollektive Organismus ist aufgrund seiner grösseren Komplexität anfälliger für ernstere, vielfältigere und häufigere Probleme als der individuelle Organismus. Ich zögere nicht zu sagen, dass das Prinzip von Broussais in diese Richtung erweitert werden muss, und ich habe es dort oft angewendet, um soziologische Gesetze zu bestätigen oder zu vervollkommnen. Aber wer die Analyse der Revolutionen auf das positive Studium der Gesellschaft anwenden will, muss die logische Ausbildung durchlaufen, die die einfacheren Phänomene der Biologie darstellen.*[1]

* Auguste Comte, im ersten Band seines *Système de politique positive* (1851). Broussais wurde in Kapitel 10 herangezogen, um die ersten statistischen Tests der medizinischen Behandlung zu veranschaulichen. Georges Canguilhem, dem die vorliegende Diskussion zu verdanken ist, bezeichnet das Prinzip von Broussais (und seine physiologische Ausgestaltung) als eine «These, deren Glück sicherlich mehr der Persönlichkeit des Autors verdankt als der Kohärenz seines Textes».

Die Normalität ist wie der Determinismus, zeitlos und veraltet zugleich, eine Idee, die uns in gewisser Weise schon immer begleitet hat, die aber in einem Moment eine völlig neue Lebensform annehmen kann. Als Wort wurde «Determinismus» in den 1780er-Jahren eingeführt und erhielt seine heutige Bedeutung in den 1850er-Jahren. Das Wort «normal» ist viel älter, aber seine heutige Bedeutung erhielt es erst in den 1820er-Jahren. Obwohl die beiden Wörter bei der Zähmung des Zufalls eine Rolle spielen, treten sie auf sehr unterschiedliche Weise auf. Das Normale war eines von zwei Wörtern. Sein Gegenteil war das Pathologische, und für eine kurze Zeit war sein Bereich hauptsächlich medizinisch. Dann rückte es in den Bereich von – fast allem. Menschen, Verhalten, Zustände, diplomatische Beziehungen, Moleküle: All das kann normal oder abnormal sein. Das Wort wurde unentbehrlich, weil es eine Möglichkeit schuf, über Menschen «objektiv» zu sein. Das Wort ist auch wie ein treuer Gefolgsmann, eine Stimme aus der Vergangenheit. Es nutzt eine Macht, die so alt ist wie Aristoteles, um die Unterscheidung zwischen Tatsache und Wert zu überbrücken, und flüstert Ihnen ins Ohr, dass das, was normal ist, auch in

Ordnung ist. Aber in den zu beschreibenden Ereignissen wurde sie auch zu einer Wahrsagerin, die die Zukunft, den Fortschritt und das Ende voraussagt. Normalität ist eine weitaus wichtigere Idee als Determinismus, aber sie sind nicht unabhängig voneinander. Eine Geschichte über die Erosion des Determinismus ist auch eine Geschichte über die Erfindung der Normalität.

Der Begriff «normal» trägt den Stempel des 19. Jahrhunderts und seiner Vorstellung von Fortschritt, ebenso wie der Begriff «menschliche Natur» den Stempel der Aufklärung trägt. Wir fragen nicht mehr allen Ernstes: Was ist die menschliche Natur? Stattdessen sprechen wir über normale Menschen. Wir fragen, ob dieses Verhalten normal ist. Ist es für ein achtjähriges Mädchen normal, ...? Die Forschungseinrichtungen werden mit Geldern überschwemmt, um herauszufinden, was normal ist. Selten ist der Mäzen, der möchte, dass jemand die menschliche Natur erforscht. Wir haben fast vergessen, wie man die menschliche Natur ernst nimmt. Wenn ein Mensch korrupt oder unvorsichtig ist, sagen wir: «Oh, das ist die menschliche Natur.» «Man kann nichts gegen die menschliche Natur machen», murmeln wir dann gleichgültig. Wann war die letzte grosse Debatte über die menschliche Natur? Im Jahr 1829. In jenen Tagen konnte eine Kontroverse über die menschliche Natur einen jungen Mann ins Rampenlicht katapultieren, seine Karriere mit einem Schlag begründen, ihm einen Sitz in einer mächtigen Legislative verschaffen und ihn in die Lage versetzen, für den Rest seines erstaunlichen Lebens zu den wenigen bekanntesten Intellektuellen zu gehören. Ich beziehe mich auf Macaulays berühmte Attacke auf James Mill. Natürlich übertreibe ich. Macaulay hatte eine Menge zu bieten, und seine Ansichten über die menschliche Natur waren nur eines seiner Vehikel. Ich will damit sagen, dass sie ein solches Vehikel überhaupt sein können.

Mill und Macaulay standen sich gegenüber, Macaulay auf den Seiten der *Edinburgh Review*, Mill in der *Westminster Review*.[2] Macaulay wetterte gegen Mill, weil er es wagte, über die menschliche Natur zu sprechen, ohne jemals zu berücksichtigen, was die Menschen tatsächlich tun. Mills *Essay on Government* für die Beilage zur fünften Ausgabe der *Encyclopaedia Britannica* wurde in den frühen 1820er-Jahren wiederholt in verschiedenen Pamphleten und Büchern veröffentlicht.[3] Dieses utilitaristische Traktat wurde mit feuriger Beredsamkeit aufgenommen:

> Mr. Mill [schrieb Macaulay] ist ein Aristoteliker des 15. Jahrhunderts, der nicht zur rechten Zeit geboren wurde. Wir haben es hier mit einer ausführlichen Abhandlung über die Regierung zu tun, aus der, abgesehen von zwei oder drei beiläufigen Anspielungen, nicht hervorgeht, dass es tatsächlich Regierungen unter den Menschen gab. Es werden bestimmte Neigungen der menschlichen Natur

> vorausgesetzt, und aus diesen Voraussetzungen wird die gesamte Wissenschaft der Politik synthetisch abgeleitet![4]

Mill: «Woraus sonst [als aus der menschlichen Natur] *sollte* sie abgeleitet werden?»[5]

Diese Debatte, die in den grossen Zeitschriften der damaligen Zeit geführt wurde, stand ein Jahrzehnt lang im Mittelpunkt des Interesses. Es ist fast unvorstellbar, dass heute das Gleiche passiert. Oder etwa doch? Man denke an E.O. Wilsons *On Human Nature*.[6] Auch die grosse Soziobiologie-Debatte begann in einer der grossen Zeitschriften.[7] Eine Vorstellung von der menschlichen Natur ist tief verwurzelt, nicht in der menschlichen Natur, sondern in unserem Gedächtnis, ein Funke, der bereit ist, eine weitere neue Moral oder Metaphysik zu entfachen. Ich kann nicht so einfach sagen, dass sie von der Idee der Normalität geglättet worden wäre.

Doch trotz des ironischen Titels von Wilson war der Begriff «menschliche Natur» kein fester Bestandteil der soziologischen Debatte, während das normale Verhalten regelmässig als Schlüsselbegriff auftauchte. In den Jahren 1829 / 30 war es genau das Gegenteil. Macaulay stellte fest: «Es ist die gröbste Unkenntnis der menschlichen Natur, anzunehmen, dass ein anderer Mensch die Chancen anders einschätzt als wir, nur weil er das tut, was wir an seiner Stelle nicht tun sollten.»[8] Er zählte dann die extravagantesten Entscheidungen auf. Mill antwortete, indem er Macaulay in vollem Umfang zitierte. Er drängte darauf, dass seltsame Geschmäcker durch Erziehung korrigiert werden können. Einem bestimmten Grönländer kann man sein Zugöl nicht ausreden, aber man könnte die Grundlagen dafür schaffen, einen zukünftigen Grönländer davon zu überzeugen, dass ein *claret* (ein Rotwein aus Bordeaux) das Bessere von beiden ist.[9] Es fällt uns nicht schwer, die Probleme zu verstehen und Mills fades utilitaristisches Selbstvertrauen in seine eigenen Werte zu erkennen, aber etwas fehlte. Heute würde man sofort von normalen Geschmäckern und abweichenden Exzessen sprechen, eine Vorstellung, die in dieser Debatte einfach nicht vorkam, da sie eher mit Monstern wie Kaiser Caligula als mit Abweichungen vom Durchschnitt gefüllt war. Das war damals auch kaum möglich, denn das Wort «normal» hatte noch nicht seine heutige Bedeutung erlangt. Genau das tat es, als dieses letzte Feuerwerk der «menschlichen Natur» über den Himmel schoss. Die erste Bedeutung von «normal», die in einem aktuellen englischen Wörterbuch angegeben wird, ist so etwas wie «gewöhnlich, regelmässig, allgemein, typisch». Das *OED* sagt, dass diese Bedeutung erst nach 1840 üblich wurde, und gibt 1828 das erste Zitat von «*normal or typical*» an. Das war in einem Werk der Naturgeschichte in Anspielung auf französische Autoren.[10]

In der Tat müssen wir uns an die Franzosen wenden. Die Amerikaner kennen den seltsamen

Ausdruck «normale Schule» für ein Lehrerkollegium. Die erste École normale wurde durch ein Dekret vom 7. Brumaire, dem Jahr III der Revolution, gegründet. Die Wortneuschöpfung wurde fünf Tage zuvor, am 28. Oktober 1794, in einer Rede erklärt: Solche Schulen sollten «le type et règle de toutes les autres» sein. Der Redner war Joseph Lakanal, der Mann, der zwischen 1793 und 1795 die Macht hatte, viele der von Condorcet entworfenen Pläne für das Bildungswesen in Kraft zu setzen. Es war jedoch nicht die Bildung, die den modernen Sinn des Wortes «normal» lieferte, sondern das Studium des Lebens, wie das *OED*-Zitat nahelegt. Biologie und Medizin waren dafür verantwortlich, unterstützt durch Auguste Comtes radikale Ausweitung der Idee und Balzacs Popularisierung des Wortes in der Satire auf die Ärzte. Der ursprüngliche Ort der modernen Bedeutung des Wortes «normal» war, wie in meinem Epigraf, der Ausdruck «normaler Zustand» (eines Organismus, gepaart mit seinem Gegenpart, dem «pathologischen Zustand»).

Aber lassen Sie uns mit älteren Bedeutungen von «normal» beginnen. Das Wort fand Eingang in die modernen europäischen Sprachen, sobald die Geometrie in der Umgangssprache ausgedrückt wurde. Es bedeutete senkrecht, im rechten Winkel, orthogonal. *Norma* ist lateinisch und bedeutet ein T-Quadrat. Normal und orthogonal sind Synonyme in der Geometrie; normal und orthogo- verbinden sich zusammen in Latein und Griechisch.

Norm / ortho hat dabei eine grosse Kraft. Einerseits sind die Wörter beschreibend. Eine Linie kann orthogonal oder normal (z.B. im rechten Winkel zur Tangente eines Kreises) sein oder auch nicht. Das ist eine Beschreibung der Linie. Aber das wertende «rechts» lauert im Hintergrund von rechten Winkeln. Es ist einfach eine Tatsache, dass ein Winkel ein rechter Winkel ist, aber er ist auch ein «richtiger» Winkel, ein guter Winkel. Kieferorthopäden begradigen die Zähne von Kindern; sie machen die krummen gerade. Aber sie bringen die Zähne auch in Ordnung, machen sie besser. Orthopädische Chirurgen begradigen Knochen. Die Orthopsychiatrie befasst sich mit geistigen Störungen, vor allem bei Kindern. Ihr Ziel ist es, das Kind – *normal* zu machen. Die Orthodoxen halten sich an bestimmte Normen, was früher eine gute Sache war.

Man kann also das Wort «normal» verwenden, um zu sagen, wie die Dinge sind, aber auch um zu sagen, wie sie sein sollten. Die Magie des Wortes liegt darin, dass wir es für beides gleichzeitig verwenden können. Die Norm kann das sein, was üblich oder typisch ist, doch unsere stärksten ethischen Zwänge werden auch als Normen bezeichnet. Im Wörterbuch ist das Wort «Norm» in diesem Sinne der strengen Moralisten sogar noch jünger als die Verwendung von «normal» im Sinne von üblich oder typisch.

Nichts ist so alltäglich wie die Unterscheidung zwischen Tatsache und Wert. Seit den Anfängen unserer Sprache tanzt und tänzelt das Wort «normal» um sie herum. Moralisten bemerken das nur selten. Das Wort «normal» ist wie der verderbliche kalifornische Strauch, die Gifteiche, die jede Form annimmt, die der Umgebung entspricht. Mal ist sie eine Kriechpflanze, die sich dicht an die Erde schmiegt, mal ein angenehmer, runder Busch von fünf Metern Höhe, mal eine Ranke, die eine Madrone (Amerikanischer Erdbeerbaum) umschliesst und dann wieder von einem Ast 40 Meter über dem Boden herabhängt; mal ist sie rot, mal ist sie grün, mal ist sie blattlos, aber der Saft fliesst und juckt zum Angriff. Über Emile Durkheim, dessen Idee von normalen und pathologischen Gesellschaften das Thema meines nächsten Kapitels ist, wurde gesagt, dass er versucht hat, «die Schliessung zwischen dem *Ist* und dem *Soll* … in Bezug auf seine Unterscheidung zwischen dem *Normalen* und dem *Pathologischen* zu erreichen». Kein Aspekt von Durkheims Schriften ist allgemeiner abgelehnt worden als seine Vorstellung von Normalität und Pathologie, und das zu Recht.[11] In einzelnen Punkten abgelehnt, ja. Aber während eines Grossteils des Jahrhunderts vor Durkheim und seither haben wir regelmässig «normal» verwendet, um die Lücke zwischen «ist» und «soll» zu schliessen. Vielleicht zu Unrecht, aber das ist es, was das Konzept der Normalität für uns getan hat.

Das Normale ist der Durchschnitt. Wir verwenden auch das Wort «Mittelwert» für den Durchschnitt einer Normalverteilung. Was im

Englischen der *average man* (dt. Durchschnittsmensch) wurde, ist im Französischen *l'homme moyen*, institutionalisiert durch Quetelet. Geht diese Idee des Mittelwerts nicht auf Aristoteles zurück? Ja, aber wir müssen vorsichtig sein. Der Mittelwert ist nämlich fast so verspielt wie der Normalwert. Die Idee eines Mittelwerts oder Zwischenwerts (das ist eine Beschreibung), der hervorragend ist (eine Bewertung), ist eine der bekanntesten Lehren von Aristoteles. Er hatte nicht die von Hume verbreiteten Vorstellungen von *Ist* und *Soll*. Die goldene Mitte (wie der Ausdruck gemeinhin verstanden wird) ist golden (gut) und liegt (in der Tat) zwischen den gegebenen Extremen. Aristoteles war subtil und vorsichtig. Er schrieb: «Die Tugend ist ein Mittelwert zwischen zwei Lastern, einem übermässigen und einem mangelhaften.»[12] Und dann etwas, das nicht so leicht zu deuten ist: «Was ihre Substanz und die Beschreibung ihres Wesens betrifft, ist die Tugend ein Mittelwert; aber was das Beste und das Gute betrifft, ist sie ein Extrem.»

Aristoteles schränkte die Anwendung des Konzepts des Mittelwerts ausdrücklich ein, da es sich um eine Exzellenz handelt, die im Gegensatz zum Übermass oder Mangel steht. Nicht alle Mittelwerte sind Mittel. Spott und Ehebruch, so lehrte er, sind an sich niederträchtig und nicht niederträchtig wegen eines Übermasses oder Mangels. Daher können sie kein Mittel sein. Dasselbe gilt für Exzellenzen wie Mässigung und Mut. So wie ich Aristoteles lese, können intellektuelle Fähigkeiten wie die Intelligenz nicht durch einen Mittelwert charakterisiert werden, eben weil sie Tugenden sind. Seine Auffassung des Mittelwerts unterscheidet sich daher radikal von dem eines Jahrhunderts, das den Grad der Intelligenz durch eine Normalverteilung mit einem auf 100 skalierten Mittelwert definiert.

Das bedeutet nicht, dass die griechischen Vorstellungen keinen Einfluss auf die Idee des Normalen gehabt haben. Das haben sie, und nirgendwo wird dies deutlicher als im Fall der Medizin. Es ist eine alte Vorstellung, dass Gesundheit ein Mittelwert zwischen Überschuss und Mangel ist, zwischen Hitze und Kälte zum Beispiel. Gesundheit als Mittelwert – kein blosser Durchschnitt, aber nicht unverbunden mit den Modi und Medianen, die spätere Statistiker unterschieden – war Teil der alten Medizin. Sie wurde durch die Idee der pathologischen Organe überlagert. Das Konzept des Pathologischen scheint auf den ersten Blick so alt zu sein wie die Krankheit selbst, aber es erfuhr kurz vor 1800 eine wesentliche Veränderung. Krankheit wurde zu einem Attribut nicht des ganzen Körpers, sondern einzelner Organe. Die Pathologie wurde zum Studium ungesunder Organe und nicht mehr kranker Menschen. Man konnte sie zum Teil anhand der Chemie der Sekrete von Lebewesen – zum Beispiel des Urins – untersuchen. Für den Pathologen entstand das Normale als Umkehrung dieses Konzepts. Etwas war normal, wenn es nicht mit einem pathologischen Organ verbunden war. So weit wäre das Normale sekundär, definiert als das Gegenteil des primären Begriffs, des Pathologischen. Doch dann drehte das, was Comte das grosse «Prinzip» von Broussais nannte, die Sache um. Das Pathologische wurde als Abweichung vom Normalen definiert. Jede Abweichung wurde als Abweichung vom Normalzustand charakterisiert. Nach Ansicht von Comte war das Prinzip von Broussais die Vollendung eines Prinzips der Kontinuität, das Comte d'Alembert zuschrieb (vielleicht hätte er besser Leibniz gewählt). Beachten Sie die beiden Teile dieses «Prinzips»: (a) Das Pathologische unterscheidet sich nicht vom Normalen; «die Natur macht keine Sprünge», sondern geht kontinuierlich vom Normalen zum Pathologischen über, (b) das Normale ist das Zentrum, von dem die Abweichung abweicht.

Natürlich gab es immer viele nicht-medizinische Wege zum Normalen. Die sich industrialisierende Welt verlangte nach Standardisierung. Wir erinnern uns an Babbage und die Konstanten der Natur und der Kunst, wie sie in Kapitel 7 aufgezählt wurden. Er unterschied kaum zwischen Standards der Kunst, die von Ingenieuren auferlegt werden, und Konstanten und Normen, die von der Natur aufgezeichnet werden sollen. Auch die Rolle der Quartiermeister während der napoleonischen Feldzüge darf nicht vergessen werden. Sie bestellten und transportierten riesige Mengen an Vorräten, um eine ungeheure Anzahl von Männern und Tieren zu ernähren und auszurüsten. Sie brauchten standardisierte Einheiten von allem, um ihre Veranstaltungen effizient durchführen zu können. Module waren zwar noch nicht erfunden, aber jeder eifrige Stabsoffizier hatte sie schon im Auge. Man brauchte auch nicht auf die Revolution oder Napoleon zu warten. Canguilhem bemerkt, dass der Artikel über «Geschützwagen» in der *Encyclopédie* von Diderot und d'Alembert, die vom Königlichen Artilleriekorps überarbeitet wurde, auf bewundernswerte Weise die Motive für die Normalisierung der Arbeit in den Arsenalen dargelegt ... Hier haben wir die Sache ohne das Wort.[13]

Die neuen Kampfkünste und das Handwerk machten die Kriegsführung zunehmend zu einer Angelegenheit von Maschinen, die nach Standards schrien. Finlaison, der National-Aktuar aus Kapitel 6, der bezweifelte, dass es ein Quantum an Krankheit geben könne, machte sich einen Namen als Leiter der Marinewerften. Er verwandelte sie von Finanzkatastrophen in kosteneffiziente Unternehmen. Er erzwang eine Standardisierung, eine Normalisierung – und dachte fälschlicherweise, dass man das bei Krankheit nicht tun könne. Er sah nicht, was die nächste Generation, die von William Farr und anderen, mit Krankheiten anstellen würde. Sehe ich so aus, als würde ich wahllos von Linienschiffen zu den Krankheiten von Arbeitern springen? Es war Finlaison selbst, der vom Manager der HM Dockyards zum Leiter des nationalen Gesundheitswesens aufstieg und dadurch auch die durch einen unvorsichtigen Verkauf von Rentenpapieren zustande gekommene Staatsverschuldung managen musste.

Die Idee von Normen und Standards muss unwiderstehlich gewesen sein, aber unser moderner Gebrauch des Wortes «normal» hat sich in einem medizinischen Kontext entwickelt. Das spielte eine Rolle. Normen sind Normen, und sie werden erfüllt oder nicht erfüllt. Es gibt kein ständiges Abweichen von der Norm – oder wenn doch, dann muss es korrigiert werden, der Auftragnehmer getadelt, der Arbeiter entlassen werden. Die Idee der kontinuierlichen Abweichung von der Norm stammt aus der Pathologie, wie sie von Auguste Comte interpretiert wurde. Sein biomedizinischer Held war F.-J.-V. Broussais, dem er das sogenannte «Gesetz der Variabilität» zuschrieb.[14] Er machte es zur Grundlage der Sozialwissenschaft, und es wurde Teil seiner politischen Agenda.

Wie wir in Kapitel 10 gesehen haben, war Broussais der «Physiologe», der radikale Verfechter der neuen organischen Theorie der Krankheit. Die Aufgabe der physiologischen Medizin besteht darin, festzustellen, wie «eine Erregung vom Normalzustand abweichen und einen anormalen oder kranken Zustand begründen kann».[15] Aber ein kranker Zustand ist einfach ein gereiztes Gewebe oder Organ, das nichts anderes ist als «eine normale Erregung, die durch einen Exzess verändert wurde».[16] Wenn man krank ist, hat ein Reiz die natürlichen «Phänomene mehr oder weniger ausgeprägt als im Normalzustand» gemacht.[17] Broussais' Sätze klingen hier ganz normal (im Gegensatz zu einigen seltsamen Sätzen, die ich in Kapitel 10 zitiert habe). Wir bemerken nicht, dass das Wort «normal» hier so ziemlich zum ersten Mal in dieser Weise verwendet wird.

Balzac hat sich oft über Broussais lustig gemacht.[18] Ich glaube, dass der Fachbegriff «Normalzustand» von Broussais – der den nicht entzündeten, nicht gereizten Zustand eines Organs oder Gewebes bezeichnet – durch Balzac in den allgemeinen Sprachgebrauch eingegangen ist. Historische Wörterbücher der französischen Sprache schreiben die erste allgemeine Verwendung von «normal» im Sinne von «typisch» üblicherweise Balzac oder Comte zu, immer eingebettet in die Formulierung «normaler Zustand». So hatte Mlle d'Aubrion in *Eugénie Grandet* von 1833 eine zu lange, am Ende dicke Nase, die «im Normalzustand gelblich, nach dem Essen aber ganz rot war, eine Art pflanzenähnliche Erscheinung».[19] Eine Nase, ein Organ, war *flavescent* (das medizinisch klingende Adjektiv, das Balzac anscheinend nur für diesen Satz erfunden hat). Die Symptome sind genau von der Art, die Broussais untersucht hat. Zu gegebener Zeit, zum Beispiel in *La Cousine Bette* von 1847, wird der «Normalzustand» allgemeiner verwendet, wie zum Beispiel Faulheit als der Normalzustand von Künstlern bezeichnet wird.[20]

Broussais' «normaler Zustand» mag unbemerkt in die Sprache eingegangen sein, aber es war der Enthusiasmus von Comte, der ihm Ansehen und Status verlieh. Die Idee, dass das Pathologische sich nicht radikal vom Normalen unterscheidet, sondern nur eine Erweiterung der Variationen ist, die einem «normalen Organismus» eigen sind, war, wie er schrieb, ein «eminent philosophisches Prinzip, dessen endgültige Etablierung wir dem kühnen und ausdauernden Genie unseres illustren Mitbürgers Broussais verdanken».[21] Der wichtige Punkt war, dass alle Eigenschaften einer Sache in Bezug auf den Normalzustand definiert wurden. Ausdrücklich: «Das Gesetz von Broussais ordnet alle Modifikationen dem Normalzustand unter.»[22] Broussais schrieb über die Physiologie, aber sein Prinzip muss auf die «intellektuellen und moralischen Funktionen» ausgedehnt werden – und dann, wie mein Epigraf weiterspinnt, auf das gesamte Studium der Gesellschaft.

Diese Sätze mit ihrer schwärmerischen Bewunderung für Broussais wurden 1851 veröffentlicht. Zu diesem Zeitpunkt war der Arzt der Öffentlichkeit, wenn überhaupt, nur noch als eingebildeter Griesgram in Erinnerung. Comte kannte Broussais nicht besonders gut; sein guter Freund in der physiologischen Schule der Medizin war der viel angesehenere und weit weniger launische Blainville, Protegé von Cuvier und Nachfolger von Lamarck.[23] (Wir müssen kaum erwähnen, dass das Lamarck'sche Modell der Evolution durch kontinuierliche Variation auch im Hintergrund des Broussais'schen Prinzips steht.)

Warum war Comte so loyal zu Broussais? Es ist bekannt, dass er am 2. April 1826 mit einigem Tamtam die Vorlesungen begann, die eine Darstellung aller Kenntnisse sein sollten, die auf das neue positive Zeitalter vorbereiten sollten: die Vorlesungen, die zum *Cours de philosophie positive* wurden. Er brach ab. Die für den 12. April geplante Vorlesung wurde abgesagt. In einer unkontrollierbaren Depression übergab er sich in die Obhut von Esquirol, der ihn am 2. Dezember mit dem Vermerk «Nicht geheilt» entliess. Er erholte sich trotz konzentrierter Interventionen seiner Familie und Freunde.* [24]

*Wieder einmal kann eine Standardgeschichte eher aus Gründen der Wahrhaftigkeit als aus Gründen des Wahrheitsgehalts wiederholt werden. Der populistische theokratische Priester Félicité de Lamennais überzeugte Comtes Mutter, dass ihr Sohn eine religiöse Trauung mit seiner unglücklichen ersten Frau vollziehen sollte. Diese Farce wurde ordnungsgemäss durchgeführt, obwohl der Bräutigam zu diesem Zeitpunkt «verrückt» war. Nicht dass Esquirols Asyl besser war: Comte schrieb, dass Broussais, wenn er die Irrenanstalten selbst studiert hätte, er davon überzeugt gewesen wäre, dass trotz der Versprechungen ihrer Leiter der gesamte intellektuelle und moralische Teil der Behandlung in Wirklichkeit der Willkür von Untergebenen und groben Agenten überlassen wird, deren Verhalten fast immer die Krankheit verschlimmert, die sie eigentlich heilen sollten.

Die Vorlesungen wurden schliesslich am 4. Januar 1829 wieder aufgenommen, und die gelehrte Welt war ihm nicht böse. Anwesend waren Broussais, Blainville, Fourier, Navier und Poinsot, ganz zu schweigen von seinem Psychiater Esquirol.[25]

Die einzige intellektuelle Errungenschaft seiner Rekonvaleszenz war eine kurze Besprechung von Broussais' *De l'irritation et de la folie*, die Mitte

August 1828 veröffentlicht wurde.[26] Als Comte sie 1853 nachdruckte, stellte er fest, dass er sie geschrieben hatte, während er sich von seinem «zerebralen Anfall» (des Organs, nicht des Geistes) erholte, und sagte, dass «die durch meine persönliche Erfahrung gewonnene Einsicht in dieser Rezension des denkwürdigen Werks genutzt wurde, in dem Broussais den metaphysischen Einfluss würdig bekämpfte».[27]

Comte schätzte Broussais aus mehreren Gründen. Zum einen war er ein Verbündeter gegen den «metaphysischen Einfluss», d.h. germanische Importe mit dem Anspruch auf eine spirituelle Psychologie. Eine mächtige Kraft des Bösen (aus der Sicht von Comte) war Victor Cousin, ein Neukantianer, Neoplatoniker, Neo-Royalist, ein Mann, der sich für das Spirituelle einsetzte. Im Mai 1828 hatte Cousin einen bedrohlich erfolgreichen Kurs von Vorlesungen über die neue Philosophie abgeschlossen, und Broussais' Buch war zum Teil ein Angriff genau darauf.

Die Opposition gegen Cousin war eine merkwürdige Allianz von Materialisten, die 1828 von ihren Gegnern als der verrückte Comte, der sadistische Broussais und der letzte der tattrigen *idéologues* charakterisiert werden konnten – kein Geringerer als Daunou, der in Kapitel 5 des vorliegenden Buchs mit der Einweihung der Moralwissenschaft begann, der die Predigt für diejenigen gehalten hatte, die beim Angriff auf die Bastille starben. Im Jahr 1828 prangerte er Cousin als theosophischen Gnostiker an, der die Republik zur Reaktion verderben und «das Menschengeschlecht in die Finsternis stürzen» würde.[28] Nach der Revolution von 1830 prangerte er mit derselben grossartigen Redekunst die jungen Professoren an, die sich der «Gewalt» der «despotischen Regierungen» angeschlossen hatten.[29]

Ein eher persönliches Element in Comtes lebenslangem Engagement für Broussais war die Erklärung seines eigenen Zusammenbruchs in materieller Hinsicht. Er war manchmal gewalttätig, manchmal still im Sumpf der Verzweiflung, aber all das war nur eine Abweichung von seinem normalen Zustand, hervorgerufen durch Reizung und Entzündung des Gewebes. Es war nicht seine *Schuld*. Wir verwenden heute Abweichungen vom Normalzustand, um das Gefühl der Verantwortung zu lindern. Comte bezog sich auf die Normalität, weil sie diese rettende Tugend besass.

Geheilt übertrug er die Normalität in den sozialen Bereich. Bis dahin hatte die Pathologie «darauf beharrt, die Mehrzahl der wichtigen Krankheiten als unabhängig von einer Veränderung des normalen Zustands der Organe darzustellen». Broussais machte dies zu einer Frage des Grades. Was für Comtes Depression galt – es handelte sich um eine durch Störung verursachte Abweichung von der Norm –, würde fortan auch für soziale Krankheiten gelten. Doch als Comte die Normalität auf die politische Sphäre übertrug, vollzog er eine weitere Wendung. Das Normale war nicht mehr der gewöhnliche gesunde Zustand, sondern der gereinigte Zustand, den wir anstreben sollten und zu dem unsere Energien tendieren. Kurz gesagt, Fortschritt und Normalzustand wurden untrennbar miteinander verbunden. Nehmen wir die eminent politische Wissenschaft, die Biologie. Beeindruckt von Bichats Physiologie und in Bedauern über die jüngsten Entwicklungen schrieb Comte um 1850: «Die Biologie ist heute ihrem Normalzustand weniger nahe als zu Beginn des Jahrhunderts.»[30] Der Normalzustand der Biologie war das, was sie sein sollte und was sie mit genügend Fortschritt erreichen würde. «Fortschritt ist nichts anderes als die Entwicklung der Ordnung: Er ist eine Analyse des Normalzustands.»

Der Positivismus führte uns in den späten Jahren von Comte nicht zu einer bestehenden Norm und schon gar nicht zu einem Durchschnitt. Er war der einzige politisch gangbare Weg zum «wahren Normalzustand». «Der positive Geist [ist] die einzig mögliche Grundlage für eine Lösung der intellektuellen und moralischen Anarchie, die vor allem die grosse Krise unserer Zeit kennzeichnet ... Die positive Schule wurde im Laufe des revolutionären Kampfes der letzten drei Jahrhunderte allmählich darauf vorbereitet, so weit wie möglich den wahren Normalzustand aller Klassen und Elemente» des Wissens und der Gesellschaft darzustellen.[31]

Comte drückte damit eine grundlegende Spannung in der Idee des Normalen aus und erfand sie gewissermassen – das Normale als bestehender Durchschnitt und das Normale als Figur der Vollkommenheit, zu der wir fortschreiten können. Dies ist eine noch reichhaltigere Quelle verborgener Macht als die Tatsache / Wert-Zweideutigkeit, die in der Idee des Normalen immer vorhanden war. Die Spannung macht sich auf unterschiedliche Weise bemerkbar. Wenn wir an die Soziologie und die Statistik im modernen Verständnis dieser Begriffe denken – das heisst, wenn wir an die Arbeit denken, die sich um Namen wie Durkheim und Galton rankt –, dann spüren wir die Spannung sehr deutlich.

Auf der einen Seite steht der Gedanke, dass das Normale das Richtige ist, sodass das Reden über das Normale eine wunderbare Möglichkeit ist, den Status quo zu bewahren oder zu ihm zurückzukehren. Das ist «Durkheim». Auf der anderen Seite steht die Idee, dass das Normale nur durchschnittlich ist und daher verbessert werden muss. Das ist «Galton». Durkheim bezeichnete die Abweichung von der Norm als Pathologie, während Galton Exzellenz in einem Extrem der Normalverteilung zu sehen vermochte.

Der Name «Galton» steht für die Verbesserung der Durchschnittswerte, nach welchen Wertmassstäben auch immer, die als selbstverständlich angesehen werden können. Wenn es um Lebewesen geht, bedeutet das Eugenik. Dort konzentrieren wir uns zunächst auf den Quetelet'schen Mittelwert, um ihn dann zu übertreffen. Durkheim greift auf das aristotelische Mittel zurück, denn es ist der ideale Zustand der Gesundheit. Für den konservativen Durkheim, der über normale und pathologische Zustände der Gesellschaft schreibt, ist das Normale eher etwas, von dem wir abgefallen sind. Für den revolutionären Positivismus von Comte war es etwas, nach dem wir streben sollten.

Die Spannung in diesen Aspekten des Normalen löst sich nicht einfach dadurch auf, dass man feststellt, dass es zwei Vorstellungen gibt, eine von Bewahrung und eine von Verbesserung. Die erste hat eine Vorliebe für die Ursprünge, für jugendliche Gesundheit, für einen idealen Zustand, den wir wiederherstellen sollten. Die zweite strebt nach Teleologie, nach Zielen, die wir für die Vervollkommnung von uns selbst oder der Rasse wählen können. Zwei Arten von Fortschritt. Worte haben tiefe Erinnerungen, die unsere schrille und quietschende Rhetorik ölen. Das Normale steht gleichgültig für das, was typisch ist, den unenthusiastischen objektiven Durchschnitt, aber es steht auch für das, was gewesen ist, gute Gesundheit, und für das, was sein wird, unsere gewählte Bestimmung. Deshalb ist das gutartige und steril klingende Wort «normal» zu einem der mächtigsten ideologischen Werkzeuge des 20. Jahrhunderts geworden.

• 1 A. Comte: *Système de politique positive,* Paris 1851, Bd. 1, S. 651, 652 f.
G. Canguilhem: *On the Normal and the Pathological,* 1943, Zusätze publiziert 1966, übers. von C.R. Fawcett, Dordrecht 1978, S. 22.

• 2 Die Aufsätze, über die die Kontroverse entstand, sind in Jack Lively und John Rees (Hg.): *Utilitarian Logic and Politics: James Mill's «Essay on Government», Macaulay's Critique and the Ensuing Debate,* Oxford 1978, abgedruckt. Die folgenden Seitenverweise beziehen sich auf diese Sammlung. Was den zeitlichen Rahmen anbelangt, so war die Reihenfolge der Aufsätze wie folgt: T.B. Macaulay, «Mill's Essay on Government: Utilitarian Logic and Politics», *Edinburgh Review,* März 1829. James Mill, «Greatest Happiness Principle», *Westminster Review,* Juli 1829. Macaulay, «Bentham's Defence of Mill», *Edinburgh Review,* Juni 1829. Macaulay antwortete hier auf einen unsignierten Artikel in der *Westminster,* den er fälschlicherweise für einen Artikel von Bentham hielt. Mill, «Edinburgh Review and the ‹Greatest Happiness Principle›», *Westminster Review,* Oktober 1829. Macaulay, «Utilitarian Theory of Government and the ‹Greatest Happiness Principle›», *Edinburgh Review,* Oktober 1829. Mill, «Edinburgh Review and the ›‹Greatest Happiness Prinzip›», *Westminster Review,* Januar 1830.

• 3 Ebd., S. 51 f.

• 4 Ebd., S. 101.

• 5 Ebd., S. 134.

• 6 E.O. Wilson, *On Human Nature,* Cambridge, Mass., 1978.

• 7 In *The New York Review of Books,* ab 1975, unter Beteiligung von Wilson, R.C. Lewontin (der aktivste Gegner), S.J. Gould, S. Hampshire, R. Hubbard, C.H. Waddington und andere, gesammelt in A. Caplan: *The Sociology Debate,* New York 1978. Für einen Überblick, siehe Ullica Segerstrale, «Colleagues in Conflict: An ‹in Vivo› Analysis of the Sociobiology Controversy», *Biology and Philosophy* 1 (1986), S. 53 – 87.

• 8 *Utilitarian Logic* (wie Anm. 2), S. 118.

• 9 Ebd., S. 234.

• 10 John Stark: *Elements of Natural History,* London 1828, Bd. 2, S. 216.

• 11 A. Giddens (Hg.): *Durkheim on Politics and the State,* Stanford 1986, S. 26.

• 12 *Nicomachean Ethics,* S. 1107a

• 13 Canguilhem, *On the Normal* (wie Anm. 1), S. 150.

• 14 Comte, *Politique positive* (wie Anm. 1), Bd. 2, S. 280.

• 15 F.-J.-V.-Broussais, *De l'irritation et de la folie,* Paris 1828, S. 263.

• 16 Ebd., S. 300.

• 17 Ebd., S. 267.

• 18 Siehe meine Anmerkungen in Kapitel 10.

• 19 H. de Balzac, «Eugénie Grandet» (1833), in *La Comédie humaine,* 13 Bde., Paris 1976 – 1980, Bd. 3, S. 1182.

• 20 H. de Balzac, *La Cousine Bette* (1847), ebd., Bd. 6, S. 201.

• 21 Comte, *Cours de philosophie positive* (wie Anm. 1), S. 40. Vorlesung, gedruckt 1838, hg. von M. Serres u.a., Paris 1975, S. 695. Die Herausgeber stellen fest, dass das Prinzip von Broussais, «dem Comte eine unverhältnismässige Bedeutung beimisst … auf Brown, Bichat und Pinel zurückgeht».

• 22 Comte, *Politique positive*

(wie Anm. 1), Bd. 2, S. 443.

• 23 Für Blainvilles eigene Darstellung von Broussais, siehe H.-M.D. de Blainville: *Histoire des sciences de l'organisation et de leur progrès comme bas de la philosophie*, Paris 1845, S. 3; für seine Physiologie: *Cours de physiologie générale et comparée*, Paris 1833.

• 24 Sein Kommentar zum Asyl steht am Ende seiner Rezension von Broussais, *Politique positive* (wie Anm. 1), Bd. 4, S. 472.

• 25 Siehe z.B. Henri Gouhier *La Philosophie de A. Comte*, Paris 1987, S. 164.

• 26 Im *Journal de France*, August 1828. Vgl. Comte, *Politique positive* (wie Anm. 1), Bd. 4, S. 468–473.

• 27 Ebd., S. 465. Er sagte auch, dass seine Rezension «für immer von historischem Interesse sein wird, da sie den grossen Biologen [Broussais] zu der edlen Anstrengung anspornte, die am Ende seiner bewundernswerten Karriere zu seiner gerechten Würdigung der meisterhaften Konzeption Galls führte, die er bis dahin nicht beachtet hatte. Tatsächlich hielt Broussais die Elegie am Grab von Gall im August 1828, dem Monat, in dem Comtes Rezension erschien, und die spätere Bewunderung für die Phrenologie wurde bei dieser Gelegenheit gut zum Ausdruck gebracht. F.-J.-V. Broussais, «Discours prononcé par M. Broussais sur la Tombe du docteur Gall», *Revue encyclopédique* 39 (1828), S. 526–531.

• 28 P.-C.-F. Daunou *Cours d'études historiques*, Paris 1849, Bd. 20, S. 413.

• 29 Jean-François Braunstein: *Broussais et le matérialisme: médecine et philosophic au XIXe siècle*, Paris 1986, S. 111–115. In diesem Buch werden auch die Auswirkungen des Konflikts lange nach dem Tod von Broussais im Jahr 1838 dargestellt.

• 30 Comte, *Politique positive* (wie Anm. 1), Bd. 2, S. 569.

• 31 A. Comte, *Discours sur l'esprit positif*, Paris 1844, S. 55 f.

KAPITEL 20

SO REAL WIE KOSMISCHE KRÄFTE

Um die Wahrheit zu sagen, wir haben kein Kriterium, mit dem wir den Grad des Glücks einer Gesellschaft genau messen können. Aber es ist möglich, den Gesundheits- oder Krankheitszustand, in dem sie sich befindet, vergleichsweise einzuschätzen, denn wir verfügen über eine wohlbekannte Tatsache, die das soziale Unwohlsein in Zahlen ausdrückt: nämlich die relative Zahl der Selbstmorde ... Damit diese abnormen Handlungen zunehmen, ist es notwendig, dass auch die Anlässe des Leidens zunehmen und dass gleichzeitig die Widerstandskraft des Organismus abnimmt. Man kann also sicher sein, dass Gesellschaften, in denen Selbstmorde am häufigsten vorkommen, weniger gesund sind als solche, in denen sie seltener sind.* [1]

* Aus Emile Durkheims erster veröffentlichter Forschungsarbeit über den Suizid und die Geburtenrate, die 1888 veröffentlicht wurde. In den vorangegangenen drei Jahren hatte er eine wichtige Reihe von Übersichtsartikeln über den Stand der Arbeiten in der Soziologie verfasst, die grösstenteils in der *Revue Philosophique* von Pierre Janet

veröffentlicht wurden. 1887 war er nach Bordeaux berufen worden, um Soziologie zu lehren. Das Thema seines Kurses von 1889/90 war der Suizid.

Dieser Wechsel von Gesundheit zu Krankheit hatte sich bereits in den frühen Tagen angedeutet. 1799 hatte Sir John Sinclair das «Quantum des Glücks» messen wollen, aber 1825 versuchte der Gesetzgeber, das «Quantum der Krankheit» zu bestimmen. Durkheims erste Studie über Selbstmord führt diese und spätere Stränge geschickt zusammen: Glück / Gesundheit, normal / abnormal und das medizinische Modell des Selbstmords. Condorcets Moralwissenschaft war zu einer empirischen Untersuchung geworden, aber das Adjektiv «moralisch» war noch nicht aus dem Blickfeld verschwunden. Das Papier trug den Untertitel «eine Studie der moralischen Statistik». Fünf Jahre später kündigte Durkheims erstes Buch auf der ersten Seite an, es sei «ein Versuch, Tatsachen des moralischen Lebens nach der Methode der positiven Wissenschaften zu behandeln. ... Wir wollen die Moral nicht aus der Wissenschaft ableiten, sondern die Wissenschaft der Moral treiben, ...».[2]

Das vorliegende Kapitel ist keine Darstellung der Wurzeln von Durkheims früher Soziologie, ebenso wenig wie das nächste Kapitel eine systematische Darstellung von Galtons Beiträgen zur Statistik ist. Das Ziel ist ein vierfaches. Erstens soll bestätigt werden, dass Durkheims Vorstellung vom Normalzustand der Gesellschaft Teil des Diskurses von Comte und der Physiologie ist. Zweitens soll es in einer anderen Diskussion, der kriminellen Anthropologie, verortet werden. Drittens, um zu zeigen, wie den statistischen Fakten eine neue Ebene der «Realität» hinzugefügt wurde. Schliesslich werde ich die wesentliche Spannung in der Idee der Normalität entwickeln, eine Spannung zwischen der Figur, die wir «Durkheim» nennen, und der, die wir «Galton» nennen. Anstatt zu glauben, dass es nur ein Zufall ist, dass sowohl Durkheim als auch Galton das Wort «normal» scheinbar in unterschiedlichem Sinne verwendet haben, behaupte ich, dass dies den inneren Kern unserer Vorstellung vom Normalen veranschaulicht.

Durkheim war sehr daran interessiert, statistische Daten als Indizes für Glück und Abnormität zu verwenden. Das gipfelte schliesslich in der Theorie der *Anomie*, die er 1897 in *Der Selbstmord* veröffentlichte. Aber die Entwicklung verlief nicht so geradlinig, wie mein Epigraf vermuten liesse. Denn zwei Ideen waren in Durkheims Frühwerk miteinander verwoben: Normalität und Funktionalismus. Letzteren zu ignorieren hiesse, nicht zu begreifen, was er dem Normalen selbst antat. Durkheim befürwortete und erfand vielleicht die funktionale Erklärung sozialer Phänomene, bei der man eine soziale Praxis dadurch erklärt, dass man zeigt, dass sie, ohne dass diejenigen, die sie ausüben, es wissen, dazu beiträgt, die Gesellschaft am Leben zu erhalten.[3] Durkheims erstes Buch, *Über die Teilung der sozialen Arbeit* (Original: *De la division du travail social*) von 1893, schlug eine funktionale Erklärung für die funktionale Arbeitsteilung in der Industriegesellschaft vor.

Funktionale Erklärungen erklären häufig das «Offensichtliche». Die Arbeitsteilung scheint sich von selbst zu ergeben und keiner Erklärung zu bedürfen. Der Fabrikant, dem die Fabriken gehören, und die Versicherungsgesellschaft, die ihre Angestellten und ihre Prämieneintreiber anweist, haben genügend Anreize, ihre Arbeitskräfte zu spezialisieren. Ökonomen seit Adam Smith haben erklärt, wie die Teilung den Wohlstand erhöht. Ist das nicht genug? Nicht für Durkheim. Er argumentierte, dass eine moderne Gesellschaft ohne die Arbeitsteilung zerfallen würde. Deshalb besteht sie fort. Ohne sie würden die Zentrifugalkräfte der modernen Gesellschaft sie auseinanderfliegen lassen. Ohne dass wir es wissen, schafft gerade diese Praxis die Bande, die uns zusammenhalten. Damit wurde ein grundlegendes ethisches Problem gelöst: «Wir können also im allgemeinen sagen, dass das Kennzeichen der Moralregeln ist, dass sie Fundamentalbedingungen der sozialen Solidarität ausdrücken.»[4]

Ich würde gerne nicht nur die politischen Resonanzen von Durkheims These, sondern auch die funktionale Erklärung von dem normalen / pathologischen Teil von Durkheims früher Arbeit trennen. Das kann ich nicht. Die Einleitung zur ersten Ausgabe von *Arbeitsteilung* war ein Essay über das Normale, reich an Anspielungen auf die Physiologie. Warum sollte ein so kühner Versuch einer funktionalen Erklärung mit einer Rede über

Physiologie beginnen? Weil Durkheim zeigen musste, dass die Arbeitsteilung normal ist. Wie kann man feststellen, ob ein soziales Phänomen normal oder krankhaft ist? « Diese Studie ist auch insofern interessant, als hier, wie in der Biologie, das Pathologische uns helfen wird, das Physiologische besser zu begreifen.»[5]

Indem er diese Idee ausweitete, offenbarte Durkheim, wie viel vom Quetelet'schen Durchschnitt (über die Leiche von Comte) in die Comte-Broussais-Theorie des Normalen eingegangen war. Der Physiologe, schrieb Durkheim, nennt das normal, was sich im Durchschnitt der Arten befindet. Der Durchschnitt ist als «die zentrale dichte Masse» zu verstehen, die durch eine einzige Zahl dargestellt werden kann, «weil alle, die sich in der Durchschnittsregion befinden, durch diejenigen dargestellt werden können, um die sie gravitieren».*

*Sollte man sich die Mühe machen, Durkheims schreckliche Metaphern auszupacken? Vielleicht ist diese hier aufschlussreich. Wenn wir die Rede von Masse und Schwerkraft ernst nehmen, dann ist der Mittelwert der Punkt, um den die *gesamte* Masse gravitiert, nicht nur die in der durchschnittlich dichten Region. An dieser Stelle versuchte Durkheim, Comte und das Prinzip von Broussais zu bekämpfen, indem er behauptete, dass nur die Elemente in der durchschnittlichen Region (der normalen Region) um den Mittelwert herum gravitierten und Raum für pathologische Zustände oder Ausreisser liessen, die nicht mit dem Normalen übereinstimmten – im Gegensatz zu Broussais (und zur Mechanik!). Durkheim änderte seine Meinung in den Jahren 1893/94; er strich diese Einleitung aus der zweiten Auflage von *Arbeitsteilung*.

Nachdem Durkheim diese Technik der Physiologie zugeschrieben hatte, fuhr er fort: «Die gleiche Methode muss in der Ethik befolgt werden. Eine moralische Tatsache ist für einen bestimmten sozialen Typus normal, wenn sie im Durchschnitt dieser Spezies beobachtet wird; es ist unter gegensätzlichen Umständen pathologisch.»

Der 1888 hergestellte Zusammenhang zwischen Selbstmordrate, Geburtenrate und Glück entsprach den meisten biopolitischen Überlegungen der letzten zwei Jahrhunderte. Durkheim ging davon aus, dass die relativ niedrige Geburtenrate Frankreichs schlecht für das Land war. Er hatte den Zusammenhang zwischen Unfruchtbarkeit und Entartung verinnerlicht. Aber er bemerkte eine Lücke in der Argumentation. Utilitaristische Ökonomen beurteilten den Erfolg einer Wirtschaftspolitik danach, ob sie einer grossen Anzahl von Menschen Glück brachte. Sie modellierten auch die Auswirkungen des Bevölkerungswachstums auf den Zustand der Wirtschaft. Sie gingen davon aus, dass eine Zunahme der Bevölkerung in Frankreich – insbesondere im Vergleich zu Deutschland und England – zu mehr Wohlstand und damit zu mehr Glück für die Franzosen führen würde. Dieses schlichte Vorurteil verlangte nach Argumenten, zumindest dachte Durkheim das. Aber wie kann man das Glück eines Volkes messen?

Nicht durch Reichtum, sondern durch Gesundheit. «Man kann also sicher sein, dass Gesellschaften, in denen Selbstmorde am häufigsten vorkommen, weniger gesund sind als solche, in denen sie seltener sind.» So lautet meine Überschrift; weiter heisst es: «Wir haben also eine

Methode, um das kontroverse Problem der Bevölkerung zu lösen. Die umgekehrte Korrelation zwischen Fruchtbarkeit und Selbstmord war nicht nur ein Trugschluss. Verheiratete Menschen sind weniger selbstmordgefährdet als Zölibatäre und Familienväter weniger als kinderlose Ehemänner.»[6] Wo die Familie stark ist, wo die häuslichen Traditionen reich sind, ist Selbstmord weniger häufig. Beachten Sie, dass Selbstmord wie eine Krankheit ist: Die Menschen sind ihr «ausgesetzt», wie den Pocken. Jede Schwächung der Geburtenrate impliziert eine Schwächung des häuslichen Gefühls; wir haben gerade gesehen, dass Letzteres zu Selbstmord führt. Der Suizid ist also «ein Index für den Gesundheitszustand der Gesellschaft».[7]

Es gab auch die Idee, dass das, was in einer Gesellschaft normal ist, durch einen Durchschnitt angezeigt wird, der wiederum ein Zeichen dafür ist, was richtig ist. Dieser Gedanke lässt sich schlecht mit dem vorherigen vereinbaren. Selbstmordraten sind Durchschnittswerte und sollten daher ein Hinweis darauf sein, was normal ist, und damit auf gutes Verhalten. Medizinische Vergleiche können die Angelegenheit klären. Etwas kann ein Indikator für das Böse sein, aber gleichzeitig auch eine Funktion haben. «Schmerz wird von Laien gemeinhin als Index für Morbidität» angesehen, aber Schmerz ist wesentlich.[8] Er ist kein morbides Phänomen im eigentlichen Sinne. Ist es Selbstmord? Wenn nicht, könnte man dann die Lösung, die in dem 1888 erschienenen Aufsatz «Suicide et

Natalité» (Selbstmord und Geburtenrate) gefordert wird, gelten lassen? Wie könnte man Selbstmord als Zeichen von Morbidität mit Durchschnittswerten als Definition von Normalität verbinden?

Das Problem wurde durch Durkheims Überlegungen zur Kriminalität dringlich, dem Thema seiner Vorlesungen in Bordeaux 1892 / 93 und 1893 / 94.[9] Im Laufe dieser Vorlesungen änderte er seine Meinung darüber, ob Kriminalität normal ist: Das heisst, er änderte seine Meinung zwischen *De la division du travail social* von 1893 und *Les règles de la méthode sociale* von 1894. In Ersterem begann er ein Kapitel über die anomische Arbeitsteilung mit der Feststellung: «Im übrigen erlaubt uns das Studium der abweichenden Formen, die Existenz des Normalzustandes besser zu verstehen. … Man könnte versucht sein, unter die unregelmäßigen Formen der Arbeitsteilung den Beruf des Verbrechens und die anderen schädlichen Berufe einzureihen. Sie sind die Verneinung selbst der Solidarität … Um genau zu sein, handelt es sich hier nicht um Arbeitsteilung, sondern schlicht und einfach um Differenzierung, und diese beiden Ausdrücke dürfen nicht verwechselt werden. So vermehren der Krebs und die Tuberkulose die Vielfalt der organischen Gewebe, ohne dass es möglich ist, darin eine neue Spezialisierung der biologischen Funktionen zu sehen.»[10] «…, aber die Differenzierung, die zerstört (Krebs, Mikroben, Verbrechen), ist wesentlich verschieden von der, die die Lebenskräfte konzentriert (Arbeitsteilung).»[11]

Kurzum, die Kriminalität war pathologisch, desintegrierend, während die Arbeitsteilung normal war und die Lebenskräfte konzentrierte. Beachten Sie, dass dies gegen das Prinzip von Broussais verstösst: Das Pathologische ist hier nicht eine Modifikation des Normalen, sondern etwas, das sich in seiner Art davon unterscheidet.

Im nächsten Jahr stellte er fest, dass, «wenn es eine Tatsache gibt, deren pathologischer Charakter unbestritten ist, so ist es das Verbrechen» – aber das ist nur der Schein.[12] Weniger Kriminalität wäre ein Zeichen für Probleme. «... weit entfernt davon, dass ein allzu auffälliges Absinken der Kriminalität unter ihr gewöhnliches Niveau ein begrüssenswertes Ereignis ist, kann es als sicher hingestellt werden, dass dieser vermeintliche Fortschritt zugleich mit irgendeiner sozialen Störung auftritt und mit ihr zusammenhängt».[13] Wir müssen die Funktion der Kriminalität verstehen. Es ist alles, was gegen die grundlegenden Prinzipien des Verhaltens verstösst. In einer Gemeinschaft von Heiligen würde es immer Verbrechen geben, weil es in der menschlichen Natur immer eine gewisse Abweichung von der Konformität geben würde, und eine solche Abweichung wäre ein Verstoss gegen die heilige Sitte und damit ein Verbrechen. «Das Verbrechen verschwindet in einer Form und taucht in einer anderen wieder auf. Daraus folgt, dass es ein Widerspruch ist, sich eine Gesellschaft ohne Kriminalität vorzustellen.»[14] Dies war eine konzeptionelle, keine empirische Behauptung. Eine

Gesellschaft braucht grundlegende Prinzipien, um kohärent zu sein, um nicht auseinanderzufallen. Ein Verhaltensprinzip bleibt nur dann bestehen, wenn dagegen verstossen wird. Ohne Verstösse würden die Prinzipien ihre Kraft verlieren und die Gesellschaft würde ihren Zusammenhalt verlieren. Daher ist das Verbrechen – nicht das, was wir als Verbrechen bezeichnen, sondern einfach das, was in einer Gesellschaft unterdrückt wird – für den Erhalt der Gesellschaft unerlässlich. Die Behauptung, dass Verbrechen normal ist, war also Teil einer funktionalen Erklärung des Verbrechens.

Hier sehen wir zwei unterschiedliche Arten, wie Durkheim das Normale verstand. Die eine war funktional, die andere nicht. In der ersten ist «die Normalität dieses Phänomens ... mit den allgemeinsten Bedingungen unseres sozialen Lebens verknüpft».[15] Die nicht-funktionale Version betrachtete ein Phänomen als normal für eine Gesellschaft einer bestimmten Art, «wenn es im Durchschnitt der Gesellschaften dieser Art in der entsprechenden Phase ihrer Evolution auftritt».[16] Er forderte uns auf, das funktionale Kriterium für Normalität auf eine «soziale Art» anzuwenden, «die ihre Entwicklung noch nicht vollständig abgeschlossen hat».[17] War Kriminalität normal? Nein im Jahr 1893, ja im Jahr 1894. Der «Irrtum», so Durkheim, resultierte aus der Nichtanwendung der Regeln der soziologischen Methode.[18] Das war seine Erklärung für einen Sinneswandel. Aber wir können Durkheims Sinneswandel kaum verstehen, ohne uns an eine der grössten Debatten der damaligen Zeit zu erinnern. Der Diskurs, in dem wir seine Verwendung des Wortes «normal» verorten müssen, ist der der Kriminalanthropologie. Die Kriminalanthropologen der italienischen Schule vertraten die Ansicht, dass sich Kriminelle von normalen Menschen unterscheiden. In den 1890er-Jahren stimmten nur wenige französische Schriftsteller dieser Ansicht zu, aber es blieb die Frage, ob das Verbrechen Teil einer normalen Gesellschaft sein konnte. Das war es, was Durkheim während seiner Vorlesungen in den Jahren 1892 – 1894 beschäftigte. Die kriminelle Anthropologie hatte viele Wurzeln, darunter die Phrenologie und die Arbeit von Paul Broca, aber sie wurde 1876 mit der Veröffentlichung von Cesare Lombrosos Buch über den «kriminellen Menschen» mit Nachdruck begründet oder wiederbelebt.[19] Es handelte sich um eine selbsternannte positive Wissenschaft – was in Italien meist bedeutete, dass man sich streng an Charles Darwin und Herbert Spencer hielt. Sie basierte auf den Konzepten des Normalen und des Abnormalen. Lombroso begann mit einer anschaulichen Vermutung, die ihm bei der Obduktion eines berüchtigten Banditen mit einem affenähnlichen Schädel kam. «Beim Anblick des Schädels schien mir plötzlich das Problem der Natur des Verbrechers wie eine weite Ebene unter einem flammenden Himmel zu leuchten – ein atavistisches Wesen, das in seiner Person die grausamen Instinkte der primitiven Menschheit und der minderwertigen Tiere reproduziert.»[20]

In Anlehnung an Darwin kam Lombroso zu dem Schluss, dass Kriminelle geboren und nicht gemacht werden. Sie sind ein Rückfall in unsere Höhlenmenschen- oder Affenvergangenheit. Diese Tatsache wurde durch die in den Gefängnissen praktizierte Anthropometrie bewiesen. Der Staat stellte gerne die Ergebnisse von Enthauptungen zur Verfügung.[21] Zu diesen empirischen Studien fügte Lombroso die Beobachtung hinzu, dass Kriminelle oft Epileptiker sind. Er schloss daraus, dass Epilepsie auch atavistisch ist. Dies wird durch die Tatsache bestätigt, dass Kriminelle epileptoid sind. Die Abnormität hatte eine wissenschaftliche Grundlage. Kriminelle waren eine eigene Rasse.

Das Thema wurde in Frankreich aufgegriffen. Im Grossen und Ganzen bevorzugten die französischen Autoren soziologische gegenüber anthropologischen Theorien der Kriminalität. Der erste Kongress für Kriminalanthropologie fand 1885 in Rom statt, der zweite 1889 in Paris. Es wurde ein heftiger Kampf ausgetragen. Die Feindseligkeit, die der italienischen Schule in Paris entgegenschlug, war so gross, dass sie den dritten Kongress in Brüssel 1892 boykottierte. Dies hatte zur Folge, wie es in der französischen Zusammenfassung unschuldig heisst, dass «der Erfolg des Brüsseler Kongresses alle Erwartungen übertraf» und zu seinen Ergebnissen «das vollständige Verschwinden des kriminellen Typs, nämlich des geborenen Kriminellen von Lombroso» zählte.[22] Der kriminelle

Mensch, der atavistische Rückfall, hatte sich von den normalen Menschen völlig abgekoppelt. Ihn abzuschaffen bedeutete, das Prinzip von Broussais wiederherzustellen und das Verbrechen zu einer blossen Abweichung von der Normalität zu machen. Dieses «Ergebnis» des Kongresses entspricht dem Meinungswandel Durkheims über das Phänomen des Verbrechens. Es ist für uns schwierig, die wilden Meinungsschwankungen zu begreifen, die damals möglich waren. Vielleicht hilft es, eine Landkarte der Kriminologie zu haben, die zeitgleich mit Durkheims Vorlesungen entstand. 1896 erstellte Enrico Ferri, ein Anhänger von Lombroso und späterer Vorsitzender der sozialistischen Partei Italiens, eine Typologie von Theorien über das Verbrechen, die um die Pole der Normalität und der Abnormität herum aufgebaut waren.[23] Durkheim hatte gerade die Regeln veröffentlicht. Sie werden sehen, dass er bei (1b) eingeordnet ist. Anhand der Nachnamen in dieser Tabelle kann man eine Bibliografie für eine Vorlesung über Kriminalsoziologie rekonstruieren.[24]

Verbrechen ist:

1 ein normales Phänomen, das
(a) biologisch (Albrecht) oder
(b) sozial (Durkheim) ist

2 eine biologische Abnormität, die auf
(a) Atavismus zurückzuführen ist, der

(i) organisch und psychisch ist (Lombroso) oder
(ii) nur psychisch (Colajanni)

(b) Pathologie in Form von
(i) Neurose (Dally, Minzloff, Maudsley, Virgilio, Jelgersma, Bleuler)
(ii) Neurasthenie (Benedikt, Liszt, Vargha)
(iii) Epilepsie (Lombroso, Lewis, Roncaroni)

(c) ein Ernährungsfehler im zentralen Nervensystem (Marro)
(d) ein Entwicklungsdefekt der hemmenden Zentren (Bonfigli)
(e) eine moralische Anomalie (Despine, Garofalo)

3 eine soziale Abnormität aufgrund von
(a) wirtschaftlichen Einflüssen (Turati, Bataglia, Loria)
(b) juristischer Unangepasstheit (Vaccaro)
(c) komplexen sozialen Einflüssen (Lacassagne, Colajanni, Prins, Tarde, Topinard, Manouvrier, Raux, Baer, Kirn, Gumplowicz)

Die Idee der Normalität war für die Klassifizierung und die Texte von zentraler Bedeutung; sie war sogar in den Titeln keine Seltenheit: Ein Beispiel ist ein Essay von Lombroso aus dem Jahr 1893, *Delinquent, Prostitute and Normal Women*. Dies ist das Ferment, in dem Durkheims Idee des Normalen und des Pathologischen gebraut wurde.

Argumentierte Durkheim 1894, dass das Verbrechen eine Funktion für die Aufrechterhaltung einer Gesellschaft hat? Lombroso folgte diesem Hinweis sofort mit einem Essay über die Vorteile des Verbrechens.[25] Das soll nicht heissen, dass Durkheim freiwillig eine Rolle in der Kriminalanthropologie spielte. Er machte ein paar bissige Anspielungen auf Lombroso. Er bemerkte auch sardonisch, dass es zwar «keine Gesellschaft [gibt], in welcher nicht das Prinzip herrschte, dass die Strafe dem Verbrechen proportional sein solle. Dennoch gilt dieses Prinzip für die italienische Schule nur als eine jeder Begründung entbehrende Erfindung der Juristen. Sogar die Institution der Strafe als Ganzes erscheint diesen Kriminologen in der Gestalt, wie sie bis zur Gegenwart bei sämtlichen bekannten Völkern bestanden hat, als ein widernatürliches Phänomen».[26] Er bezog sich dabei auf Raffaele Garofalo (2e), dessen Buch über Kriminologie 1891 in französischer Übersetzung veröffentlicht worden war. Garofalos Werk war vollständig um die Pole normal / abnormal aufgebaut. Durkheim stellte fest, dass er «versucht hat, das Morbide vom Abnormalen zu unterscheiden», im Gegensatz zu Durkheims physiologischem Modell, das das Abnormale mit dem Pathologischen identifizierte.[27]

Garofalos Position (die in Durkheims Widerlegung schlecht wiedergegeben wurde) war, dass es zwei Arten von Kriminellen gibt, vergleichbar mit dem Farbenblinden und dem Blinden. Wirklich gewalttätige Verbrecher sind blind. Die anderen (ein Trio aus Mördern und Gewalttätern, Dieben und Diebstahlsopfern sowie «Zynikern», deren Verbrechen sexueller Natur sind) sind wie die Farbenblinden; sie leiden unter «moralischem Daltonismus». Sie können den Unterschied zwischen Gut und Böse nicht erkennen und leiden daher an einer moralischen Anomalie. Aber diese Anomalie, so Garofalo, ist keine Pathologie oder eine Art von Gebrechen oder Morbidität; sie ist eine ethische Regression durch rückläufige Selektion. Durkheims Sinneswandel bezüglich der Normalität des Verbrechens war Teil der Reaktion der französischen Soziologen auf die italienische Kriminalanthropologie. Es war auch eine Rückkehr zu den Comtianischen Ursprüngen. Die Pathologie des Verbrechens war nur eine Modifikation des normalen Zustands einer Gesellschaft, die in Stufen auftrat. Dadurch wurde es möglich, einen Index der Veränderung als Index für die Gesundheit oder Morbidität einer Gesellschaft zu verwenden. Das ursprüngliche Programm von «Suicide et natalité» aus dem Jahr 1888 wurde erneut legitimiert. Indem Durkheim mit dem Verbrechen rang, während er über Kriminalsoziologie dozierte, stellte er nicht nur «Regeln der soziologischen Methode» auf: Er löste auch Zweifel an seinem ursprünglichen Forschungsprogramm und bereitete sich so darauf vor, *Der Selbstmord* zu schreiben.

Suizid wurde ebenso wie Verbrechen schnell zum Normalzustand erklärt. «Jedenfalls steht fest, dass es zu allen Zeiten bei den europäischen Völkern je nach den Zeitläuften mehr oder weniger selbstmordfördernde Strömungen gegeben hat, je nach historischer Epoche; seit dem vergangenen Jahrhundert finden wir dafür die Beweise in der Statistik, und für die früher liegenden Zeiten im überlieferten Rechtsschatz. Der Selbstmord bildet also ein Element ihrer normalen Verfassung und wahrscheinlich sogar jeder sozialen Verfassung.»[28] (Es folgte eine besonders schwache funktionalistische Diskussion. Hätte Durkheim gedacht, dass es ein Zeichen für einen beginnenden Zusammenbruch der Gesellschaft wäre, wenn die Menschen aufhörten, sich selbst zu töten, wie es bei Verbrechen der Fall ist?)

Selbstmord ist normal, aber ein Anstieg der Selbstmordrate kann auf Morbidität hinweisen. Nun können wir uns der Frage nach der Ursache zuwenden. Was führt zu stabilen Durchschnittswerten, sei es die Norm für eine Gesellschaft eines bestimmten Typs oder zu pathologisch abweichenden Durchschnittswerten wie übermässigen Selbstmordraten? Es müsste etwas Kollektives sein, etwas, das grösser ist als Quetelets kleine unabhängige Ursachen, die auf der Ebene der individuellen Psychologie wirken. Wir haben Durkheims Neigung bemerkt, Metaphern zu vermischen. Da war die Kosmologie: Die sozialen Kräfte, die auf den Einzelnen einwirken, waren vergleichbar mit kosmischen Kräften wie der Schwerkraft. Es gab die Medizin: Selbstmord ist eine Krankheit, die wie eine Epidemie eine Gemeinschaft befällt und von einigen besser bekämpft wird als von anderen. Es gab die Elektrizität (oder die Strömungslehre?): «selbstmordfördernde Strömungen».

Die Ursache der Selbstmordrate wäre kollektiv. Ich habe Kapitel 18 mit Durkheims Schuld gegenüber Boutroux und Renouvier abgeschlossen. Von ihnen hat er gelernt, dass das Ganze grösser ist als der Teil. Die Gesetze der Soziologie müssen *sui generis* sein, ein Hinweis, den ich dort dreimal in einem Absatz zitiert habe. Es ist falsch, die «funktionalistischen» Teile dieser Meinung völlig herauszulösen, aber Durkheims Vorstellung von autonomen Gesetzen, die statistische Regelmässigkeiten hervorbringen, kann oft auf eine nichtfunktionale Weise gelesen werden.

> Die Kollektivströmungen führen ein Eigenleben. Sie sind als Kräfte genau so wirklich wie kosmische Kräfte, auch wenn sie von anderer Art sind. Sie wirken auf die einzelnen ebenso von außen ein, wenn auch anders. Und daß sie ihnen auch in der Intensität der Wirkung nicht nachstehen, dürfen wir daraus schließen, daß sie sich auf dieselbe Weise manifestieren, nämlich in der Konstanz ihrer Folgen.[29]

Durkheims Kollektivströmungen waren nicht mit Indeterminismus oder gar Zufall behaftet: Sie waren Agenten, die notwendigerweise stabile Zufallsphänomene produzierten. Dennoch wurden sie durch eine neue Art von Gesetz kollektiver Phänomene beschrieben, ein Gesetz, das mit einer eigenen «Realität» ausgestattet war. Quetelet hatte den Mittelwert einer Bevölkerung so «real» gemacht wie die Position einer Insel oder eines Sterns. Zur Zeit Durkheims wurden die Gesetze der Abweichung vom Normalen selbst Teil der Realität. Aber im Gegensatz zu Galton war er nicht der Meinung, dass die Gesetze selbst statistisch sind. Es war Galton, der uns zur Autonomie der statistischen Gesetze führte, und zwar in einem Sinne, den ich im Folgenden genau definieren werde als Erklärungskraft.

Galton konnte die Ansicht von Quetelet und anderen nicht akzeptieren, dass die Normalkurve das Produkt unzähliger unabhängiger, kleiner Ursachen war. Durkheim konnte das auch nicht, obwohl er nicht so versiert war wie Galton, was das Scheitern dieser Idee anging.* [30]

* Durkheim las Galtons Theorie der Regression in seinem Werk *Natural Inheritance* von 1889. Er beschrieb das, was er las, mit Bewunderung. Aber er hat Galton ziemlich missverstanden, denn ganz im Sinne von Quetelet dachte er, die Regressionstheorie belege, dass pathologische Zustände allmählich zum Mittelwert zurückkehren würden: «Die erzeugten Abweichungen sind immer nur von kurzer Dauer und können nur auf sehr unvollkommene Weise eine Zeit lang aufrechterhalten werden.»

Er kritisierte Quetelets Vorstellung vom Durchschnittstyp.[31] Der Durchschnittstyp konnte nicht die intervenierende Variable sein, die irgendwie für die statistische Stabilität verantwortlich war. Es wird allgemein gesagt, dass Durkheim Quetelet widerlegt und ihn übertroffen hat. Ganz und gar nicht – bei all seiner bitteren Kritik blieb er in der Quetelet'schen Form. (Galton brauchte nicht verbittert über Quetelet zu sein, denn er übertraf ihn.) Der Grund, warum es kosmische Kräfte geben muss, die auf die Bevölkerung einwirken und die Tendenzen zum Selbstmord hervorrufen, ist, dass es keine andere Erklärung für die statistischen Stabilitäten geben kann. Durkheim war wirklich ein Mitglied der französischen Schule der Statistik. Was liegt näher an dem, was Knapp als astronomische Konzeption der Gesellschaft verspottete, als Durkheims Aussage, dass soziale Statistiken das Produkt von Kräften sind, die nur mit den Kräften des Kosmos verglichen werden können, die von aussen auf uns einwirken?

Galton und Durkheim hatten jeweils eine Vorstellung vom Normalen und Abnormalen, die sie eng mit der Realität einer neuen Art von Gesetz verbanden. Natürlich war Durkheims emergentistische Philosophie Galton fremd, und ihre zentralen und obsessiven Visionen vom Normalen waren keineswegs dieselben. Die Normalverteilung, die eine Gruppe beschreibt und die Galton als reales und autonomes Gesetz behandelte, ist ein Gesetz anderer Art als das, was Durkheims «kosmische» Kräfte, die auf das Kollektiv einwirken, bestimmt. In diesem Buch habe ich den Anfangsbuchstaben grossgeschrieben, wenn ich von der Normalverteilung (*Normal distribution*) geschrieben habe.[32] Damit wollte ich wohl zeigen, dass es sich um eine ganz besondere Bedeutung der Normalität handelt. Es mag wie ein blosses Wortspiel erscheinen, Galtons Verwendung des Wortes «normal» mit der von Durkheim zu verbinden. Ein weiterer Test bestätigt diese Schlussfolgerung. Was ist das Gegenteil des Normalen? Das Abnormale, sicherlich. Aber für Galton war das Normale durch die Normalkurve gekennzeichnet; das Abnormale war das, was stark von seinem Mittelwert abwich. Für Durkheim wurde das Abnormale als das Pathologische bezeichnet. Letztendlich ist das Abnormale krank. Für Galton ist das Abnormale eine Ausnahme und kann der gesündeste Teil der Rasse sein. In einer sehr schlechten ersten Annäherung identifizierte Durkheim das Moralische mit dem Normalen. Für Galton war das Normale nicht gut, sondern mittelmässig. Einige Extreme waren nicht pathologisch, sondern grossartig. Das Richtige und das Gute befinden sich am rechten Ende der Normalkurve von Talent oder Tugend.

Dies waren also zwei Visionen des Normalen. Galtons Vorstellung von Normalität ist in unserer Kultur verankert, nicht nur im IQ-Test, sondern in einer unendlichen Reihe von Normen für normales Verhalten. Seine ist eine Erfolgsgeschichte, die von Durkheim ist es in bestimmten Details nicht. Dennoch sind beide Teil jenes grundlegenden Übergangs, der die Aushöhlung des Determinismus, das Auftauchen einer neuen Art von indeterministischem Gesetz, die Zähmung des Zufalls und die Verdrängung der menschlichen Natur durch die Idee der Normalität verbindet.

• 1 E. Durkheim, «Suicide et natalité: Étude de statistique morale», *Revue Philosophique* 26 (1886), S. 447. Für die Themen seiner Vorlesungen siehe Steven Lukes: *Emile Durkheim, His Life and Work*, London 1973, S. 617.
• 2 Vgl. E. Durkheim: *Über die Teilung der sozialen Arbeit*, hg. von Jürgen Habermas, Dieter Heinrich und Niklas Luhmann, Frankfurt am Main 1977, S. 72.
• 3 Ausführlicher: Wir finden eine Praxis oder ein Phänomen *P* in einer Gesellschaft. Die Mitglieder der Gesellschaft mögen praktische Gründe für die Beibehaltung von *P* haben. Sie sind sich jedoch nicht bewusst, dass *P* eigentlich eine notwendige Bedingung für den Erhalt der Gesellschaft ist. Darüber hinaus gibt es eine Art Rückkopplungseffekt, d.h. wenn die Stärke von *P* nachlässt, neigt die Gesellschaft dazu, auseinanderzufallen, aber so, dass *P* gestärkt wird, sodass die Gesellschaft als organische Einheit fortbesteht und *P* aufrechterhalten wird. Siehe Jon Elster: *Explaining Technological Change: A Case Study in the Philosophy of Science*, Cambridge 1983. Er argumentiert, dass funktionale Erklärungen in der Biologie funktionieren, aber nicht in der Soziologie. Die lebhafteste Verfechterin der funktionalen Erklärungen in der Soziologie verteidigt Durkheim: Mary Douglas: *How Institutions Think*, Syracuse, N.Y., 1986.
• 4 Durkheim, *Arbeitsteilung* (wie Anm. 2), S. 439. Im Französischen ist es stärker ausgedrückt: «elle devient du même coup la base de l'ordre moral».
• 5 Ebd., S., 86.
• 6 Durkheim, «Suicide et natalité» (wie Anm. 1), S. 462.
• 7 Ebd., S. 463.
• 8 E. Durkheim, «Les Règles de la méthode sociologique», *Revue philosophique* 37 (1894), S. 465 – 498, 577 – 607; 38 (1895), S. 14 – 59, 168 – 182. Nachdruck mit demselben Titel: Paris 1895 (dt. *Die Regeln der soziologischen Methode*, Neuwied 1961). Die referenzierten Seiten beziehen sich auf die *Revue*-Serie. Im vorliegenden Fall auf S. 579.
• 9 Lukes, *Durkheim* (wie Anm. 1), S. 617.
• 10 Durkheim, *Arbeitsteilung* (wie Anm. 2), S. 395.
• 11 Ebd., Anm. 1.
• 12 Durkheim, *Regeln* (wie Anm. 8), S. 156.
• 13 Vgl. ebd., S. 161.
• 14 E. Durkheim, «Criminalité et santé sociale», *Revue philosophique* 39 (1895): S. 518, als Antwort auf die Kritik von Gabriel Tarde unter demselben Titel, ebd., S. 148. Für eine ausführliche Darstellung der Polemik zwischen Tarde und Durkheim siehe Lukes, *Durkheim* (wie Anm. 1), S. 302 – 314. Tarde war Magistrat, dann Direktor der Statistikabteilung des Justizministeriums und Professor am Collège de France. Sein Hauptwerk zu dieser Zeit war *Les Lois de l'imitation*, Paris 1890.
• 15 Vgl. Durkheim *Regeln* (wie Anm. 8), S. 153, Anm. ***. Dies ist Durkheims zweite Regel, um die Tatbestände «in normale und anormale [zu] scheiden». Sie kommt nicht in der ersten Formulierung der Kriterien in *Arbeitsteilung* vor.
• 16 Ebd., S. 155, das erste Gesetz.
• 17 Ebd., das dritte Gesetz.
• 18 Ebd., S. 72.
• 19 C. Lombroso, *Uomo*

delinquente, Mailand 1876.
• 20 C. Lombroso, «Introduction», in: G. Lombroso-Ferrero, *Criminal Man According to the Classification of Cesare Lombroso,* New York 1911, S. xxv.
• 21 Zum Beispiel M. Benedikt, «Les Grands criminels de Vienne. II Raimond Hackler», *Archives d'anthropologie criminelle, de médecine légale et de psychologie normale et pathologique* 7 (1892), S. 237–263. Eine aus einer Reihe von Studien über «Gehirne in der Sammlung Hoffmann» in Wien.
• 22 «Troisième Congrès International d'Anthropologie Criminelle», ebd., S. 472. Zu den Kongressen und den damit verbundenen Debatten siehe zum Beispiel Robert A. Nye: *Crime, Madness and Politics in Modern France: The Medical Concept of National Decline,* Princeton 1984, Kap. 4.
• 23 Enrico Ferri, «Le Crime comme phénomène sociale», *Annales de l'Institut International de Sociologie* 2 (1896), S. 411. Er nahm diese Tabelle in seine *Sociologia criminale,* 4. Aufl., Turin 1900, auf. Die dritte Auflage dieses Buches erschien 1894 auf Französisch. Seine Doktorarbeit war eine Widerlegung der Möglichkeit eines freien Willens und eine entsprechende Forderung nach einer radikalen Überarbeitung des Systems der Strafrechtswissenschaft. *Teoria dell'imputabilità e la negazione del libro arbitrio,* Florenz 1878.
• 24 *A bibliography for a course of criminal anthropology, or criminal sociology,* circa 1893/94. Für einen vollständigen bibliografischen Aufsatz von 1893, siehe Hans Kurella: *Naturgeschichte des Verbrechers,* Stuttgart 1893.
• 25 C. Lombroso, «Les Bienfaits du crime», *Nouvelle Revue* 95 (1895), S. 86–92.
• 26 Durkheim, *Regeln* (wie Anm. 8), S. 162.
• 27 Durkheim bezieht sich auf Garofalo auf den Seiten 77 und 87 von *Arbeitsteilung,* aber meine Diskussion bezieht sich auf die lange Notiz, Anm. ***, auf Seite 153 von *Regeln.*
• 28 E. Durkheim, *Le Suicide: étude de sociologie,* Paris 1897; *Selbstmord* (wie Anm. 34, Kap. 18), S. 429.
• 29 Ebd., S. 359.
• 30 Durkheim, *Arbeitsteilung,* (wie Anm. 2), S. 354 ff. Siehe Alain Desrosières, «Histoires des formes: statistiques et sciences sociales avant 1940», *Revue Française de sociologie* 26 (1985), S. 293.
• 31 Durkheim, *Selbstmord* (wie Anm. 34, Kap. 18), S. 347 ff.
• 32 Das tue ich in der Tat schon seit der Veröffentlichung meiner Studie *Logic of Statistical Inference,* Cambridge 1965.

DIE AUTONOMIE DES STATISTISCHEN GESETZES

London, 9. Februar 1877

Die typischen Gesetze sind diejenigen, die am ehesten ausdrücken, was in der Natur im Allgemeinen vor sich geht; sie mögen in keinem Fall exakt richtig sein, aber gleichzeitig werden sie immer annähernd zutreffend sein und immer zur Erklärung dienen … Sie zeigen uns, dass die natürliche Auslese nicht dadurch wirkt, dass sie jede neue Generation nach einem bestimmten Muster auf einem Prokrustesbett herausschneidet, ohne Rücksicht auf Verluste. Sie erklären auch, wie gering der Beitrag derjenigen ist, die weit vom Mittelwert abweichen, sei es durch Überschuss oder Mangel, und sie ermöglichen es uns, die genauen Quellen zu entdecken, aus denen die Defizite in den Produkten aussergewöhnlicher Typen stammen, sowie deren relative Beiträge. Sie zeigen uns, dass der gewöhnliche genealogische Verlauf einer Rasse aus einem ständigen Wachstum aus dem Zentrum, einem ständigen Absterben an den Rändern und einer Tendenz der spärlichen Überreste aller aussergewöhnlichen Mitglieder besteht, in die Mittelmässigkeit zurückzukehren, aus der die Mehrheit ihrer Vorfahren ursprünglich hervorging.*[1]

*Francis Galton hält einen Vortrag vor der Royal Institution. Bei dieser Gelegenheit konnte er seine bescheidene Mathematik durch ein Analogon ergänzen, das die Normalverteilung simuliert. Er nannte es das «Quincunx» (ein Quincunx besteht aus fünf Punkten, vier an den Ecken eines Quadrats und einem in der Mitte). Bleischrot wird durch eine Reihe von Stiften mit dieser Anordnung geworfen und stapelt sich auf, um die Normalkurve darzustellen. Er liess 1873 ein einfaches Modell anfertigen, aber die Idee des Modells von 1877 ist eine zweistufige Anordnung zur Veranschaulichung der Vererbung. Zufälligerweise entwickelte C.S. Peirce im selben Jahrzehnt seine Quincuncial-Projektion für die Kartenerstellung.

Die alberne Zeit des Determinismus kannte keine Grenzen. «Man gebe eine Stunde des Lebens eines Menschen, und ein anthropometrischer Seraph könnte alles berechnen, was er jemals gewesen ist und was er jemals sein wird.»[2] So eiferten die Sozialwissenschaften 1871 der Laplace'schen Maxime des universellen Determinismus nach. Laplace sprach vom leichtesten Atom; in diesem Satz spricht der Schriftsteller von einem Menschen. Laplace sprach von Wissen in einem Augenblick; der Romanautor spricht von Messungen, die über eine Stunde hinweg vorgenommen werden. Francis Galton stellte auf öffentlichen Plätzen anthropometrische Kabinen auf, um die Masse der Passanten zu ermitteln. Er war kein Seraph, aber er verbreitete und popularisierte die Idee, dass körperliche und geistige Messungen der Schlüssel zur menschlichen Natur sind.

In diesem Kontext der optimistischen Anthropometrie kam es zu einem grundlegenden Wandel in der Konzeption der statistischen Gesetze. Zum Zeitpunkt meines Zitats war Galton auf dem besten Weg, die Theorie der Korrelation und Regression zu entwickeln. Diese Geschichte ist bereits von anderen gut erzählt worden.[3] Heute sagen wir eher Regression zum Mittelwert als Reversion zum Mittelmass, aber Galtons Terminologie verrät seine Faszination für das Aussergewöhnliche, das genaue Gegenteil von Quetelets Beschäftigung mit den mittelmässigen Durchschnittswerten.

In diesem Kapitel möchte ich die Aufmerksamkeit auf die Art und Weise lenken, in der Gesetze statistischer Art «zur Erklärung dienen» werden, wie es in meinem Epigraf heisst. Ich glaube, dies ist ein wichtiger Abschnitt in der Zähmung des Zufalls. Man kann etwas nur dann mithilfe eines statistischen Gesetzes erklären, wenn es in gewisser Weise autonom ist und nicht auf eine Reihe von Ursachen zurückgeführt werden kann. Hier ergibt sich eine Schwierigkeit in der Darstellung, denn es gibt viele philosophische Debatten über statistische Gesetze, über Erklärung und über statistische Erklärung. Ich glaube, dass sich meine Bedenken von denen unterscheiden, die gemeinhin geäussert werden, aber ich würde missverstanden werden, wenn ich die Probleme nicht benennen würde. Probleme zu nennen, und sei es nur, um mich von ihnen zu distanzieren.

Ich werde nicht behaupten, dass Galton oder irgendein anderer Zeitgenosse ernsthaft glaubte, dass statistische Gesetze nicht auf zugrundeliegende deterministische Prinzipien reduzierbar sind. Die Behauptung, dass solche Gesetze irreduzibel sind, bedeutet, dass es im Universum keine tieferen und nicht-probabilistischen Gesetze gibt, die das statistische Verhalten bedingen. Erst mit dem Aufkommen der Quantenmechanik und ihrer Ausarbeitung in den 1930er-Jahren wurde der Gedanke der Irreduzibilität weit verbreitet. Ein wichtiges Ereignis war John von Neumanns Theorem «keine verborgenen Variablen» von 1936, zu dem es in den letzten Jahren viele sorgfältige und ausgefeilte Weiterentwicklungen gegeben hat. Die Formulierung «keine verborgenen Variablen» drückt präzise aus, dass die Quantenmechanik nach heutigem Verständnis nicht auf eine zugrundeliegende deterministische Theorie reduziert werden kann. Trotz der weit verbreiteten Akzeptanz der Ergebnisse, die keine verborgenen Variablen enthalten, halten einige Autoren die Frage der Reduzierbarkeit für sehr wichtig, zum Teil, weil sie eine Möglichkeit darstellt, die deterministische Metaphysik zu bewahren. Es hat wiederholt und oft brillante Versuche gegeben, Erklärungen dafür zu finden, wie grossflächige statistische Homogenität das Ergebnis zugrundeliegender deterministischer Prozesse sein kann. Sie begannen mit dem Poisson'schen Gesetz der grossen Zahlen. Der berühmteste bewusst pro-deterministische Versuch ist das H-Theorem von Boltzmann. Ganz allgemein umfasst ein solches Programm unter einer Vielzahl von philosophischen Perspektiven die Arbeit von Henri Poincaré und vieles der Ergodentheorie.[4] Ich werde solche Themen ganz vermeiden.

Ich befasse mich mit einer Konzeption, die nicht irreduzibel ist; sie ist in der Tat weniger eine Konzeption als eine Praxis. Ich werde von Autonomie im Gegensatz zu Irreduzibilität sprechen. Jemand, der – vielleicht im Lichte der Arbeiten von Neumann – behauptet, dass einige statistische Gesetze nicht auf zugrundeliegende kausale und deterministische Strukturen reduzierbar sind, ist der Ansicht, dass solche Gesetze irreduzibel sind. Was ist dann Autonomie? Sie lässt sich gut anhand eines der Zeichen für den Unterschied zwischen Vorhersage und Erklärung veranschaulichen. *Statistische Gesetze werden autonom, wenn sie nicht nur für die Vorhersage von Phänomenen, sondern auch für deren Erklärung verwendet werden können.* Die statistische Erklärung ist in den letzten Jahren von Philosophen viel diskutiert worden, aber sie haben sich auf die Erklärung einzelner Ereignisse konzentriert. Ein Ereignis mag sehr wahrscheinlich sein oder sehr häufig vorkommen, aber erklärt das sein Auftreten bei einer bestimmten Gelegenheit? Wie erklärt man das Auftreten von Ereignissen eines Typs, der selten vorkommt? Wird eine Erklärung durch Daten geliefert, die die Wahrscheinlichkeit des Ereignisses erhöhen?[5] Das sind nicht die Fragen, die uns hier beschäftigen, sondern das, was Wissenschaftler gemeinhin als Erklärung bezeichnen, nämlich die Erklärung eines Phänomens. Galton wollte erklären, was er für merkwürdige Phänomene von durchaus regelmässiger und gesetzesähnlicher Art hielt, nämlich die Verteilung von erblichen Genies in begabten Familien.

Galton stützte seine Ansichten über die Vererbung auf detaillierte Genealogien und auf eine Klassifizierung von Talenten, die seiner eigenen Werteskala entsprach. Seine anthropometrischen Stände waren nur ein winziger Teil seiner Studien über körperliche Merkmale und darüber, wie diese verteilt und vererbt werden. Er gründete das anthropometrische Labor am University College in London, aus dem sich im Laufe der Zeit die erste moderne Abteilung für Statistik entwickelte. Karl Pearson, ein grosser Bewunderer Galtons, der uns den Chi-Quadrat-Test für die Anpassungsfähigkeit und vieles mehr bescherte, hatte den von Galton gestifteten Lehrstuhl inne. Pearson gründete die grosse statistische Zeitschrift *Biometrika* und die *Annals of Eugenics*. Die zweite war ebenso ein Organ der angewandten Statistik wie die erste, und beide waren im Geiste von Pearsons praktischem Positivismus konzipiert: Anwendung «wertneutraler» Wissenschaft und statistischer Techniken auf die Fragen der Zeit.

Die Anthropometrie wurde wohlwollend als die Wissenschaft der Vermessung des menschlichen Körpers und der Proportionen zwischen seinen Teilen dargestellt, aber mein Zitat über den anthropometrischen Seraph enthüllt seine innersten Träume. Sie war eng mit der Kontrolle von Bevölkerungen verbunden. Das ist nach wie vor die Bedeutung des altfranzösischen Begriffs *anthropométrie judicaire*, eine Methode zur Identifizierung von Verbrechern durch Vermessung. Das System wurde 1880 von Alphonse Bertillon erfunden. Die Rivalität zwischen Bertillon und Galton war der Auslöser für die Erfindung der Korrelationstheorie, wie sie weiter unten beschrieben wird. Eine extreme Version dieser Ideen wurde in Italien entwickelt, nämlich die im vorangegangenen Kapitel kurz erwähnte Kriminalanthropologie.

Wie die britischen Physiker seiner Zeit war Galton ein Genie darin, abstrakte Darstellungen in physikalische Modelle zu verwandeln. Seine Quincunx, mit der er den zufälligen Fall von Schrot als Normalkurve darstellen konnte, ist heute in Wissenschaftsmuseen sehr bekannt. Er erfand eine Methode, um den Durchschnittsmenschen buchstäblich zu fotografieren. Mit einer recht originellen Technik wurde eine Reihe von Individuen nacheinander auf einer fotografischen Platte belichtet.[6] So konnten Sie den leicht verschwommenen «Typ» tatsächlich vor Ihren Augen sehen. Auf diese Weise konnten grundlegend verschiedene Typen dargestellt werden: Armeeoffiziere, Privatsoldaten, wegen Mordes oder Gewaltverbrechen verurteilte Kriminelle, gewaltlose Schwerverbrecher und Juden.* [7]

*Was dachten die Personen, die diese Fotos aufgenommen haben, über Galton? «Die einzelnen Fotografien wurden mit kaum einer Auswahl unter den Jungen der Jews' Free School, Bell Lane, aufgenommen. Es waren die Kinder armer Eltern. Als ich durch das angrenzende jüdische Viertel zur Schule fuhr, war der Ausdruck der Menschen, der mir am meisten auffiel, ihr kalter, abtastender Blick, und dieser war auch für die Schuljungen charakteristisch.»

Er war ein autoritärer Mensch: Nur ein solcher konnte die stumme Hundepfeife für Wachhunde erfinden und eine zentrale Rolle bei der Einführung des Fingerabdrucks als weltweitem Standard für die Identifizierung von Verbrechern.

Seine Befürwortung der Eugenik, ihre Vorläufer in der kriminellen Anthropologie und ihre Konsequenzen für die Messung der Intelligenz wurden zum Beispiel von Donald MacKenzie, Daniel Kevles und Stephen Jay Gould gut beschrieben.[8] Galtons Faszination für die natürliche Vererbung ist in unseren Tagen eher für ihre Laster als für ihre Tugenden bekannt geworden. Seine Arbeit zur Regression war ein unmittelbares Ergebnis eines Problems der Vererbung. Seine Erfindung der Korrelationstheorie ergab sich aus seinen Problemen bei der Identifizierung von Verbrechern. Es gibt ein offensichtliches Rätsel über Vererbung. Aussergewöhnlich grosse Menschen haben auch grosse Kinder. Brillante Männer und Frauen haben begabte Kinder. Aber abgesehen von den Jahrzehnten, in denen sich die Ernährung stark verbessert hat, regeneriert sich die Körpergrösse im Grossen und Ganzen nicht von selbst zu noch grösserer Körpergrösse. Sicherlich sind die

Kinder genialer Eltern nur selten ebenso begabt. Galton hatte ein Problem. Er war der Meinung, dass sich aussergewöhnliche Qualitäten, seien sie moralisch, geistig oder körperlich, in hohem Masse fortpflanzen, während es gleichzeitig einen unvermeidlichen Rückfall in die Mittelmässigkeit, das Gewöhnliche und das Alltägliche gibt.

Wenn Sie wirklich glauben würden, dass sich aussergewöhnliche und wünschenswerte Eigenschaften in der Nachkommenschaft ständig wiederholen und verbessern, würden Sie sich schwertun, einer vereinfachten Version der Eugenik keinen Wert beizumessen. Und die Existenz von Samenbanken, die von ein paar eingebildeten, talentierten Männern gegründet wurden, zeigt, dass einige dieser Idee erlegen sind. Aber Galton war kein Narr. Sein intellektuelles Problem ergab sich aus folgender Tatsache: Er glaubte instinktiv an die Idee, dass die Besten die Besten und die Schlechtesten die Schlechtesten zeugen, und nahm gleichzeitig so viele Daten zu dieser Frage auf, indem er die Genealogie aussergewöhnlicher Familien verfolgte, dass er sah, dass dies nicht ganz richtig ist. Ausserdem gilt das Phänomen der Rückkehr zur Mittelmässigkeit für Menschen, die nach jedem Kriterium aussergewöhnlich sind: die Dicken und die Dünnen, die Stubenhocker und die Everest-Besteiger, die Sensiblen und die Brutalen, die Showtänzer und die Ungeschickten.

Galtons Schwierigkeiten endeten damit nicht. Er war Anhänger von Quetelets Doktrin, dass die meisten interessanten Merkmale von Menschen und Lebewesen eine normale Verteilung aufweisen – sie folgen dem, was Galton selbst bald mit genau diesen Worten beschreiben sollte: «die Normalkurve».* [9]

*Bereits 1888 verwendete er regelmässig den Ausdruck «Normalkurve» mit Grossbuchstaben. Galton war der Normalkurve, dem Irrtumsgesetz oder der Gauss'schen Verteilung, wie auch immer man sie nennen mag, weniger zugetan, als man erwarten könnte. 1877 riet er H.P. Bowditch, seine anthropometrischen Ergebnisse «auf das Prokrustesbett des ‹Fehlergesetzes› zu zwingen». Aber er war der Meinung, dass das Gesetz in den meisten Fällen ungefähr richtig war. Er fühlte sich merkwürdigerweise zu prokrustesianischen Betten hingezogen. In meinem Epigraf, ebenfalls aus dem Jahr 1877, spricht er von einem anderen.

Ich behaupte nicht, dass es einen direkten Zusammenhang mit der Verwendung des Wortes «normal» durch Comte-Broussais gibt – zu der Zeit, als Galton das Wort mit der Kurve verband, bedeutete das Wort einfach nur typisch und trug den ganzen Comte'schen Ballast mit sich. Die Verbindung zwischen dem Wort und der Kurve wartete nur darauf, vollzogen zu werden. Obwohl Galton das Gauss'sche Fehlergesetz durch einen Geologen kennenlernte, war seine wichtigste Einführung in die Idee John Herschels ausführliche Besprechung von Quetelets Darstellung der Wahrscheinlichkeitstheorie.[10] Galton machte das Gauss'sche Gesetz zur Grundlage seiner Studien in *Hereditary Genius* im Jahr 1869.[11] Auch er war sehr angetan von den berühmten 5738 schottischen Brustkörben und von Quetelets Markierung der

Kurve in Balkendiagrammen, die anzeigten, wo die verschiedenen Prozentsätze der Körperumfänge zu finden waren.

Im Gegensatz zu Quetelet war Galton nicht von Durchschnittswerten beeindruckt. Ihn interessierten die Verteilungen und die Abweichungen vom Mittelwert. Von Quetelet hatte er gelernt, wie man über Abweichungen vom Mittelwert nachdenkt, indem man die Fehlerkurve verwendet. Das lenkte seine Aufmerksamkeit auf die Vererbung. Wenn wir eine Art im Laufe der Zeit betrachten, werden wir leichte Abweichungen im Mittelwert und in der Streuung eines untersuchten Merkmals feststellen. Aber im Grunde ist die Kurve (seiner Meinung nach, lange bevor die Theorie der genetischen Drift jemandem in den Sinn kam) konstant. Neue aussergewöhnliche Wesen werden aus weniger aussergewöhnlichen Familien hervorgebracht, und gewöhnlichere Menschen sind die Nachkommen aussergewöhnlicher Eltern. Dadurch bleibt die Kurve der Bevölkerung ziemlich konstant, allerdings mit einem merkwürdigen langsamen Austausch zwischen den Familien an den Ausläufern der Kurve, die im Guten wie im Schlechten am weitesten vom Mittelwert entfernt sind.

Wir haben hier also ein zu erklärendes *Phänomen* (Rückfall in die Mittelmässigkeit im Laufe der Generationen) und eine grundlegende statistische *Annahme*, dass die interessierenden Merkmale im Allgemeinen ziemlich gut der Normalkurve entsprechen. Das Phänomen ist sehr schwer zu verstehen, aber es wird unverständlich, wenn man es zu der Erklärung der Normalverteilung aus der Zeit von Quetelet hinzufügt: dass sie das Produkt vieler kleiner unabhängiger Ursachen ist, wie im Grenzfall der Binomialverteilung. Dies traf Galton sehr stark:

> Lassen Sie mich zunächst auf eine Tatsache hinweisen, die Quetelet und alle Autoren, die seinem Beispiel gefolgt sind, unerklärlicherweise übersehen haben und die für unsere Arbeit heute Abend von grosser Bedeutung ist. Es geht darum, dass die Eigenschaften von Pflanzen und Tieren zwar dem Gesetz entsprechen, der Grund dafür aber völlig unerklärt ist. Das Wesen des Gesetzes besteht darin, dass die Unterschiede ausschliesslich auf die kollektive Wirkung einer Vielzahl *kleinerer* Einflüsse in verschiedenen Kombinationen zurückzuführen sind.
> Nun sind die Prozesse der Vererbung keine unbedeutenden Einflüsse, sondern sehr wichtige … Die Schlussfolgerung ist, dass die Vererbungsprozesse harmonisch mit dem Gesetz der Abweichung zusammenwirken müssen und selbst in gewisser Weise mit ihm übereinstimmen.[12]

Wenn man sich die Frage stellt, warum Galton und nicht Quetelet die Theorie der Regression und Korrelation erfunden hat, ist es wichtig, wie

Victor Hilts bemerkt hat, dass Galton in solchen Diskussionen von der Normalkurve als einem «Gesetz der Abweichung» sprach. Wo Quetelet also an eine zentrale Tendenz und damit an den Mittelwert dachte, dachte Galton, der sich immer mit der Ausnahme beschäftigte, an die Schwänze der Verteilung und an die Streuung. Mathematisch gesehen sind der Mittelwert und die Streuung notwendig und ausreichend, um die Kurve zu beschreiben – gleichwertige Eigenschaften, könnte man sagen. Aber Quetelet und Galton haben sich sehr unterschiedlich mit ihnen beschäftigt. Die Konzentration auf die Streuung führte zu Korrelationskoeffizienten, so argumentierte zumindest Hilts.[13]

Der Hinweis auf die unterschiedlichen Einstellungen der beiden Männer zu den Parametern der Normalkurve ist eine nützliche Vermutung über die Arbeitsweise ihrer Köpfe. Aber es war auch etwas Offensichtlicheres im Spiel. Galton war an der Vererbung interessiert. Ohne den genauen Mechanismus zu kennen, war er sich sicher, dass er durch die Übertragung von Trägern von Erbmerkmalen funktionieren musste, die er Keime oder «*gemmules*» (dt. Knöspchen) nannte. Er dachte, dass das Blut der Träger des genetischen Materials sein könnte. Im Jahr 1870 führte er Experimente zur Bluttransfusion zwischen schwarzen und weissen Kaninchen durch. Silbergraue Hirschkühe, denen etwas weisses Kaninchenblut transfundiert worden war, wurden mit silbergrauen Böcken gekreuzt, denen fast ausschliesslich Blut von weissen

Kaninchen transfundiert worden war. (Galton hielt die Transfusionen für erfolgreich. Das kann man kaum glauben, aber wo ist dann das Blut hin?) Die Kaninchen, die angeblich weisses Blut trugen, brachten tatsächlich einige Nachkommen mit weisslichen Zehen zur Welt. Galton war kurzzeitig hocherfreut, bis er darauf hingewiesen wurde, dass das, was Züchter als *Waisenfüsse* bezeichneten, durchaus üblich war.[14] Galtons faszinierende Experimente und Vermutungen haben sich jedoch nicht bewahrheitet, aber sie zeigen, wie fest in seinem Kopf der Gedanke verankert war, dass Merkmale durch *Klumpen von Erbmaterial* übertragen werden und nicht durch «eine Vielzahl von kleinen unabhängigen Einflüssen».

Ich habe schon viel über das Verständnis des Binomialgesetzes (um Quetelets Ausdruck zu verwenden) oder der Normalkurve (um Galtons Ausdruck zu verwenden) als «kleiner unabhängiger Einfluss» gesagt. Ich habe es als bequem, aber konzeptionell inkohärent bezeichnet. Galton war der Erste, der es als ausgesprochen unangenehm empfand und daher die Bedeutung der Kurve an sich überdachte. Ich sage nicht, dass er seinen Glauben an einen zugrundeliegenden Determinismus völlig aufgegeben hat, und auch nicht, dass er das Modell der kleinen unabhängigen Einflüsse letztlich abschrieb. Tatsächlich tat er nämlich etwas gänzlich anderes.

Er erkannte, dass die Rückkehr zur Mittelmässigkeit eine mathematische Konsequenz der Normalkurve ist. Das heisst, wenn eine Population normalverteilt ist, lässt sich daraus ableiten, dass in einer zweiten Generation eine Normalverteilung mit ungefähr demselben Mittelwert und derselben Streuung vorliegt, in der die aussergewöhnlichen Mitglieder aber typischerweise nicht von den aussergewöhnlichen Mitgliedern der vorherigen Generation abstammen werden. Ich sage, dass dies abgeleitet werden kann. Galton leitete es nicht streng ab, sondern demonstrierte es mit seiner Schussabwurfmaschine, dem Quincunx, in dem eine Analogie dieses Effekts beobachtet werden konnte. Das führte ihn zu dem bemerkenswerten Gedanken, dass das Phänomen, das ihn verwirrte, aus der Tatsache (oder der Annahme) abgeleitet werden konnte, dass die Merkmale gemäss dem Standardgesetz der Statistik, dem Gesetz der Fehler, verteilt sind.

Galton war sich seiner Erklärungen bewusst. Mein Epigraf spricht davon, dass er «der Erklärung dient», und verwendet das Wort «erklären» für genau das Phänomen, das ich erörtert habe. Ich nehme nicht an, dass dies das erste Mal ist, dass jemand ein faszinierendes, aber rätselhaftes Phänomen erklärt, indem er zeigt, dass es sich deduktiv aus den statistischen Eigenschaften einer Verteilung ergibt. Ich nehme an, dass Galton sehr genau wusste, was er da tat. Mit einem Schlag erklärte er (a) das Phänomen und liess (b) die Geschichte mit den «vielen kleinen unabhängigen Ursachen» weg. Er betrachtete die Normalverteilung vieler Merkmale als ein eigenständiges statistisches Gesetz. Das statistische Gesetz war vollwertig in die Welt gekommen. Galton sah, dass der Zufall gezähmt worden war.

Ist das eine zu starke Aussage? Habe ich lediglich eine beeindruckend klingende Phrase, «die Zähmung des Zufalls», genommen und sie einem protestierenden Galton angehängt? Galton war, wenn er sich gehen liess, durchaus in der Lage, eine schöne Phrase zu drehen. Hier ist er am 26. Januar 1886, als er eine Ansprache vor dem Anthropologischen Institut hielt:

> Ich kenne kaum etwas, das die Vorstellungskraft so sehr beeindruckt wie die wunderbare Form der kosmischen Ordnung, die im «Gesetz des Irrtums» zum Ausdruck kommt. Ein Wilder würde es wie einen Gott verehren, wenn er es verstehen könnte. Es regiert mit Strenge in völliger Selbstbescheidenheit inmitten des wildesten Durcheinanders. Je grösser der Mob und je grösser die Anarchie, desto vollkommener ist seine Herrschaft. Man nehme eine grosse Anzahl chaotischer Elemente und ordne sie nach ihrer Grösse, und dann zeigt sich, wie wild und unregelmässig sie auch erscheinen mögen, eine unerwartete und wunderschöne Form der Regelmässigkeit. Eine Regelmässigkeit, die schon die ganze Zeit über vorhanden war.[15]

Ein paar Jahre später wurden die Wilden dieses Absatzes aufgewertet: «Das Gesetz wäre von den

Griechen personifiziert und vergöttert worden, wenn sie es gekannt hätten.»[16]

Hat jemand ausser Galton gesehen, wie der Zufall gebändigt, sogar gezähmt wurde? Zur Beantwortung dieser Frage ist es angebracht, einen Schritt weiterzugehen, von der Regression zur Korrelation. Ich habe gesagt, dass beide von Galton erfunden wurden – knapp. Galtons Beitrag zur Korrelation bestand lediglich darin, den Funken zu zünden, und zwar fast unabsichtlich. Wenn der Mann, der so vielseitig tätig war, ein Hauptanliegen hatte, dann war es die Anthropometrie. Er war der Meinung, dass dies viele Anwendungen hatte, einschliesslich der Identifizierung von Verbrechern.

Sein grosser Konkurrent auf dem Gebiet der Identifizierung war Alphonse Bertillon.[17] Bertillon schlug nun vor, von jedem Verbrecher eine Reihe von Fahndungsfotos anzufertigen, auf denen das Ohr sowohl von vorne als auch von der Seite zu sehen ist. Dieses System hat sich weitgehend durchgesetzt. Neuankömmlinge in den Vereinigten Staaten fragen sich vielleicht, warum der Fotograf der Einwanderungsbehörde darauf besteht, dass das rechte Ohr deutlich zu sehen ist, wenn sie für ihre «Green Cards» fotografiert werden, die sie zu ansässigen Ausländern machen. Die Antwort ist, mit einem Wort: Bertillon. Er hatte die Theorie, dass eine Person anhand des Ohres identifiziert werden kann, und erstellte ein aussergewöhnliches *Bulletin signalétique* der Ohrentypen, das die Wirbel jedes möglichen Ohres zum Zwecke der Identifizierung zeigt. Wie Carlo Ginzburg in einem wunderbaren Essay gezeigt hat, ist diese Tatsache den Kunsthistorikern oder Sherlock Holmes nicht entgangen.[18]

Zusätzlich zu den Ohren erstellte Bertillon eine Liste mit Körpermassen, die zusammen mit den Fahndungsfotos aufgenommen wurden. Das war wichtig, als Zahlen telegrafisch an jede Polizeibehörde der Welt übermittelt werden konnten, Fotos jedoch nicht, und das Ohrsystem erforderte viel Beherrschung, bevor es verwendet werden konnte. Bertillon schlug vor, die Grösse und die Länge von Fuss, Arm und Finger zu erfassen. Er scheint davon ausgegangen zu sein, dass diese vier Masse auf eine undefinierte Weise unabhängig sind. Galton erkannte sofort, dass dieses System viel Redundanz enthielt, denn grosse Menschen neigen dazu, grosse Füsse, lange Arme und lange Finger zu haben. Sie waren, kurz gesagt, korreliert. Um dies zu beweisen, begann er mit der grafischen Auswertung einer Normalverteilung von Menschen, von denen er Hunderte solcher anthropometrischen Messungen gesammelt hatte. Er erkannte sehr schnell, dass ein Mass für die Korrelation empirisch abgeleitet werden konnte und eng mit seinen Regressionslinien verbunden war. Dann wandte er sich dem mathematischen Problem der Charakterisierung der Korrelation zu und löste es mit einiger Hilfe. Wieder einmal glaubte er, plötzlich etwas erklärt zu haben: dass man aus bestimmten statistischen

Gesetzen über die Verteilung von Merkmalen allgemeine Phänomene ableiten könne, und zwar wie die Merkmale miteinander korreliert sind.

Diese Geschichte ist für diejenigen interessant, die sich für den mathematischen Aspekt der Geschichte interessieren, aber Galton selbst wurde nach seiner ersten Idee über die Korrelation schnell von Mathematikern wie Karl Pearson oder F.Y. Edgeworth überholt. Pearson stellte später fest, dass die in der Korrelationstheorie verwendeten Formeln schon viel früher in der Gauss'schen Tradition verwendet worden waren, um die Fehlerkurven zu bestimmen, wenn zwei Koordinaten mit einer einzigen Methode bestimmt wurden (sodass ihre Fehler «korreliert» waren).[19] Und es gab noch mindestens einen weiteren Vorläufer, der später und klarer war.[20] Zu diesen gibt es zwei Dinge zu sagen. Erstens, wie MacKenzie schreibt: «Der Punkt ist, dass für keinen von ihnen [diesen früheren Arbeitern] die statistische Abhängigkeit an sich im Mittelpunkt stand, wie es bei Galton der Fall war.»[21] Zweitens arbeiteten die Vorgänger in der Gauss'schen Tradition der Schätzung «realer» Positionen, die unabhängig von jeder Schätzmethode gegeben waren. Ich habe betont, dass Quetelet die durchschnittliche Höhe zu etwas «Realem» machte; Galton fügte nun eine weitere Ebene der Realität hinzu. Er machte Korrelationen genauso real wie Ursachen. Nach Ansicht von Karl Pearson zerstörte dies sogar die Ursachen als solche.

Pearson war der positivistische Autor des Werkes *The Grammar of Science* und nicht unvoreingenommen in Bezug auf Ursachen. Im Kanon des Positivismus war Ursache ein metaphysischer Begriff. Ein guter Weg, die Metaphysik zu überwinden, bestand darin, die Kausalität aufzuheben. Die Passage, die ich jetzt zitieren werde, wurde lange nach Galtons Tod geschrieben, nach einer Karriere, in der Pearson die Theorie der Korrelation so weit vorangetrieben hatte wie kein anderer. Zweifellos schenkte er der Entdeckung der Korrelationstheorie mehr Aufmerksamkeit, als ihr gebührt. Nichtsdestotrotz ist er ein hervorragender Zeuge für die Folgen der Zähmung des Zufalls und für die Auswirkungen der Autonomie des statistischen Gesetzes auf den Begriff der Kausalität selbst. Oder, wie er es lieber ausgedrückt hätte, er bezeugt die Korrelation zwischen der Zähmung des Zufalls und *der Beseitigung der gewöhnlichen Kausalität*.

Er bemerkte, dass alle vor Galton die Analyse der Korrelation verpasst hatten. Die meisten Versuche, die quantitative Analyse auf die psychologische, medizinische und soziologische Forschung anzuwenden – sei es durch Condorcet oder Quetelet oder sogar Laplace –, waren «steril», weil sie das Konzept nicht verstanden hatten.

> Galton drehte zwei verschiedene Probleme in seinem Kopf und kam zu dem Konzept der Korrelation: *A* ist nicht die einzige Ursache für *B*, aber es trägt zur Entstehung von *B* bei; es können noch andere, viele oder wenige,

Ursachen am Werk sein, von denen wir einige nicht kennen und vielleicht nie kennen werden … Dieses Mass an partieller Verursachung war der Keim der umfassenden Kategorie der Korrelation, die nicht nur in den Köpfen vieler von uns die alte Kategorie der Verursachung ersetzen, sondern auch unsere Sichtweise des Universums tiefgreifend beeinflussen sollte. Das Konzept der Kausalität, das den Physikern uneingeschränkten Nutzen brachte, begann zu zerbröckeln. In keinem Fall wurde *B* einfach und vollständig durch *A* verursacht, und auch nicht durch *C*, *D*, *E* und *F*! Es war tatsächlich möglich, die Zahl der mitwirkenden Ursachen immer weiter zu erhöhen, bis sie alle Faktoren des Universums einschliessen konnten … Von nun an sollte die philosophische Sicht des Universums die eines korrelierten Systems von Variablen sein, das sich der perfekten Korrelation, d.h. der absoluten Kausalität, annähert, sie aber keineswegs erreicht.[22]

KAPITEL 21 — ENDNOTEN

• 1 Francis Galton: *Typical Laws of Heredity,* London 1877, S. 17. Auch abgedruckt in *Proceedings of the Royal Institution of Great Britain* 8 (1877), S. 282–301, und in einer Folge von drei Abschnitten in *Nature* im selben Jahr. Für Abbildungen des Quincunx, siehe S. Stigler: *The History of Statistics,* Cambridge, Mass., 1986, S. 277–280. Für Peirces Quincuncial-Projektion, siehe C.S. Peirce, «A Quincuncial Projection of the Sphere», *American Journal of Mathematics* 2 (1879), S. 394–396 plus Kartentafel.

• 2 Mortimer Collins: *Marquis and Merchant,* London 1871, Bd. 3, S. 141. Dies ist eine isolierte Beobachtung in einem Kapitel, das grundlegende Fragen berührt. Zwei Seiten später sagt der Marquis zum Kaufmann: «Ihr Engländer haltet euch aufgrund eurer schmutzigen utilitaristischen Vorstellungen für gross, während eure Grösse aus der poetischen Seite des Nationalcharakters kommt. Shakespeare hat mehr für die Engländer getan als jeder andere Mann, aber Sie glauben an Adam Smith und John Stuart Mill.»

• 3 Stigler, *History of Statistics* (wie Anm. 1), S. 265–299. T.M. Porter: *The Rise of Statistical Thinking,* Princeton 1986, S. 128–148. Karl Pearson: *The Life, Letters and Labours of Francis Galton,* 4 Bde., Cambridge 1914–1930, insbesondere Band 3 A, und auch F. Galton: *Memories of My Life,* London 1908. Für eine moderne Biografie, die sich nicht so sehr mit Statistiken beschäftigt, siehe D.W. Forrest: *Francis Galton: The Life and Work of a Victorian Genius,* New York 1974.

• 4 Siehe auch Jan von Plato, «Probabilistic Physics the Classical Way», in: Krüger u.a., *Probabilistic Revolution* (wie Anm. 9, Kap. 1) Bd. 2, S. 379–408.

• 5 Die klassischen Studien zur Erklärung stammen von C.G. Hempel, in: *Aspects of Scientific Explanation and Other Essays in the Philosophy of Science,* New York 1965. Für eine neuere Diskussion siehe W.C. Salmon: *Scientific Explanation and the Causal Structure of the World,* Princeton 1984. Zur Erklärung seltener Ereignisse, siehe R.C. Jeffrey, «Statistical Explanation and Statistical Inference», in: N. Rescher (Hg.), *Essays in Honour of C.G.* Hempel, Dordrecht 1969.

• 6 Für eine Beschreibung und Änderungen, siehe *Photographic News* 27 (1885), S. 244.

• 7 Die Fotografien aus *The Journal of the Anthropological Institute* 15 sind in Pearson, *Life* (wie Anm. 3), Bd. 2, Tafeln xxviii–xxxv, abgebildet. Zur Meinung der Nachbarn, «Notiz von Herrn F. Galton», im Anhang zu Joseph Jacobs, «On the Racial Characteristics of Modern Jews», in: J. Jacobs, *Jewish Statistics,* London 1891, S. xl.

• 8 Donald MacKenzie: *Statistics in Britain, 1865–1930: The Social Construction of Scientific Knowledge,* Edinburgh 1981. Daniel Kevles: *In the Name of Eugenics,* Chicago 1984. Stephen Jay Gould: *The Mismeasure of Man,* New York 1981.

• 9 Die «Normalkurve» findet sich z.B. in *Natural Inheritance,* London 1888, S. 56; auch in «Normale Werte» auf S. 54. Für die Anzeichen von Galtons Vorsicht gegenüber der Normalverteilung, siehe Porter, *Statistical Thinking* (wie Anm. 3), S. 299 f.

• 10 Der Geologe war William Spottiswoode; siehe F. Galton: *Memories of My Life,* London 1908, S. 304. John Herschel (ohne Unterschrift), «Quetelet on Probabilities», *The Edinburgh Review* 92 (1850), S. 1–57.

• 11 F. Galton: *Hereditary Genius: An Inquiry into its Laws and Consequences,* London 1869, passim.

• 12 Galton, «Typical laws» (wie Anm. 1), S. 512.

• 13 Victor Hilts, «Statistics and Social Science», in: R. Giere und R. Westfall (Hg.), *Foundations of Scientific Method, The Nineteenth Century,* Bloomington, Ind., 1973, S. 206–233.

• 14 Von den zahlreichen Berichten ist derjenige, der Darwin am wohlwollendsten gegenübersteht und viele Briefe über die Experimente zitiert, meiner Meinung nach der interessanteste: Pearson, *Life* (wie Anm. 3), S. 156–169, 174–177.

• 15 F. Galton, «Presidential Address», *Journal of the Anthropological Institute* 15 (1886), S. 494.

• 16 *Natural Inheritance* (wie Anm. 9), S. 86.

• 17 Über die verschiedenen

Generationen von Bertillons, die Statistiker waren, siehe B.-P. Lecuyer, «Wahrscheinlichkeitsrechnung in der Lebens- und Sozialstatistik: Quetelet, Farr und die Bertillons», in: Krüger u.a., *Probabilistic Revolution* (wie Anm. 9, Kap. 1), S. 317–336.

• 18 Carlo Ginzburg, «Morelli, Freud and Sherlock Holmes: Clues and the Scientific Method», *History Workshop* 9 (1980), S. 7–36; in U. Eco und T.A. Seboek (Hg.): *The Sign of the Three: Dupin, Holmes, Peirce*, Bloomington, Ind., 1988, S. 81–118.

• 19 A. Bravais, «Analyse mathématique sur les probabilités des erreurs de situation d'un point», *Mémoires présentés par divers savants à l'Académie Royale des Sciences de l'Institut de France* 9 (1845), S. 255–332.

• 20 C.M. Schols, dessen Arbeit in H. L. Seal, «The Historical Development of the Gauss Linear Model», E.S. Pearson und M. G. Kendall (Hg.): *Studies in the History of Statistics and Probability*, London 1970, S. 207–230, beschrieben wird.

• 21 MacKenzie, *Statistics in Britain*, (wie Anm. 8), S. 71.

• 22 Pearson, *Life and Letters* (wie Anm. 3), Bd. 3A, S. I f.

EIN KAPITEL AUS DER PREUSSISCHEN STATISTIK

Berlin, 22. Juli 1880
Die inkompetenten Statistiken, die das Ergebnis dieser Aufregung sind, zwingen uns einmal mehr dazu, uns an das erste Gebot für einen Statistiker zu erinnern: Du sollst nicht falsch Zeugnis reden wider deinen Nächsten.*[1]

*Salomon Neumann, geschrieben auf dem Höhepunkt der Berliner Welle des Antisemitismus 1879–1881 in der Broschüre *Die Fabel von der massenhaften jüdischen Einwanderung: ein Kapitel aus der preussischen Statistik.*

Meine Kapitel haben sich immer weiter vom Tagesgeschehen entfernt. Die ersten Zahlen, die von Enthusiasten und Büros gedruckt wurden, brachten die Idee von statistischen Gesetzen hervor. Die Ideen über Kausalität wurden revidiert. Dem Begriff der Normalität wurde ein neuer Inhalt gegeben. Ich habe mich zunehmend von praktischen Fragen zu abstrakten Fragen bewegt. Ich schliesse mit der statistischen Erkenntnistheorie und Metaphysik von C.S. Peirce, einem hochkarätigen spekulativen Philosophen, wenn es je einen gab. Aber die Zahlen, die diese Schritte in Gang setzten, waren als Verwaltungsinstrumente gedacht. Damit wir das nicht vergessen, lassen Sie uns auf ein Beispiel zurückkommen. Ich habe dieses Buch mit zwei wohltuenden Momenten in der preussischen Statistik begonnen: Hier ist ein dritter und problematischerer.

Die «Agitation» des Epigrafen war die Welle des Antisemitismus, die im neuen Deutschen Reich in den Jahren 1879 – 1881 ihren Höhepunkt erreichte. Wir befassen uns hier nur mit einem winzigen Aspekt davon: der Verwendung oder dem Missbrauch von statistischen Daten. Wie Salomon Neumann weiter beklagte, wurde «die Masseneinwanderung von Juden über die Ostgrenze des Deutschen Reiches» ganz einfach zu einem statistischen Axiom erhoben. Für die Massen ist es ein Albtraum, aber in der höheren Gesellschaft, selbst in der gelehrten Welt, wo es in ein wirtschaftliches oder ethnologisches oder ein ähnliches Gewand gekleidet ist, ist es nicht weniger wirksam. Neumann untertitelte sein Pamphlet mit «ein Kapitel aus der preussischen Statistik». Mit der preussischen Statistik zwischen 1860 und 1882 war vor allem Ernst Engel gemeint, der begnadete Verwalter, der im Hintergrund mehrerer vorheriger Kapitel auftaucht. Neumann und Engel trennten sich 1881 ziemlich radikal: Engels Büro kommentierte Neumanns erste Ausgabe der *Fabel* magistral, und Neumann antwortete verärgert in der dritten Ausgabe.[2] Aber ihre

Vorstellungen von der Rolle der Statistik waren sehr ähnlich: Es war das, was ich in einer Karikatur die östliche Sichtweise von Zahlen und Gesetzen genannt habe. Abgesehen von den Liberalen der alten Manchester-Schule, die für die unsichtbare Hand in allen Bereichen eintraten (eine Gruppe, zu der Mitte des Jahrhunderts die Mehrheit der Berliner jüdischen Unternehmer, Intellektuellen und Politiker gehörte, aber nicht Neumann), zog sich diese Einstellung zu Zahlen durch die konventionellen Parteigrenzen.[3]

Neumann lernte Medizin auf der Studienreise: Halle, Berlin, Wien, Venedig, Paris. 1845 wurde er in Berlin als Arzt zugelassen.* [4]

* Der Lebenslauf seiner Dissertation ist mit *ego Salomon Neumann Judaeus* unterzeichnet. Es war für einen jüdischen Arzt obligatorisch, einen Amtseid in der Synagoge abzulegen. Ärzte anderer Glaubensrichtungen durften schon lange einen Zivileid ablegen. Neumann war der erste jüdische Arzt in Berlin, der erfolgreich eine Petition für dieses parallele Recht einreichte. Danach entschieden sich alle jüdischen Ärzte für den Zivileid. Seit dem Jahr der Gründung der Alliance Israelite Universelle (1869) war er ein aktives Mitglied, das den Vorsitz in verschiedenen lokalen Ausschüssen innehatte. Zu der Zeit, als er seine *Fabel* veröffentlichte, war er gerade Präsident der Hochschule für die Wissenschaft des Judenthums in Berlin geworden, deren Gründungsmitglied er war.

Ein Grossteil seiner täglichen Arbeit bestand aus Verwaltungsarbeit, aber seine Veröffentlichungen waren hauptsächlich auf die Analyse von Gesundheitsstatistiken ausgerichtet. Ein Aufsatz von ihm über die Sterblichkeitsraten in Berlin erschien in einer Ausgabe von *Der Arbeiterfreund* fast unmittelbar vor einem Aufsatz von Engel über «industrielle Partnerschaften».[5] Ihre Anliegen überschnitten sich: *Der Arbeiterfreund* war das Organ des *Central Vereins für das Wohl der Arbeitenden Klassen*. Gesellschaft für das Wohl der Arbeitenden Klassen: Der Name der Organisation und ihrer Publikation verdeutlicht ihren Reformcharakter. Neumann war ein Gründungsmitglied der Gesellschaft und ihr Delegierter auf dem zweiten, dritten und vierten Internationalen Statistischen Kongress 1855, 1856 und 1860. Engel nahm in seiner offiziellen Funktion teil. Er fiel 1860 in London auf und sorgte dafür, dass der nächste Kongress in Berlin stattfand.

Neumann kann sinnvollerweise neben seinem berühmten Zeitgenossen und Landsmann aus Pommern, Rudolf Virchow (1821–1902), eingeordnet werden. Wissenschaftlich gesehen hat Virchow die pathologische Anatomie verändert – aber wir sollten nicht vergessen, dass er auch ein Begründer der Deutschen Anthropologischen Gesellschaft war und detaillierte, fast galtonsche Studien zur physischen Anthropometrie durchgeführt hat. Aus Neugier auf rassische Merkmale organisierte er eine Volkszählung, um die Verteilung der blonden und dunkelhaarigen Deutschen zu bestimmen (die meisten sind nicht blond). Und er ging 1879 mit Schliemann nach Troja. Als starker Liberaler im preussischen Abgeordnetenhaus wurde er nach 1880 in den Reichstag gewählt und wurde Führer der Opposition. Aber er war eher in der Berliner Politik aktiv und kümmerte sich hauptsächlich um das Gesundheits- und Sozialwesen. Seine Theorie der Zelle war individualistisch, während seine

Theorie des Staates republikanisch sein wollte. Seine Philosophie war das genaue Gegenteil des konservativen Holismus, den ich als «östlich» bezeichnet habe, aber selbst er war so sehr Teil seines Milieus, dass er 1859 schreiben konnte, dass «wie im Leben der Nationen, so auch im Leben der Individuen der Gesundheitszustand des Ganzen durch das Wohlergehen und die enge Wechselbeziehung der einzelnen Teile bestimmt wird; Krankheit tritt auf, wenn einzelne Glieder beginnen, in einen für das Gemeinwesen nachteiligen Zustand der Untätigkeit zu versinken oder auf Kosten des Ganzen ein parasitäres Dasein zu führen».[6]

Neumann war bereits ein Holist und musste diese Schritte nie machen. Die Unterschiede zwischen den beiden Männern in Bezug auf die Philosophie waren kein Hindernis für ihre Zusammenarbeit. Neumann wurde 1859 Stadtverordneter in Berlin und blieb dies bis 1905. Diese Männer leisteten Pionierarbeit bei vielen der Sanitärreformen, die Berlin von einer der krankheitsanfälligsten Hauptstädte Europas zu einer der gesündesten machten. Virchow war auch der Ansicht, dass Neumann viele Fragen zur jüdischen Einwanderung geklärt hatte, und zitierte die *Fabel* im Abgeordnetenhaus direkt nach ihrer Veröffentlichung. Aber das ist zu vorschnell.

Im Jahr 1851 veröffentlichte Neumann eine charakteristische Studie in Virchows medizinischer Zeitschrift. Sie trug den schwerfälligen Titel «Über die medizinische Statistik des preussischen Staates nach dem Bericht des statistischen Bureaus für das Jahr 1846».[7] Der einleitende Satz war auffällig. In fetten Buchstaben hiess es dort: «Die öffentliche Gesundheitsfürsorge ist die Aufgabe des Staates.» In unserer Zeit stützen wir uns auf die Rechte des Menschen und der gleichen Zugehörigkeit zur menschlichen Rasse. Der einzige Zweck eines Staates ist das Wohlergehen seiner Mitglieder, denn er beruht auf dem organischen Zusammenschluss gleichberechtigter menschlicher Wesen. Der wahre Inhalt und das Ziel der politischen Wissenschaft ist der Wohlstand des Volkes, der auf der normalen Entwicklung der Menschheit gemäss den Gesetzen ihrer physischen und geistigen Natur beruht. Dieses Verständnis führt zu einer «neuen ethischen Weltanschauung». Eine gute Gesundheit, so Neumann weiter, ist die Voraussetzung für die volle Entfaltung eines jeden Menschen. Daraus und aus den oben genannten Prämissen ergibt sich, dass der Staat verpflichtet ist, für die medizinische Versorgung seiner Bürger zu sorgen. «*Die medizinische Wissenschaft ist eine soziale Wissenschaft.*» Die Gesellschaft hat sich mit viel Gerede über neue Erkenntnisse begnügt, aber sie ignoriert die wirklichen Früchte des medizinischen Wissens. Sie kann diese Früchte nur nutzen, wenn die Medizin als Sozialwissenschaft betrachtet wird.

Es gab eine logische Konsequenz in Bezug auf den Wahnsinn. Es gibt verschiedene Arten des Wahnsinns, und Statistiken zeigen, dass ihre

Prävalenz sowohl in der Geschichte als auch in verschiedenen Teilen Europas variiert. Das liegt daran, dass Wahnsinn wesentlich mit der Kultur und den sozialen Bedingungen zusammenhängt, in denen er auftritt. Wahnsinn ist in zweifacher Hinsicht ein soziales Konstrukt. Nicht nur, dass unterschiedliche Gesellschaftsformen unterschiedliche Formen des Wahnsinns hervorrufen, sondern auch das, was als wahnsinnig gilt, variiert von einer sozialen Gruppe zur anderen. In Kapitel 8 haben wir festgestellt, dass Esquirol und andere in den 1820er-Jahren erklärten, Wahnsinn sei Sache des Arztes; in den 1850er-Jahren änderten die deutschen Medizinreformer das. Ja, der Wahnsinn ist Sache des Mediziners, aber nur, weil der Mediziner ein Sozialwissenschaftler ist.

So viel zu Neumanns philosophischem Standpunkt. Seine unmittelbare Sorge in seinem Aufsatz von 1851 galt der ungleichen Verteilung der Gesundheitsversorgung im Königreich. Er hatte einen sehr praktischen Einwand gegen Quetelets Idee, Durchschnittswerte zu nehmen. Die Theoretiker mögen Quetelet entgegengehalten haben, dass die Abweichung vom Mittelwert auf der Fehlerkurve genauso wichtig ist wie der Mittelwert. War das für die einfachen Leute wichtig? Ja! «Ein Bild ist illusorisch, wenn es versucht, eine Abstraktion vom wirklichen Leben zu schaffen … die Angabe, dass es im ganzen Staat einen Arzt pro Quadratmeile gibt, gibt absolut keinen Hinweis auf die tatsächlichen Möglichkeiten der medizinischen Versorgung.»

Er ordnete die 26 Provinzen Preussens nach der Anzahl des medizinischen Personals pro Einwohner und Quadratmeile. Die westlichen Provinzen waren reich an Ärzten, während die östlichen ein erschreckendes Verhältnis zwischen Arzt und Patient aufwiesen. Neumann bestätigte, dass Sterblichkeit und Krankheit umgekehrt proportional zur Verfügbarkeit von medizinischer Versorgung sind. War dies nicht eine falsche Korrelation? Geld zieht damals wie heute Ärzte an, und Geld hält die Menschen gesünder, weil sie sauberer und besser ernährt sind. Aber Neumanns Bild vom Arzt war nicht der Arzt am Krankenbett, sondern der Sanitärreformer, der ganze Stadtteile verändern konnte.

Neumanns Daten stammten aus dem preussischen Statistikamt, dessen ehemaliger Direktor Hoffmann behauptet hatte, dass «Wohlstand und Kultur sich numerisch in den Gesetzen der Sterblichkeit ausdrücken». Nach dieser Doktrin ist England kultivierter als Frankreich und Frankreich kultivierter als Deutschland: 1850 betrug das Verhältnis 45:40:27. Nun, sagte Neumann, es gibt bessere Massstäbe für Kultur und Wohlstand, nämlich die Verfügbarkeit von medizinischer Versorgung. Dagegen können wir jetzt etwas tun. Und was das übliche Gerede über die Gesetze der Sterblichkeit angeht: Das, so Neumann wütend, ist Unsinn. Es ist kein Gesetz, dass die Deutschen früher sterben als die Engländer, und zwar mit grossem Abstand. Die Phänomene sind ein Produkt der Gesellschaft, das verändert werden kann.

Ein Beispiel: Die 20-prozentige Todesrate bei Neugeborenen ist keine Tatsache der Natur, sondern eine Folge der Macht der Zivilisation. Virchow war aus Oberschlesien zurückgekehrt und berichtete über die Statistiken der schrecklichen Typhus-Epidemie:

> Niemand hätte einen solchen Zustand in Preussen, das so stolz auf die Vorzüglichkeit seiner Institutionen war, für möglich gehalten … wir sehen nun die endlosen Reihen von Zahlen, von denen jede einzelne unsagbares Elend bedeutet… wir dürfen nicht zögern, alle Schlüsse zu ziehen, die man aus einer solch schrecklichen Erfahrung ziehen kann. Ich selbst hatte die Konsequenzen gezogen, als ich aus Oberschlesien zurückkehrte, und war angesichts der neuen französischen Republik entschlossen, bei dem Abriss des alten Gefüges unseres Staates zu helfen.[8]

So der Radikale von 1848. Der junge Neumann stimmte zu. Wir sollten, schrieb er, das Grauen nicht als grassierende Krankheit, sondern als «soziale Epidemie» betrachten.[9] Den unglücklichen Arbeitern der Region bleibt nichts anderes übrig als Sex und Schnaps. So «wächst die Bevölkerung so schnell, wie sie ihre körperliche Kraft und ihre moralische Faser verliert». (Vergleichen Sie die deutsche Biopolitik mit der der Franzosen. Die Entartung, die die Franzosen unfruchtbar machte, machte die Schlesier fruchtbar).

Neumann zitierte eine ironische Bemerkung von Dieterici, dem damaligen Direktor des preussischen Statistikamtes. Die Einwohner Schlesiens haben die Bedingungen des menschlichen Lebens überwunden – genau wie die christlichen Asketen des ersten Jahrhunderts, nur in umgekehrter Richtung. Dieterici hatte darauf gedrängt, dass die Geburtenrate nicht direkt von der Bevölkerungsdichte beeinflusst wird, sondern nur indirekt von der Verfügbarkeit von Nahrungsmitteln. Das ist immer noch eine Doktrin der Aufklärung, die an Malthus und die Physiokraten vor ihm erinnert. Neumann wischte sie beiseite. Die höchsten Geburtenraten gab es im Osten, in Posen, Danzig und so weiter, wo die Menschen hungerten. Die niedrigsten waren im Westen zu finden, in Städten wie etwa Münster und Düsseldorf.

Neumanns eigene Zeitung von 1851 hatte den Eifer der Jugend und den Geist von '48. Er war 24 Jahre alt. Alles deutet darauf hin, dass er seinen statistischen und medizinischen Prinzipien treu blieb. Was würde ein solcher Mann tun, wenn er als reifer und einflussreicher Bürger Berlins, als Stadtverordneter und gleichzeitig neu gewählter Präsident der Hochschule für die Wissenschaft des Judenthums, mit ansehen musste, wie Statistiken zum Treibstoff des Antisemitismus wurden? In seiner gesamten Gemeinde herrschte ein Moment des Unglaubens. Die zweite Auflage von Neumanns *Fabel* erschien 1880. Ein zusätzliches Vorwort endete nicht mit einem Hinweis auf das Verbot, falsches

Zeugnis abzulegen, sondern mit dem Zitat eines Satzes aus einer Rede Theodor Mommsens vom 18. März desselben Jahres. «Ist das Reich Kaiser Wilhelms wirklich das Land Friedrichs des Grossen, das Land der Aufklärung und der Toleranz, das Land, in dem man nach dem Charakter und der Qualität des Geistes fragte und nicht nach dem religiösen Bekenntnis und Nationalität?»* [10]

*Hermann Cohen nannte Neumann in seiner Laudatio «einen guten deutschen Bürger ... dessen Stil die direkte Strenge, den hohen Ernst und die grundlegende Sachlichkeit hatte, die früher als charakteristisch für den deutschen Geist galt».

In Berlin hatte es 1819 einen grossen Judenhass gegeben – die *Judenhetze* – , aber bis 1879 gab es nichts mehr von vergleichbarem Ausmass. In den 1870er-Jahren nahm er zu. Ich beschränke mich auf ein paar bekannte Fakten. Auf der Seite der Pamphletisten war Wilhelm Marr (bereits Autor eines ignorierten Stücks Hassliteratur, seines *Judenspiegels* von 1862) mit seinem Traktat, in dem er den Sieg des Judentums über das Deutschtum erklärte und anprangerte, führend. Auf der finanziellen Seite wurde ein Börsenkrach im Mai 1874 jüdischen Finanzmanipulationen zugeschrieben. Die Fakten basierten auf einer berühmten Rede von Eduard Lasker, selbst ein prominentes Mitglied der jüdischen Gemeinde, vor dem Reichstag am 7. Februar 1873, in der er die Katastrophe stoppte, bevor sie eintrat. Jüdische Geschäftsleute waren prominente Liberale und Verfechter des *Manchesterismus*.

Menschen mit einer gegenteiligen Auffassung von Wirtschaft und Gesellschaft nannten das gerne eine jüdische und antideutsche Doktrin. Bismarcks antiklerikaler *Kulturkampf* wurde von jüdischen Schriftstellern und Geschäftsleuten unterstützt. Priester und Pastoren waren froh, zum Gegenangriff überzugehen.

Diese Feindseligkeiten wurden durch das Schreckgespenst einer massiven jüdischen Einwanderung aus dem Osten angeheizt. In aufrührerischen Pamphleten wurde ein erschreckender Zustrom aus den nördlichen Teilen des österreichisch-ungarischen Reiches, wie Galizien, und aus Russland befürchtet. Sie kamen in die östlichen Provinzen, nach Schlesien, Posen und Ostpreussen. Dann gab es einen entsprechenden Zustrom in das übrige Deutschland. Der Charakter des deutschen Volkes veränderte sich. Die meisten Pamphlete wurden von bösartigen Adligen verfasst, aber eine Sequenz stammte von Berlins bedeutendstem Historiker, dem bissigen Gelehrten und Politiker Heinrich von Treitschke.[11] Neumann wandte sich der minimalen «Tatsache» zu, die all diesen scheusslichen Tiraden gemeinsam war, dem «statistischen Axiom» über die massive Einwanderung von Juden nach Deutschland.

War diese Einwanderung eine Tatsache? Man hätte erwarten können, dass die ausgezeichneten Statistiken Preussens eine sofortige und unreflektierte Antwort geben würden. In Kapitel 3 habe ich erwähnt, dass vollständige Tabellen, die so genannten *Allgemeinen Judentabellen* oder *Provinzial-Judenfamilien-Listen*, ab 1769 ein routinemässiger Bestandteil des preussischen Systems der Volkszählung wurden.* [12]

*1823 schlug Leopold Zunz eine systematische Untersuchung der jüdischen Statistik durch die jüdische Gemeinde vor. Seine «Grundlage einer künftigen Judenstatistik» forderte 39 verschiedene Arten von Informationen. In gewisser Weise erinnert er an die Achenwallianische oder akademische Berichterstattung über den Staat, wurde aber zu Beginn der Lawine von gedruckten Zahlen geschrieben und enthält daher viele neuere Ideen. Neumann war 1862 Mitbegründer der Zunz-Stiftung in Berlin, deren Präsident er später war. Sein Aufsatz aus dem Jahr 1884 über die Statistik der Juden in Preussen von 1816 bis 1880 war Zunz zum 90. Geburtstag gewidmet. Darin zitiert er Zunz, der 1823 darauf drängte, dass falsche Statistiken und keine Statistiken gleichermassen schlechte Handlungsgrundlagen sind. Englische Leser kennen Zunz vor allem aus George Eliots *Daniel Deronda*.

Diese Tabellen wurden mit den Standardaufzählungen der Menschen nach religiöser Überzeugung verschmolzen. Israeliten ersetzten Juden als Kopf einer Spalte neben 13 Arten von Christen. Der Wunsch, statistische Fakten über Juden zu erfahren, verschwand dadurch nicht. In Kapitel 7 haben wir am Rande erwähnt, dass Charles Babbage während seines Besuchs in Berlin 1828 von Hoffmann, dem Direktor des preussischen statistischen Amtes, zahlreiche preussische Zahlen erhalten hatte. Babbage gab zwei Informationen weiter, auf die er aufmerksam gemacht worden war. Der Überschuss an männlichen gegenüber weiblichen Geburten war bei den Juden grösser als in der Gesamtbevölkerung, und die jüdische Geburtenrate selbst war höher als der Durchschnitt. Die Zahl und die

Verteilung der Juden war ein regelmässiges Thema, zum Beispiel in der Schrift *On the Jewish Question: A Statistical Discussion* aus den 1840er-Jahren: eine «statistische Übersicht und Vergleichung der Zunahme der jüdischen und christlichen Bevölkerung in den Zeiträumen 1816 – 1825, 1825 – 1834, 1835 – 1843 und 1843 – 1846 in den einzelnen Regierungsbezirken des preussischen Staates».[13] Christliche und jüdische «Biostatistiken» wurden regelmässig miteinander verglichen.[14]

Doch die jüdische Einwanderung war nicht so systematisch untersucht worden. Warum eigentlich? Zum Teil aus Trägheit. Das statistische Amt hatte sich jahrzehntelang weniger mit Einwanderung als mit Auswanderung beschäftigt. Verliessen junge Männer das Land, um dem Militärdienst zu entgehen? Das Amt war verpflichtet, die Auswanderung zu untersuchen, um die Wehrdienstverweigerung zu verfolgen. Und dann war da noch die Auswanderung von kleinen Handwerkern und Händlern nach Amerika nach 1848. Sie hatten die liberalen oder republikanischen Ursachen der gescheiterten Revolution von 1848 befürwortet und waren von den Folgen angewidert. Ein Gewinn für Missouri, ein Verlust für Deutschland. Zufällig gab es Daten für ein «kontrolliertes Experiment»: eine Studie über Einwanderung und Auswanderung, die 1847, kurz vor den Aufständen, veröffentlicht wurde. Sie ergab, dass es nur halb so viele Einwanderer wie Auswanderer gab, dass aber im Durchschnitt jeder Einwanderer 409 Taler ins Land brachte, während jeder Auswanderer nur 182 Taler mitnahm, sodass ein positiver Kassenbestand für die Nation übrigblieb.[15] Für einige Zeit nach 1848 war das Gleichgewicht in der entgegengesetzten Richtung.

Die konfessionelle oder rassische Zusammensetzung der Einwanderer und Auswanderer war daher von geringem Interesse: Man wollte Geschlecht und Alter, um Wehrdienstverweigerer zu erkennen, und zweitens den Nettowert, um zu sehen, was mit den Mitteln der Nation geschah. So finden wir in der Volkszählung von 1864 / 65 die Einwanderer nach Geschlecht, sozialer Schicht, Beruf vor der Einwanderung und Ort des früheren Wohnsitzes geordnet. Rasse und Religion wurden nicht erfasst.[16] Aber es gab noch viele andere Indikatoren. Zum Beispiel: Gab es einen enormen Anstieg der Bevölkerung in den östlichen Provinzen, der durch den Zustrom dieser bärtigen orientalischen Horden erklärt werden konnte? Neumann stellte fest, dass in einer vom Bureau 1867 veröffentlichten Bevölkerungstabelle, die den Bevölkerungszuwachs nach Verwaltungsbezirken auflistete, Posen die zweitniedrigste Zuwachsrate aufwies und Gumbinnen, nur wenige Kilometer von der russischen Grenze entfernt, die fünftniedrigste. Er musste so argumentieren, weil die «konfessionellen» Informationen in öffentlichen Dokumenten von Jahr zu Jahr abnahmen. Die Statistische Zentralkommission unter dem Vorsitz von Engel beschloss, bei der Volkszählung von

1875 keine systematische konfessionelle Frage zu stellen. Engel war nicht auf der Höhe der Zeit: Das war genau das Jahr, in dem die Eheschliessungen von Juden mit Nichtjuden gesondert registriert werden mussten.[17] Also gab es gerade zur Zeit der antisemitischen Agitation weniger Daten über die jüdische Bevölkerung. So wurde es immer einfacher, «statistische Axiome» über die Masseneinwanderung von Juden zu erfinden.

Kurz vor 1880 sprach ein unsignierter Aufsatz im Statistischen Jahrbuch des Amtes von der «auffallenden Zunahme der Zahl der Juden», die auf eine niedrigere Sterblichkeitsrate und die Einwanderung zurückgeführt wurde. Der Aufsatz war nicht sehr konsequent, denn er sagte sowohl, dass die Hauptursache die Einwanderung aus Österreich-Ungarn war (Galizien, südlich von dem, was wir heute als Polen bezeichnen, ist gemeint), und dass die Hauptursache die jüdische Langlebigkeit war.[18]

Neumann war in einer guten Position, um sich dazu zu äussern, denn das «Gleichgewicht» zwischen den Bevölkerungsgruppen war so etwas wie sein Hobby gewesen.[19] Zwei offensichtliche Tatsachen waren das ganze Jahrhundert hindurch aufgefallen. Die Juden in Deutschland lebten länger und hatten verhältnismässig mehr Kinder, die das fünfte Lebensjahr überlebten, als ihre Nachbarn. Neumann argumentierte, dass die Veränderung des Anteils der Juden in Preussen oder im neuen Deutschen Reich nur auf die höhere Geburtenrate und die geringere Sterblichkeit der Juden zurückzuführen sei. Tatsächlich war der proportionale Anstieg der Juden geringer, als man aufgrund dieser «natürlichen» Wachstumsquellen vorhersagen würde, weil mehr Juden auswanderten als einwanderten.

Der Ton von Neumanns Widerlegung war gemässigt, obwohl die Anhänge in den nachfolgenden Ausgaben hitziger wurden. Zum Beispiel kritisierte Neumann am Ende der ersten Ausgabe Adolph Wagners Buch über politische Ökonomie – derselbe Wagner, dessen Traktat über statistischen Fatalismus von 1864 in Kapitel 15 besprochen wurde. Wagner denunzierte Neumann daraufhin im Abgeordnetenhaus und in einer Rezension. Die Summe seines irritierten Urteils: Es gibt eine gewisse jüdische Einwanderung, wie um alles in der Welt kann also der Anteil der Juden in Deutschland gleichbleiben? Neumann konnte sich kaum zurückhalten. Juden wandern nicht nur ein, sie wandern aus. Selbst wenn nur der gleiche Anteil der Juden auswandert, wie der Anteil der Deutschen insgesamt, würde das ausreichen, um den Anteil der Juden zu erhalten. Und amerikanisch-jüdische Quellen berichten von einer Viertelmillion deutsch-jüdischer Einwanderer in den Vereinigten Staaten, was darauf hindeutet, dass der Anteil der Juden, die auswandern, grösser ist als der der anderen Deutschen.

Das Büro druckte Neumanns Buch verächtlich als unsignierten Aufsatz über die «Fremdgeburten im preussischen Staat» ab.[20] Wir werden von Fragen über Juden überschwemmt, begann es, aber wir werden unser Bestes tun, um einige Informationen zu liefern. Dann folgt eine Reihe von Absätzen aus den Berichten der östlichen Regierungsbezirke. So berichtet ein treuer Preusse aus Oletzko verzweifelt: Sein Dorf «sieht» einfach polnisch aus, weil alle evangelischen Eltern ihre Kinder von polnischen katholischen Priestern konfirmieren lassen, damit die Kinder die besten Schulen der Stadt besuchen können. Von Stargard erfahren wir von Arbeitsmigranten aus Böhmen, «umherziehenden Dachdeckern und Vagabunden», die als *vängtuner* bekannt sind und die Einheimischen beim Blackjack (*vingt-et-un*) schröpfen. Nach vielen weiteren solchen relevanten Details wurde ein Strich quer über die Seite gezogen.

Der Autor berichtete dann, dass er Neumanns *Fabel* gelesen habe. Er ignorierte Neumanns sorgfältige Schlussfolgerungen. Er lenkte die Aufmerksamkeit nur auf Neumanns Anfeindungen gegen den Jahrbuchartikel. Hatte Neumann nicht bemerkt, dass es sich bei diesem Artikel nicht um eine offizielle Stellungnahme des Büros handelte, sondern um einen Beitrag von aussen? Und hatte Neumann nicht bemerkt, dass Dr. Engel von Fircks, den Autor des Aufsatzes, lobte? So reagierte das preussische Statistikamt auf die *Fabel*. Kein Wunder, dass Neumann in einem Anhang zu seiner dritten Auflage angewidert feststellte, dass keiner seiner substanziellen Punkte debattiert worden war.

Nicht jeder Beamte verachtete Neumann. Das Statistische Amt der Stadt Berlin war unabhängig vom Preussischen Amt, und um 1880 war es zunehmend aktueller als das Preussische Amt. Engel hatte eine merkwürdige Geringschätzung der Altersstruktur der Bevölkerung, die für die Berechnung langfristiger Trends unerlässlich ist.[21] Im Gegensatz dazu war das Berliner Büro in Bezug auf die Altersstruktur mindestens so gut wie alle anderen Büros in Europa oder Amerika. Ihr Leiter war Richard Boeckh, Neffe eines grossen Humanisten und Philologen und somit in der Hamann-Herder-Humboldt-Tradition aufgewachsen, dass ein Volk durch seine Kultur und seine Kultur durch seine Sprache bestimmt wird. Schon als junger Mann hatte er viel über Fragen der Ethnie und der Sprache nachgedacht. In einem Essay aus dem Jahr 1866 drängte er auf die statistische Bedeutung der Alltagssprache als Unterscheidungsmerkmal der Nationalität, ebenso wie in einem späteren Buch über deutsche Bevölkerung und Sprachregionen.[22]

In diesen Werken behauptete Boeckh wiederholt, dass Nationalität nichts mit Ihrem Aussehen, Ihrer Religion oder Ihrer Abstammung zu tun hat. Was zählt, ist die Sprache, in der Sie sich ausdrücken. Boeckh hatte zahlreiche politische Schlussfolgerungen. Er prangerte die Franzosen an, weil sie den Strassburgern ihre deutsche Universität nicht gestatteten. Laut Boeckh, der im Jahr vor dem Deutsch-Französischen Krieg schrieb, praktizierten die Franzosen einen kulturellen

Völkermord. Er war der Meinung, dass jede Konfession ihre Gottesdienste in der Volkssprache abhalten sollte. Sein Ziel, sowohl nach herderianischen als auch nach lutherischen Prinzipien, war eindeutig Latein, nicht Hebräisch. Nach Boeckhs Kriterium waren die meisten ostpreussischen Juden Deutsche (wobei Jiddisch in den statistischen Berichten zu den deutschen Dialekten gezählt wurde), auch wenn sie mit den Katholiken das Laster des Religionsunterrichts in einer fremden Sprache teilten.[23]

Die Reaktion von Boeckhs Büro auf den antisemitischen Aufruhr war völlig anders als die von Engels. Boeckhs eigenes Jahrbuch von 1880 war voll von Sticheleien gegen die Ignoranten, die in den Zeitungen über die jüdische Einwanderung endlos schwafelten. Es schrieb von «dem Missbrauch und der Demoralisierung der Statistik durch die virulente antisemitische Agitation».[24] Neumann bedankte sich für diesen «gesunden Menschenverstand» in seiner dritten Ausgabe.

Engel war wütend. In einer nicht unterzeichneten Rezension in seiner Zeitschrift wurden Boeckhs Berliner Jahrbuch und ein neues Jahrbuch des neuen Statistischen Reichsamtes (d.h. für das gesamte Reich, im Gegensatz zu Engels Provinz Preussen) diskutiert. Die Objektivität des kaiserlichen Jahrbuchs wurde als beispielhaft für alle bezeichnet. Boeckh wurde zurechtgewiesen, weil er es wagte, sich an die Tagespresse zu wenden. Journalisten befassen sich mit aktuellen Ereignissen;

ein statistisches Amt muss Informationen für Verwalter, Gesetzgeber und Geschäftsleute sowie für die Nachwelt festhalten. Alle Statistiker sollten sich in Zukunft von der Politik fernhalten und olympisch sein. (Als ob Engel sich von der Politik fernhalten würde; er wurde 1882 in den Ruhestand versetzt, wahrscheinlich weil er mit Bismarcks Getreidepolitik nicht einverstanden war.[25])

In der Folge versuchte die statistische Praxis, den Kreis zu schliessen. In Kapitel 3 haben wir gesehen, wie die öffentlichen Ämter eingerichtet wurden, die die Amateure, die Zahlen sammelten, überflüssig machten. Nun brauchte man einen Fundus an Amateurinformationen, um den Missbrauch von Zahlen durch das Establishment zu verhindern. Die Berliner jüdische Gemeinde gründete eine statistische Gesellschaft. Zunächst arbeitete sie mit Organisationen zur Förderung des Wissens über die jüdische Kultur zusammen, wie der Zunz-Stiftung oder der Lehranstalt für die Wissenschaft des Judenthums. Eines der aktivsten Mitglieder der jüdischen Statistikbewegung war Alfred Nossig, der 1887 eine Publikation über «die Statistik der jüdischen Rasse» veröffentlicht hatte.[26] In Berlin wurde ein autonomer Verein für jüdische Statistik gegründet. Im Jahr 1904 wurde er zu einem vollwertigen Büro für Statistik der Juden unter der Leitung von Nossig.[27] Sein Schicksal bedarf kaum eines Kommentars.* [28]

* Nossig war ein vielseitiger Mann – Bildhauer, Musiker, Historiker, Statistiker und «praktischer Zionist», d.h. einer, der eine jüdische nationale Heimstätte nicht unbedingt in Palästina anstrebte. Im Jahr 1917 führte er Verhandlungen mit Deutschland, Österreich-Ungarn und der Türkei, um eine Heimstätte in der Türkei zu errichten. Im Jahr 1943, als er 79 Jahre alt war, verhandelte er in Warschau mit den Besatzern über eine sichere Auswanderung aus dem Ghetto (wie er glaubte). Der jüdische Widerstand glaubte, er würde mit den Nazis kollaborieren, und erschoss ihn. Eine glücklichere Geschichte ist die eines Mitbegründers des jüdischen Statistikbüros, seines genauen Zeitgenossen Arthur Ruppin, der ebenfalls 1943 starb und in Jerusalem als grosser Gelehrter gefeiert wurde.

Der Antisemitismus war keine Besonderheit in Berlin. Paris wurde durch die Dreyfuss-Affäre, die 1894 begann, in Stücke gerissen. Du sollst kein falsches Zeugnis gegen deinen Nächsten ablegen: Neumann hatte gesagt, das sei das erste statistische Gebot. Falsche Zeugenaussagen, so schien es, mussten mit Fakten belegt werden. Es gab eine Welle von Sammlungen jüdischer Statistiken in Europa und in den Vereinigten Staaten. Das vorliegende Kapitel war düster genug und lehrt mehr über die Realität der Statistik als über die Zähmung des Zufalls. Ich werde also mit einer anderen Bemerkung schliessen, einem kuriosen Beispiel für jüdische Statistik, dass uns zu Galton und dem Anthropometrischen Institut zurückführt.

Der in Australien geborene Joseph Jacobs, Gelehrter für Mythen und Volksmärchen und Übersetzer von Äsop, befasste sich mit der «Reinheit der jüdischen Rasse» und bejahte diese Frage.[29] Galtons Ansatz wurde nachgeahmt. In Anlehnung an «Mr. Galtons klassische Experimente auf der Internationalen Gesundheitsausstellung von 1885», bei denen Galton anthropometrische

Messungen an Passanten vornahm, nahmen Jacobs und ein Kollege «in erster Linie im Jewish Working Men's Club, Great Alie Street E.» Messungen vor.[30] «Mr. Galtons Hypothese folgend, dass Talente um ein durchschnittliches Mittelmass herum verteilt sind, wie Schüsse um die Zielscheibe herum», schätzte er «die vergleichbaren Fähigkeiten von Engländern, Schotten und Juden.»[31] Normale Kurven wurden nach Galtons Methode konstruiert, wobei man sich auf biografische Wörterbücher und einige Beurteilungen stützte, um fähige Männer auszuwählen. Juden haben einen grösseren Anteil an fähigen Männern als Engländer, Schotten liegen dazwischen. Die Normalkurve ist symmetrisch, also erwarten wir das gleiche Ergebnis auf der anderen Seite: Irre sind laut Jacobs häufiger unter Juden als unter Engländern; die Schotten liegen wiederum dazwischen. Die Regel des Normalgesetzes ist nicht ganz *a priori*. Einen Moment lang dachte Jacobs an ein Gegenbeispiel, das ihn «abschreckte»; er stellte fest, «dass die Vereinigten Staaten den geringsten Anteil an Irren unter den zivilisierten Staaten haben. Aber anstatt unsere Position zu widerlegen, haben wir hier eine bemerkenswerte Bestätigung. Denn die Vereinigten Staaten haben im letzten Jahrhundert keinen einzigen Mann der ersten Klasse hervorgebracht, ausser Washington und vielleicht Emerson.» Die Macht dieses mächtigen Gesetzes macht auch nicht vor Allgemeinplätzen halt, wie zum Beispiel Genie und Wahnsinn. Es gilt überall:

Die Kurve dient dazu, die musikalischen oder sprachlichen Fähigkeiten sowie die allgemeinen Fähigkeiten zu verteilen. Wenn Juden, wie wir sehen werden, mehr Musiker und Philologen am oberen Ende der Skala haben, sollten sie mehr Taubstumme am unteren Ende der Skala haben: Wir wissen, dass sie dies haben.[32]

KAPITEL 22 — ENDNOTEN

• 1 Salomon Neumann: *Die Fabel von der jüdischen Masseneinwanderung: Ein Kapitel aus der preussischen Statistik*, Berlin 1880, S. 2 (2. Ausgabe, 22. November 1880).

• 2 Neumann, *Fabel* (3. Ed., Berlin, 20. Mai 1881); mit Anhängen, die auf der Titelseite wie folgt angegeben werden: *I. Antwort an Herrn Adolf Wagner. II. Herr Heinrich v. Treitschke und seine jüdische Masseneinwanderung. III. Die Antwort des königl. preussischen statistischen Büreaus.*

• 3 Engel war von 1867 bis 1870 Abgeordneter der Nationalliberalen im *Abgeordnetenhaus*. Sein Vorgänger im preussischen Statistikamt, Dieterici, war ein zentrumsliberaler Abgeordneter im Parlament von Frankfurt am Main 1848 gewesen. Neumann war von 1859 bis 1905 Stadtverordneter in Berlin und widmete seine politische Energie vor allem den Gesundheitsmassnahmen.

• 4 Die biografischen Daten stammen aus der Grabrede von Hermann Cohen: Salomon Neumann, «Gedächtnisrede», *Lehranstalt für die Wissenschaft des Judenthums* 27 (1908), S. 39–54.

• 5 Neumann, «Das Sterblichkeits-Verhältniss in der Berliner Arbeiter-Bevölkerung nach in den Genossenschaften des Gewerbskrankverein 1861–63 vorgekommenden Todesfallen», *Der Arbeiterfreund* 4 (1866), S. 46–67. E. Engel, «Der Arbeitsvertrag und die Arbeitsgesellschaft: Industrial Partnerships», ebd., 5 (1867), S. 371–394.

• 6 R. Virchow, «Atoms and Individuals» (1859), in: L.J. Rather (Hg.), *Disease, Life and Man. Selected Essays by Rudolf Virchow* (Stanford, 1958). Ich danke für den Hinweis auf diese Angabe Gordon MacOuat.

• 7 «Zur medicinischen Statistik des preussischen Staates nach den Akten des statistischen Büreaus fur das Jahre 1846», *Archiv für pathologische Anatomie und Physiologie und fur klinische Medicin* 3 (1851), S. 13–141. Siehe auch seine Schrift: *Die öffentliche Gesundheitspflege und das Eigenthum*, Berlin 1847.

• 8 R. Virchow, «Report on the Typhus Epidemic in Upper Silesia» (1848), übers. in: R. Virchow, *Collected Essays on Public Health and Epidemiology*, New Delhi 1985, S. 307.

• 9 Ebd., S. 85.

• 10 Cohen, «Gedächtnisrede» (wie Anm. 4), S. 44. Über

Neumann ist wenig geschrieben worden; man kann seine Rolle als solider Komitee-Mann bei der Lobbyarbeit gegenüber den Vertretern der Grossmächte auf dem Berliner Kongress von 1878 erahnen. Siehe «The Intervention of German Jews at the Berlin Congress of 1878», *Publications of the Leo Baeck Institute* 5 (1960), S. 221–248.

• 11 Diese Materialien und einige der Antworten darauf sind in W. Boehlich (Hg.): *Der Berliner Antisemitismusstreit*, Frankfurt am Main 1965, gesammelt. Dazu gehört auch ein Angriff auf Neumanns *Fabel*, auf den dieser in der dritten Auflage antwortete.

• 12 L. Zunz, «Grundlinien zu einer kunftigen Statistik der Juden», *Zeitschrift für die Wissenschaft des Judenthums* 1 (1823), S. 523–532; in Zunz: *Gesammelte Schriften*, Berlin 1875, S. 134–141. Neumanns Widmung an Zunz öffnet seine Schrift *Zur Statistik der Juden in Preussen von 1816 bis 1880 aus den amtlichen Veröffentlichungen*, Berlin 1884. Die einleitenden Sätze von Kapitel 42 zu *Daniel Deronda* wurden von L. Zunz übersetzt in: *Synagogale Poesie des Mittelalters*, Berlin 1855.

• 13 *Zur Judenfrage. Statistische Erörterung. Anzahl und Vertheilung der Juden im preussischen Staat, nach einer Vergleichung der Zahlungen zu Ende der Jahre 1840 und 1842*, Berlin 1842. «Statistische Uebersicht und Vergleichung der Zunahme der critischen jüdischen Bevölkerung in den Zeitperioden 1816 bis 1825, 1825 bis 1834, 1835 bis 1843 und 1843 bis 1846 in den einzelnen Regierungsbezirken des Preussischen Staats», *Mittheilungen des statistichen Büreaus in Berlin* 2 (1849), S. 356–383.

• 14 E. Glatter: *Über die Lebenschancen der Israeliten gegenüber den christlichen Konfessionen: Biostatistische Studien*, Wetzlar 1856.

• 15 *Über Auswanderung und Einwanderung, letztere in besondere Beziehung auf dem preussischen Staat, vom statistichen Standpunkt*, Berlin 1847.

• 16 *Über die Zunahme der Bevolkerung im preussischen Staat in Bezug auf Vertheilung derselben nach Stadt und Land*, Berlin 1867.

• 17 Resultate in: *Zeitschrift des königlich preussischen statistischen Büreaus* 22 (1882), S. 239.

• 18 In einer warmen Vorrede widmet Engel die Studie G. von Fircks. «Rückblick auf die Bewegung der Bevölkerung im preussischen Staat 1816–1874», *Jahrbuch des königlich preussischen statistischen Büreaus* 48A (1877), S. 22, 27.

• 19 S. Neumann (unsigniert), «Die Bilanz der preussischen Bevölkerung von 1846–1867», *Vierteljahrschrift für Volkwirtschaft und Kulturgeschichte* 29 (1870), S. 193–203.

• 20 «Die Fremdgeburten im preussischen Staat», *Zeitschrift des königlich preussischen statistischen Büreaus* 20 (1880), S. 387–398.

• 21 Deshalb macht er in seiner Arbeit inhaltliche Fehler: «Die Sterblichkeit und die Lebenserwartung im preussischen Staat angewandt», ebd., 1 (1861), S. 321–353; 2. (1869), S. 50–69.

• 22 R. Boeckh, «Die statistische Bedeutung der Volksprache als Kennzeichnis der Nationalität», *Zeitschrift für Völkerpsychologie und Sprachwissenschaft* 4 (1866),

S. 259–402. *Die deutsche Volkszahl und Sprachgebiet in den europäischen Staaten,* Berlin 1869.

• 23 In seinem späten Leben wandte Boeckh sein Interesse an der deutschen Sprache an, um die Zahl der echten – in seinem kulturellen und sprachlichen Sinne – Deutschen in den Vereinigten Staaten zu ermitteln. Die USA begannen erst 1898, die Einwanderer nach ihrem Herkunftsland zu klassifizieren. Als Reaktion auf eine Veröffentlichung, die 151'118 Einwanderer aus dem Deutschen Reich zwischen 1898 und 1904 auswies, berechnete Boeckh, dass die USA in Wirklichkeit weitere 289'438 Deutsche aus anderen europäischen Ländern aufgenommen hatten. Siehe B. Faust: *The German elements in the United States, with Special Reference to their Political, Moral, Social and Educational Influence,* New York 1927, Bd. 2, Kap. 1.

• 24 *Statistisches Jahrbuch der Stadt Berlin* 6 (1880), Datensatz aus dem Jahr 1878.

• 25 Wie sollte man Olympionike werden? In seiner Übersicht über die Ergebnisse der Volkszählung vom 1. Dezember 1880 stellte Engels Büro die Daten in dieser Reihenfolge dar: (1) Der Staat; (2) Berlin; (3) Geburtsort der Bürger; (4) Geburtsort der christlichen und jüdischen Bevölkerung in den vier östlichsten Provinzen und in den Grossstädten Berlin, Frankfurt am Main und Stolp in Pommern; (5) Aufschlüsselung der Bevölkerung für jeden *Kreis* mit Angabe der konfessionellen Statistik – eine Aufteilung in vier Gruppen, nämlich Evangelische, Katholiken, Juden und Sekten. *Die definitiven Ergebnisse der Volkszählung vom 1. Dezember 1880 im preussischen Staate,* Berlin 1883.

• 26 A. Nossig: *Materialien zur Statistik des Jüdischen Stammes,* Wien 1887.

• 27 Siehe A. Nossig (Hg.): *Jüdische Statistik,* Berlin 1903, für die Art der Arbeit des Vereins und einen Bericht über seine Aktivitäten und Zweigstellen in ganz Europa.

• 28 Alex Benn, «Arthur Ruppin», *Jewish Social Studies* 17 (1972), S. 117–141.

• 29 J. Jacobs, «The Racial Characteristics of Modern Jews» (gelesen vor dem Anthropologischen Institut, 24. Februar 1885) in: J. Jacobs, *Jewish Statistics,* London 1891, S. iii.

• 30 J. Jacobs und Isidore Spielman, «On the Comparative Anthropometry of English Jews», ebd., S. 77.

• 31 J. Jacobs, «The Comparative Distribution of Jewish Ability» (gelesen vor dem Anthropologischen Institut, 10. November 1886), ebd., S. xliii.

• 32 Ebd., S. 1.

KAPITEL 23

EIN UNIVERSUM DES ZUFALLS

Der Zufall selbst strömt durch alle Sinneskanäle: Er ist von allen Dingen am aufdringlichsten. Dass er absolut ist, ist die offensichtlichste aller intellektuellen Wahrnehmungen. Dass es ein lebendiges und bewusstes Wesen ist, kann die ganze Stumpfsinnigkeit der Rationalisierung selbst kaum leugnen.* [1]

* C.S. Peirce, der Anfang 1893 eine «Antwort auf die Necessitarians» schrieb. Peirce hatte «die Doktrin angegriffen, dass jedes Ereignis durch ein Gesetz bestimmt ist ... Am Ende meines zweiten Aufsatzes wurden die Verfechter der Lehre von der Notwendigkeit höflich herausgefordert und gebeten, auf meine Argumente zu antworten. Soweit ich weiss, hat nur Dr. Carus in *The Monist* vom Juli und Oktober 1892 öffentlich zugesagt, dies zu tun». Peirces Artikel lösten eine weitere unmittelbare Reaktion aus: In der Ausgabe vom April 1893 lesen wir John Dewey über «The Superstition of Necessity».

Das Zeitalter der Vernunft, der Folgerung, hatte die Dinge anders gesehen. Peirce kehrte Humes Diktum «dass der Zufall, wenn man ihn genau untersucht, ein rein negatives Wort ist und keine wirkliche Kraft bedeutet, die irgendwo in der Natur ein Wesen hat» um.[2] Das war nicht einfach. Peirce hatte versucht, sich mit halben Sachen zufriedenzugeben.

> Lange Zeit habe ich selbst danach gestrebt, die Vielfalt im Universum, für die die Gesetze Platz lassen, dem Zufall zu überlassen, anstatt das Gesetz zu brechen oder die Gesetzlosigkeit. Das bedeutete, wirklich an den Zufall zu glauben, der kein absoluter Zufall war. Es war die Anerkennung, dass der Zufall in der realen Welt eine Rolle spielt, abgesehen von dem, was wir vielleicht wissen oder nicht wissen. Aber das war eine Übergangszeit, die ich hinter mir habe.[3]

Peirce lehnte den Determinismus ab. Er bezweifelte auch, dass die Welt eine determinierte Gegebenheit ist. Er arbeitete in einer Gemeinschaft, die versuchte, die wahren Werte der Babbage'schen Naturkonstanten zu ermitteln; er sagte, es gäbe keine, abgesehen von den Zahlen, auf die wir uns zunehmend einigen. Er erklärte induktives Lernen und logisches Denken mit den Begriffen der rein statistischen Stabilität. Auf der Ebene der Technik machte er zum ersten Mal selbstbewusst Gebrauch von der Randomisierung bei der Planung von Experimenten: Das heisst, er nutzte den gesetzesähnlichen Charakter künstlicher Zufälle, um schärfere Fragen zu stellen und informativere Antworten zu erhalten. Er lieferte eine der Standardrationalitäten für statistische Schlussfolgerungen – eine Rationalität, die, benannt nach anderen und späteren Mitarbeitern, immer noch aktuell ist. Er verfolgte einen objektiven, frequentistischen

Ansatz in Bezug auf die Wahrscheinlichkeit, leistete aber auch Pionierarbeit bei der Messung des subjektiven Gewichts von Beweisen (die *Log Odds*). In der Erkenntnistheorie und Metaphysik machte seine pragmatische Auffassung der Realität die Wahrheit zu einer Frage dessen, was wir auf lange Sicht herausfinden. Vor allem aber stellte er sich ein Universum vor, das irreduzibel stochastisch ist.

Ich schliesse mit Peirce, weil er an den absoluten Zufall glaubte, aber das ist nicht mein Schwerpunkt. Seine Ablehnung der Doktrin der Notwendigkeit war eine Begleiterscheinung eines Lebens, das von Statistiken und Wahrscheinlichkeiten durchdrungen war. Irgendjemand musste den ersten Schritt zum Indeterminismus machen. Vielleicht war es Peirce, vielleicht ein Vorgänger. Es spielt keine Rolle. Er «freute sich», sich in der Gesellschaft anderer wiederzufinden, darunter Renouvier.[4] Er argumentierte zwar gegen die Doktrin der Notwendigkeit, aber es war kein Argument, das ihn davon überzeugte, dass der Zufall ein irreduzibles Element der Realität ist. *Er öffnete die Augen, und der Zufall strömte herein* – aus einer Welt, die er in all ihren kleinen Details auf eine probabilistische Weise sah. In dieser Hinsicht war er zwar ein Mann des 19. Jahrhunderts, aber er lebte bereits in einer Umgebung des 20. Jahrhunderts. Seine Arbeitstage der experimentellen Routine und seine Reisen des Geistes fanden in einer neuen Art von Welt statt, die sein Jahrhundert hervorgebracht hatte: eine Welt aus Wahrscheinlichkeiten.

Peirce ist der stärkste mögliche Indikator dafür, dass bestimmte Dinge, die am Ende des 18. Jahrhunderts nicht ausgedrückt werden konnten, am Ende des 19. Jahrhunderts gesagt wurden. Ich verwende ihn hier nicht, weil er das glückliche Ergebnis der vorangegangenen Kapitel ist, der Punkt, an dem die tastenden Ereignisse schliesslich zu der Wahrheit führten, wie wir sie jetzt sehen. Ganz und gar nicht: Einiges von dem, was er geschrieben hat, erscheint mir falsch, und vieles davon ist undurchsichtig. Ich benutze ihn stattdessen, um ein neues Feld von Möglichkeiten zu veranschaulichen, das Feld, in dem wir uns immer noch befinden. Der Zufall strömte in alle Richtungen, denn er lebte in einer neuen probabilistischen Welt. Das kann man nicht begreifen, wenn man ihn nur über das romantische Thema des absoluten Zufalls liest. Man muss sich die fast unzähligen Wege vor Augen führen, auf denen seine Welt aus Wahrscheinlichkeiten aufgebaut war, genau wie unsere.

Dieses Kapitel ist doppelt so lang wie die vorangegangenen und unterscheidet sich auch in anderer Hinsicht. Es gliedert sich in mehrere Abschnitte:

1 Ein Vermesser bei der Küstenwache (biografisch)
2 Geprüfte Notwendigkeit
3 Fehler der Beobachtung
4 Psychophysik und Randomisierung
5 Induktion und Hypothese
6 Disposition und relative Häufigkeit

1. Ein Vermesser bei der Küstenwache
Philosophen kennen einige grobe Fakten über Peirces Karriere, die oft als eine endlose Abfolge von Kleinarbeit dargestellt wird. Es ist bekannt, dass er sich um eine reguläre Stelle an der Universität beworben hat, diese aber nicht bekommen oder behalten konnte, dass er in seinem späten Leben seinen Lebensunterhalt damit bestritt, 182 längere Einträge in Baldwins *Philosophical Dictionary* zu schreiben, Übersetzungen für das Smithsonian zu machen oder 348 mehr oder weniger wöchentliche Rezensionen für *The Nation* zu verfassen. Daher wurde weniger hervorgehoben, dass er in den dreissig stärksten Jahren seines Lebens bei der US-Regierung im Coast Survey beschäftigt war. Dies ist kein rein biografisches Detail. Seine Aufgabe war die Vermessung und die Verbesserung von Messgeräten, und dort formte er seine Philosophie des Zufalls.[5] Peirce war eine Übergangsfigur, ein öffentlicher Angestellter, der, während der meisten Jahre seiner Amtszeit so ziemlich alles tun konnte, was er wollte. Als die Coast Survey unter die Finanzkontrolle des Kongresses fiel, war er bereits auf dem Weg nach draussen.* [6]

*Es wurde festgestellt, «dass C.S. Peirce, ein Assistent, seit 1873 mehrere Jahre lang experimentelle Forschungen mit Pendeln ohne zeitliche oder örtliche Beschränkung durchgeführt hat; dass sich die Ausgaben für diese Experimente seit 1879, abgesehen von den Gehältern der Leiter und Assistenten, auf etwa 31'000 Dollar belaufen; dass der geringe Wert dieser Experimente für das Büro im Wesentlichen zerstört wurde». Das ist die *Washington Post* vom 7. August 1885, die über die Ergebnisse einer paritätischen Kommission des Kongresses berichtet, die sich mit dem Coast Survey befasst. Peirce kam glimpflich davon, wie die Schlagzeile verdeutlicht: «Intoxicated and Demoralized / A Terrible Arraignment of the Coast Survey Officials / Prof. Hilgard and Others Charged with Being Drunk in Office Hours / Full Text of the Investigating Committee's Report». Peirce wurde lediglich beschuldigt, sich zu sehr der wertlosen Wissenschaft verschrieben zu haben. Er entgegnete, dass die Kosten nur ein Drittel der angeblichen Kosten betrugen, dass alle seine Anweisungen in den Akten standen, dass keine Aufzeichnungen vernichtet worden waren und dass «ich den Wert von Schwerkraftbestimmungen im Allgemeinen und die Vorzüglichkeit der meinen im Besonderen beibehalte».

Peirce wuchs in Cambridge in einer soliden Neuenglandfamilie auf. Sein Vater Benjamin Peirce («allgemein als der bei weitem stärkste Mathematiker des Landes anerkannt»[7]) förderte den Jungen unerbittlich, konnte aber auch für die nötige Unterstützung sorgen, denn er war nicht nur Professor in Harvard, sondern auch eine dominante Figur in der Sternwarte und einflussreich in der Küstenwache. C.S. Peirce wurde Mitte 1861, als er 21 Jahre alt war, von der Küstenwache eingestellt und 1867, als sein Vater Superintendent wurde, zum Assistenten befördert. Sein Vater starb im Jahr 1880. Nachdem die Vermessungsbehörde nach dem Vorbild einer moderneren Bürokratie umstrukturiert worden war, musste Peirce kündigen. Er war durch seinen Job nicht sehr eingeschränkt, aber er erfüllte seine Aufgaben mit Leidenschaft.[8] Er war ein Messfachmann, ein Beobachter und ein Konstrukteur von Instrumenten. Er beschäftigte sich viel mit der Messung der Schwerkraft, wobei er selbst entworfene Pendel verwendete. Er forschte intensiv auf dem Gebiet der Fotometrie. Es gelang ihm, die Wellenlänge des Lichts mit der Länge eines Stabes zu vergleichen – eine Errungenschaft, die das Standardmeter überflüssig machen sollte. Sein Vater hielt dies für seine grösste Leistung.

2. Geprüfte Notwendigkeit

Die «Lehre von der Notwendigkeit» könnte ein schöner Abschluss für eine Studie über die Erosion des Determinismus sein. Aber jetzt, wo wir angekommen sind, ist es nur noch oberflächlich. Peirce konnte einen deterministischen Gegner nicht ernst nehmen. Könnte ein solcher nicht seine Augen oder einen anderen Sinn öffnen und sehen? Kurz gesagt, Peirce stellte fest, dass die Notwendigkeit keine universelle Doktrin ist, nicht einmal in der europäischen Tradition: Wir hatten Epikur (und Lukrez) über den «spontanen Zufall».[9] Beobachtung kann keine «mechanische Verursachung» nachweisen. Wir beobachten nur, «dass es in der Natur ein Element der Regelmässigkeit gibt». Das hat «keinerlei Einfluss auf die Frage, ob diese Regelmässigkeit exakt und gleichmässig ist».[10] Argumenten, die *a priori* oder auf Unvorstellbarkeit beruhen, kann (dank J.S. Mill) kein Glauben geschenkt werden. Das Wichtigste ist jedoch, dass sich die Vielfalt und Besonderheit des Universums zusammen mit den Gesetzen des Universums weiterentwickelt. Es gibt eine Spontaneität in der Welt, von der unser Gefühl der freien Wahl nur ein kleines Element ist.

So lautete Peirces Abfolge von Gemeinplätzen; er selbst schloss damit, dass er «den Hauptteil meiner Gründe» nicht erläuterte. Er behauptete, dass die «Hypothese der Zufalls-Spontaneität eine Hypothese ist, deren unvermeidliche Konsequenzen mit mathematischer Präzision bis ins kleinste Detail nachgezeichnet werden können». Er bezweifelte, dass andere Mathematiker ihm folgen würden, «sodass der stärkste Grund für meinen Glauben vorerst ein privater Grund bleiben muss», der sich aber für zukünftige Mathematiker als «wahre Goldgrube» erweisen wird.[11]

3. Fehler der Beobachtung

Peirce sprach von «dem Gesetz der Fehlerverteilung, das Quetelet, Galton und andere mit so viel Erfolg auf die Untersuchung biologischer und sozialer Angelegenheiten angewendet haben».[12] Er respektierte ihre Arbeit, aber weil er ein Beobachter war, ging es beim Fehlergesetz in erster Linie um Fehler und um Urteile, nicht um Biometrie.

Seine Studie «On the Theory of Errors of Observations» aus dem Jahr 1870 begann mit beiläufigen Bemerkungen über die Logik von Beziehungen und die Natur der Induktion, die fast alle seiner wenigen Leser verwirrt haben müssen – mit

Ausnahme von Peirces eigenem Vater –, aber dann erschien sie als Anhang zum Bericht des neu ernannten Superintendenten der Coast Survey, nämlich seines Vaters.[13] Das Papier hatte eine einfache Herleitung der Theorie der Beobachtungen. Bei der Anwendung muss vorsichtig vorgegangen werden. Es müssen die richtigen Näherungswerte verwendet werden. Peirce lobte gewissenhaft die Verfahren, die Encke dreissig Jahre zuvor in Berlin entwickelt hatte, aber der eigentliche Punkt des Papiers kam erst zum Schluss.[14] Er wollte herausfinden, wie die Ausbildung die «persönliche Gleichung» eines Beobachters verbessern kann.

Sternwarten bestimmten routinemässig den Zeitpunkt, an dem ein Planet oder ein Stern den Meridian überquerte. Die Beobachter unterscheiden sich systematisch in ihren Messungen. Bessel stellte dies durch die «persönliche Gleichung» dar, einen Korrekturfaktor, der zu der Messung einer Person hinzugefügt werden muss.[15] Peirce fragte: Kann man die persönliche Gleichung eines Beobachters verbessern? Für jemanden, der sich mit der Fehlerkurve auskennt, bedeutet das nicht: Kann man trainieren, weniger Fehler zu machen? Es bedeutet: Kann man die Schwankungen der eigenen Fehler durch Übung verringern?

Peirce berichtete von einem untrainierten Jungen, der einen Monat lang an jedem Wochentag 500 Zeitangaben machte. Jedes Mal, wenn er ein scharfes Klopfen hörte, musste er eine Taste drücken. Die Fehler (Verspätungen), die er an jedem

Tag machte, wurden aufgezeichnet und die Kurve geglättet. Am ersten Tag waren «die Beobachtungen so weit gestreut», dass keine ernsthafte Kurvenglättung möglich war, aber schon bald zeichnete sich die bekannte glockenförmige Kurve ab. Die «persönliche Gleichung» änderte sich, zuerst bis zu dem Punkt, an dem der Junge nur ein 1/80 einer Sekunde zu spät kam, dann etwas mehr. Aber der «wahrscheinliche Fehler oder die Fehlerspanne nahm nach dem zwölften Tag stetig ab». Am Ende des Monats betrug die Abweichung nur noch etwa eine halbe Sekunde. Das bedeutete, dass eine oder zwei seiner Beobachtungen so gut waren wie viele von jemandem, der weniger genau war. Der drakonische Peirce «würde daher empfehlen, dass Transitbeobachter durch einige Beobachtungen eines künstlichen Ereignisses, das mit grosser Schnelligkeit wiederholt werden kann, in ständigem Training gehalten werden, sodass mehrere hundert täglich ohne grosse Mühe gemacht werden können». Man könnte eine Person darauf trainieren, Urteile zu fällen, die der Normalkurve entsprechen. Wir haben gesehen, dass die Kurve zu einer biologischen und sozialen Realität geworden ist. Für Peirce wurde sie zu einer psychologischen Realität.

4. Psychophysik und Randomisierung

Die persönliche Gleichung stammt aus der Astronomie, ist aber eine Angelegenheit der Psychologie. Die Psychophysik wurde in den 1850er-Jahren von dem brillanten, aber seltsamen Gustav Fechner begründet. Er fragte, wie gut Menschen Objekte mit leicht unterschiedlichem Gewicht unterscheiden können. Er benutzte eine «Methode der richtigen und falschen Fälle». Eine Versuchsperson, typischerweise der Versuchsleiter Fechner selbst, bekam zwei Kisten, von denen eine schwerer war als die andere, und wurde aufgefordert, in einer Reihe von Versuchen die schwerere zu wählen. Der Gewichtsunterschied und der Anteil der richtigen Urteile wiesen auf die Sensibilität für den Gewichtsunterschied hin. Aber gab es ein allgemeines Gesetz für die Unterscheidungsfähigkeit einer Person?

Ja: Wieder einmal die Gauss'sche Kurve. Die Varianz mass die Empfindlichkeit eines Individuums.[16] Hier hatten die statistischen Gesetze mehr Autonomie: Sie stellten eine psychologische Realität dar, derer wir uns nicht einmal bewusst sind, die aber dennoch Teil unseres Empfindungs- und Beurteilungssystems ist. Fechner fand die Wahrscheinlichkeitskurve ebenso wie Galton wunderbar. Er verglich sie mit Proteus, der «durch die charmanten Formen, die er annimmt, jeder Antwort auszuweichen scheint, aber eines genügt: Bleib unbeirrt, halte ihn ständig auf demselben Punkt – und eine zuverlässige Antwort wird aus ihm herausgezwungen werden».[17] Michael Heidelberger argumentiert, dass Fechner buchstäblich der erste gründliche Indeterminist der Neuzeit war.[18] Es ist unklar, wie eng er Indeterminismus und stochastische Variation miteinander verband.

Wenn man davon ausgeht, dass er beides gleichgesetzt hat, dann muss er die Gauss'sche Verteilung als eigenständig angesehen haben, lange bevor Galton auf die Szene trat.

Fechner hatte behauptet, dass es eine Schwelle gibt, unterhalb derer man kleine Unterschiede nicht erkennen kann. Die Normalverteilung der Empfindlichkeit wird bei einem ausreichend kleinen Gewichtsunterschied ungültig. Peirce machte den nächsten Schritt, indem er auf der «Realität» der Kurve auch unterhalb der Schwelle der bewussten Wahrnehmung bestand: Wenn der Beobachter gezwungen ist, zu beurteilen, welches von zwei Gewichten das schwerere ist, wird er unterschwellige Unterscheidungen treffen, deren Genauigkeit entsprechend der Fehlerkurve weiter abnimmt. Wie kann man diese Hypothese untersuchen? Das Experiment, das Peirce 1884 zusammen mit seinem Schüler Joseph Jastrow, einem späteren angesehenen Psychologieprofessor, durchführte, enthielt eine Reihe von Neuerungen, die wir heute bei Arbeiten dieser Art als selbstverständlich ansehen.[19] Zum Beispiel war die Versuchsperson «blind» – ausgeklügelte Vorrichtungen sorgten dafür, dass sie nicht wusste, ob ihr zuerst ein schwereres oder ein leichteres Gewicht vorgelegt wurde. Noch wichtiger ist, dass dies das erste Experiment war, bei dem die Reihenfolge der Versuche durch einen künstlichen Zufallsgenerator bestimmt wurde und bei dem die Verwendung des Zufallsgenerators in die Analyse der Daten einbezogen wurde.[20]

Hier werden wir Zeuge von zwei kleinen Schritten in der Zähmung des Zufalls. Erstens wurde die psychologische Fehlerkurve zu einer abgeleiteten, theoretischen Kurve, die man nicht durch Selbstbeobachtung beurteilen kann. Sie wurde zu einer Realität unter den Phänomenen des Bewusstseins. Zweitens nutzte Peirce bewusst die Eigenschaften des Zufalls, um eine neue Ebene der Kontrolle in seine Experimente einzuführen. Kontrolle nicht dadurch, dass er die Zufallsschwankungen beseitigte, sondern indem er noch welche hinzufügte![21] Peirce dachte, dass seine Entdeckung, dass es keine Mindestschwelle gebe:

> eine sehr wichtige praktische Bedeutung [hat], da sie neue Gründe für die Annahme liefert, dass wir das, was in den Köpfen der anderen vorgeht, grösstenteils aus Empfindungen ableiten, die so schwach sind, dass wir sie nicht vollständig wahrnehmen, und dass wir nicht erklären können, wie wir unsere Schlussfolgerungen aus solchen Dingen ziehen. Die Einsicht von Frauen und bestimmte «telepathische» Phänomene lassen sich auf diese Weise erklären. Solche schwachen Empfindungen sollten vom Psychologen eingehend untersucht und von jedem Menschen eifrig kultiviert werden.[22]

Manche werden die «Einsicht der Frauen» und «jedes Mannes» im Lichte der Tatsache lesen, dass Peirce gerade eine schmerzhafte Scheidung und eine erfolgreiche Wiederheirat hinter sich hatte. Die Bemerkung über Telepathie ist wichtig. Das Wort «Telepathie» war erst zwei Jahre alt. Die Society for Psychical Research war 1882 in London gegründet worden. Ihre Mitglieder wollten die vulgäre und volkstümliche Begeisterung für Medien durch eine wissenschaftliche Untersuchung ersetzen; statt der Kommunikation von Toten bei Séancen nahmen sie an, dass es ein Phänomen der Gedankenübertragung zwischen lebenden Menschen gibt. Das erste Projekt der Gesellschaft bestand darin, eine Zählung von Beispielen für Telepathie durchzuführen und dann Experimente zu starten. 1884 wurde in Boston eine Amerikanische Gesellschaft für Psychische Forschung gegründet, die dasselbe Ziel verfolgte. (Die Aura dieser übersinnlichen Zeiten kann man in Henry James' Roman *The Bostonians* nachlesen.) Die amerikanische Gesellschaft von 1884 war nur von kurzer Dauer und löste sich 1889 aufgrund von Skepsis auf. Die englische Gesellschaft besteht bis heute fort. Es überrascht nicht, dass Experimente zur Telepathie zu einer langen Tradition der randomisierten Versuchsplanung geführt haben, auch wenn die Gründe dafür bis zur Arbeit von R.A. Fisher in den 1920er-Jahren kaum verstanden wurden. Aber das ist eine andere Geschichte.[23]

5. Induktion und Hypothese

Die Randomisierung bei der Versuchsplanung ist eine Technik, um statistische Schlüsse zu ziehen.

Sie ist Teil der Logik der Induktion und erinnert uns daran, dass Induktion nicht nur eine Sache des Denkens, sondern auch des Handelns ist. Peirces eigene Theorie der wahrscheinlichen Schlussfolgerungen kommt der von Jerzy Neyman und E.S. Pearson am nächsten. Das heisst, sie ist eine Theorie des induktiven Verhaltens, des Handelns. Aber Peirce hat das Problem der Philosophen mit der Induktion nicht abgetan. Er hat es sehr ernst genommen:

> Wie kann es sein, dass ein Mensch eine Tatsache beobachtet und sofort ein Urteil über eine andere Tatsache fällt, die nichts mit der ersten zu tun hat? Wie wir gesehen haben, ist eine solche Schlussfolgerung zumindest im üblichen Sinne des Wortes unwahrscheinlich; wie kann sie dann zu unserem Wissen beitragen? Das ist ein seltsames Paradoxon. Der Abbé Gratry sagt, dass es sich um ein Wunder handelt und dass jede wahre Induktion eine unmittelbare Eingebung von oben ist. Ich respektiere diese Erklärung weitaus mehr als so manchen pedantischen Versuch, die Frage durch ein Jonglieren mit Wahrscheinlichkeiten, Syllogismusformen oder Ähnlichem zu lösen. Ich respektiere sie, weil sie eine angemessene Ursache aufzeigt und weil sie – wie es sich für eine wahre Erklärung gehört – eng mit einer allgemeinen Philosophie des Universums verbunden ist.* [24]

* Als das Vatikanische Konzil 1870 die Lehre von der päpstlichen Unfehlbarkeit bestätigte, wurde Gratry zu ihrem bekanntesten Kritiker. Peirces «Tour methods of Settling Opinion» wurde 1872, direkt nach dem Konzil, verfasst. Es war eine frühe Version von Peirces meistgelesenem Aufsatz, «The Fixation of Belief». Was in der endgültigen Fassung «die Methode der Autorität» genannt wird, nannte Peirce 1872 «die Methode des Despotismus». Die Anspielungen beziehen sich zweifellos auf das Vatikanische Konzil und Gratrys Ansturm. Peirce sprach oft mit Respekt von Gratry: «die modernen Theorien von Boole, Apelt, Herschel, Gratry, Whewell, Mill». Viel später sagte er, Gratry sei wie die berühmteren Babbage und Boole, «abseits der Hauptlinien des intellektuellen Verkehrs», aber «trotzdem gelesen».

Peirce verband Induktion und Wahrscheinlichkeit auf eine neuartige Weise, die mit seiner eigenen allgemeinen Philosophie des Universums zusammenhing. Doch bevor wir dazu kommen, sind einige vorbereitende Erklärungen angebracht. Seit seinen Harvard-Vorlesungen von 1865 unterscheidet Peirce konsequent «drei Arten von Schlussfolgerungen»: Deduktion, Induktion und Hypothese.[25] Was ist eine Hypothese für ihn?

> Einmal landete ich in einem Seehafen in einer türkischen Provinz [als ich für die Sonnenfinsternis-Expedition von 1870 recherchierte]; und als ich zu dem Haus ging, das ich besuchen sollte, traf ich einen Mann zu Pferd, der von vier Reitern umgeben war, die einen Baldachin über seinem Kopf hielten. Da der Gouverneur der Provinz die einzige Person war, die ich mir vorstellen konnte, der eine grosse Ehre zuteilwerden würde, schloss ich, dass er es war. Das war eine Hypothese.[26]

Bei der Methode der Hypothese wird eine Vermutung aufgestellt, die ein rätselhaftes oder interessantes Phänomen erklärt. Eine Zeit lang nannte er diese Methode «Abduktion». (In einem verwandten Sinn benutzte er auch «Induktion».[27]) Er sagte, er wolle mit diesem «eigentümlichen Namen» deutlich machen, dass das Aufstellen von Vermutungen über eine bevorzugte Hypothese überhaupt keine Induktion sei.[28] Einige Philosophen haben Peirces eigentümliches Wort übernommen, andere folgen Gilbert Harmans attraktiver Formulierung «inference to the best explanation». Ich werde mit dem Standardwort des 19. Jahrhunderts von Peirce und seinen Vorgängern wie Whewell fortfahren: Hypothese.[29]

Peirce spielte nur kurz mit dem Gedanken, dass einer Schlussfolgerung, die durch die Methode der Hypothese gezogen wird, eine gewisse Wahrscheinlichkeit anhaftet. Das hat er aufgegeben. Ein Unterschied zwischen den Grundlagen der Induktion und der Hypothese ist folgender: Die Wahrscheinlichkeit hat *nichts* mit der Hypothese zu tun. Die Wahrscheinlichkeit hat *etwas* mit der Induktion zu tun. Peirce' Innovation bestand darin zu sagen, was dieses Etwas ist.

6. Disposition und relative Häufigkeit

Wenn uns gesagt wird, dass Wahrscheinlichkeit etwas mit Induktion zu tun hat, nehmen die meisten Menschen an, dass wir, wenn die Proposition *A* die Schlussfolgerung einer induktiven Inferenz ist, etwas in der Form «Die Wahrscheinlichkeit von *A* ist *p*» ableiten. Nein!

> Man könnte meinen, und das wird auch oft getan, dass die Induktion eine Wahrscheinlichkeit für ihre Schlussfolgerung liefert. Das ist aber nicht die Art und Weise, wie die Induktion zur Wahrheit führt. Sie verleiht ihrer Schlussfolgerung keine bestimmte Wahrscheinlichkeit.[30]

Um zu verstehen, warum, müssen wir sowohl Peirces Konzept der Wahrscheinlichkeit als auch sein Konzept der Schlussfolgerung untersuchen.

Peirces zentrale Ideen über die Wahrscheinlichkeit waren alltäglich. Er würdigte regelmässig und zu Recht Booles *Laws of Thought* von 1854.[31] Von Boole lernte er die Idee einer logischen Algebra. Noch wichtiger ist, dass er erkannte, dass seine jugendliche, unreflektierte Herangehensweise an Wahrscheinlichkeiten und das Kombinieren von Beweisen falsch war.* [32]

* Bevor er Boole las, schrieb er Unsinn über die Wahrscheinlichkeitsrechnung. Im Jahr 1861: «Wenn eine Prämisse auf tausend Daten beruht, von denen jede eine Chance von zehn hat, wertlos zu sein, so ist die Chance, dass die Prämisse selbst falsch ist, eins zu zwanzig Vigintillionen ... [im Original wird *vigintillion* zwanzigmal ausgeschrieben; Anm. d. Übers.]» Vergleiche einen älteren Peirce, der sich über die Wahrscheinlichkeiten auslässt, die von den unglücklichen Leitern der Society for Psychical Research ermittelt wurden: «diese Zahlen, die die Unwissenden fesseln, aber die denkenden Menschen abstossen, die wissen, dass keine menschliche Gewissheit solche Zahlen von Billionen oder gar Milliarden zu eins erreicht».

Er war bald davon überzeugt, dass sich die Wahrscheinlichkeit nicht auf ein einzelnes Ereignis, sondern auf eine Reihe bezieht. Er dachte zunächst, dass eine Wahrscheinlichkeit eine relative Häufigkeit in einer tatsächlichen Reihe ist. Das war Venns Idee. Als er Venns Buch 1867, ein Jahr nach dessen Erscheinen, rezensierte, schrieb er: «Das ist ein Buch, das jeder denkende Mensch lesen sollte.»[33] (Jahre später war er weniger begeistert: ein «stümperhaftes kleines Buch».[34]) Die Originalität steht nicht zur Debatte. Wie ich in Kapitel 15 sagte, hatten die meisten Autoren, die jünger als De Morgan waren, eine frequentistische Theorie, was in einer Zeit der Begeisterung für statistische Gesetze fast unvermeidlich war.

Peirce nannte diesen Ansatz nominalistisch. Er sagte, sein eigenes Denken habe sich in Richtung des Realismus von Duns Scotus entwickelt. Er bemerkte, dass jeder junge Mensch ein Nominalist sein sollte, aber jeder reife Mensch ein Realist. Seine eigenen Ideen zur Wahrscheinlichkeit folgten diesem Muster. In den 1890er-Jahren schlug er eine Dispositions- oder Neigungstheorie der Wahrscheinlichkeit vor: Die Wahrscheinlichkeit, mit einem Würfel eine Sechs zu würfeln, ist die relative Häufigkeit, mit der der Würfel bei Würfen einer bestimmten Art eine Sechs ergeben würde, wenn sie möglich wären. Er sprach von dem «Wäre» eines Würfels. Arthur Burks hat diese Entwicklung von der Häufigkeit zur Neigung dokumentiert und Gründe für Peirces Entwicklung vorgeschlagen.[35]

Die dispositionelle Idee des «Wäre» ist nur in ihrer Deutlichkeit neu. Was meinte Laplace mit der *facilité*, mit einer Münze Kopf zu werfen, wenn er nicht Peirce «wäre»?[36] Wir können allenfalls über Peirce sagen, was er 1878 über Venn sagte:

> Das hier dargelegte Konzept der Wahrscheinlichkeit ist im Wesentlichen dasjenige, das Herr Venn in seiner *Logik des Zufalls* erstmals entwickelt hat. Natürlich gab es schon immer eine vage Vorstellung von der Idee, aber das Problem bestand darin, sie zu verdeutlichen, und das ist sein Verdienst.[37]

7. Die wahrheitserhaltende Tugend

Bemerkenswert ist nicht Peirces Auffassung von Wahrscheinlichkeit, sondern die Art und Weise, wie er sie mit der Stichhaltigkeit von Argumenten verband. Die Idee war bereits in einer Bostoner Vorlesung am 31. Oktober 1866 enthalten: «Ein Beweis, der eine Wahrscheinlichkeit ergibt, ergibt diese Wahrscheinlichkeit immer durch einen Prozess, der häufiger zur Wahrheit führt als umgekehrt; und jeder Prozess, von dem bekannt ist, dass er häufiger zur Wahrheit führt als umgekehrt, ergibt eine Wahrscheinlichkeit.»[38]

Das ist der Kern von Peirces Verständnis von deduktiver und induktiver Logik. «Die *Logik* ist die Wissenschaft, die man braucht, um Argumente zu prüfen.» Dabei werden nicht einzelne Argumente untersucht, sondern die «Gattung» eines Arguments betrachtet. Wenn die Gattung so beschaffen ist, dass die Schlussfolgerung des Arguments wahr ist, wenn die Prämissen wahr sind, ist das Argument *demonstrativ*. Wenn die Gattung so beschaffen ist, dass die Schlussfolgerung in der Regel wahr ist, wenn die Prämissen wahr sind, ist das Argument lediglich *wahrscheinlich*.[39] In jedem Fall hat ein gültiges Argument «die wahrheitserzeugende Tugend».[40]

Wenn die Prämissen quantitativ sind, können wir das «normalerweise» durch eine numerische Wahrscheinlichkeit ersetzen. Das bedeutet nicht, dass die Wahrscheinlichkeit der Schlussfolgerung so und so gross ist. Vielmehr: Die Schlussfolgerung wird durch ein Argument erreicht, das mit einer solchen und einer ähnlichen Wahrscheinlichkeit wahre Schlussfolgerungen aus wahren Prämissen ergibt.

8. Wahrscheinlicher Irrtum

Peirce hatte ein Modell für diese Art von Argumenten, das auf der Standardpraxis der Astronomen basiert, dem «wahrscheinlichen Fehler». Der wahrscheinliche Fehler unterteilt Messungen in zwei gleiche Klassen. Wenn die Fehler normal verteilt sind, wird auf lange Sicht die Hälfte der Messungen über den wahrscheinlichen Fehler hinausgehen und die andere Hälfte wird genauer sein. Aber worauf läuft das hinaus?

Damals wie heute benutzten die meisten Konsumenten von Statistiken «Kochbücher», um

Berechnungen anzustellen, ohne sich gross darum zu kümmern, was sie eigentlich bedeuteten. Die meisten scheinen gedacht zu haben: «Ich messe eine Position *x*. Ich bilde den Durchschnitt meiner Messungen und erhalte den Mittelwert *m*. Ich berechne den wahrscheinlichen Fehler *e*. Die Wahrscheinlichkeit, dass *m* innerhalb von *e* von *x* liegt, ist die Hälfte.» Das ist ein Irrtum – aber nicht weit von der Wahrheit entfernt.

Betrachte die Schätzung auf der Grundlage von Messungen als eine Art von Schlussfolgerung. Der induktive Schluss bezieht sich auf eine Gattung von Argumenten. Argumente haben Prämissen. In diesem Fall haben Argumente der Gattung zwei Prämissen: (a) die tatsächliche Menge von Messungen, deren Mittelwert *m* und deren wahrscheinlicher Fehler *e* ist, und (b) die Aussage, dass die Fehler normalverteilt sind. Die zu ziehende Schlussfolgerung lautet: «*x* liegt innerhalb von *e* von *m*» und nicht: «Die Wahrscheinlichkeit ist ½, dass *x* innerhalb von *e* von *m* liegt.» Wenn wir ein Konzept verwenden wollen, das sich auf die Wahrscheinlichkeit bezieht, sollten wir sagen: «Diese Schlussfolgerung wird durch eine Sorte von Argumenten erreicht, die von wahren Prämissen zu wahren Schlussfolgerungen führen.»

Peirce ist originell, wenn es darum geht, die Logik der Situation zu verstehen. Leser, die mit der Logik statistischer Schlussfolgerungen vertraut sind, werden bemerkt haben, dass Peirce den Kern der Theorie der Konfidenzintervalle und der Hypothesenprüfung lieferte, die von Jerzy Neyman und E.S. Pearson in den 1930er-Jahren entwickelt wurde und die für viele immer noch der bevorzugte Weg in der Statistik ist.[41] Wie üblich bin ich nicht an Peirce, dem Vorläufer, interessiert. Neyman hat nichts von Peirce gelernt. Dennoch gibt es eine gewisse Abstammungslinie. Die erste moderne Erklärung des Konfidenzintervalls stammt nicht von Neyman, sondern von dem Harvard-Statistiker E.B. Wilson. Wilson war ein Schüler von Peirces Cousin B.O. Peirce und ein lebenslanger Bewunderer der Familie. Er war einer der wenigen Leser von C.S. Peirce über Beobachtungsfehler und schrieb eine Abhandlung darüber.[42] Er hatte die richtige Perspektive, was seine Vorgänger anging. Was er getan hatte, schrieb er sehr spät in seinem Leben, war, lediglich die «Logik» der Argumentation zu korrigieren, die Standardabweichungen verwendet.[43] E.L. Lehmann hat darauf hingewiesen, dass es bei der Berechnung (im Gegensatz zur Logik) eine lange Tradition der Konstruktion von Konfidenzintervallen mit Laplace und Poisson gibt, gefolgt von Lexis und vielleicht auch Cournot.[44] Aber es scheint, dass erst Peirce, Wilson und dann Neyman sich über die logischen Prinzipien dieser Art von Argumentation klar wurden.

9. Induktion und das Gewicht der Beweise

Haben wir das Problem der Induktion in den Feinheiten der statistischen Schlussfolgerung verloren? Peirce war der Meinung, dass die soeben untersuchten Fragen den Kern der Induktion ausmachen:

> [Die] allgemeine Art der Induktion ist überall gleich und wird durch das folgende Beispiel verdeutlicht. Aus einer Tüte mit gemischten schwarzen und weissen Bohnen nehme ich eine Handvoll heraus und zähle die Anzahl der schwarzen und weissen Bohnen, wobei ich davon ausgehe, dass die schwarzen und weissen Bohnen in der ganzen Tüte fast im gleichen Verhältnis stehen.[45]

Die Stichprobe war also Peirces Modell für die Induktion. Die Begründung kann immer in dieselbe logische Form gegossen werden wie der Bohnensack. «Die wissenschaftliche Durchführung dieser Art von Argumentation ist sehr komplex», schrieb er, aber das logische Prinzip ist immer dasselbe.

Peirce war sich über die Beziehung zwischen Induktion und Hypothese im Klaren. Wir stellen Hypothesen auf und prüfen sie durch Induktion. So verwerfen wir Hypothesen mit einer Methode, die nur zu einem kleinen Teil falsch ist. Meine Betonung der Ablehnung folgt Peirce: Ein Wissenschaftler «wünscht sich sehnlichst, dass seine derzeitigen vorläufigen Überzeugungen (und alle seine Überzeugungen sind nur vorläufig) beseitigt werden, und er wird hart daran arbeiten, dieses Ziel zu erreichen».[46]

Peirces Theorie der wahrscheinlichen Schlussfolgerung gilt nur dann, wenn die Prämissen quantitativ genug sind, um die Wahrscheinlichkeitsberechnung zu bestätigen. Er unterschied – etwas zu spät, um einige Kritiker zu befriedigen – zwischen der sogenannten groben, qualitativen und quantitativen Induktion.[47] Seine Darstellung der qualitativen Induktion war dürftig. Er war der Meinung, dass man sich in der Wissenschaft um Hypothesen bemühen sollte, die quantitativ geprüft werden können. Er war ein Mann seiner Zeit und stimmte Kelvins Diktum zu, dass man eine Sache erst dann versteht, wenn man in der Lage ist, sie zu messen. Das war von einem professionellen Vermesser zu erwarten, einem Studenten der Geodäsie.

Peirce war sich durchaus bewusst, dass es persönliche Wahrscheinlichkeitsurteile gibt und dass ein Psychologe sie messen kann. Stigler vermutet, dass Peirce in den oben beschriebenen Psychophysikexperimenten der erste Experimentator war, der «subjektive oder persönliche Wahrscheinlichkeiten ermittelte und feststellte, dass diese Wahrscheinlichkeiten ungefähr linear mit den logarithmischen Quoten variierten».[48] Wenn die Wahrscheinlichkeit eines Ereignisses p ist, sind die Quoten (*odds*) das Verhältnis $p / (1-p)$. Die *Log Odds* sind der Logarithmus dieses Verhältnisses. Peirce hatte auch die Idee, dass der Logarithmus der Quoten dazu beiträgt, eine intuitive Vorstellung vom Gewicht der Beweise zu erklären, ein Thema, das von I.J. Good ausführlich behandelt wurde.[49]

10. Gemeinschaft

«Aber es bleibt», schrieb Peirce, nachdem er seine Ideen zur Induktion vorgestellt hatte, «ein wichtiger Punkt zu klären.»[50] Ich will wissen, wie verlässlich meine *nächste* Schlussfolgerung ist, nicht, dass meine Methode der Schlussfolgerung häufiger zur Wahrheit führt, als sie es nicht tut.

> Eine einzelne Schlussfolgerung muss entweder wahr oder falsch sein und kann keine Auswirkung der Wahrscheinlichkeit zeigen; daher kann die Wahrscheinlichkeit in Bezug auf einen einzelnen Fall für sich betrachtet keine Bedeutung haben. Wenn ein Mann die Wahl hätte, eine Karte aus einem Stapel mit 25 roten und einer schwarzen Karte oder aus einem Stapel mit 25 schwarzen und einer roten Karte zu ziehen, und wenn das Ziehen einer roten Karte ihm ewiges Glück und das Ziehen einer schwarzen Karte ewiges Unglück brächte, wäre es töricht zu leugnen, dass er den Stapel mit dem grösseren Anteil roter Karten bevorzugen sollte, auch wenn sich das Risiko nicht wiederholen liesse. Es ist nicht leicht, dies mit unserer Analyse des Begriffs des Zufalls in Einklang zu bringen.[51]

Die Antwort von Peirce war bemerkenswert.

> Es scheint mir, dass wir dazu getrieben werden, dass die Logik unweigerlich verlangt,

> dass unsere Interessen nicht begrenzt werden. Sie dürfen *nicht* bei unserem eigenen Schicksal aufhören, sondern müssen die ganze Gemeinschaft umfassen. Diese Gemeinschaft wiederum darf nicht begrenzt sein, sondern muss sich auf alle Rassen von Wesen erstrecken, mit denen wir in unmittelbare oder vermittelte geistige Beziehung treten können... Die Tatsachen sprechen nicht dagegen, dass wir die *Hoffnung* oder den ruhigen und fröhlichen Wunsch haben, dass die Gemeinschaft über ein bestimmtes Datum hinaus bestehen bleibt.

Das führt zu «dem berühmten Trio der Nächstenliebe, des Glaubens und der Hoffnung».[52] Der zänkische Einzelgänger Peirce vertrat die Ansicht, dass «soziales Empfinden im Denken vorausgesetzt wird». In Peirces erster grosser Schriftenreihe lesen wir, dass «der Ursprung des Wirklichkeitsbegriffs zeigt, dass dieser Begriff im Wesentlichen die Vorstellung von GEMEINSAMKEIT beinhaltet, ohne bestimmte Grenzen und fähig zu einem unendlichen Wissenszuwachs».[53] Das ist das genaue Gegenteil der kartesianischen Grundlage der Wirklichkeit des introspektiven individuellen *Ich*. Die meisten modernen Philosophen», schrieb Peirce im selben Aufsatz, «sind in Wirklichkeit Cartesianer. Ohne zur Scholastik zurückkehren zu wollen, scheint es mir, dass die moderne Wissenschaft und die moderne Logik von uns verlangen, dass wir auf einer ganz anderen Grundlage stehen als dieser.»[54] Die häufigen Verweise auf die Gemeinschaft stammen von der Coast Survey, wo sie einen echten emotionalen Inhalt hatte. Seine Gemeinschaft von Forschern war die Gemeinschaft der Geodäten, die Menschen in Boston, Berlin, London, Paris, Brüssel und sogar einige in Washington.

11. Wahrheit und Selbstkorrektur

Peirce diskutierte nur selten über Wahrheit. Er lehrte jedoch, dass Wahrheit die Meinung ist, auf die sich die Menschen einigen würden, wenn sie sich auf irgendetwas einigen würden. Früh und nominalistisch schrieb er, dass Wahrheit das ist, was wir zu glauben bestimmt sind. Später schrieb er: «Wenn die Wahrheit in der Befriedigung besteht, kann es sich nicht um eine *tatsächliche* Befriedigung handeln, sondern muss die Befriedigung sein, die man letztendlich finden *würde*, wenn man die Untersuchung bis zu ihrem letzten und unausweichlichen Punkt vorantreibt.»[55] Dies ist die allgemeine Form des Übergangs vom Nominalismus zum Realismus, die bereits im Zusammenhang mit dem Zufall festgestellt wurde: Sie entspricht dem Wechsel von der relativen Häufigkeit der Wahrscheinlichkeit in einer tatsächlichen Reihe zu einem «Möchtegern». Beachte die «Wenns» in seiner minimalistischen Darstellung der Wahrheit. Peirce war sich dessen wohl bewusst:

> [Wir] können nicht sicher sein, dass sich die Gemeinschaft in einer bestimmten Frage jemals auf eine unumstössliche Lösung einigen wird. Selbst wenn sie es grösstenteils tun, haben wir keinen Grund zu der Annahme, dass die Einstimmigkeit vollständig sein wird, noch können wir vernünftigerweise davon ausgehen, dass in jeder Frage ein überwältigender *Konsens* erreicht wird. Alles, was wir annehmen können, ist die *Hoffnung*, dass ein solcher Konsens in den einzelnen Fragen, mit denen wir uns beschäftigen, im Wesentlichen erreicht werden kann.[56]

Diese Hoffnung ist identisch mit der Hoffnung, die er bereits äusserte, als er schrieb, dass die Logik der Wahrscheinlichkeit sich auf Glaube, Hoffnung und Nächstenliebe gründet.

Es wird angenommen, dass Peirce eine Rechtfertigung für die Induktion hatte, nämlich, dass sie eine selbstkorrigierende Methode ist, die zur Wahrheit führt. Er wurde sogar dafür gelobt, dass er diese Idee erfunden hat. Larry Laudan hat festgestellt, dass dieses Lob unangebracht ist, denn im 19. Jahrhundert war dies keine Innovation. Es war alltäglich und wurde von Peirce eher «trivialisiert».[57] Aber es gibt eine noch stärkere Aussage. Es ist eine einfache Tautologie zu sagen, dass die Induktion eine selbstkorrigierende Methode ist, die zwangsläufig zur Wahrheit führt. Peirce war nicht der Meinung, dass es zuerst die Wahrheit gibt und dann eine Methode, um sie zu erreichen. Die Wahrheit ist das, was die Induktion liefert. Seine Theorie der wahrscheinlichen Schlussfolgerung ist ein Weg, um stabile Schätzungen der relativen Häufigkeit zu erhalten. Andererseits ist die reale Welt nur *eine* Menge stabiler relativer Häufigkeiten, deren formale Eigenschaften genau denen der Peirce'schen Schätzer entsprechen. Methode und Realität passen nicht auf gut Glück oder in vorgefasster Harmonie. Sie definieren sich gegenseitig.

Dies ist keine «Interpretation» von Peirce. Das hat er selbst schon 1869 gesagt. Eine induktive Form der Argumentation sollte zu Schlussfolgerungen führen, die «auf lange Sicht wahrer sind, als eine zufällige Behauptung wäre». In einer Fussnote:

> Damit sind die wesentlichen Elemente eines Arguments ausreichend dargelegt, aber es definiert es nicht, denn mit der Einführung des Wahrheitsbegriffs legt es eine Diallele fest.[58]

«Diallele»? Das richtige Wort (falls es ein solches gibt) ist «Diallelon», das 1860 von Sir William Hamilton erfunden wurde. Im *Century Dictionary* definierte Peirce es folgendermassen:

> [D]iallelon: In der Logik eine tautologische Definition, eine Definition, die das definierte Wort enthält, die Definition eines Begriffs durch einen anderen, der selbst durch den ersten definiert ist; Definition im Kreis.[59]

12. Evolutionäre Liebe
Es scheint leerer Hokuspokus zu sein, wenn man denkt, dass Wahrheit und wissenschaftliche Methode durch eine zirkuläre Definition miteinander verbunden sind. Die Wahrheit ist eine Frage dessen, wie die Welt ist, protestieren wir, und die Methode ist das, was wir tun. Es gibt also eine grundlegende Frage zu einer Methode: Taugt sie etwas? Das heisst, führt sie uns tatsächlich dazu, herauszufinden, wie die Welt ist?

Peirces Antwort ist für uns aussergewöhnlich, aber nicht für seine Zeitgenossen. Viele hielten eine auffällige und notwendige Parallele zwischen der Entwicklung des Geistes und der Materie für selbstverständlich. Ein Idealismus, den wir längst vergessen haben, war weit verbreitet. Der Satz «Die Materie ist der verblühte Geist» ist 1989 viel treffender als 1898. Peirces Vater Benjamin schrieb in einem Lehrbuch der Mechanik: «Jeder Teil des materiellen Universums ist von denselben Gesetzen der mechanischen Wirkung durchdrungen, die auch in der Konstitution des menschlichen Geistes enthalten sind.»[60] Der Pragmatismus ist eine hyperbolische Version davon: *Das Universum erreicht seine aufeinanderfolgenden Zustände durch Prozesse, die formal und materiell denen entsprechen, durch die eine vernünftige Methode zu ihren Schlussfolgerungen gelangt.* Die Verbindung zwischen der «Art und Weise, wie die Welt ist» und der «Art und Weise, wie wir etwas über sie herausfinden», ist eine Identität der organischen Struktur.

Am Ende von Kapitel 18 erwähnte ich Emile Boutroux' Doktrin des sich zufällig entwickelnden Naturrechts. William James und in gewissem Masse auch Peirce standen dem Boutroux-Kreis und Renouvier nahe. Sie waren der Meinung, dass die Naturgesetze nicht vom Beginn des Universums angegeben waren, wie es die moderne Kosmologie annimmt. Die Gesetze der komplexen Formen wurden nicht durch Gesetze einfacher Formen bestimmt, sondern entstanden, als diese komplexen Formen im Laufe der Geschichte des Universums entstanden sind. Das ist Boutroux im Jahr 1875.

Peirce schrieb, dass eine Philosophie der Induktion in die Metaphysik eingebettet sein sollte. Für ihn bedeutete das eine evolutionäre Metaphysik. Für einen Profi-Messer wie Peirce war das eine Metaphysik, die reich an Folgerungen war. Naturgesetze werden üblicherweise als Gleichungen mit festen Parametern dargestellt, die nichts anderes sind als Babbages Naturkonstanten. Aber wenn sich Gesetze aus dem Zufall heraus entwickeln, brauchen wir uns nicht vorzustellen, dass die Konstanten nichts weiter sind als Grenzwerte, die in einer unbestimmten Zukunft erreicht werden. Die letztendliche «Realität» unserer Messungen und dessen, was sie messen, hat die Form des Gauss'schen Fehlergesetzes. Peirce sagte, dass Bankbilanzen und Kreditbücher genau sind, nicht die Konstanten der Natur. Hör auf zu versuchen, die Welt nach den Transaktionen von Ladenbesitzern zu modellieren, wie wir es seit Descartes tun. Die «Konstanten» sind nur Zufallsvariablen, die sich im Laufe der Evolution der Gesetze eingependelt haben.

Peirce verband die sich entwickelnden Gesetze mit einer evolutionären Erkenntnistheorie. Warum ist unsere instinktive Art, Dinge zu klassifizieren, so gut für eine einfache Induktion geeignet? Es wird oft behauptet, dass die natürliche Auslese die Arten so anpasst, dass sie Unterscheidungen treffen, die den funktional relevanten Aspekten ihrer Umwelt entsprechen. Wenn wir schon früh Farben unterscheiden, dann deshalb, weil die Unterscheidung von Dingen anhand ihrer Farbe unser Überleben sichert. Selbst wenn das wahr wäre, würde es nicht erklären, warum Menschen in der Lage sind, den Kosmos und den Mikrokosmos zu erforschen. Es gibt keinen erkennbaren evolutionären Vorteil in unserer Fähigkeit, das Konzept der Gravitationskraft zu formulieren, die Schritte von Kepler zu Newton zu durchlaufen und schliesslich ein «Pendelschwinger» wie Peirce zu sein, der die Gravitationskonstante bestimmt. Peirce bemerkte mürrisch, dass das Talent für solche Gedanken und Aktivitäten einen schlechten Umgang befördert und dabei das Überleben behindert.

Unsere Fähigkeit, abstrakte Fragen zu stellen, ist ein Produkt der Evolution, aber für unser Überleben ist sie bestenfalls von gleichgültigem Wert. Wir sollten stattdessen daran denken, dass sich die geistigen Fähigkeiten parallel zur Entwicklung der Gesetze des Universums entwickeln. Wir können

Letztere entdecken, weil sie und unser Verstand sich auf dieselbe Weise entwickelt haben. Peirce nannte dies «evolutionäre Liebe».[61]

13. Der Zufall ist das Erste

Ich habe keine Interpretation von Peirce vorgelegt, keinen Versuch, zu erklären oder zu verdeutlichen, was er wirklich meinte. Ich habe lediglich versucht, einen Mann zu beschreiben, dessen berufliches Leben als Vermesser in die Technologien des Zufalls und der Wahrscheinlichkeit eingetaucht war und der sich als Folge dieser täglichen Erfahrung schliesslich der Idee hingab, dass es im Universum einen absoluten Zufall gibt. Diese Erfahrung des Zufalls liess er in die meisten Aspekte seiner Philosophie einfliessen, auch in jene, die wir heute als esoterisch bezeichnen. Peirce war der erste Philosoph, der die Art und Weise, wie der Zufall im Laufe des 19. Jahrhunderts gezähmt wurde, vollständig verinnerlichte. Passenderweise könnte man die weitere Reichweite seiner Metaphysik auch in meinem Titel «Die Zähmung des Zufalls» zusammenfassen. Doch während mein Titel metaphorisch war, wäre er in einer Peirce'schen Zusammenfassung wörtlich zu nehmen. Denn Peirces Geschichte des Universums, in der sich der blinde Zufall zu einem ungefähren Gesetz stabilisiert, ist nichts anderes als die Bändigung oder Zähmung des Zufalls.

Ist die Vernunft also getröstet, bedroht diese Gigantin, der metaphysische Zufall, nicht mehr und bietet keine unvorstellbaren Freuden mehr?

Leben wir in einer Welt, die von statistischen Gesetzen, den Gesetzen des Durchschnitts, die auf die kleinsten Teilchen der Materie geschrieben sind, geschützt wird? Nein, natürlich nicht. Peirce liebte Trios, die er Firsts, Seconds und Thirds nannte. «Der Zufall ist das Erste, das Gesetz das Zweite und die Tendenz, Gewohnheiten anzunehmen, das Dritte.»[62] Das bedeutete nicht, dass der Zufall durch statistische Gesetze aufgehoben wird oder dass die aufeinanderfolgenden Würfelwürfe eine Welt hervorbringen, in der wir Humes bequeme Gewohnheiten wieder aufnehmen oder wieder annehmen können. Was zuerst war, ist immer so. Selbst wenn die Würfel in einer Situation der Ewigkeit fallen, wie bei der Betrachtung der Konstellationen des Kosmos, oder wenn sie in einer Situation völliger und persönlicher Partikularität fallen, wie bei der Besiegelung unseres eigenen Schicksals, strömt der Zufall in alle Richtungen. Wir können nicht davon ausgehen, dass Peirce die Ausgabe der *Cosmopolis* von 1897 mit dem Gedicht von Mallarmé gesehen hat, der drei Jahre jünger war als er selbst.[63] Aber er war mit dem Gedanken vertraut, dass der Würfelwurf den Zufall niemals aufheben würde.

• 1 «Reply to the Necessitarians», *The Monist* 3 (1893), S. 526–570; *Papers* 6, S. 425. Die Verweise beziehen sich auf *Writings of Charles Sanders Peirce: A Chronological Edition,* Bloomington, Ind., 1982 – soweit die Bände gedruckt wurden; für Material, das noch nicht in dieser Ausgabe veröffentlicht wurde, auf *Collected Papers of Charles Sanders Peirce,* 8 Bde., Cambridge, Mass., 1931–1958. Die Verweise auf die Papers erfolgen nach Band und Seite, nicht nach dem Dezimalsystem, das Band und Absatz angibt. P. Carus, «Mr. Charles S. Peirce on Necessity», *The Monist* 2 (1892), S. 442. «Mr. Charles S. Peirce's Onslaught on the Doctrine of Necessity», ebd., S. 560–582. «The Idea of Necessity, its Basis and its Scope», ebd,. 3 (1893), S. 68–96. «The Founder of Tychism, His Methods, Philosophy and Criticisms: In reply to Mr. Charles Sanders Peirce», ebd., S. 571–622. J. Dewey, «Der Aberglaube an die Notwendigkeit», ebd., S. 362–379.

• 2 David Hume: *Inquiry* (1748), S. 95 der Selby-Bigge Edition.

• 3 Peirce, «Reply», *The Monist* 3 (1893), S. 535; *Papers* 6, S. 409.

• 4 «Man's Glassy Essence», *The Monist* 2 (1892), S. 1; *Papers* 6, S. 155.

• 5 C. Eisele, «Charles Sanders Peirce», in: *Dictionary of Scientific Biography; Studies in the Scientific and Mathematical Philosophy of Charles Sanders Peirce,* Den Haag 1979; «Peirce the Scientist», in: C. Eisele (Hg.), *Historical Perspectives on Peirce's Logic of Science,* 2 Bde., Berlin 1985, S. 17–38. Siehe auch ihre redaktionellen Anmerkungen in C. Eisele (Hg.): *The New Elements of Mathematics by Charles Sanders Peirce,* Amsterdam 1976. Ein Philosoph, der sich mit Peirces Karriere in der Küstenwache und mit seiner Arbeit über das Messen beschäftigt, ist H.S. Thayer: *Meaning and Action: A Critical Exposition of American Pragmatism,* Indianapolis 1973, S. 70, 349.

• 6 Die Geschichte stand auf S. 1 der *Washington Post* und ist im Peirce-Fiche, Notes to pages 202–6 253 item 00322, abgedruckt; siehe K.L. Ketner: *A Comprehensive Bibliography of the Published Works of Charles Sanders Peirce with a Bibliography of Secondary Sources,* 2. Aufl., Bowling Green, Ohio, 1986. Peirce antwortete in einem Brief an die *New York Post* vom 10. August, der in *Science* 6 (1895), S. 158, veröffentlicht wurde.

• 7 «To Lady Victoria Welby, 14 March 1909», in: C.S. Hardwick, (Hg.), *Semiotics and Signifies: The Correspondence between Charles S. Peirce and Victoria, Lady Welby,* Bloomington, Ind., 1977, S. 113.

• 8 Während seiner Tätigkeit am Survey arbeitete Peirce gleichzeitig am Harvard Observatory (1869–1872), hatte verschiedene Lehraufträge an der Johns Hopkins University (1880–1884), hielt gelegentlich Vorlesungen in Cambridge und Boston, definierte 7069 meist technische Wörter für das *Century Dictionary,* schrieb seine meistgelesene und am meisten beachtete Reihe philosophischer Abhandlungen, die «Illustrations of the Logic of Science» in *The Popular Science Monthly,* veröffentlichte in der ersten englischsprachigen Philosophiezeitschrift seine drei innovativsten frühen philosophischen Essays und begann die Reihe von Essays in *The Monist*, zu der auch seine antideterministische «Doctrine of Necessity Examined» gehört.

• 9 *Papers* 6 (wie Anm. 1), S. 28.

• 10 Ebd., S. 36.

• 11 Ebd., S. 43.

• 12 «The Doctrine of Chances» (1878), *Writings* 3, S. 278.

• 13 «On the Theory of Errors of Observations», *Report of the Superintendent of the United States Coast Survey*, 1870, House Executive Document No. 112, 41st Congress, 3rd Session, Washington 1873, S. 200–224 + Tafeln + Errata-Dokumente. *Writings* 3, S. 114–160.

• 14 J.F. Encke, «Ueber die Methode der kleinsten Quadrate», *Berliner Astronomisches Jahrbuch für 1834*, S. 249–312. Es war ein Standardwerk und die Quelle zum Beispiel für die Tabellen, die für die Berechnungen in G.T. Fechners *Elemente der Psychophysik*, Leipzig 1860, verwendet wurden.

• 15 F.W. Bessel, «Personliche Gleichung bei Durchgangsbeobachtung», in: R. Engelmann (Hg.), *Abhandlungen von Friedrich Wilhelm Bessel*, Bd. 3, Berlin 1876, S. 300–304. Encke und Bessel arbeiteten zusammen, wobei Ersterer ein Kollege war, mit dem Letzterer die persönliche Gleichung verglich.

• 16 Siehe Stigler, *History of Statistics* (wie Anm. 1, Kap. 21),S. 239–261.

• 17 G.T. Fechner: *Elemente der Psychophysik*, Leipzig 1860, S. 78.

• 18 M. Heidelberger, «Fechner's Indeterminism: From Freedom to Laws of Chance», in: Krüger u.a., *Probabilistic Revolution* (wie Anm. 9, Kap. 1), Bd. 1, S. 117–156.

• 19 C.S. Peirce und J. Jastrow, «On Small Differences of Sensation», *Memoirs of the National Academy of Sciences* 1884, Washington 1885, S. 73–83.

• 20 S. Stigler, «Mathematical Statistics in the Early States», *Annals of Statistics* 6 (1978), S. 239–265, insb. S. 248. Siehe auch Ian Hacking, «Telepathy: Origins of Randomization in Experimental Design», *Isis* 79 (1988), S. 427–451.

• 21 Die Randomisierung wurde von Psychologen lange Zeit ignoriert. Auch die unterschwellige Fehlerkurve wurde von dem führenden amerikanischen Experimentalpsychologen vernichtend abgelehnt. E.B. Titchener, *Instructor's Manual*, New York 1905, S. 285–291, für *Experimental Psychology: A Manual of Laboratory Practice. 2 Quantitative Experiments, Pt.* 2. Es sei absurd, Versuchspersonen zu Entscheidungen zu zwingen, ohne dass sie einen Unterschied zwischen den Gewichten «spüren».

• 22 «Small Differences» (wie Anm. 19), S. 83.

• 23 Ähnliche Themen in Hacking, «Telepathy» (wie Anm. 20).

• 24 «Probability of Induction» (1878), in: *Writings* 3, S. 304. In dieser Passage hatte Peirce eine Fussnote, die sich auf Gratry bezog: Dasselbe gilt seiner Meinung nach für jede Leistung einer Differenzierung, aber nicht für die Integration. Er sagt uns nicht, ob es die übernatürliche Hilfe ist, die den ersteren Prozess so viel leichter macht. A.J.A. Gratry: *Logique*,

4. Aufl., 2 Bde., Paris 1858. Doch obwohl Gratry einen zum Lachen bringen konnte, war er kein Spassvogel. Für seinen Angriff auf die päpstliche Unfehlbarkeit, siehe A.J.A. Gratry: *Mgr l'Evêque d'Orléans et Mgr. L'Archevêque de Malines. Lettres a Mgr Deschamps,* Paris 1870; veröffentlicht in einer Reihe von Ausgaben, zuerst als erster Brief, dann als zwei Briefe und so weiter, zum Schluss als eine Serie von vier Briefen, die 1870 insgesamt sieben Ausgaben erlebten. Eine erste amerikanische Übersetzung wurde 1870 in Hartford, Conn., veröffentlicht, eine weitere Übersetzung 1870 in London. Deschamps war ein Kardinal. Zur «Methode der Willkür» siehe Peirce: *Writings* 3, S. 25 f. Zu Peirces Bewunderung für Gratry siehe *Writings* 1, S. 163, und seine Rezension von M.E. Boole, *The Preparation of the Child for Science*, in: *The Nation*, 80 (1905), S. 18.

• 25 Vorlesung VIII, geschrieben im Frühjahr 1865, *Writings* 1, S. 267. In jedem Verzeichnis seiner Werke findet man weitere Verwendungen dieser Unterscheidung.

• 26 «Deduction, Induction and Hypothesis» (1878), ebd., 3, S. 326.

• 27 Beispielsweise 1905, *Papers* 2, S. 478.

• 28 Beispielsweise 1901, «Hume on Miracles», *Papers* 6, S. 358.

• 29 Wer Peirces unglückliche Wortschöpfung «Abduktion» bevorzugt, sollte über diejenigen nachdenken, die Peirce als Autorität für den Ausdruck «Methode der Hypothese» aufführte: Descartes, Leibniz, Gravesande, Boscovitch, Hartley, Le Sage, Dugald Stewart, Chauvin, Newton, Sir W. Hamilton, J.S. Mill, Kant, Herbart, Beneke – «Es wäre kein Problem, diese Zitate zu vervielfältigen.» «Consequences of Four Incapacities» (1868), *Writings* 2, S. 218 f., Anm. 1.

• 30 *Papers* 2, S. 500.

• 31 George Boole: *An Investigation of the Laws of Thought on Which are Founded the Mathematical Theories of Logic and Probabilities,* London 1854. Peirce führte die Ideen von Boole erstmals in seiner dritten Vorlesung in Harvard im Jahr 1865 aus, *Writings* 1, S. 189 – 204.

• 32 Für seine Vigintillionen siehe «Treatise on Metaphysics» (1871) in: *Writings* 1, S. 70. Der Angriff auf die Parapsychologie findet sich in «Criticism of *Phantasms of the Living*: An examination of the Arguments of Messrs. Gurney, Myers and Podmore», *Proceedings of the American Society for Psychical Research* 1 (1885 – 1889), S. 150 (im Jahr 1887). E. Gurney, F.W.H. Myers und F. Podmore: *Phantasms of the Living,* London 1886. Die drei Autoren dieses bemerkenswerten Buches haben, wie Peirce es ausdrückte, «enorme Vorteile für die Hypothese von Geistern herausgearbeitet». Gurney antwortete in den *Proceedings* auf S. 157 – 179, und «Mr. Peirce's rejoinder» folgt auf S. 180 – 215.

• 33 *North American Review* 105 (1867), S. 317; *Writings* 2, S. 98.

• 34 *Papers* 6, S. 590.

• 35 Arthur W. Burks, «Peirce's Two Theories of Probability», in: E.S. Moore und R.S. Robin (Hg.), *Studies in the Philosophy of Charles Sanders Peirce,* 2. Serie, Amherst, Mass., 1964, S. 450 f.

• 36 Für eine Darstellung der «facility» aus der Zeit von Leibniz und mit Verweisen auf Lagrange und Laplace, siehe Hacking: *Emergence*, S. 154 – 171. Wie seine Zeitgenossen und

Vorgänger verwendete Peirce manchmal die Laplace'sche Terminologie, z.B. «die Gleichung, die die Leichtigkeit des Irrtums darstellt», in «Errors of Observations», *Writings* 3, S. 124.

• 37 «The Doctrine of Chances», *Popular Science Monthly* 12 (1878), S. 609; *Writings* 3, S. 281.

• 38 «Lowell Lecture III», *Writings* 1, S. 400.

• 39 «Preliminary Sketch of Logic» (1869), *Writings* 2, S. 294; das Kursiv stammt von Pierce.

• 40 «Reasoning», *Baldwin's Dictionary*, S. 748.

• 41 J. Neyman und E. Pearson, «On the Problem of the Most Efficient Tests of Statistical Hypotheses», *Philosophical Transactions of the Royal Society of London* A 231 (1933), S. 289 – 337. Siehe E.S. Pearson, «The Neyman-Pearson Story 1926 – 1934», in: F.N. David (Hg.), *Research Papers in Statistics*, New York 1966, S. 1 – 24.

• 42 Für Details zu Wilson siehe Ian Hacking, «The Theory of Probable Inference: Neyman, Peirce and Braithwaite», in: D.H. Mellor (Hg.), *Science, Belief and Behaviour*, Cambridge 1980, S. 143, Notiz 1, und S. 160 für Referenzen. Für Wilson zu Pierce über Fehler: E.B. Wilson und M.M. Hilferty, «A Note on C.S. Peirce's Experimental Discussion of the Law of Errors», *Proceedings of the National Academy of Sciences* 15 (1929), S. 120 – 125.

• 43 E.B. Wilson, «Comparative Experiment and Observed Association», ebd., 51 (1964), S. 293.

• 44 Leider wurde Lehmanns Arbeit nie veröffentlicht, weil er Neyman nicht beleidigen wollte (persönlicher Brief, 5. Juli 1988). E.L. Lehmann, «Some Early Instances of Confidence Statements», Statistical Laboratory, University of California, Berkeley; ONR 5 Technical Report to the Office of Naval Research, September 1958.

• 45 *Writings* 3, S. 116.

• 46 Eine vorgeschlagene Reihe von Vorlesungen für 1898, *Papers* 6, S. 3.

• 47 *Papers* 2, S. 480.

• 48 Stigler, «Early States» (wie Anm. 20), S. 248.

• 49 I.J. Good: *Good Thinking: The Foundations of Probability and its Applications*, Minneapolis 1983, S. 220 – 224, und siehe Namensindex, Peirce. I.J. Good, «A Correction Concerning my Interpretation of Peirce, and the Bayesian Interpretation of Neyman-Pearson ‹Hypothesis Determination›», *Journal of Statistical Computation and Simulation* 18 (1983), S. 71 – 74.

• 50 «Doctrine of Chances» (1878), *Writings* 3, S. 281.

• 51 Ebd., S. 282. Der Punkt wurde nach den 1930er-Jahren in einem Streit zwischen Neyman und R.A. Fisher häufiger angesprochen. Fisher sagte, dass Neymans Verfahren gut für die Qualitätskontrolle geeignet seien, wenn man wiederholt Warenchargen prüft, aber nicht für die Prüfung einer einzigartigen wissenschaftlichen Hypothese.

• 52 Ebd., S. 284 f. Vor 25 Jahren, in meiner ersten Diskussion über den Neyman-Pearson-Schlussfolgerungsmodus, habe ich Peirces drei Gedanken bewundert; siehe *Logic of Statistical Inference*, Cambridge 1965, S. 47. Ich hielt sie für ungeeignet, um die Neyman-Pearson-Theorie zu begründen, und dies für einen entscheidenden Einwand gegen sie. Vor zehn Jahren erkannte ich in «Neyman, Peirce und

Braithwaite», dass die Theorie tatsächlich einen Weg (aber nur einen von mehreren gangbaren Wegen) zur Induktion im Allgemeinen bietet, und machte mir erneut Gedanken über Glaube, Hoffnung und Nächstenliebe (S. 157–159).

• 53 «Consequences of Four Incapacities» (1868), *Writings* 2, S. 239. Hervorhebung von Pierce.

• 54 Ebd., S. 212. Vgl. seine kursiv gesetzte «Gemeinschaft» in seiner Rezension «Fraser's *The Works of George Berkeley*», *Writings* 2, S. 487.

• 55 «A Neglected Argument for the Reality of God», *Hibbert Journal* 7 (1908), S. 90–112; *Papers* 6, S. 331.

• 56 In seiner Antwort an Carus von 1893 über die Notwendigkeit, *Papers* 6, S. 420.

• 57 L. Laudan, «Peirce and the Trivialization of the Self-correcting Thesis», in: R. Giere und R. Westfall (Hg.), *Foundations of Scientific Method: The Nineteenth Century*, Bloomington, Ind., 1973, S. 275–306.

• 58 Ein Argument ist eine Aussage, die an eine Person appellieren soll und so beschaffen ist, dass die Person «die Aussage so betrachtet, als würde sie zugeben, dass jeder Satz von Tatsachen, der so genommen wird, wie er genommen wurde, durch bestimmte Beziehungen eine andere mögliche Aussage bestimmt, und dass diese auf lange Sicht wahrer sein wird, wenn die angegebenen Fakten wahr sind, als eine zufällige Behauptung. Dann folgt die Fussnote. Peirces Kursivschrift für «Argument» und «Appell».

• 59 Benjamin Osgood Peirce: *A System of Analytic Mechanics*, Boston 1855, S. 447.

• 60 «Evolutionary Love», *The Monist*, 3 (1893), S. 176–200. *Papers* 6, S. 190–215.

• 61 Ebd.

• 62 «The Architecture of Theories», *The Monist* 1 (1891), S. 175; *Papers* 6, S. 26. In dieser Passage gibt es eine ganze Litanei von Erst-, Zweit- und Drittmeinungen, einschliesslich Geist, Materie und Evolution.

• 63 Stéphane Mallarmés «Un Coup de dés jamais n'abolira le hazard» (1897), übers. von Brian Coffley, «Dice Thrown Never Will Annul Chance», Dublin 1965.

DANKSAGUNG

Meine Familie, Freunde und auch Stiftungen haben mir in dem Jahrzehnt, das ich für die Fertigstellung dieses Buches gebraucht habe, unermüdlich geholfen. 1980 / 81 ermöglichten mir die amerikanische National Science Foundation und ein Sabbatical an der Stanford-Universität, ein Gaststipendium in Peterhouse, Cambridge, anzunehmen, wo ich mit meiner Arbeit begann. 1982 / 83 unterstützte das *Zentrum für interdisziplinäre Forschung* (ZiF) an der Universität Bielefeld grosszügig die Forschungsgruppe *Die Probabilistische Revolution 1800 – 1930: Dynamik wissenschaftlicher Entwicklung*. Vielen Dank an Lorenz Krüger, der diese Gruppe organisierte, sowie an all die Kolleginnen und Kollegen, die er und das ZiF zusammenbrachten. Vielen Dank auch an Dr. Hilary Gaskin, meine Lektorin bei Cambridge University Press, die mir geholfen hat, meinen endgültigen Text präsentabel zu gestalten.